Schreiber

Die Prüfung des Handelsfachwirts
in Frage und Antwort

Prüfungsbücher für Fachwirte

Die Prüfung des Handelsfachwirts

in Frage und Antwort

von Dr. Rolf Schreiber

4., völlig neue Auflage

CIP-Titelaufnahme der Deutschen Bibliothek

Schreiber Rolf:
Die Prüfung des Handelsfachwirts: in Frage und Antwort/
Rolf Schreiber. - 4., völlig neue Aufl. - Ludwigshafen: Kiehl,
1990
    (Prüfungsbücher für Fachwirte)
    ISBN 3-470-70334-5
NE: HST

ISBN 3 470 **70334** 5 · 4. Auflage 1990²
© Friedrich Kiehl Verlag GmbII, Ludwigshafen (Rhein), 1980
Alle Rechte vorbehalten. Dieses Buch und alle in ihm enthaltenen Beiträge und
Abbildungen sind urheberrechtlich geschützt. Mit Ausnahme der gesetzlich zuge-
lassenen Fälle ist eine Verwertung ohne Einwilligung des Verlages strafbar.
Herstellung: Druckhaus BELTZ, Hemsbach

Vorwort

Wie alle Wirtschaftsbereiche ist auch der Handel auf qualifizierte Mitarbeiter angewiesen, die bereit sind, ihr Wissen ständig an die veränderten Bedingungen in Wirtschaft und Gesellschaft anzupassen.

Diesem Ziel soll die Weiterbildung zum Handelsfachwirt dienen. Der Handelsfachwirt ist vom DIHT in den frühen 70er Jahren ins Leben gerufen worden und Teil einer Weiterbildungskonzeption, die sich sowohl an den Branchenspezialisten, z.B. den Verkehrsfachwirt als auch an den Fachkaufmann, z.B. den Bilanzbuchhalter oder Personalfachkaufmann wendet und jeweils spezielle Weiterbildungsangebote bereithält.

Die Mehrzahl der arbeitenden Menschen hat nach Abschluß der Schule eine Ausbildung in einem kaufmännischen, gewerblich-technischen oder handwerklichen Beruf absolviert und anschließend eine Tätigkeit in einem Betrieb oder in der Verwaltung aufgenommen. Dieser Personenkreis ist oft an einer Weiterbildung interessiert, weil das in der Schule erworbene Wissen aufgrund des schnellen und tiefgreifenden Strukturwandels in Wirtschaft, Technik und Gesellschaft heute nicht mehr für ein ganzes Berufsleben ausreicht. Ständig werden neue Erkenntnisse gewonnen und in die Praxis umgesetzt. Von jedem Einzelnen wird erwartet, daß er sich mit den in seinem Beruf eingetretenen Neuerungen vertraut macht und bereit ist, ständig dazuzulernen. Niemand kann von sich behaupten, daß er ausgelernt habe. Vielmehr ist lebenslanges Lernen zur Notwendigkeit geworden.

Von besonderem Interesse ist für viele in der Praxis Stehende die berufliche Weiterbildung, weil sie Aufstiegsmöglichkeiten schafft und den Einzelnen in die Lage versetzt, einen komplizierteren Arbeitsablauf zu bewältigen und höherwertigere und mithin besser bezahlte Tätigkeiten zu verrichten. Dabei muß die berufliche Weiterbildung an das normale Schulniveau und die in einer Abschlußprüfung eines anerkannten Ausbildungsberufes geforderten Fertigkeiten und Kenntnisse anknüpfen.

Das vorliegende Buch dient der Vorbereitung auf die Fachwirteprüfung. Es will den Leser in die Lage versetzen, sich durch gezielte Fragen auf die Prüfung vorzubereiten und ihm einen Überblick geben, welche Kenntnisse in der Prüfung gefordert werden, obgleich es nicht Absicht dieser Broschüre sein kann, die Inhalte der einzelnen Fächer bis ins einzelne darzustellen. Es werden mit Sicherheit noch weitere Anstrengungen nötig sein, bis es gelingt, ein umfassendes, methodisch und didaktisch an den Notwendigkeiten der beruflichen Fortbildung orientiertes Standardwerk für die Ausbildung zum Fachwirt vorzulegen, das alle notwendigen Kenntnisse enthält, die unterschiedlichen Vorkenntnisse berücksichtigt und gleichzeitig die Kürze der zur Verfügung stehenden Vorbereitungszeit einbezieht.

Der Handelsfachwirt ist auf den Absatz spezialisiert; er muß daher über die im Bereich des Groß- und des Einzelhandels zu lösenden Probleme Bescheid wissen.

Im Hinblick auf die Prüfungsvorbereitung sei darauf hingewiesen, daß dieses Buch nur Hilfestellung beim Erwerb und der Kontrolle des Wissens geben, nicht aber eine praktische Tätigkeit im Handel ersetzen kann. Diese Tätigkeit im Handel über einen längeren Zeitraum wird bei jeder Zulassung zur Prüfung vorausgesetzt. Man wird also nicht Handelsfachwirt, indem man nach einer schulischen Ausbildung und einer irgendwo abgeleisteten Tätigkeit sich für die Ablegung der Handelsfachwirteprüfung entscheidet, um auf diese Weise einen beruflichen Neubeginn zu wagen, sondern man muß bereits im Handel tätig sein oder tätig gewesen sein und hat dort in seinem fachlichen Bereich berufliche Erfahrungen gesammelt, die man dann mit vertieften theoretischen Kenntnissen weiter anwenden will, um darauf aufzubauen.

Vom Fachwirt werden also spezielle Warenkenntnisse verlangt, die sich von Branche zu Branche deutlich unterscheiden. Wer z.B. im Textilhandel seine Ausbildung absolviert hat bzw. dort beruflich tätig ist, wird nicht in eine andere Branche, etwa in den Bereich der Lebensmittel oder der Elektrik überwechseln können, soweit es den warenkundlichen Bereich betrifft. Diese Schwierigkeiten werden deutlich, wenn es um eine leitende Tätigkeit in Häusern mit einem breiten Sortiment und dem Verkauf an Letztverbraucher geht. Hier ist die Führungskraft beim Einkauf und der Kalkulation auf die Mithilfe der speziell warenkundlich vorbereiteten Mitarbeiter angewiesen, um den Wünschen der Verbraucher und den betrieblichen wie den betriebswirtschaftlichen Notwendigkeiten Rechnung tragen zu können.

Dennoch gibt es gewisse Kenntnisse, die jeder im Handel Tätige kennen und beherrschen muß, wenn er eine leitende Tätigkeit ausüben und sich als Handelsfachwirt bewähren will. Diese und nur diese theoretischen Kenntnisse können Gegenstand einer Prüfungsvorbereitung und mithin Gegenstand dieses Buches sein. Das Buch kann auch nicht, wenn nicht der Rahmen eines Vorbereitungsbuches überschritten werden soll, jede Besonderheit darstellen, sondern muß sich streng an den vorgegebenen Rahmen halten. Es baut auf dem vom DIHT erarbeiteten Rahmenstoffplan sowie den bei allen Industrie- und Handelskammern im wesentlichen inhaltsgleichen Prüfungsordnungen auf und will den Stoff konzentriert wiedergeben. Das Buch ersetzt also nicht spezielle Lehrbücher für bestimmte Gebiete, sondern ist eine Ergänzung, um sich speziell auf die Prüfung vorbereiten zu können.

Die neue Auflage verzichtet auf die bisherige Aufteilung des Stoffes in eine Grund- und Hauptstufe und gliedert den Stoff nach dem Rahmenstoffplan des DIHT. Allerdings wurde analog der Prüfungsordnung für Industriefachwirte der Bereich der Datenverarbeitung zusätzlich aufgenommen, weil heute kein Fachmann und auch kein Betrieb des Handels ohne solche Anlagen mehr auskommen kann. EDV-Kenntnisse sind inzwischen zum Grundwissen jeder Fachkraft auch des Handels geworden.

Der Verfasser dankt für zahlreiche Anregungen.

Braunschweig, im Mai 1990

Dr. Rolf Schreiber

Inhaltsverzeichnis

Vorwort 5

Inhaltsverzeichnis 7

1. Der wirtschaftszweigübergreifende Teil der Prüfung

1.1 Volks- und betriebswirtschaftliche Grundlagen 11
    1.1.1 Wirtschaftsordnungen und Wirtschaftssysteme 14
    1.1.2 Wirtschaftskreislauf 17
    1.1.3 Märkte und Preisbildung 21
    1.1.4 Geld und Kredit 25
    1.1.5 Konjunktur und Wirtschaftswachstum 33
    1.1.6 Abgrenzung Betriebswirtschaftslehre zu Volkswirtschaftslehre 36
    1.1.7 Produktionsfaktoren im Betrieb 39
    1.1.8 Betriebliche Funktionen 40
    1.1.9 Betriebswirtschaftliche Kennzahlen 41

1.2 Elektronische Datenverarbeitung, Informations- und Kommunikationstechniken 43
    1.2.1 Ziele und Einsatzmöglichkeiten der EDV 43
    1.2.2 Grundaufbau und Arbeitsweise von EDV-Anlagen 48
    1.2.3 Methoden und Phasen der Datenerfassung 50
    1.2.4 Planung und Entwicklung von EDV-Verfahren 52
    1.2.5 Anwendersoftware 58
    1.2.6 Datensicherung 58
    1.2.7 Text- und Bildverarbeitung 62
    1.2.8 Kommunikationsnetze 63

2. Der wirtschaftszweigspezifische Teil der Prüfung

2.1 Handelsbetriebslehre 67
    2.1.1 Grundbegriffe der Handelsbetriebslehre 67
    2.1.2 Die Funktionen der Handelsbetriebe 68
    2.1.3 Die Aufgaben im Handelsbereich 78

2.2 Betriebsorganisation 86
    2.2.1 Aufgaben und Ziele der Betriebsorganisation 86
    2.2.2 Grundlagen der Betriebsorganisation 88
    2.2.3 Aufbauorganisation 90
    2.2.4 Ablauforganisation 96
    2.2.5 Organisationshilfsmittel 99

2.3 Personalwirtschaft 101
- 2.3.1 Personalpolitik 101
- 2.3.2 Aufgaben der Personalabteilung 104
- 2.3.3 Betriebliches Sozialwesen 118
- 2.3.4 Personalkosten und Personalkostenbudgetierung 122
- 2.3.5 Mitwirkung der Arbeitnehmer und ihrer Vertretung 125
- 2.3.6 Menschenführung 130

2.4 Beschaffung 137
- 2.4.1 Grundlagen der Beschaffung 137
- 2.4.2 Einkaufsorganisation 139
- 2.4.3 Bedarfsermittlung 143
- 2.4.4 Beschaffungsmarktforschung 144
- 2.4.5 Voraussetzungen des Einkaufserfolges 148

2.5 Lagerhaltung 151
- 2.5.1 Lagerung 151
- 2.5.2 Lagerarten und Einrichtung von Lägern 156
- 2.5.3 Lagerverwaltung 163
- 2.5.4 Innerbetriebliches Transportwesen 169

2.6 Absatz 171
- 2.6.1 Marketing-Konzeption 171
- 2.6.2 Werbung 179
- 2.6.3 Absatzdurchführung 187
- 2.6.4 Versandwesen 190
- 2.6.5 Absatzkontrolle 193

2.7 Kosten- und Leistungsrechnung 196
- 2.7.1 Grundlagen 196
- 2.7.2 Kostenrechnungsverfahren 202
- 2.7.3 Kalkulation im Handelsbetrieb 207
- 2.7.4 Kurzfristige Erfolgsrechnung 211
- 2.7.5 Statistik und Betriebsvergleich 213

2.8 Betriebliches Finanz- und Rechnungswesen 220
- 2.8.1 Gliederung der Bilanz und der Gewinn- und Verlustrechnung 220
- 2.8.2 Bilanzierungs- und Bewertungsgrundsätze von Wirtschaftsgütern 231
- 2.8.3 Das finanzielle Zielsystem der Unternehmung 241
- 2.8.4 Finanzierungsregeln 243
- 2.8.5 Finanzierungsarten 245
- 2.8.6 Grundbegriffe des Steuerrechts 257
- 2.8.7 Unternehmensbezogene Steuern: Einkommensteuer, Körperschaftsteuer, Gewerbesteuer, Vermögensteuer, Umsatzsteuer 265

Inhaltsverzeichnis

- 2.9 Unternehmensführung 272
  - 2.9.1 Management-Techniken 272
  - 2.9.2 Planungstechniken 278
  - 2.9.3 Marketing als marktorientierte Unternehmenskonzeption 282
  - 2.9.4 Standort und Betriebsgröße 284
  - 2.9.5 Statistik als unternehmenspolitisches Instrument 286

- 2.10 Recht 288
  - 2.10.1 Allgemeines Recht, bürgerliches Recht 288
  - 2.10.2 Zivilrecht 291
  - 2.10.3 Handelsrecht 307
  - 2.10.4 Gerichtsbarkeit, Zivilprozeß und Mahnverfahren 322
  - 2.10.5 Verfahren zur Sicherung von Wechsel- und Scheckansprüchen 324
  - 2.10.6 Arbeitsrecht 326
  - 2.10.7 Rechtsfragen im Handel 331
  - 2.10.8 Wettbewerbsrecht 343
  - 2.10.9 Vorschriften des Gewerberechts 354
  - 2.10.10 Sonstige Rechtsvorschriften 355

- 2.11 **Grundlagen der Statistik** 359
  - 2.11.1 Betriebswirtschaftliche Statistik und ihre wesentlichen Aufgaben 359
  - 2.11.2 Gewinnung des statistischen Ausgangsmaterials 362
  - 2.11.3 Zahlenarten in der Statistik und ihre Verwendung in der Auswertung 364
  - 2.11.4 Darstellungsmethoden 365
  - 2.11.5 Statistische Berechnungsmethoden 367

- 2.12 Arbeitsmethodik 375
  - 2.12.1 Bedeutung der Arbeitsmethodik 375
  - 2.12.2 Protokoll- und Berichtstechnik 377
  - 2.12.3 Gruppendynamik 379
  - 2.12.4 Grundlagen der Rhetorik 379

Stichwortverzeichnis 383

1. Der wirtschaftszweigübergreifende Teil der Prüfung

1.1 Volks- und betriebswirtschaftliche Grundlagen

01. Warum muß gewirtschaftet werden?

Anlaß zum Wirtschaften ist die Knappheit der Güter bzw. die Unbegrenztheit der Bedürfnisse.

02. Was ist das Ziel des Wirtschaftens?

Die vorhandenen Mittel sollen sinnvoll eingesetzt werden. Durch das Wirtschaften läßt sich mithin das Ausmaß der Knappheit verringern, jedoch kaum beseitigen; denn die Bedürfnisse der Menschen sind unendlich groß und anstelle befriedigter Bedürfnisse treten neue unbefriedigte hinzu.

03. Wie wird gewirtschaftet?

Gewirtschaftet wird mit dem Ziel, unter Beachtung des wirtschaftlichen Prinzips die natürliche Knappheit der Güter zu vermindern, indem Rohstoffe eingesetzt und durch menschliche Arbeitskraft und unter Verwendung von Maschinen be- und verarbeitet werden, wobei Rohstoffe, Arbeitskräfte und Maschinen sinnvoll, sparsam und rationell eingesetzt werden müssen, weil die knappen Mittel, die durchaus für die verschiedensten Zwecke alternativ zur Verfügung stehen, immer die Entscheidung darüber verlangen, wo und wie sie am zweckmäßigsten verwendet werden sollen.

04. Was versteht man unter dem ökonomischen Prinzip?

Das ökonomische Prinzip besagt, daß mit gegebenen Mitteln der größte Erfolg oder der größte Nutzen erzielt bzw. ein bestimmter Erfolg mit den geringsten Mitteln erreicht werden soll.

05. Was ist ein Gut?

Alles was geeignet ist, menschliche Bedürfnisse zu befriedigen.

06. Welche Voraussetzungen muß ein Gut wirtschaftlich gesehen erfüllen?

a) Es muß ein Bedarf oder ein Bedürfnis nach diesem Gut vorliegen,
b) es muß für die Deckung des Bedarfs oder die Bedürfnisbefriedigung technisch geeignet sein,

c) es muß von den Wirtschaftssubjekten darüber verfügt werden können,
d) es muß knapp sein.

07. Wie werden Bedürfnisse eingeteilt?

Die Knappheit der verfügbaren Mittel schließt eine Deckung aller Bedürfnisse aus. Deshalb stellt jedes Individuum eine Rangordnung seiner Bedürfnisse auf, die gemäß ihrer Dringlichkeit befriedigt werden. An erster Stelle stehen die Existenzbedürfnisse wie Nahrung, Kleidung und Wohnung, die durch lebensnotwendige Güter befriedigt werden. Die nächste Stufe stellen die nicht unbedingt erforderlichen Lebensbedürfnisse dar, es folgen die Luxusbedürfnisse.

08. Wie werden Bedürfnisse befriedigt?

Der Nutzen jeder vorhergehenden Teilmenge eines Gutes ist größer als der Nutzen der folgenden Teilmenge. Der Nutzen der einzelnen Teilmengen eines Gutes wird bei der Befriedigung eines Bedürfnisses immer geringer. Der Nutzen der letzten Teilmenge eines Gutes wird als Grenznutzen bezeichnet. Der Grenznutzen eines Gutes nimmt bei steigendem Verbrauch ab. Dies bezeichnet man als Sättigung.

09. Was versteht man unter Volkswirtschaft?

Volkswirtschaft ist die Gesamtheit aller Wirtschaftssubjekte innerhalb eines Staates. Man versteht unter Volkswirtschaft aber auch das Ineinandergreifen der durch regelmäßige Tauschbeziehungen miteinander verbundenen und durch gegenseitige Abhängigkeit aufeinander angewiesenen Wirtschaftssubjekte, die in unserem Wirtschaftssystem durch den Markt verbunden sind und durch den Markt gesteuert werden.

10. Wie läßt sich eine Volkswirtschaft charakterisieren?

Eine Volkswirtschaft stellt sich uns einerseits dar als eine Summe von Einzelwirtschaften in ihren verkehrswirtschaftlichen Verknüpfungen und andererseits als ein eigenständiges soziales Gebilde. Das wirtschaftliche Leben eines Volkes äußert sich in einer Vielzahl von Vorgängen. So werden z.B. Waren produziert, gelagert, verkauft, Kredite gewährt und zurückgezahlt, Preise gebildet, Löhne und Gehälter gezahlt, Steuern erhoben und Subventionen gewährt. Die Gesamtheit dieser Erscheinungen bildet den Wirtschaftsprozeß, der das Resultat einer Vielzahl von Entscheidungen von Millionen einzelner privater Haushalte, Unternehmungen und öffentlicher Haushalte ist.

11. Was versteht man unter Arbeitsteilung?

Die Arbeitsteilung drückt aus, wie weit eine Volkswirtschaft spezialisiert ist. Es ist heute nicht mehr möglich, daß jeder für sich allein das produziert, was er benötigt. Jeder erzeugt oder leistet im Rahmen der Arbeitsteilung das, was er am besten produzieren kann, so daß die Ergiebigkeit der Arbeit in qualitativer und quantitativer Hinsicht um ein Vielfaches gesteigert werden kann. Jeder tauscht

1.1 Volks- und betriebswirtschaftliche Grundlagen

die von ihm hergestellten, aber für den eigenen Verbrauch nicht benötigten Güter gegen andere, von ihm benötigte Güter ein. Die Arbeitsteilung setzt voraus, daß die Möglichkeit eines Austauschs aller Leistungen besteht. Die Arbeitsteilung ist aber auch in Form der beruflichen Gliederung gegeben.

12. Wie können Güter eingeteilt werden?

Güter können nach folgenden Kriterien eingeteilt werden:
a) nach der Konsumreife: Rohstoffe, Halbfertigerzeugnisse, Fertigerzeugnisse,
b) nach dem Verwendungszweck: Konsumgüter und Investitionsgüter,
c) nach der Verwendungsdauer: Verbauchs- und Gebrauchsgüter.

13. Was ist ein Markt?

Als Markt wird das Zusammentreffen von Angebot und Nachfrage bezeichnet. Auf dem Markt treten die Wirtschaftssubjekte als Anbieter oder Nachfrager auf, d.h. als Käufer und Verkäufer, gleichzeitig aber auch als Konkurrenten. Der Markt spiegelt auch die Beziehungen zwischen Kunden, Lieferanten und Konkurrenten im Marktgeschehen wider. Der Markt ist aber gleichzeitig auch Richtungsweiser und Richter über das am Markt Angebotene.

14. Was versteht man unter Betrieb und unter Unternehmung?

Unter Betrieb versteht man die Stätte der Gütererzeugung bzw. der Bedarfsdeckung, die technische, die Produktionseinheit und unter Unternehmung die rechtliche Institution. Ein Unternehmen kann mithin mehrere Produktions- oder Handelsbetriebe umfassen.

15. Was ist das Ziel des betrieblichen Wirtschaftens?

Ziel des betrieblichen Wirtschaftens ist die Erstellung betrieblicher Leistungen in Form von Produktion, Verkauf oder Erbringung von Dienstleistungen, wobei kein Unternehmen für sich isoliert betrachtet werden kann oder losgelöst von der Volkswirtschaft und für sich allein bestehen könnte.

16. Worauf erstrecken sich die Entscheidungen der Unternehmungen?

Diese Entscheidungen erstrecken sich auf:
a) Die Art und Menge der Güter, die produziert oder verkauft werden sollen,
b) die Auswahl der technischen Verfahren, mit denen jedes dieser Güter erzeugt oder verkauft werden soll,
c) die Bestimmung des Käuferkreises,
d) die Festsetzung der Preise.

17. Auf welche Weise werden Güter erzeugt?

Durch die Kombination der Produktionsfaktoren Boden, Kapital und Arbeit bzw. durch das know-how.

1.1.1 Wirtschaftsordnungen und Wirtschaftssysteme

01. Was versteht man unter Wirtschaftsordnung?

Wirtschaftsordnung ist die zusammenfassende Bezeichnung für alle das Wirtschaftsleben regelnden Normen, wie z.B. die Rechtsnormen, die den Rahmen für die Wirtschaftsverfassung abgeben. Die Wirtschaftsordnung hat die Aufgabe, die einzelnen Entscheidungen der verschiedenen Wirtschaftssubjekte in Übereinstimmung zu bringen.

02. Was versteht man unter Wirtschaftssystem?

Unter Wirtschaftssystem wird die Art der Organisation der Volkswirtschaft verstanden, die nur in zwei Grundformen möglich ist, die allerdings jeweils wieder verschiedene Varianten aufweisen können, und zwar einmal die zentralgeleitete Planwirtschaft und die Verkehrs- oder Marktwirtschaft, d.h., es wirtschaftet entweder der Staat, wobei die Einzelnen lediglich eine vom Staat vorgeschriebene und in allen Einzelheiten festgelegte wirtschaftliche Tätigkeit ausüben, oder es wirtschaften die einzelnen Glieder einer Volkswirtschaft selbständig.

03. Inwieweit sind Mischformen verschiedener Wirtschaftssysteme möglich?

Die reine Plan- oder Zentralverwaltungswirtschaft und die reine Marktwirtschaft sind Extremfälle und in der Praxis kaum anwendbar. Sie werden vielmehr den praktischen Bedürfnissen entsprechend modifiziert. In jeder Wirtschaftsordnung ist aber eines der beiden Wirtschaftssysteme dominierend.

04. Was ist das Kennzeichen des Systems der Zentralverwaltungswirtschaft?

Im System der Zentralverwaltungswirtschaft beruht der Ablauf des Wirtschaftsprozesses allein auf staatlichen Plänen. Dazu gehören Entscheidungen über Produktion und Verbrauch, Arbeitsbedingungen, Berufswahl und Ausübung der Erwerbstätigkeiten. Der Staat hat die Verfügungsgewalt über alle Produktionsmittel.

05. Welche Eigentumsverhältnisse herrschen in einer Zentralverwaltungswirtschaft im Hinblick auf die Produktionsmittel?

Im Rahmen einer Zentralverwaltungswirtschaft wäre die Abschaffung des privaten Eigentums an den Produktionsmitteln an sich nicht unbedingt erforderlich. Es würde eine Einengung der persönlichen Entscheidungsgewalt über das Eigentum an den Produktionsmitteln genügen. In der Praxis ist jedoch diejenige Form der Zentralverwaltungswirtschaft am häufigsten, in der das Privateigentum an den Produktionsmitteln abgeschafft ist und der Staat mit seinen Betrieben wirtschaftet, nicht aber eine Vielzahl selbständiger Unternehmer, Handwerker und Bauern.

1.1.1 Wirtschaftsordnungen und Wirtschaftssysteme

06. Wie arbeitet eine Zentralverwaltungswirtschaft?

Die persönliche Leistung wird durch Kontrollsysteme überwacht und jede Eigeninitiative damit weitgehend lahmgelegt. Der Marktmechanismus, die Selbstbestimmung von Angebot und Nachfrage, wird ausgeschaltet. Da die Preise für jedes Gut zentral festgelegt werden, fehlt im Falle von Änderungen der Angebots- oder der Nachfrageseite das Signal des freien Preises, das diese Änderungen anzeigt. Der Zentralverwaltungswirtschaft fehlt also das notwendige Instrument, das die Höhe des Bedarfs der Konsumenten wie auch das Angebot der Produzenten schnell und richtig signalisiert. Zur Anpassung bedarf es schwerfälliger anderer Mechanismen, die in der Regel verspätet wirken, wie z.B. Warenrationierung, Angebotskontingentierung, Investitionslenkung, Lohnstop, Berufs- und Arbeitsplatzlenkung, die den notwendigen Ausgleich zwischen der veränderten Nachfrage und dem Angebot herstellen müssen.

07. Wie ist das System der freien Marktwirtschaft gekennzeichnet?

Bestimmendes Element für den Wirtschaftsablauf in einer freien Marktwirtschaft ist die Freiheit des wirtschaftlichen Handelns des Einzelnen. Die Freiheit der individuellen wirtschaftlichen Betätigung soll eine optimale Förderung des Wohlstandes im Zusammenwirken aller bewirken. In der Marktwirtschaft stellt jedes wirtschaftende Individuum unabhängig von den anderen Pläne auf. Diese Einzelpläne werden in einer Marktwirtschaft über den Marktpreismechanismus automatisch koordiniert und aufeinander abgestimmt.

08. Was ist die Konzeption der freien Marktwirtschaft?

Oberstes Prinzip der freien Marktwirtschaft sind die freie Preisbildung und die freie Konkurrenz. Die freie Preisbildung setzt voraus, daß Anbieter und Nachfrager im freien Wettbewerb zueinander stehen, keine monopolartigen Behinderungen bestehen und daß sich der Staat jeglicher Eingriffe enthält. Bei ungehinderter Konkurrenz, bei Gewerbefreiheit, Vertragsfreiheit, beim Recht der freien Niederlassung und dem Recht zur Bildung von Zusammenschlüssen besteht die Aufgabe des Staates lediglich darin, den Schutz dieser Rechte zu gewährleisten.

09. Was sind die Nachteile des Systems der freien Marktwirtschaft?

Das System der freien Marktwirtschaft war insbesondere nicht in der Lage, soziale Probleme zu lösen. Rücksichtslose konnten sich zu Lasten Anständiger oder zu Lasten der Allgemeinheit bereichern. Das System der freien Marktwirtschaft wurde daher immer mehr von Methoden des Interventionismus und der staatlichen Wirtschaftslenkung ersetzt.

10. Was ist die Soziale Marktwirtschaft?

Die Soziale Marktwirtschaft ist eine ordnungspolitische Idee mit dem Ziel, auf der Basis der Wettbewerbswirtschaft die freie Inititative mit einem gerade durch die marktwirtschaftliche Leistung gesicherten sozialen Fortschritt zu verbinden.

11. Was sind die Grundlagen der Sozialen Marktwirtschaft?

Die Soziale Marktwirtschaft beruht auf folgenden Prinzipien, die allerdings nicht überall in der Wirtschaftspraxis im vollen Umfang gewährleistet sind und infolgedessen zu Angriffen gegen das System der Sozialen Marktwirtschaft geführt haben:
a) Das Preissystem der vollständigen Konkurrenz,
b) die Stabilität der Währung,
c) den freien Zugang zu den Märkten und Gewerbefreiheit,
d) Privateigentum an den Produktionsmitteln,
e) volle Haftung, damit der Weg zur Rentabilität nur über eine adäquate Leistung führt,
f) die Konstanz der Wirtschaftspolitik,
g) die staatliche Monopolkontrolle,
h) die staatliche Finanzpolitik, die vor allem mit Hilfe der progressiven Einkommensteuer, die jedoch die Investitionsneigung nicht fühlbar beeinträchtigen darf, die Einkommensverteilung korrigieren soll,
i) Bestimmungen über die Länge der Arbeitszeit und den Umfang der Frauen- und Kinderarbeit und ähnliche Maßnahmen zum Schutz der menschlichen Arbeitskraft.

12. Wie ist die soziale Komponente im System der Sozialen Marktwirtschaft gesichert?

Der soziale Charakter der Sozialen Marktwirtschaft kommt einmal in der institutionellen Sicherung des Wettbewerbs und der sozialen Verpflichtung des Eigentums, zum anderen in einer staatlichen Korrektur des Einkommenskreislaufs zugunsten wirtschaftlich Schwacher zum Ausdruck. Dies geschieht auf der einen Seite durch eine progressiv gestaltete Einkommensteuer und auf der anderen durch Gewährung von Fürsorgeleistungen, Renten und sonstigen Sozialleistungen, Wohnungsbau- und Agrarsubventionen sowie Sparförderungen.

13. Wann wäre das System der Sozialen Marktwirtschaft gefährdet?

Die Soziale Marktwirtschaft darf sich weder hin zum staatlichen Wirtschaftsdirigismus bewegen, weil dadurch das Prinzip des freien Rechtsstaates gefährdet wäre, noch hin zur unbegrenzten Freiheit, weil dadurch das Sozialstaatsprinzip verletzt würde. Sie darf aber auch nicht die Eigeninitiative lähmen, etwa durch eine übermäßige Besteuerung, z.B. aus Gründen eines falsch verstandenen Gerechtigkeitsdenkens.

14. Was ist das Instrumentarium der Sozialen Marktwirtschaft?

Da die Erhaltung des Marktmechanismus eine der wesentlichen Aufgaben der Sozialen Marktwirtschaft ist und nur sog. marktkonforme Mittel zur Steuerung der Wirtschaft angewandt werden können, muß die Lösung der Ziele der Sozialen Marktwirtschaft mit den Mitteln der Geld-, Währungs-, Kredit- und Steuerpolitik sowie der Finanz-, Außenhandels- und Konjunkturpolitik erreicht werden.

15. Wie können die Ziele der Sozialen Marktwirtschaft erreicht werden?

Die Ziele der Sozialen Marktwirtschaft erfordern eine enge Koordination der Wirtschaftspolitik mit ihren Teilbereichen Finanz-, Steuer-, Agrar-, Verkehrs-, Kredit-, Währungs- und Sozialpolitik sowie der Konjunkturpolitik und sind nur durch genau aufeinander abgestimmte Maßnahmen zu verwirklichen.

16. Welche weiteren Probleme müssen gelöst werden?

Die weltweite Rezession der Jahre 1974/75 hat die Soziale Marktwirtschaft vor neue Aufgaben gestellt. Es galt, Maßnahmen zur Ankurbelung und Stabilisierung der Konjunktur auf einem hohen Niveau bei Vermeidung von Dauerarbeitslosigkeit zu treffen und ein Bildungssystem zu schaffen, das Chancengleichheit garantiert, den Anforderungen der Zukunft angepaßt ist und eine ständige Weiterbildung ermöglicht. Seit 1989 besteht die Gefahr einer Konjunkturüberhitzung bei hoher Arbeitslosigkeit trotz fehlender Fachkräfte infolge fehlender Qualifikationen.

17. Was will die staatlich gelenkte Wirtschaft?

Sie will mehr oder weniger stark detaillierte staatliche Pläne an die Stelle marktwirtschaftlicher Entscheidungen setzen und die Unternehmungen zwingen, die staatlichen Vorstellungen zu akzeptieren.

18. Haben derartige Vorstellungen Aussicht auf Erfolg?

Nein; denn bislang sind alle derartigen Versuche fehlgeschlagen, weil jeder Dirigismus zu neuen unerwünschten Folgen führt, die wiederum mit neuen dirigistischen Maßnahmen bekämpft werden müssen.

19. Welche Gründe sprechen außerdem gegen eine staatlich gelenkte Wirtschaft?

Solange es nicht möglich ist, sich der weltwirtschaftlichen Verflechtung zu entziehen, werden staatlich gelenkte Wirtschaften benachteiligt sein. Es wird niemand bereit sein, in diesem Land von außen her zu investieren und das im Land vorhandene Kapital wird zur Kapitalflucht neigen.

1.1.2 Wirtschaftskreislauf

01. Welche Stellung nimmt der Betrieb in der Gesamtwirtschaft ein?

Kein Betrieb kann für sich allein existieren, sondern steht im engen Zusammenhang mit anderen Betrieben, und zwar mit Vorproduzenten und mit Abnehmern. Je entwickelter eine Volkswirtschaft ist, desto größer ist in der Regel die Kette zwischen der Urerzeugung und dem Letztverbraucher. Man spricht in diesem Zusammenhang von dem vom Nationalökonomen Böhm-Bawerk entwickelten Gesetz vom produktiven Umweg. Während z.B. früher der Bauer in einem einfachen Kreislauf mit dem von ihm erzeugten Mehl selbst sein eigenes Brot gebacken hat, erfolgt der Produktionsprozeß heute wesentlich differenzierter. Der Bauer benötigt zur Bestellung seines Feldes eine Reihe von Vorprodukten, wie z.B. Maschinen zur Feldbestellung, Düngemittel usw. Er liefert den Weizen und andere Ernteerzeugnisse über den Landhandel an Mühlen bzw. Schlachthöfe, die ihrerseits wieder über eine Vielzahl von Verteilungsstationen ihre Erzeugnisse an Bäckereien, Schlachtereien und Supermärkte liefern. In diesem arbeitsteiligen Produktions- und Verteilungsprozeß werden wiederum eine Reihe anderer Vorprodukte benötigt, z.B. von den Mühlen automatische Anlagen, von den Brotfabriken Automaten und Verpackungsmaschinen, Tüten usw., so daß jeder Hersteller gleichzeitig Abnehmer von Vorprodukten und Lieferant anderer Vorproduzenten oder Endabnehmer ist.

02. Unter welchen Voraussetzungen wird ein Betrieb produzieren?

Ein Betrieb wird in der Regel nur dann produzieren, wenn er annimmt, daß er seine Erzeugnisse auf dem Markt zu einem Preis absetzen kann, der seine Kosten deckt und eine angemessene Gewinnspanne ermöglicht.

03. Wie wird der Betrieb die notwendigen Feststellungen treffen, ob sich die Produktion lohnt?

Er wird durch Marktforschung festzustellen versuchen, ob seine Erzeugnisse gefragt sind, und er wird die Preise feststellen, zu denen diese Erzeugnisse abgesetzt werden können. Sodann wird er prüfen, ob zu diesen Preisen die Produkte produziert werden können.

04. Was bezeichnet man als volkswirtschaftliche Produktionsfaktoren?

Als Produktionsfaktoren bezeichnet man Boden, Kapital und Arbeit.

05. Wie gestalten die Betriebe die Produktionsfaktoren?

Die Betriebe versuchen, die Produktionsfaktoren so zu kombinieren, daß ein optimaler Erfolg erwirtschaftet werden kann. Dabei kommt es insbesondere darauf an, günstigste Marktentwicklungen zu erzielen und technische Größen in wirtschaftliche Werte umzusetzen. Hierzu gehören die richtige Lösung der Investitionsprobleme, die sinnvollste Abgrenzung des Produktions- oder Verkaufsprogramms, die Wahl des günstigsten Standorts, die zweckmäßigste Form der Finanzierung, die beste Betriebsorganisation und die Erzielung des größtmöglichen Verkaufserfolges.

06. Was ist das Sozialprodukt?

Das Sozialprodukt verkörpert den Wert aller in der Volkswirtschaft während eines Jahres produzierten Konsum- und Investitionsgüter sowie der geleisteten Dienste und wird mit Hilfe der Wertschöpfung berechnet.

07. Welche Bedeutung hat das Sozialprodukt?

Das Sozialprodukt kann als Wertmesser der Wirtschaftskraft angesehen werden.

08. Wie wird das Volkseinkommen berechnet?

Bei der Berechnung des Volkseinkommens wird vom Produktionswert einer Volkswirtschaft ausgegangen. Dieses setzt sich aus den inländischen Verkaufserlösen der Waren und Dienstleistungen, dem Eigenverbrauch erzeugter Produkte und den Bestandsveränderungen zusammen. Zwecks Vermeidung von Doppelzählungen müssen vom Bruttoproduktionswert die Faktorkosten und die sonstigen Kosten für nicht selbst erzeugte Produkte, d.h. die Vorleistungen abgezogen werden. Auf diese Weise erhält man das Bruttosozialprodukt. Von diesem zieht man die Abschreibungen ab und erhält so das Nettosozialprodukt zu Marktpreisen. Dieses stellt die Wertschöpfung eines Jahres dar. Davon müssen die indirekten Steuern abgezogen und die Subventionen hinzugerechnet werden. Das Ergebnis stellt das Nettosozialprodukt zu Faktorkosten dar. Es wird auch als das Volkseinkommen bezeichnet. Zieht man davon die direkten Steuern ab, so erhält man das verfügbare Einkommen.

09. Wie wird das Bruttosozialprodukt verwendet?

Das Bruttosozialprodukt wird verwendet:
a) Für den privaten Verbrauch der Haushalte,
b) für den Staatsverbrauch,
c) für die Investitionen (Anlage-, Ersatz-, Neu- und Vorratsinvestitionen)

10. Welche Bedeutung haben die Investitionen?

Den Investitionen kommt eine besondere Bedeutung innerhalb der Verwendung des Sozialprodukts zu, denn von ihnen hängt das Sozialprodukt von morgen ab, und zwar nicht nur die Höhe der künftigen Erzeugung von Gütern und Leistungen, sondern auch die Wertschöpfung.

11. Welche Einkommensarten unterscheidet man?

Man unterscheidet:
a) Das Arbeitseinkommen, d.h. das Einkommen aus Arbeitsleistungen wie Lohn und Gehalt der unselbständig Tätigen,
b) das Unternehmereinkommen,
c) das Kapitaleinkommen, d.h. das Einkommen aus dem Produktionsfaktor Kapital (Zinsen des Kapitaleinsatzes),
d) das Bodeneinkommen, d.h. das Einkommen aus dem Produktionsfaktor Boden.

12. Wie setzt sich das Unternehmereinkommen zusammen?

Das Unternehmereinkommen setzt sich zusammen:
a) Aus dem Unternehmerlohn als der Vergütung für die Tätigkeit, die der Unternehmer in seinem Betrieb leistet,
b) aus der Risikoprämie als dem Entgelt für das Wagnis,
c) aus dem Unternehmergewinn als dem Entgelt für die besonderen Leistungen der Unternehmungen.

13. Was versteht man unter einem Wirtschaftskreislauf?

Unter einem Wirtschaftskreislauf versteht man die Darstellung der wirtschaftlichen Leistungen in einem geschlossenen Zusammenhang.

14. Welche Ströme sind in einem Wirtschaftskreislaufschema enthalten?

Man unterscheidet zwischen Güterströmen und Geldströmen.

Produktionsgüterstrom: Die Haushalte stellen den Unternehmungen die produktiven Kräfte zur Verfügung.

Konsumgüterstrom: Die Unternehmungen kombinieren die produktiven Kräfte und stellen Konsumgüter her. Von den Haushalten wird die gesamte Güterproduktion gekauft und verbraucht. Mithin ist der Güterkreislauf geschlossen.

Einkommenstrom: Die Unternehmungen zahlen für die produktiven Leistungen an die Haushalte Einkommen und Zinsen, und die Haushalte verwenden ihr Einkommen zum Kauf der Konsumgüter. Das Geld fließt in die Unternehmungen zurück, die es wiederum zum Bezug produktiver Kräfte verwenden. Der Geldkreislauf ist geschlossen.

15. Welche Bedeutung hat der Lohn innerhalb des Wirtschaftskreislaufs?

Der Lohn hat eine zweifache Wirkung. Er versetzt den Verbraucher in die Lage, auf dem Markt als Nachfrager aufzutreten. Die Höhe des Lohnes ist also mitentscheidend dafür, wieviel der Verbraucher von den angebotenen Gütern und Dienstleistungen kaufen kann. Der Lohn ist aber andererseits auch ein Kostenfaktor der Produktion und mitentscheidend für die Preisgestaltung.

16. Wie wirkt das Geld im Verhältnis zur Produktion?

Wenn die Haushalte zu wenig Geld für Käufe bei den Unternehmen ausgeben - sei es, daß sie nicht wollen und das Geld lieber horten, oder sei es, daß sie ein zu geringes Einkommen haben und mithin nicht kaufen können, - geht die Produktion zurück. Auf der anderen Seite ist Geld ohne eine Warendeckung sinnlos. Das Geld ist also durch die jeweilige Produktion von Gütern und Dienstleistungen pro Jahr - das Sozialprodukt - gedeckt. Sein Wert ist damit im Grundsatz durch das Verhältnis der Geldmenge zur Menge der produzierten Güter und Dienstleistungen bestimmt. Ein Zuviel oder ein Zuwenig an Geld im Verhältnis zur vorhandenen Menge an Gütern und Dienstleistungen führt daher zwangsläufig zu Störungen im Kreislauf.

1.1.3 Märkte und Preisbildung

01. Wie bezeichnet man das Zusammentreffen von Angebot und Nachfrage?

Überall da, wo sich Güter und Geld begegnen, d.h., wo ein wirtschaftliches Angebot auf eine kaufkräftige Nachfrage trifft, entsteht ein Markt.

02. Was versteht man unter einem Preis?

Unter einem Preis versteht man den in Geld ausgedrückten Gegenwert (Tauschwert) einer Ware, eines Rechts oder einer Dienstleistung.

03. Welche Arten von Preisen unterscheidet man?

Man unterscheidet:
a) Den Warenpreis,
b) den Zins als Preis für das Kapital,
c) den Lohn als Preis für die Arbeit.

04. Welche Arten des Warenpreises werden unterschieden?

Man unterscheidet:
a) Den Wettbewerbspreis (Marktpreis). Er wird zwischen Anbietern und Nachfragern im Wettbewerb auf dem Markt gebildet;
b) den Monopolpreis, der autonom von dem alleinigen Anbieter - in seltenen Fällen auch von dem alleinigen Nachfrager - festgesetzt wird;
c) den staatlich gebundenen Preis, der vom Staat durch Gesetz als Höchst- oder Mindestpreis unmittelbar festgesetzt wird.

05. Wo bildet sich in der Regel der Preis der Ware?

Der Preis für eine Ware oder eine Dienstleistung bildet sich am Markt unter dem Einfluß von Angebot und Nachfrage. Umgekehrt beeinflußt der Preis auch den Umfang von Angebot und Nachfrage mit der Tendenz, beide zum Ausgleich zu bringen: Bei großem Angebot und knapper Nachfrage sinkt der Preis, so daß mehr gekauft werden kann. Sinken die Preise allgemein, dann bedeutet dies, daß die Kaufkraft des Geldes steigt.
Bei knappem Angebot und großer Nachfrage steigt der Preis, so daß dann weniger gekauft werden kann. Steigen die Preise allgemein, so bedeutet dies ein Sinken der Kaufkraft des Geldes.

06. Wie entstehen Angebots- und Nachfragebeziehungen?

Die wirtschaftliche Aktivität der Unternehmungen äußert sich in der Weise, daß sie sowohl als Anbieter von Produkten auftreten als auch zur Erzeugung dieser Produkte Leistungen von Produktionsfaktoren nachfragen. Andererseits sind die Haushalte Anbieter von Faktorleistungen, aus denen sie auf den Märkten der

Produktionsfaktoren Einkommen erzielen. Mit diesem Einkommen fragen sie diejenigen Güter nach, die von den Unternehmungen auf den Gütermärkten angeboten werden. Auf diese Weise entstehen Angebots-Nachfrage-Beziehungen zwischen Unternehmungen und Haushalten, aus denen die Güterpreise entstehen.

07. Wie entsteht eine Nachfrage?

Die Nachfrage nach Gütern wird durch die Bedürfnisse hervorgerufen, indem die Individuen Güter zu erwerben wünschen, um sie für die Befriedigung ihrer Bedürfnisse zu verwenden. Da aber die Knappheit der Güter eine Befriedigung aller Bedürfnisse ausschließt, hat der Preis die Aufgaben eine Sättigung dieser Bedürfnisse nur in dem Ausmaß zuzulassen, das der vorhandenen Gütermenge, die im Angebot zum Ausdruck kommt, entspricht. Deshalb bestimmt der Preis, welche Bedürfnisse am Markt effektiv als Nachfrage wirksam werden.

08. Wovon hängt die Gesamtnachfrage nach einem Gut ab?

Die Gesamtnachfrage nach einem Gut hängt vor allem von dem Preis ab, der auf dem Markt für das Gut gezahlt werden muß. Da aber jeder Haushalt auch andere Güter erwerben möchte, sind für die Nachfrage nach einem Gut auch die Preise der anderen Güter, die vom Haushalt nachgefragt werden, bedeutsam. Für die Nachfrage ist aber auch die subjektive Wertschätzung und schließlich auch die Höhe des vorhandenen Einkommens entscheidend.

09. Welche Größen beeinflussen das Angebot der Unternehmungen?

Das Angebot der Unternehmungen hängt von zwei entscheidenden Größen ab, und zwar von dem Kostenverlauf des Unternehmens und von den Erlösen, die erzielt werden können.

10. Welche Faktoren bestimmen die Höhe des Preises?

Für die Höhe des Preises, den eine Unternehmung erzielen kann, ist es entscheidend, ob sein Vorgehen von den Aktionen anderer Unternehmungen abhängig ist. Es ist also entscheidend, ob Wettbewerb herrscht. Je stärker der Wettbewerb ist, desto geringer ist die Marktmacht des einzelnen Unternehmens.

11. Was bezeichnet man als Marktform?

Als Marktform bezeichnet man ein gedankliches Modell, das die Situation auf den Märkten charakterisiert und zwar im Hinblick auf die Zahl der Marktteilnehmer und den damit gegebenen Konkurrenzbeziehungen. Für die Preisbildung werden die Angebots- und Nachfragebeziehungen auf den Märkten in vollständige Konkurrenz, Monopole, Oligopole und Polypole unterteilt.

12. Was erschwert den Marktzutritt neuer Anbieter?

Absolute Kostenvorteile der bestehenden Unternehmungen durch Patente, die eine Kontrolle der Produktionsmethoden ermöglichen, Vorteile in der Rohstoff-

1.1.3 Märkte und Preisbildung

und Materialbeschaffung, das Vorhandensein von spezialisierten Fachkräften, eine günstige Kapital- und Kreditbeschaffung, Vorteile im Absatz durch eingeführte Erzeugnisse, ein sicherer Kundenstamm, eine eingeführte Absatzorganisation.

13. Welche Wirkungen haben die Marktformen auf die Preisbildung?

Werden Angebotspreise durch das Verhalten einzelner Anbieter beeinflußt, so spiegelt die Preisbildung nicht mehr das objektive Knappheitsverhältnis der Produktionsmittel und Produkte im Verhältnis zur Nachfrage wider. Der einzelne Anbieter ist gezwungen, seine Angebotsmenge zu regulieren.

14. Welche Marktformen werden unterschieden?

Auf Märkten bildet sich der jeweilige Preis u.a. aufgrund der Marktstellung der Anbieter und Nachfrager. Entscheidend für die Stellung der Marktpartner ist die Anzahl der Marktteilnehmer und der Marktanteil. Die Anzahl der Marktteilnehmer kann auf jeder Marktseite zwischen einem und vielen liegen. In der volkswirtschaftlichen Theorie geht man von drei konkreten Marktformen aus, nämlich dem Monopol, dem Oligopol und der vollständigen Konkurrenz. Mit Hilfe der Theorie der Marktformen soll daher die Preisbildung erläutert werden. Die Marktformen lassen sich wie folgt in einem Schema darstellen.

Zahl der Nachfrager \ Zahl der Anbieter	einer	wenige	viele
einer	bilaterales Monopol	oligopolisch beschränktes Nachfragemonopol	Nachfragemonopol
wenige	oligopolisch beschränktes Angebotsmonopol	bilaterales Oligopol	Nachfrageoligopol
viele	Angebotsmonopol	Angebotsoligopol	bilaterales Polypol (atomistische Konkurrenz)

Die Marktform des Angebotsmonopols liegt vor, wenn ein Anbieter vielen Nachfragern gegenübersteht und jeder Nachfrager nur über einen geringen Marktanteil verfügt. Umgekehrt stehen beim Nachfragemonopol einem Nachfrager viele Anbieter mit jeweils nur geringen Marktanteilen gegenüber. Steht hingegen einem Anbieter nur ein Nachfrager gegenüber, so ist der Fall eines zweiseitigen oder bilateralen Monopols gegeben. Der Preis bildet sich in diesem Fall erst nach harten Preiskämpfen.

Unter Konkurrenz werden alle Beziehungen verstanden, die zwischen Wirtschaftssubjekten als Anbietern oder Nachfragern bestehen. Angebotskonkurrenz liegt vor, wenn es sich um Beziehungen unter Anbietern handelt, Nachfragekonkurrenz, wenn es sich um Beziehungen zwischen Nachfragern handelt.

Das Konkurrenzprinzip besagt, daß jeder Anbieter (Nachfrager) davon ausgehen muß, daß sein Absatz (Einkauf) nicht nur von seinen eigenen Dispositionen und dem Verhalten der Käufer (Verkäufer) abhängt, sondern auch von den Dispositionen anderer Anbieter (Nachfrager). Bei dem Konkurrenzprinzip wird also für Anbieter und Nachfrager das Ergebnis ihrer Handlungen von Faktoren mitbeeinflußt, die sie nicht unter Kontrolle haben.

Bei den Konkurrenzbeziehungen werden die homogene und die heterogene Konkurrenz unterschieden. Homogene Konkurrenz liegt vor, wenn zwei oder mehrere Anbieter ein vollständig gleiches Gut anbieten, was völlige Markttransparenz voraussagt. Eine Konkurrenzbeziehung, bei der vollständige Markttransparenz vorausgesagt wird, wird auch als vollkommene Konkurrenz bezeichnet. Bei homogener oder vollkommener Konkurrenz gibt es für eine Mengeneinheit eines bestimmten Gutes zu einem Zeitpunkt immer nur einen Preis. Von heterogener Konkurrenz wird gesprochen, wenn die angebotenen Güter von den Nachfragenden nicht als gleich angesehen werden. Die Folge ist, daß die Preise für die angebotenen Güter verschieden sein können.

Bei der vollständigen Konkurrenz (bilateralem Polypol) stehen sich jeweils viele Anbieter und Nachfrager mit sehr kleinen Marktanteilen gegenüber.

Die Angebotskonkurrenz wird als monopolistisch bezeichnet, wenn ein Anbieter sich zwar so verhält, als ob sein Absatz nur von seinen Aktionsparametern Preis oder Menge abhängig ist, aber doch damit rechnet, daß weitere Anbieter auftreten.

Ein Anbieter handelt als Mengenanpasser, wenn er den jeweiligen Marktpreis als gegeben hinnimmt und seine Absatzmenge danach einrichtet.

Bei atomistischer Angebots- und Nachfragestruktur stehen sich Käufer und Verkäufer in großer Zahl mit jeweils geringen Marktanbietern gegenüber.

Eine Konkurrenzbeziehung wird polypolistisch genannt, wenn ein Anbieter Preis oder Menge festsetzt, aber nicht damit rechnet, daß seine Konkurrenten auf diese Preis- oder Mengenfixierung reagieren, indem sie ihrerseits ihre Absatzpreise oder Angebotsmengen ändern.

Oligopolistische Konkurrenz liegt vor, wenn der Anbieter zwar sowohl Preis als auch Menge als Aktionsparameter besitzt, jedoch damit rechnet, daß die anderen Anbieter auf seine Preis- bzw. Mengenanpassungen reagieren und damit seinen Absatz mit beeinflussen.

In der Praxis dürfte die Marktform des Angebotsoligopols die am häufigsten anzutreffende Marktform sein. Ein Angebotsoligopol liegt vor, wenn wenigen Anbietern mit ungefähr gleich großen Marktanteilen viele Nachfrager mit nur geringen Marktanteilen gegenüberstehen. Bei einem Oligopol rechnen die Anbieter also damit, daß aufgrund ihres hohen Anteils an diesem Markt der einzelne Marktteilnehmer einen Einfluß auf das Marktgeschehen ausübt. Beim Angebotsoligopol muß der einzelne Anbieter neben seinen eigenen Reaktionen und denen der Nachfrager auch die Reaktionen seiner Mitbewerber berücksichtigen. Eine Konkurkurrenzsituation wird als freie Konkurrenz bezeichnet, wenn der Zugang weiterer Anbieter oder Nachfrager zu einem bestimmten Markt keinerlei Beschränkungen unterliegt. Eine Konkurrenz ist geschlossen, wenn der Zugang neuer Anbieter gesperrt ist. Ist der Zugang an bestimmte Bedingungen geknüpft, so wird diese Situation als beschränkte Konkurrenzbeziehung bezeichnet.

15. Was unterscheidet die makroökonomische und die mikroökonomische Betrachtungsweise der Wirtschaft?

Gegenstand der Makroökonomie ist die Analyse gesamtwirtschaftlicher Zusammenhänge und Prozesse auf der Basis aggregierter Größen. Dies bedeutet, daß Gegenstand der Analyse das Verhalten und Zusammenwirken der zu Gruppen oder Sektoren zusammengefaßten Wirtschaftseinheiten, z.B. der Haushalte und Unternehmungen ist, wobei individuelle oder einzelwirtschaftliche Dispositionen und die heterogene Zusammensetzung der zugrunde gelegten Größen unberücksichtigt bleiben.

Mit Hilfe einer makroökonomischen Theorie, die das Verhalten der Gruppen und Sektoren erklärt und dadurch eine Erklärung von Reaktionen auf gesamtwirtschaftlicher Datenänderungen möglich macht, kann Antwort auf folgende Fragen gegeben werden:
Welche Faktoren bestimmen die Höhe des gesamtwirtschaftlichen Einkommens und Sozialprodukts? Wovon hängt das Beschäftigungsniveau ab und unter welchen Bedingungen kann in einer Volkswirtschaft eine dauerhafte Vollbeschäftigung der Produktionsfaktoren erreicht werden? Wodurch sind Konsum, Sparen und Investitionen volkswirtschaftlich bestimmt? Wovon hängt die Höhe des Preisniveaus in einer Volkswirtschaft ab?

Hingegen ist Gegenstand der Mikroökonomie die Abstimmung der individuellen Wirtschaftspläne insbesondere durch die Preisbildung, d.h. es wird der Frage nachgegangen, wie das einzelwirtschaftliche Verhalten der Anbieter und Nachfrager über die Preisbildung koordiniert wird. Im Rahmen der mikroökonomischen Betrachtung interessieren z.B. die Beziehungen, die zwischen einer Veränderung des Realeinkommens eines Haushalts und seiner mengenmäßigen Nachfrage nach bestimmten Gütern bestehen.

1.1.4. Geld und Kredit

01. Welche Aufgaben haben die Kreditinstitute?

Obwohl im Alltag und im Wirtschaftsleben der Begriff Bank eine große Rolle spielt und auch deutlich sichtbar in Firmenbezeichnungen wie z.B. Deutsche Bank oder Volksbank zum Ausdruck kommt, ist rechtlich der Name Kreditinstitut verbindlich. Nach § 1 des Gesetzes über das Kreditwesen vom 10.07.1961 ergeben sich die Aufgaben der Banken aus den Funktionen, die sie als Unternehmungen des privaten und öffentlichen Rechts in der Wirtschaft zu erfüllen haben. Kreditinstitute sind Unternehmungen, die Bankgeschäfte betreiben, wenn der Umfang dieser Geschäfte einen in kaufmännischer Weise eingerichteten Geschäftsbetrieb erfordert. Da in der Volkswirtschaft ein hoher Kreditbedarf zur Finanzierung von Investitionen aller Art besteht, stellen diejenigen, die Geld sparen, dieses den Kreditinstituten gegen Zinsen zur Weiterleitung an die Kreditnehmer zur Verfügung.

02. Welche Sparformen werden unterschieden?

An Sparformen unterscheidet man: das Kontensparen, das Bausparen, das Versicherungssparen und das private Wertpapiersparen, zu dem auch das Investmentsparen gehört.

03. Welche Bankgeschäfte sind üblich?

Die Kreditinstitute üben ihre Aufgabe durch Wahrnehmung nachfolgender Bankgeschäfte aus:
- Annahme fremder Gelder als Einlagen (Einlagengeschäfte)
- Gewährung von Gelddarlehen und Akzeptkrediten (Kreditgeschäft)
- Ankauf von Wechseln und Schecks (Diskontgeschäft)
- Anschaffung und die Veräußerung von Wertpapieren für andere (Effektengeschäft)
- Verwahrung und die Verwaltung von Wertpapieren für andere (Depotgeschäft)
- Das Investmentgeschäft
- Eingehung der Verpflichtung, Darlehensforderungen vor Fälligkeit zu erwerben (Revolvinggeschäft)
- Übernahme von Bürgschaften, Garantien und sonstigen Gewährleistungen für andere (Garantiegeschäft)
- Durchführung des bargeldlosen Zahlungsverkehrs und des Abrechnungsverkehrs (Girogeschäft)

Die Entgegennahme von Krediten wird dabei als Passivgeschäft und die Gewährung von Krediten als Aktivgeschäft bezeichnet. Die Kreditinstitute müssen bei ihrer Geschäftspolitik berücksichtigen, daß die Anlagedauer der hereingenommenen Einlagen in der Regel kürzer als die Laufzeit der gewährten Kredite ist.

04. Wie werden Banken überwacht?

Die Bankinstitute werden vom Bundesaufsichtsamt für das Kreditwesen überwacht. Ziel dieser Aufsicht ist
- der Gläubigerschutz, d.h. die Gewährleistung der Sicherheit der den Kreditinstituten anvertrauten Einlagen
- die Aufrechterhaltung des Zahlungsverkehrs und der Kreditmärkte insbesondere durch Vorkehrungen, damit Bankenzusammenbrüche erschwert und die Interessen der Einleger gewahrt werden.

05. Welche Arten von Kreditinstituten bestehen?

1. Die Deutsche Bundesbank

Die Deutsche Bundesbank ist die Zentralbank (Notenbank) der Bundesrepublik Deutschland.

1.1.4 Geld und Kredit

Ihre Aufgabe wird wie folgt beschrieben: Die Deutsche Bundesbank regelt mit Hilfe der währungspolitischen Befugnisse, die ihr aufgrund des Gesetzes über die Deutsche Bundesbank vom 26.07.1957 zustehen, den Geldumlauf und die Kreditversorgung der Wirtschaft mit dem Ziel, die Währung zu sichern und sorgt für die bankenmäßige Abwicklung des Zahlungsverkehrs im Inland und mit dem Ausland. Mittel der Zentralbankpolitik sind:

Das Notenausgaberecht: In der Bundesrepublik Deutschland hat allein die Bundesbank das Recht, Banknoten auszugeben. Die auf Deutsche Mark lautenden Noten sind das einzige unbeschränkte gesetzliche Zahlungsmittel.

Die Diskontpolitik: Unter Diskontpolitik ist die Festlegung des Satzes zu verstehen, zu dem die Deutsche Bundesbank bereit ist, bundesbankfähige Wechselforderungen von den Banken anzukaufen. Eine Änderung des Diskontsatzes erhöht oder senkt die Refinanzierungskosten bei der Bundesbank und beeinflußt über das Kreditpotential die Ertragslage der Kreditinstitute.

Die Offenmarktpolitik: Sie umfaßt den An- und Verkauf verzinslicher Wertpapiere durch die Deutsche Bundesbank zur Beeinflussung des Geldmarktes. Durch die Gestaltung der Abgabesätze schafft die Bundesbank für die Kreditinstitute einen Anreiz, Geldmarktpapiere von ihr zu erwerben oder abzugeben. Ein Kauf solcher Papiere durch die Banken bedeutet Liquiditätsentzug, ein Verkauf an die Bundesbank erweitert das Kreditpotential.

Die Kreditpolitik: Mit ihrer Hilfe werden Krediterleichterungen oder Beschränkungen geregelt.

Die Mindestreservepolitik: Die Bundesbank kann von den Kreditinstituten verlangen, daß sie bestimmte Prozentsätze ihrer Einlagen bei der Zentralbank zinslos hinterlegen.

Die Einlagenpolitik: Sie verpflichtet die zentralen öffentlichen Verwaltungen, ihre Kassenmittel bei der Bundesbank auf Girokonten einzulegen und räumt der Zentralbank das Recht ein, über eine anderweitige Anlage dieser Mittel zu bestimmen.

Die Deutsche Bundesbank darf im Rahmen ihrer Tätigkeit mit Kreditinstituten folgende Geschäfte betreiben:
a) An- und Verkauf von Wechseln und Schecks, die den Anforderungen der Bundesbank genügen
b) An- und Verkauf von Schatzwechseln des Bundes oder eines Sondervermögens oder eines Bundeslandes, die innerhalb von drei Monaten fällig sind
c) Gewährung von Lombardkrediten für höchstens drei Monate bei Hereinnahme bestimmter Pfänder
d) Annahme unverzinslicher Giroanlagen
e) Verwahrung und Verwaltung von Wertpapieren
f) Einzug von Schecks, Wechseln, Anweisungen, Wertpapieren und Zinsscheinen
g) Ankauf und Verkauf von Devisen und Sorten sowie Gold, Silber und Platin
h) Abwicklung aller Bankgeschäfte im Verkehr mit dem Ausland

2. Privatrechtliche Kreditinstitute

a) Einzelunternehmen und Personengesellschaften sind Unternehmungen des privaten Bankgewerbes, die unter Einsatz ihres Kapitals, unbeschränkter Haftung ihres Gesamtvermögens und eigener Entscheidungsbefugnis Bankgeschäfte betreiben. Die Geschäftstätigkeit ist vom besonderen Vertrauen der Kunden geprägt.

b) Banken in der Rechtsform der AG oder KG auf Aktien haben die Möglichkeit, durch die Ausgabe von Aktien Eigenkapital zu beschaffen. Bei diesen Kreditinstituten ist die Kapitalgeber- und die Unternehmerfunktion getrennt.

c) Kreditgenossenschaften sind Gesellschaften mit nicht geschlossener Mitgliederzahl, die mittels eines gemeinschaftlichen Geschäftsbetriebes durch Gewährung von Darlehen und Durchführung sonstiger bankmäßiger Geschäfte den Erwerb oder die Wirtschaft ihrer Mitglieder fördern wollen.

d) Privatrechtliche Spezialkreditinstitute: Hierzu zählen die Teilzahlungskreditinstitute, Investmentgesellschaften und Kassenvereine.

Teilzahlungskreditinstitute sind darauf ausgerichtet, an Konsumenten und Produzenten für die Beschaffung von Gütern und Dienstleistungen Kredite zu gewähren, deren Rückzahlung in gleichen Raten und gleichen Zeitabschnitten erfolgt.

Kapitalgesellschaften sind Unternehmungen, deren Geschäftsbereich darauf gerichtet ist, bei ihnen eingelegtes Geld in eigenem Namen für gemeinschaftliche Rechnung der Einleger nach dem Grundsatz der Risikomischung in Wertpapieren gesondert von dem eigenen Vermögen anzulegen und über die hieraus sich ergebenden Rechte der Einleger (Anteilinhaber) Urkunden (Anteilscheine) auszustellen. Die Investmentgesellschaften verwalten überdies die Vermögenswerte auch treuhänderisch und überwachen laufend die angelegten Mittel.

Bei den Investmentfonds stellen die Gesellschaften einen Fonds aus verschiedenen Wertpapieren zusammen. Das Vermögen der jeweiligen Fonds wird in Anteile gestückelt, die zum Kauf angeboten werden. Bei Investmentfonds sollen sich die Wertpapiere hinsichtlich der Ertragschancen und evtl. Risiken ergänzen, so daß der Sparer gute Erträge bei einem Höchstmaß an Sicherheit erwarten kann.

Kassenvereine sind Spezialkreditinstitute für die Sammelverwahrung von Wertpapieren und für den Effektengiroverkehr. Sie stehen nur mit Kreditinstituten in Geschäftsverbindung und tragen die Bezeichnung Wertpapiersammelbank.

3. Öffentlich-rechtliche Kreditinstitute

Hierzu zählen die Sparkassen einschließlich der Girozentralen, die Staatsbanken, öffentlich-rechtliche Kreditinstitute mit Sonderaufgaben, öffentlich-rechtliche Realkreditinstitute und die Deutsche Bundesbank.

Sparkassen
Ihr Ursprung liegt in den Kreditanstalten der Kommunen, die auch heute noch das Grundkapital zur Verfügung stellen. Die Sparkassen werden als öffentliche Unternehmungen geführt, deren Gewährsträger die Kommunen sind. Die Sparkassen pflegen bevorzugt das längerfristige Spargeschäft und die Vergabe von Hypothekendarlehen zum Wohnungsbau.

1.1.4 Geld und Kredit

Staatsbanken
sind Bankinstitute mit eigener Rechtspersönlichkeit und eigenem Vermögen, die unter Garantie und Aufsicht eines Staates einen nach allgemeinwirtschaftlichen und staatswirtschaftlichen Grundsätzen aufgestellten Aufgabenkreis grundsätzlich im Bereich desjenigen Staates zu erfüllen haben, durch den sie garantiert sind. Öffentlich-rechtliche Kreditinsitute mit Sonderaufgaben sind Banken, die vom Staat zur Erfüllung bestimmter Aufgaben auf dem Gebiet des Kreditwesens errichtet worden sind. Hierzu zählen die Kreditanstalt für Wiederaufbau, die Lastenausgleichsbank und die landwirtschaftliche Rentenbank.

Realkreditinstitute
sind private oder öffentlich-rechtliche Banken, deren Ziel in der Gewährung langfristiger, durch Grundstücksrechte gesicherter Kredite besteht, wobei die Beschaffung der Mittel durch die Ausgabe von Pfandbriefen erfolgt. Die Realkreditinstitute sind auch Darlehensgeber der Kommunen. Das notwendige Kapital wird durch die Ausgabe von Kommunalobligationen beschafft.

Die öffentlich-rechtlichen Realkreditinstitute sind unter der Bezeichnung Landschaft, Ritterschaft, Stadtschaft bekannt, während die privaten Realkreditinstitute unter den Bezeichnungen Hypothekenbanken und Schiffspfandbriefbanken geführt werden.

Mit Hilfe des mehrfach gegliederten Banksystems ist es möglich, den umfassenden Kreditbedarf der Unternehmungen und die sonstigen währungspolitischen Anliegen der deutschen Wirtschaft zu befriedigen.

06. Welche Formen des Kapitals werden unterschieden?

Man unterscheidet Eigen- und Fremdkapital
a) *Eigenkapital*
Darunter versteht man den Wert des von den an der Unternehmung Beteiligten eingebrachten Vermögens und den Wert des von der Unternehmung selber erarbeiteten und an die Beteiligten nicht ausgeschütteten Vermögens.
Das Eigenkapital umfaßt:
- bei Einzelunternehmungen und OHG´s das Kapital der Inhaber
- bei Kommanditgesellschaften das Kapital der Komplementäre, die Einlagen der Kommanditisten und die Rücklagen
- bei Gesellschaften mit beschränkter Haftung das Stammkapital, die Rücklagen und den Gewinnvortrag
- bei Aktiengesellschaften das Grundkapital, die gesetzlichen und die freien Rücklagen sowie den Gewinnvortrag
- bei Kommanditgesellschaften auf Aktien das Kapital der Komplementäre und der Kommanditisten, die gesetzlichen und die freien Rücklagen sowie den Gewinnvortrag.

Bei der Finanzierung durch Eigenkapital wird noch zwischen Beteiligungs- und Selbstfinanzierung unterschieden. Eine Beteiligungsfinanzierung besteht aus Sach- oder Geldeinlagen der Eigentümer der Unternehmung und der Selbstfinanzierung aus nicht entnommenen Gewinnen.

Die Selbstfinanzierung stärkt die Eigenkapitalbasis der Unternehmungen und trägt zur Verringerung der Krisenanfälligkeit bei.

b) Fremdkapital
Darunter versteht man den Wert des von unbeteiligten Dritten eingebrachten Vermögens, das als Kredit Anspruch auf die vereinbarten Zinsen und auf eine fristgemäße Rückzahlung hat. Nach der Fristigkeit des Kapitals wird unterschieden
- kurzfristiges Kapital = bis zu drei Monaten Laufzeit
- mittelfristiges Kapital = bis zu vier Jahren Laufzeit
- langfristiges Kapital = über vier Jahre Laufzeit.

07. Welche Zusammenhänge bestehen zwischen Sparen und Investieren?

In der Regel wird nicht das ganze, den Haushalten zur Verfügung stehende Einkommen für den Konsum ausgegeben. Teile des Einkommens werden gespart. Das Sparen ist aber nur dann sinnvoll, wenn das Geld wieder in die Produktion fließt.

08. Wer leitet das Spargeld in die Produktion?

Aufgabe der Banken ist es, die gesparten Gelder zu sammeln und den Unternehmen als Kredite für Investitionen zur Verfügung zu stellen, damit auf diese Weise die Produktion ausgeweitet oder die Produktionsstruktur verbessert werden kann.

09. Von welchen Faktoren sind die verschiedenen Einkommensarten abhängig?

Zum einen gibt es Einkommen, die autonom festgesetzt werden, ohne zwingenden inneren Zusammenhang mit dem Marktgeschehen und ohne Berücksichtigung des Verhältnisses von Angebot und Nachfrage, und zum anderen gibt es Einkommen, deren Entwicklung nur das Geschehen auf dem Markt widerspiegelt. Zur ersten Gruppe gehören die Löhne und Gehälter, die durch die Sozialpartner tarifvertraglich festgelegt werden und die mithin für die Unternehmungen Datum sind. Ferner die öffentlichen Einkommensübertragungen an private Haushalte, wie Pensionen, Renten, Wohngelder, die auf Gesetzen beruhen und meist in unmittelbarem Zusammenhang mit den Einkommen aus Lohn und Gehalt stehen. Alle anderen Einkommen aus Unternehmertätigkeit und Vermögen unterliegen dem Marktgesetz. Das Einkommen aus dem Vermögen ist abhängig vom Zinsniveau, das Einkommen aus Unternehmertätigkeit vom Verhältnis von Angebot und Nachfrage und den Preisen, die die Unternehmer aufgrund dieses Verhältnisses für die von ihnen angebotenen Waren oder Leistungen erhalten.

10. Welches sind die Aufgabenbereiche des Staates?

a) Allgemeine Staatsaufgaben. Sie erfordern Ausgaben für die Verwaltung, die Rechtspflege, die Verteidigung;
b) Sozialaufgaben. Sie bedingen Ausgaben bei der Sozialversicherung;

c) Ökonomische Aufgaben. Sie erfordern z.B. Ausgaben für den Wohnungsbau, das Verkehrswesen oder die Wirtschaftsförderung;
d) Ausgaben für die Förderung von Bildung und Wissenschaft;
e) Umweltschutzaufgaben.

11. Was sind die Ziele moderner Finanzpolitik?

Die Finanzpolitik ist in den Dienst der Wirtschaftspolitik gestellt. In Verbindung mit der Kredit- und Währungspolitik wird die Finanzpolitik zur Verwirklichung wirtschaftspolitischer Zielsetzungen eingesetzt. Diese Ziele sind ein stetiges, möglichst gleichmäßiges Wirtschaftswachstum, die Sicherung der Vollbeschäftigung, die Aufrechterhaltung eines stabilen Geldwertes und eine ausgeglichene Zahlungsbilanz.

12. Wie kann der Staat die Produktivität fördern?

Er kann sparen und investieren sowie Forschung und Entwicklung steuerlich begünstigen und damit die Wirtschaft positiv beeinflussen oder er kann produktivitätsfördernde Ausgaben tätigen.

13. Wie beeinflußt der Staat die Einkommensverteilung?

Dies ist sowohl bei den Staatseinnahmen als auch bei den Staatsausgaben möglich. Bei den Staatseinnahmen geschieht die Umverteilung durch eine stärkere steuerliche Belastung bestimmter Bevölkerungsgruppen. Über die Staatsausgaben nimmt der Staat Einfluß, indem er an bestimmte Gruppen Unterstützungsgelder zahlt.

14. Wie wirkt die Finanzpolitik als Teil der Wirtschaftspolitik?

Wirtschafts- und finanzpolitische Instrumente müssen zur Durchsetzung verschiedener, gleichzeitig zu verwirklichender Zielsetzungen eingesetzt werden, und zwar so, daß sie sich ergänzen und nicht gegenteilige Wirkungen erzeugen. Dazu bedarf es der Abstimmung mit den übrigen Instrumenten der staatlichen Wirtschaftspolitik, nämlich der Geld-, Währungs-, Kredit- und der Außenhandelspolitik. In Verbindung mit der Geld-, Kredit- und Währungspolitik wird das Kreditvolumen der Volkswirtschaft bestimmt und die Gesamtnachfrage reguliert, in Verbindung mit der Außenhandelspolitik selbst bei liberalisierten Ein- und Ausfuhren eine Regulierung des Handelsverkehrs mit dem Ausland herbeigeführt.

15. Welche Wirkungen haben die staatlichen Maßnahmen auf die Unternehmungen?

Das staatliche Einnahmen- und Ausgabenverhalten beeinflußt einerseits die Entscheidungen der Haushalte über die Höhe des Konsums, der Ersparnis und des Arbeitsangebotes und andererseits die Entscheidungen der Unternehmungen über die Höhe der Nachfrage nach Produktionsfaktoren bei gegebener Kapazität sowie über die Höhe der Investitionstätigkeit zur Ausweitung der Kapazitäten. Diese

Wirkungen sind beträchtlich. Von besonderer Bedeutung sind sie im betrieblichen Bereich. Investitionsentscheidungen sind nämlich nicht nur von der Höhe der Löhne, der Lohnnebenkosten sowie der Nachfrageentwicklung abhängig, sondern werden auch wesentlich von der steuerlichen Behandlung der Investitionen und den Abschreibungsmöglichkeiten beeinflußt.

16. Welche Ausgaben des Staates beeinflussen die Unternehmensentscheidungen außerdem?

Die Ausgaben des Staates für allgemeine Aufgaben spielen bei den Überlegungen der Unternehmungen im Hinblick auf die Investitionen eine Rolle. Werden beispielsweise die Renten erhöht, so ist dies zunächst für die Konsumgüterindustrie ein Anreiz zu verstärkten Investitionen, weil sie mit einem erhöhten Absatz rechnen kann. Erhöht der Staat die direkten Steuern zum Zwecke des Haushaltsausgleichs, so wirkt sich diese Maßnahme über die Lohnforderungen der Gewerkschaften ebenfalls im Investitionsbereich aus. Im Falle staatlicher Kreditaufnahme müssen sich die Unternehmen auf eine Zinssteigerung und damit auf eine Verteuerung der Investitionen einstellen, sofern die staatliche Nachfrage zusätzlich zu dem privaten Kreditbedarf auftritt.

17. Welche Wirkungen haben die Handelsbeziehungen mit dem Ausland?

Umfang und Zusammensetzung von Export und Import sind durch ihren Einfluß auf den Geld- und Güterkreislauf für jede Volkswirtschaft von entscheidender Bedeutung. Falls der Export den Import über einen längeren Zeitraum stark übersteigt (aktive Handelsbilanz) wird sich der Beschäftigungsgrad im Inland erhöhen und möglicherweise zur Überbeschäftigung führen. Wenn das dadurch erhöhte Gesamteinkommen der Arbeitnehmer überwiegend oder gar vollständig auf dem Markt als Nachfrage wirksam wird, steht nicht die adäquate Gütermenge zur Verfügung, da ein Teil der inländischen Produktionen ausgeführt, aber nicht entsprechend viele ausländische Güter eingeführt wurden. Die das Angebot übersteigende Nachfrage birgt die Gefahr von Preissteigerungen im Inland. Falls umgekehrt der Import wesentlich höher ist als der Export, entsteht im Inland Unterbeschäftigung und das Einkommen der Arbeitnehmer geht zurück. Es kommt zwar viel Ware auf den Markt, aber die Nachfrage danach ist zu niedrig, da das verfügbare Einkommen geringer geworden ist. Die Preistendenz ist sinkend.

18. Welche Rolle spielen die Banken im Wirtschaftssystem?

Die Banken haben u.a. die Funktion, Spargelder gegen Zinsen an die Einleger zu sammeln und als Kredite an Unternehmungen wieder auszuleihen. Hierfür nehmen sie einen höheren Zins als sie an die Sparer zahlen. Die Zinsdifferenz deckt die Kosten der Banken und ermöglicht Gewinn. Die Unternehmungen können sich vielfach nur mit Hilfe von Krediten vergrößern und sind bei Investitionen auf Fremdkapital angewiesen. Die Banken in ihrer Gesamtheit können aber auch sog. Geldschöpfung betreiben, indem sie mehr Geld verleihen, als bei ihnen in Form von Spargeldern eingezahlt wurde. Auf diese Weise vergrößert sich gesamtwirtschaftlich die Geldmenge.

19. Was sind die Folgen der Geldschöpfung?

Es kann mehr investiert werden. Dadurch vergrößert sich die Produktion. Es werden mehr Arbeitskräfte beschäftigt. Das zusätzliche Einkommen erhöht die Gesamtnachfrage. In einer bisher unterbeschäftigten Wirtschaft bedeutet dies einen Konjunkturaufschwung. Besteht jedoch bereits Vollbeschäftigung, dann führen die durch Geldschöpfung ermöglichten Kredite meist zu keiner nennenswerten Produktionsausweitung mehr, da keine zusätzlichen Arbeitskräfte beschafft werden können. Die Kredite fließen in höhere Löhne oder Zinsen. Dem so erhöhten Einkommen und der dadurch erhöhten Gesamtnachfrage steht auf dem Markt kein entsprechend erhöhtes Güterangebot gegenüber. Mithin sind Preissteigerungen unvermeidlich. Diese Gefahr der Preissteigerungen besteht auch dann, wenn die Kredite für Exportaufträge benötigt werden. Der durch die erhöhte Produktion vergrößerten Beschäftigtenzahl und dem so vermehrten Einkommen der Beschäftigten steht keine entsprechend erhöhte Warenmenge zur Verfügung, da die zusätzlich produzierten Güter exportiert werden. Die Bezahlung der Exporte bringt zusätzliches Geld ins Inland und verstärkt die Tendenz zur Preissteigerung.

1.1.5 Konjunktur und Wirtschaftswachstum

01. Was versteht man unter Konjunktur?

Unter Konjunktur versteht man das Phänomen mehrjähriger und in gewisser Regelmäßigkeit auftretender wirtschaftlicher Wechsellagen, denen das gesamte nationale und auch internationale Wirtschaftsleben in Form von expansiven und kontraktiven Prozessen unterworfen ist. Die Bezeichnung Konjunktur ist als Oberbegriff für die verschiedenen Konjunkturphasen - Hochkonjunktur, Abschwung, Rezession, Aufschwung - anzusehen. Diese vier Phasen bilden einen Konjunkturzyklus.

02. Wie können die einzelnen Konjunkturphasen charakterisiert werden?

In der Depressionsphase (der Krise) ist eine Unterbeschäftigung mit niedrigen Löhnen, sinkenden Gewinnen und stark eingeschränkten Investitionstätigkeiten festzustellen. Im Aufschwung steigt die Investitionstätigkeit. Zunächst herrscht ein stabiles Lohn- und Preisniveau, die Aktienkurse steigen. In der Hochkonjunktur herrschen Voll- oder sogar Überbeschäftigung mit Preis- und Lohnsteigerungen und hohen Gewinnen. Es beginnen die Geld- und Kreditschwierigkeiten. In der folgenden Rezessionsphase herrschen Abschwung und Kontraktion bei nachlassender Investitionstätigkeit, Kurse und Gewinne sinken. Unternehmenszusammenbrüche und Arbeitslosigkeit sind die Folge.

03. Wie lassen sich die einzelnen Phasen eines Konjunkturzyklus einteilen?

Die Hochkonjunktur (auch Boom genannt) ist charakterisiert durch schnelles und hohes Wachstum des Bruttosozialproduktes, große Nachfrage, die größer als das

Angebot ist, hohen Beschäftigungsstand und wenig Arbeitslose sowie einen starken Preisanstieg.

Die Abschwungphase (Kontraktionsphase) ist charakterisiert durch geringeres Wachstum des Bruttosozialproduktes, Abbau des Nachfrageüberhangs, Auslastungsrückgang der Produktionsanlagen, Zunahme der Arbeitslosigkeit und anhaltenden Preisauftrieb.

Die Rezession (Depressionsphase) ist charakterisiert durch geringeres, stagnierendes oder rückläufiges Wachstum des Bruttosozialproduktes. Das Angebot übersteigt die Nachfrage, dies führt zu geringer Auslastung der Produktionsanlagen, hoher Arbeitslosigkeit und Rückgang des Preisauftriebs.

Der Aufschwung (Expansionsphase) ist charakterisiert durch stärkeres Wachstum des Bruttosozialprodukts, Abbau des Überangebots, Zunahme der Auslastung der Produktionsanlagen, Abnahme der Arbeitslosigkeit und geringen Preisanstieg.

04. Was ist die Aufgabe des Staates im Bereich der Konjunkturpolitik?

Der Staat muß den Konjunkturablauf regulieren, indem er sich antizyklisch verhält. In Situationen konjunktureller Überhitzungen werden Staatsausgaben eingeschränkt oder zeitlich hinausgeschoben und einzelne Steuersätze erhöht. Bei Anzeichen von Depressionen werden die öffentlichen Ausgaben erhöht und Steuern, die die Investitionen oder den Konsum belasten, gesenkt. Im Ergebnis treten dann in der Depression Budgetfehlbeträge auf, die über Kredite gedeckt werden müssen und in Zeiten der Überkonjunktur ergeben sich Einnahmenüberschüsse, die gehortet, d.h. so lange, wie dies wirtschaftlich nötig ist, bei der Zentalbank stillgelegt, oder zur Tilgung von Staatsschulden verwandt werden.

05. In welchem Zusammenhang stehen Konjunktur und Wirtschaftswachstum?

Während die Konjunkturtheorie eine Erklärung für die Schwankungen einer Volkswirtschaft zu geben versucht, behandelt die Wachstumstheorie den Wachstumsprozeß, d.h. die ständige Erweiterung des Produktionsertrages im Zeitablauf. Konjunkturschwankungen treten in einer Volkswirtschaft unabhängig davon auf, ob dem Wirtschaftsgeschehen ein steigender Trend oder ob eine stationäre, d.h. nicht wachsende Wirtschaft zugrunde liegt.

06. Warum ist eine generelle Wohlstandssteigerung notwendig?

Eine allgemeine Wohlstandssteigerung ist die Basis für eine materielle Erhaltung und Entfaltung des einzelnen in der Gesellschaft sowie der Einkommensumverteilung zur Korrektur des Marktmechanismus.

07. Welche Ziele liegen einer optimalen Wirtschaftsentwicklung zugrunde?

1. Ein stetiges langfristiges Wachstum,
2. eine ausgeglichene Zahlungsbilanz,
3. eine möglichst hohe Beschäftigung,
4. ein langfristig relativ konstantes Preisniveau.

1.1.5 Konjunktur und Wirtschaftswachstum

08. Mit welchen Mitteln kann die Konjunkturpolitik beeinflußt werden?

Man kann dieses Ziel durch zwei Mittel erreichen:

1. Die Ordnungspolitik: zu ihr rechnet die Gesamtheit derjenigen Maßnahmen, die auf die langfristige Gestaltung der rechtlich-organisatorischen Rahmenbedingungen, innerhalb derer der Wirtschaftsprozeß abläuft, abzielen,

2. die Ablauf- oder Prozeßpolitik: dazu gehören alle wirtschaftspolitischen Instrumente, die bei gegebener Ordnung den Wirtschaftsprozeß selbst beeinflussen.

09. Wie funktionieren Ordnungspolitik und Ablaufpolitik?

	Ordnungspolitik	Ablaufpolitik
Einzelsteuerung	Einzelordnungspolitik Ordnungsrahmen - für Wettbewerb auf einzelnen Märkten (z.B. Kartellgesetz) - für staatliche Beeinflussung einzelner Wirtschaftssubjekte (z.B. sowjetisches Planungssystem)	Einzelablaufpolitik Direkte Beeinflussung einzelner wirtschaftlicher Entscheidungen (z.B. Produktionsbefehl, Festpreise, gesamtwirtschaftlich orientierte Lenkung öffentlicher Unternehmen)
Struktursteuerung	Strukturordnungspolitik Ordnungsrahmen - für Substitutionswettbewerb zwischen Branchen, Regionen, Gruppen usw. (meist wie Einzelordnungspolitik) - für staatliche Strukturplanung und -beeinflussung (z.B. französisches Planungssystem)	Strukturablaufpolitik Direkte Strukturplanung und -beeinflussung (z.B. westdeutsche Agrar-, Energie-, Wohnungsbaupolitik)
Niveausteuerung	Niveauordnungspolitik Ordnungsrahmen - für automatische Kreislaufprozesse (z.B. Goldautomatismus) - für autonome Konjunktur- und Wachstumspolitik (z.B. Bundesbankgesetz)	Niveauablaufpolitik Kredit- und budgetpolitische Beeinflussung von Konjunktur- und Wachstum (z.B. Mindestreservepolitik, deficit spending)

In diesen Abgrenzungen findet die Konjunkturpolitik ihren Platz im Bereich der Niveausteuerung.

10. Wie kann die Konjunkturpolitik die Wirtschaft beeinflussen?

Als Werkzeug der Konjunkturpolitik lassen sich drei Gruppen von Instrumenten klassifizieren, die für erfolgreiches Vorgehen in einem föderalistisch aufgebauten Staat notwendig sind:

1. Instrumente, mit denen in den Wirtschaftsprozeß so eingegriffen werden soll, daß Verbrauch und Investition, Export und Import, Staatseinnahmen und Staatsausgaben der Konjunkturlage entsprechend verändert werden;
2. Instrumente, die der Information dienen;
3. Instrumente, die der Koordination der verschiedenen Entscheidungsträger dienen.

Die Steuerungsinstrumente der gesamtwirtschaftlichen Nachfrage müssen bewirken,
- daß Unternehmer, Verbraucher und Staat je nach der Konjunkturlage mehr oder weniger ausgeben, als sie einnehmen (direkte Wirkung) oder
- daß sich ihre Ausgabeentscheidungen dadurch ändern, daß die Höhe des dafür notwendigen Finanzierungsspielraums und/oder die Finanzierungsbedingungen verändert werden (mittelbare Wirkung).

Eine direkte Wirkung versprechen die Maßnahmen fiskalpolitischer Art, die Außenwirtschafts- sowie die Lohn- und Einkommenspolitik. Für eine indirekte Einwirkung auf die Teilströme der Endnachfrage hätte die Bundesbank die Instrumente der Geld- und Kreditpolitik einzusetzen.

1.1.6. Abgrenzung Betriebswirtschaftslehre zu Volkswirtschaftslehre

01. Nach welchen Kriterien können die Unternehmungen eingeteilt werden?

Nach Wirtschaftszweigen (Handwerk, Industrie, Handel, Banken, Versicherungen, Verkehrsbetriebe),
nach der Art der erstellten Leistung (Produktions- oder Sachleistungsbetriebe, Dienstleistungsbetriebe),
nach der Zielsetzung,
nach der Betriebsgröße,
nach der Rechtsform,
nach dem Standort,
nach dem vorherrschenden Produktionsfaktor (Urproduktion, Verarbeitende Betriebe),
nach den Fertigungsverfahren,
nach der Art der Maschinenaufstellung und
nach dem Vorherrschen einzelner Funktionen.

02. Wie werden die Dienstleistungsbetriebe unterteilt?

Dienstleistungsbetriebe verkaufen Dienstleistungen und werden wie folgt unterteilt: Handelsbetriebe, Verkehrsbetriebe, Bankbetriebe, Versicherungsbetriebe, sonstige Dienstleistungsbetriebe.

1.1.6 Abgrenzung Betriebswirtschaftslehre zu Volkswirtschaftslehre

03. Was ist die Aufgabe der Handelsbetriebe?

Handelsbetriebe sorgen für die Verteilung der Waren der Produktionsbetriebe, indem sie die Waren in geeigneten Zusammenstellungen (Sortimenten) den Käufern in der Regel durch Werbung an den Orten des Bedarfs anbieten.

04. Was ist die Aufgabe der Verkehrsbetriebe?

Sie übernehmen einmal den Transport von Gütern und Personen auf der Straße, der Schiene, dem Luft- oder Wasserweg und zum anderen die Nachrichtenübermittlung.

05. Was ist die Aufgabe der Bankbetriebe?

Sie übernehmen Dienstleistungen im Zahlungs- und Kreditverkehr.

06. Was ist die Aufgabe der Versicherungsbetriebe?

Sie übernehmen gegen Prämien die Deckung eines zufälligen, aber abschätzbaren Vermögensbedarfs im Schadensfall.

07. Was versteht man unter sonstigen Dienstleistungen?

Betriebe des Gaststätten- und Beherbergungsgewerbes, Betriebe der Freizeit- und Urlaubsgestaltung, Wohnungsvermittler, Makler, die freien Berufe (Ärzte, Zahnärzte, Rechtsanwälte, Steuerberater, Wirtschaftsprüfer, Kommissionäre) usw.

08. Wie werden die Betriebe nach ihrer Zielsetzung unterschieden?

Man unterscheidet privatwirtschaftliche, gemeinwirtschaftliche und genossenschaftliche Betriebe.

Privatwirtschaftliche Betriebe erstreben einen Gewinn. Gemeinwirtschaftliche oder öffentliche Betriebe (z.B. Verkehrsbetriebe, Versorgungsbetriebe, wie Gas-, Wasser- und Elektrizitätswerke, streben nicht in erster Linie Gewinn an, sondern wollen auf der Basis der Deckung der Selbstkosten den Verbrauchern ihre Leistungen zur Verfügung stellen. Genossenschaftliche Betriebe wollen die Leistungsfähigkeit ihrer Mitglieder, insbesondere von Klein- und Mittelbetrieben, stärken.

09. Wie werden die Betriebe nach der Betriebsgröße unterteilt?

Hinsichtlich der Betriebsgröße wird nach Umsatz, Beschäftigtenzahl und Kapital in Klein-, Mittel- und Großbetriebe unterschieden. Zu den Kleinbetrieben rechnet man Betriebe mit bis zu 50 Beschäftigten, einer Umsatzhöhe bzw. einem investierten Kapital bis zu 0,5 Millionen DM. Mittelbetriebe bis zu 200 Beschäftigte, ein investiertes Kapital bis zu 3 Millionen DM, Umsatz bis zu 8 Millionen DM. Betriebe, die diese Grenzen überschreiten, werden zu den Großbetrieben gerechnet.

10. Wie werden die Betriebe nach der Rechtsform unterteilt?

Man unterscheidet das Einzelunternehmen und die Gesellschaft. Die Gesellschaften werden wiederum in Personen- und Kapitalgesellschaften unterteilt. Zu den Personengesellschaften zählen die Gesellschaft bürgerlichen Rechts, die stille Gesellschaft, die offene Handelsgesellschaft und die Kommanditgesellschaft. Zu den Kapitalgesellschaften gehören die GmbH, die AG und die Kommanditgesellschaft auf Aktien sowie die Genossenschaft.

11. Wie werden die Betriebe nach dem Standort unterteilt?

Man unterscheidet:
- Material- oder rohstofforientierte Betriebe,
- arbeitsorientierte Betriebe,
- abgabeorientierte Betriebe,
- energie- bzw. kraftorientierte Betriebe,
- verkehrsorientierte Betriebe,
- absatzorientierte Betriebe,
- traditionsorientierte Betriebe.

12. Wie werden die Betriebe nach dem vorherrschenden Produktionsfaktor unterteilt?

Arbeitsorientierte Betriebe sind Betriebe mit einem hohen Lohnkostenanteil an den gesamten Produktionskosten,
materialintensive Betriebe sind Betriebe mit einem hohen Materialanteil an den Produktionskosten,
anlagenintensive Betriebe sind Betriebe mit einem hohen Bestand an Betriebsmitteln.

13. Wie werden die Betriebe nach dem vorherrschenden Fertigungsverfahren unterteilt?

Betriebe mit Massenfertigung, mit Serienfertigung, mit Sortenfertigung, mit Partiefertigung, mit Chargenfertigung und Betriebe mit Einzelfertigung.

14. Wie werden die Betriebe nach der Art der vorherrschenden Maschinenaufstellung unterteilt?

Betriebe mit Werkstattfertigung, mit Reihenfertigung, mit Fließbandfertigung und Betriebe in der Form der Baustellenfertigung.

15. Wie werden die Betriebe nach dem Vorherrschen einzelner Funktionen unterteilt?

Beschaffungsbetonte Unternehmungen, produktionsbetonte Unternehmungen, lagerbetonte Unternehmungen, absatzbetonte Unternehmungen, finanzbetonte Unternehmungen.

16. Was ist die Aufgabe der Unternehmung?

Aufgabe der Unternehmung ist es, die betrieblichen Produktionsfaktoren zu kombinieren, planmäßig unter einer einheitlichen Leitung zusammenzufassen und entweder Güter zu produzieren, Güter auszutauschen oder Dienstleistungen bereitzustellen.

17. Welche Finanzierungsmöglichkeiten hat ein Betrieb?

Kapital kann der Unternehmung vom Eigentümer zufließen (Eigenfinanzierung) oder es kann von Dritten für eine bestimmte Zeit oder dauernd zur Verfügung gestellt werden (Fremdfinanzierung). Es können aber auch vom Unternehmen selbst erwirtschaftete Gewinnteile wieder im Unternehmen eingesetzt werden (Selbstfinanzierung).

18. Was versteht man unter Kosten?

Kosten sind wertmäßiger Verzehr von Gütern und Dienstleistungen zur betrieblichen Leistungserstellung.

19. Was versteht man unter Aufwand?

Unter Aufwand versteht man den einem bestimmten Rechnungsabschnitt zuzurechnenden Verbrauch eines Unternehmens an Sachgütern, Arbeits- und Dienstleistungen und die von dem Unternehmen zu tragenden Steuern, Abgaben und Gebühren, und zwar ohne Rücksicht darauf, ob dieser Verbrauch in unmittelbarem oder mittelbarem Zusammenhang mit dem ursprünglichen Betriebszweck erfolgt.

1.1.7 Produktionsfaktoren im Betrieb

01. Welche betrieblichen Produktionsfaktoren werden unterschieden?

Man unterscheidet: Betriebsmittel (Grundstücke, Gebäude, Maschinen, Werkzeuge), Werkstoffe (Rohstoffe, Halberzeugnisse), die ausführende Arbeit und die dispositive Leitung. Arbeitsleistung, Betriebsmittel einschließlich Grund und Boden sowie Werkstoffe werden auch als Elementarfaktoren, die Unternehmensleitung, Planung und Organisation werden als dispositive Faktoren bezeichnet.

02. Welche Bedeutung hat der dispositive Faktor?

Der dispositive Faktor, d.h. die Leitung des Unternehmens, ist erforderlich, um die übrigen Produktionsfaktoren so miteinander zu kombinieren, daß ein optimaler Unternehmenserfolg erzielt werden kann.

03. Welche Leistungsfaktoren werden unterschieden?

Zielsetzung, Planung, Organisation, Kontrolle, Rechenschaftslegung.

04. Wo erfolgt die Kombination der Leistungsfaktoren?

Die Kombination der Produktionsfaktoren zum Zweck der Leistungserstellung erfolgt im Betrieb.

05. Wie wirken die Produktionsfaktoren im Betrieb zusammen?

Je nach dem Zweck des Unternehmens, d.h., ob es sich um ein Produktions- oder um ein Handelsunternehmen handelt, müssen unterschiedliche Grundsatzüberlegungen zur optimalen Kombination der Produktionsfaktoren angestellt werden.

Bei Produktionsunternehmungen sind Entscheidungen über die Wahl und die Gestaltung der Erzeugnisse sowie bei der Vorbereitung und dem Ablauf des Produktionsprozesses in Verbindung mit kostenmäßigen und finanzwirtschaftlichen Überlegungen anzustellen. Das optimale Produktionsprogramm kann mit Hilfe rechnerischer Verfahren bestimmt werden. Bei Handelsbetrieben sind Entscheidungen im Hinblick auf das anzustrebende Absatzziel und die zur Erreichung dieses Zieles einzusetzenden Mittel zu treffen. Mithin haben die einzelnen Produktionsfaktoren und Funktionen je nach dem Betriebszweck und nach der Art des Betriebes eine unterschiedliche Bedeutung. So tritt z.B. im Handelsbetrieb die Fertigungsfunktion in den Hintergrund, während die Lagerung von besonderer Wichtigkeit ist.

1.1.8 Betriebliche Funktionen

01. Was versteht man unter einer Funktion?

Der in der BWL verwendete Begriff Funktion bezeichnet die Betätigungsweise und die Leistung von Organen des Unternehmens. Die Unternehmung ist selbst ein Organ der Volkswirtschaft und besitzt ihrerseits eine Stufenfolge von Organen.

02. Welche betriebswirtschaftlichen Funktionen bestehen?

Leitung (Management),
Beschaffung,
Lagerhaltung bzw. Materialwirtschaft,
Produktions- bzw. Fertigungswirtschaft,
Absatz,
Transport,
Finanzwirtschaft,
Personalwirtschaft.

03. Welche Funktionen gehören zur Beschaffung?

Zur Beschaffung werden alle Entscheidungen gerechnet, die notwendig sind, um das Unternehmen mit den erforderlichen Produktionsfaktoren (Werkstoffen und Betriebsmitteln) zur richtigen Zeit in der richtigen Art und Menge zu versorgen. Im einzelnen gehören dazu: das Bestell- und Lagerwesen, der Bestellzeitpunkt und die Bestellmenge.

04. Welche Funktionen gehören zur Produktion?

Hierzu gehört die eigentliche Erstellung der betrieblichen Leistung, d.h. die Herstellung von Sachgütern oder die Erbringung von Dienstleistungen. Im einzelnen ist zu bestimmen das Erzeugnisprogramm, die Festlegung der Maschinen und der Zahl der Arbeitskräfte, die Festlegung der Fertigungsformen und der Losgrößen der Fertigung.

05. Welche Funktionen gehören zum Absatz?

Hierzu gehören die Entscheidungen über den Verkauf der vom Unternehmen erstellten Güter und Leistungen an das In- oder Ausland, über die Absatzwege, aber auch das Marketing als Instrument einer marktorientierten Unternehmensführung.

06. Welche Funktionen umfaßt die Finanzierung?

Die Finanzierung umfaßt die Beschaffung und Verwaltung der für die betrieblichen Investitionen benötigten Eigen- und Fremdmittel.

1.1.9 Betriebswirtschaftliche Kennzahlen

01. Was soll mit Hilfe von Kenn- und Richtzahlen erreicht werden?

Kennzahlen messen betriebliche Tatbestände eines einzelnen Betriebes. Hingegen stellen Richtzahlen einen durchschnittlichen Ausdruck für Tatbestände dar, die in vielen Betrieben eines Wirtschaftszweiges beobachtet worden sind. Sie bilden mithin die Maßstäbe, an denen die betriebsindividuellen Zahlen eines Betriebes gemessen werden können (Branchendurchschnittzahlen). Das Hauptanwendungsgebiet der betriebswirtschaftlichen Kennzahlen sind Erfolgs- und Wirtschaftlichkeitsanalysen und inner- bzw. zwischenbetriebliche Vergleiche. Kennzahlen werden sowohl zur Beurteilung der Unternehmung als Ganzes als auch zur Beurteilung einzelner Funktionsbereiche verwandt.

02. Was versteht man unter Erfolg?

Der Erfolg ist die Differenz zwischen Aufwand und Ertrag.
Erfolg = Ertrag ./. Aufwand.

03. Welche Voraussetzungen müssen vorliegen, damit ein optimaler Erfolg erzielt werden kann?

Das Wirtschaftlichkeitsprinzip, das Rentabilitätsprinzip, das Liquiditätsprinzip.

04. Was versteht man unter der Wirtschaftlichkeit?

Das ökonomische Prinzip erfordert bekanntlich, daß ein bestimmtes Produktionsergebnis mit einem möglichst geringen Einsatz von Material, Arbeitskräften und Maschinen erzielt wird oder umgekehrt der Einsatz einer bestimmten Menge ein möglichst hohes Ergebnis bringt.

Wirtschaftlichkeit ist daher das Verhältnis von Ertrag und Aufwand oder von Leistung und Kosten.

$$\text{Wirtschaftlichkeit} = \frac{\text{Ertrag}}{\text{Aufwand}} \text{ oder } \frac{\text{Leistung}}{\text{Kosten}}$$

05. Was besagt das Rentabilitätsprinzip?

Dem Rentabilitätsprinzip ist dann entsprochen, wenn das im Unternehmen investierte Kapital während einer Rechnungsperiode einen möglichst hohen Gewinn abwirft. Die Angabe einer absoluten Gewinngröße sagt aber noch nichts über den Unternehmenserfolg aus. Dieser wird erst dann erkennbar, wenn der Gewinn in eine Relation zum eingesetzten Kapital gestellt wird.

Rentabilität ist mithin das Verhältnis von erzieltem Erfolg (Gewinn) zum eingesetzten Kapital:

$$\text{Rentabilität} = \frac{\text{Gewinn} \times 100}{\text{Kapital}}$$

06. Worin liegt der Unterschied zwischen Wirtschaftlichkeit und Rentabilität?

Während die Wirtschaftlichkeit dazu dient, die Ergiebigkeit einer Leistung oder eines Kosteneinsatzes zu messen, ist die Rentabilität das Ziel der betrieblichen Bestrebungen.

07. Was besagt das Liquiditätsprinzip?

Das Liquiditätsprinzip besagt, daß ein Unternehmen jederzeit in der Lage sein muß, fristgemäß seinen Zahlungsverpflichtungen nachzukommen.

$$\text{Liquidität} = \frac{\text{flüssige Mittel} \times 100}{\text{Bedarf an flüssigen Mitteln}}$$

08. Was sind weitere betriebliche Kennzahlen?

$$\text{Umschlagdauer} = \frac{\text{durchschnittlicher Lagerbestand x Tage}}{\text{Umsatz}}$$

$$\text{Relation Aufwand zu Erfolg} = \frac{\text{Aufwand x 100}}{\text{Gesamtertrag}}$$

$$\text{Eigenkapitalrentabilität} = \frac{\text{Gewinn}}{\text{Eigenkapital}} \times 100$$

$$\text{Fremdkapitalrentabilität} = \frac{\text{Fremdkapitalzinsen x 100}}{\text{Fremdkapital}}$$

$$\text{Gesamtkapitalrentabilität} = \frac{\text{Gewinn + Fremdkapitalzinsen x 100}}{\text{Gesamtkapital}}$$

1.2 Elektronische Datenverarbeitung, Informations- und Kommunikationstechniken

1.2.1 Ziele und Einsatzmöglichkeiten der EDV

01. Welche Bedeutung hat die EDV für die Betriebsorganisation?

Von der EDV gehen erhebliche Einflüsse auf die Organisation eines Betriebes aus, so daß man die EDV nicht mehr als ein einfaches Hilfsmittel bezeichnen kann. Inzwischen ist die EDV ein integraler Bestandteil fast aller Betriebe geworden, so daß sie die Arbeitsabläufe entscheidend beeinflußt. Mit Hilfe der EDV lassen sich große und gleichförmige Datenmengen schnell bearbeiten und zahllose Arbeitsvorgänge genau und zuverlässig abwickeln. Auf diese Weise können sich die Mitarbeiter, die von Routinearbeiten entlastet sind, eigentlichen Entscheidungsaufgaben zuwenden.

02. Welche Bedeutung hat die EDV für die Material- und Fertigungswirtschaft?

Die EDV leistet z.B. in der Bestelldisposition Entscheidungshilfen; es kommt darauf an, Waren rechtzeitig nachzubestellen, um Produktionsunterbrechungen zu vermeiden. Zu frühe Dispositionen führen zu überhöhten Lagerbeständen und damit zu vermeidbarer Kapitalbindung. In der Fertigungsplanung läßt sich mit Hilfe der EDV das optimale Produktionsprogramm und die Kapazität eindeutig bestimmen. In der Lagerbestandsführung und -verwaltung ergeben sich durch die EDV völlig neuartige Konzeptionen, indem die Waren mit Hilfe der EDV an den Lagerplatz geführt und später zum richtigen Zeitpunkt zur weiteren Be- oder Verarbeitung geleitet werden. Gleichzeitig werden die zugehörigen Wareneingangs- und Abgangslisten geführt und Rechnungen erstellt.

03. Was versteht man unter Daten?

Daten sind Informationen über Bedeutungen, Gegenstände, Werte und Mengen. Daten sind mithin das, was verarbeitet werden soll, dargestellt in Form von Zeichen, Zahlen oder Symbolen. Nach DIN 44300 ist der Begriff Daten wie folgt definiert: „Daten sind Zeichen oder kontinuierliche Funktionen, die zum Zwecke der Verarbeitung Information auf Grund bekannter oder unterstellter Abmachungen darstellen."

04. Was sind Datenträger?

Datenträger sind schriftliche Belege oder Vorgänge. Sie enthalten numerische und alphanumerische Daten, die in ein Datenerfassungsgerät eingegeben werden.

05. Welche Datenträger sind in der EDV üblich?

Man unterscheidet die folgenden Datenträger:
a) Datenträger für die Eingabe, wie z.B. Markierungs-, Klarschrift- und Magnetschriftvordrucke, Lochstreifen und Lochstreifenkarten;
b) Datenträger zur Datenspeicherung, wie Magnetband, Magnetplatte, Diskette, Festplatte, Magnettrommel, Magnetstreifen, Magnetbandkassette, Magnetkarte Magnetfilmband, Magnetplattenstapel;
c) Datenträger für die Ausgabeeinheit, wie z.B. Mikrofilm.

06. Was versteht man unter Information?

Informationen sind Nachrichten, die aus einem Inhalt und einer Darstellung bestehen.

07. Was versteht man unter dem Begriff Kommunikation?

Dabei wird der Informationsgeber als Sender und der Entgegennehmende als Empfänger bezeichnet. Die Übertragung erfolgt über einen Kanal.

08. Was versteht man unter Datenverarbeitung?

Daten wurden, ohne daß man sich dessen immer bewußt ist, in einem kaufmännischen Betrieb schon immer verarbeitet, z.B. in der Buchhaltung. Von Datenverarbeitung im Sinne der EDV spricht man, wenn Daten in eine Maschine eingegeben, dort nach einem Programm verarbeitet und dann ausgegeben werden.

09. In welcher Weise ist eine Datenverarbeitung möglich?

Datenverarbeitung ist möglich im herkömmlichen Sinne, d.h. manuell, durch den Einsatz von Addier- oder Buchungsmaschinen oder elektronisch. Bei der elektronischen Datenverarbeitung wird die Bewegung der Teile durch die Bewegung von elektrischen Impulsen ersetzt.

1.2.1 Ziele und Einsatzmöglichkeiten der EDV

10. Worauf beruht die Lesbarkeit von Datenträgern?

Die Daten, die in eine EDV-Anlage eingegeben werden, müssen so geschrieben werden, daß sie von der Maschine verstanden und gelesen werden können. Dies wird erreicht, indem die Zahlen und Buchstaben verschlüsselt (codiert) werden.

11. Auf welche Arten können Zeichen in Klarschrift erkannt werden?

Zeichen können erkannt werden:
 a) magnetisch, wobei die Schrift aus magnetisierbaren Zeichen besteht,
 b) optisch. Die Form der Zeichen ist genau vorgeschrieben. Die Zeichen werden mittels Fotozellen gelesen.

12. Was versteht man in der Datenverarbeitung unter einem Befehl?

Befehle geben an, wie die Daten verarbeitet werden sollen.

13. Was versteht man unter einem Programm?

Unter einem Programm wird die Summe der Anweisungen an eine elektronische Datenverarbeitungsanlage verstanden, wie Daten zu verarbeiten sind.

14. Aus welchen Teilen besteht eine elektronische Datenverarbeitungsanlage?

Eine EDV-Anlage besteht aus:
a) dem Eingabegerät für die Erfassung der Daten,
b) dem Ausgabegerät für die Ausgabe der Daten,
c) der Zentraleinheit, die zwischen dem Eingabe- und dem Ausgabegerät steht und die die rechnerischen Aufgaben löst,
d) dem Rechenwerk, das im sog. Dualsystem rechnet,
e) dem Steuer- und Leitwerk, das den Rechenvorgang steuert, das Programm Schritt für Schritt abliest und die Ausführung jedes Impulses besorgt und kontrolliert.

15. Was versteht man unter einem Speicher?

Um die Zentraleinheit nicht zu überlasten, wird ein Teil der Daten, die von der Zentraleinheit zu verarbeiten sind, in einem externen Speicher aufbewahrt. Diese Daten können von der Zentraleinheit bei Bedarf mühelos abgerufen werden.

16. Was muß vor der Einführung der EDV beachtet werden?

Vor der Einführung der EDV müssen einmal Wirtschaftlichkeitsüberlegungen angestellt werden, um Größe und Form der Datenverarbeitung der Betriebsstruktur anpassen zu können und zum anderen muß festgelegt werden, welche Tätigkeiten durch die EDV erledigt werden. Anhand der Istaufnahme erfolgt die Sollkonzeption, d.h. die Festlegung der Gebiete, die in Zukunft mit Hilfe der EDV erledigt werden sollen und ferner die Bestimmung von Art und Größe der Anlage.

17. Worauf beruht die Sollkonzeption?

Die Sollkonzeption erfordert die Zusammenstellung aller Stamm- und Bewegungsdaten zu einem Datenprofil.

18. Was versteht man unter einem Schlüssel?

Ein Schlüssel ist eine auf einen bestimmten Zweck ausgerichtete Ordnungssystematik. Meist werden numerische Schlüssel verwandt. Das Dezimalsystem ermöglicht bei der numerischen Verschlüsselung eine weitgehende Ausbaufähigkeit. Erfolg und Aussagefähigkeit der Datenverarbeitungsergebnisse hängen weitgehend von der Qualität des gewählten Schlüsselsystems ab.

19. Warum sind Nummernschlüssel erforderlich?

Um die gespeicherten Stammdaten in der EDV-Anlage schnell und sicher finden zu können, ist es erforderlich, allen Kunden, Lieferanten und Artikeln sowie den Konten Nummern zu geben. Hierzu bedient man sich entweder der sog. sprechenden Nummernschlüssel (systematische Verschlüsselung) oder der Identifizierungsnummern, bei denen alle Kunden fortlaufend durchnumeriert werden.

20. Welche Funktionen haben die Schlüssel?

- Die Vereinheitlichung: Durch den Schlüssel wird sichergestellt, daß der gleiche Begriff immer nur mit einheitlichem Ausdruck bezeichnet wird.
- Die Identifikation: Durch den Schlüssel werden Informationen in eine eindeutige Form gebracht.
- Die Klassifizierung: Durch den Schlüssel werden Begriffsgattungen und Rangordnungen erkennbar.
- Die Komprimierung: Der Schlüssel beschränkt sich in seiner Ausdrucksform auf die zur einwandfreien Kennzeichnung unbedingt notwendigen Merkmale.
- Die Selektion: Durch den Schlüssel werden zusammengehörende Begriffe zusammengefaßt, wobei die Möglichkeit einer Selektion besteht.

21. Wodurch ist eine neuere Entwicklung im Bereich der Datenverarbeitung charakterisiert?

Durch die Einführung von Mikrocomputern, Personalcomputern und die Dialogverarbeitung von Daten.

22. Was ist ein Mikrocomputer bzw. Personalcomputer?

Ein Mikrocomputer ist ein programmierbarer Kleinrechner, desen Zentraleinheit aus einem Mikroprozessor besteht. Für den Begriff Mikrocomputer ist auch der Begriff Personalcomputer üblich. Ein Mikro- oder Personalcomputer ist immer (neben dem Mikroprozessor) mit einer Tastatur, einem Bildschirm, einer Diskette, einer Festplatte und einem Drucker kombiniert.

1.2.1 Ziele und Einsatzmöglichkeiten der EDV

23. Welche Aufgaben kann ein Mikro- bzw. Personalcomputer erledigen?

Er ist in der Lage, alle kaufmännischen oder technischen Routinegeschäftsvorfälle zu erledigen, wie z.B. Auftragserledigung, Lohnberechnungen, Ersatz von Karteikarten, Archivierung von Daten. Die Bearbeitung kann jedoch nur nach einem vorgegebenen Verfahren erfolgen, Dateien müssen angelegt werden und die bisherige Arbeitsorganisation muß geändert und auf dem Mikro- bzw. Personalcomputer umgestellt werden.

Weitere Einsatzmöglichkeiten bestehen

a) in der mit dem Computer verbundenen Textverarbeitung, die zu einer Steigerung der Effizienz des Schreibdienstes führt,
b) in der dezentralen Datenerfassung am Arbeitsplatz. Dies kann indirekt durch Erfassung auf transportablen Datenträgern oder direkt durch Anschluß an das Rechnernetz geschehen,
c) durch Übertragung arbeitsplatzbezogener Datenverarbeitungsaufgaben,
d) durch Kombination mit neuen Kommunikationstechniken mittels Datenfernüberträgern.

24. Was versteht man unter der Dialogverarbeitung?

Die Verarbeitung von Daten kann entweder sofort beim Arbeitsanfall oder zu vorbestimmten Zeiten in Form von sogenannter Stapelverarbeitung, indem gleiche Arbeitsaufgaben gesammelt und zum gleichen Zeitpunkt verarbeitet werden, erfolgen. Erfolgt die Datenverarbeitung zu einem beliebigen, vom Anwender bestimmten Zeitpunkt, so spricht man von einer Echtzeitbearbeitung. Bei der Dialogverarbeitung erfolgt diese Verarbeitung im Dialog zwischen Mensch und Computer. Bei der Dialogverarbeitung müssen beide Partner eine gemeinsame Sprache sprechen.

25. Welche Arten von Computern sind auf dem Markt?

1. Großrechner für Großanwender,
2. Mittlere Datentechnik: Sie entsprechen vom Aufbau her den Großrechnern, sind jedoch kleiner dimensioniert.
3. Personal- oder Mikrocomputer, die unmittelbar am Arbeitsplatz Verwendung finden.

26. Auf welche Weise kann die Dialogverarbeitung durchgeführt werden?

Sie wird entweder in Form des computergesteuerten oder in Form des benutzergesteuerten Dialogs durchgeführt. Im ersten Fall wird der Arbeitsablauf vom Computer vorgegeben, auf den der Mitarbeiter reagiert. Bei dem benutzergesteuerten Dialog bestimmt der Mitarbeiter den Arbeitsablauf. Der Computer wird jeweils bei der Arbeitsdurchführung programmiert.

27. Wodurch ist die vierte Generation von Datenverarbeitungsanlagen charakterisiert?

Durch ladbare Anwenderprogramme, interaktive Verarbeitung im Dialogbetrieb, Real-time-Verarbeitung, Rückgriff auf Datenbanksysteme und anwendungsorientierte Softwarepakete, durch Datenbankbearbeitung mittels Computer am Arbeitsplatz.

28. Warum ist eine Bedarfsanalyse erforderlich?

Vor jeder Einführung eines Computersystems muß eine Bedarfsanalyse durchgeführt werden um festzustellen, in welchen Bereichen ein wirtschaftlich sinnvoller Einsatz zu erwarten ist, welche Anforderungen an die Leistungsfähigkeit gestellt und welche organisatorischen Ziele mit dem Computereinsatz verfolgt werden.

1.2.2 Grundaufbau und Arbeitsweise von EDV-Anlagen

01. Was versteht man unter dem Begriff Hardware?

Hardware ist die materielle Ausstattung eines datenverarbeitenden Systems, d.h. um den Prozeß der Datenverarbeitung erledigen zu können, wird die Hardware zur Eingabe, Übertragung, Verarbeitung, Speicherung und Ausgabe von Daten benötigt. Der für die Bearbeitung von Daten benötigte Teil der Hardware heißt Zentraleinheit. Die Hardware, mit der die Zentraleinheit arbeitet, heißt Peripherie.

02. Wie wird eine für die EDV geeignete Aufgabe formuliert?

a) Problem erkennen und formulieren,
b) Problem strukturieren, d.h. Ziele und Nebenbedingungen finden und überprüfen, ob eine Lösung möglich ist,
c) einen Lösungsentwurf erstellen,
d) einen Programmentwurf erstellen unter Berücksichtigung von Ein- und Ausgabetatbeständen, Zerlegung des Problems in Teilaufgaben, Datenflußplan, Programmablaufplan erstellen, Programm schreiben,
e) Programm testen, d.h. feststellen, ob die Ergebnisse sinnvoll sind,
f) das Programm dokumentieren,
g) das Programm anwenden.

03. Was ist die Aufgabe des Steuerwerks?

Aufgabe des Steuerwerks ist die Steuerung und Kontrolle aller der Datenverarbeitungsanlage übertragenen Aufgaben im Hinblick auf die zeitliche Reihenfolge und den logischen Ablauf.

1.2.2 Grundaufbau und Arbeitsweise von EDV-Anlagen

04. Was ist die Aufgabe des Rechenwerks?

Im Rechenwerk werden Daten, die sich im Zentralspeicher befinden, miteinander verknüpft.

05. Was ist die Aufgabe des Zentralspeichers?

Der Zentralspeicher registriert alle Daten. Der Ort, in dem Informationen gespeichert werden sollen, wird über die Speicheradresse bestimmt.

06. Was ist die Aufgabe der Ein- und Ausgabewerke?

Die Eingabe- und Ausgabewerke steuern den Datenaustausch zwischen dem Zentralspeicher und der Peripherie. Sie wählen aufgrund einer Aufforderung durch das Leitwerk den richtigen Ein- bzw. Ausgabekanal aus, bestimmen das Tempo der Informationsübertragung und führen eine Prüfung der Daten auf Vollständigkeit und Richtigkeit durch. Zum Transfer der Daten innerhalb der Zentraleinheit werden Leitungen benötigt. Das Ansprechen einer Speicherstelle erfolgt über einen Adressenbus, die Übertragung über einen Datenbus. Die Anzahl der Leitungen je Datenbus bestimmt die Geschwindigkeit der Datenübertragung innerhalb der Zentraleinheit.

07. Was versteht man unter einem BIT?

Ein BIT ist die kleinste Einheit zur Darstellung einer Information. Es kann nur die Zahlen 0 oder 1 annehmen.

08. Was sind Bytes?

Ein Byte ist eine Folge von 8 BITS und dient der Darstellung von jeweils einem Zeichen.
1024 Bytes ergeben 1 Kilobyte (KB).
1024 KB ergeben 1 Megabyte (MB).

09. In welchen Schritten erfolgt der Steuerungsablauf?

1. Festlegung des Befehls, der als nächster ausgeführt werden soll;
2. Entschlüsselung dieser Befehle;
3. Umsetzung des Befehls in Impulse, die zur Ausführung des Befehls, z.B. über das Rechenwerk führen.

10. Welche Befehlsarten werden unterschieden?

1. Lade- und Speicherbefehle,
2. arithmetische Befehle,
3. Sprungbefehle,
4. Verschiebebefehle,
5. Ein- und Ausgabebefehle.

11. Welche Arten von Speichern werden unterschieden?

1. Register: Das sind besondere Speicherplätze mit besonderen Funktionen. Register werden nach der Benutzung wieder freigegeben.
2. Arbeitsspeicher.
3. Externe Speicher, wie z.B. Magnettrommelspeicher, Magnetplattenspeicher, Magnetbandspeicher, flexible Diskette, Magnetbandkassette.

12. Wer steuert eine EDV-Anlage?

Eine Anlage wird über Programme gesteuert.

13. Welche Arten von Programmen werden unterschieden?

Man unterscheidet maschinenorientierte Programme, problemorientierte Programme und systemorientierte Programme.

14. Welche Arten von Betriebssystemen werden unterschieden?

1. Stapel- oder Batchbetrieb
Hierbei wird ein Programm nach dem anderen bearbeitet, die Reihenfolge der zu bearbeitenden Programme kann jedoch durch eine Prioritätenvergabe beeinflußt werden.

2. Time-Sharing-Betrieb
Hierbei werden gleichzeitig mehrere Anwender im Dialog bedient. Jedem Benutzer wird periodisch sein Anteil der Zeit zur Verfügung gestellt, in der an seinem Programm gearbeitet wird.

3. Multiprogrammierung
Hierbei werden ebenfalls mehrere Programme gleichzeitig bearbeitet; es bestehen aber größere Bearbeitungsmöglichkeiten durch die automatische Benutzung mehrerer Kanäle.

4. Real-Time-Betrieb
Hierbei erfolgt die Datenverarbeitung zu jedem beliebigen Zeitpunkt auf Wunsch des Benutzers.

1.2.3 Methoden und Phasen der Datenerfassung

01. Was versteht man unter Datenerfassung?

Datenerfassung ist die erstmalige Übergabe von Informationen in den Computer - etwa durch Eingabe über die Tastatur - und ihre Umwandlung in maschinenlesbare Daten. Problematisch ist die Menge der Daten. Richtige Ergebnisse lassen sich jedoch nur durch eine fehlerfreie Datenerfassung erzielen.

1.2.3 Methoden und Phasen der Datenerfassung 51

02. Wie erfolgt die Datenerfassung mit Hilfe von Bildschirmmasken?

Solche Masken sind Bestandteil des Erfassungsprogramms. Sie entsprechen einem leeren Formular, in das die Daten mittels Cursor-Steuerung (einem optischen Signal auf dem Bildschirm, das den Platz für das nächste Zeichen angibt) an der richtigen Stelle eingegeben werden.

Jedes Erfassungsprogramm enthält als erstes einen Teil, der die Bildschirmmaske aufbaut. Im zweiten Schritt erfolgt die Programmierung der Eingabe, die an bestimmten Stellen entsprechend der Maskenvorgabe vorgenommen werden muß.

03. Welche Arten von Daten werden unterschieden?

1. Anwendungsdaten: Diese sind Gegenstand der Datenverarbeitung.
2. Programmdaten: Sie steuern zusammen mit dem Betriebssystem und der Anwendungssoftware die Verarbeitung der Anwendungsdaten.

04. Welche Daten unterscheidet man im Hinblick auf ihre Stellung im Verarbeitungsprozeß?

1. Eingabedaten,
2. Verarbeitungsdaten,
3. Ergebnisdaten; das sind die mit Hilfe der Datenverarbeitung ermittelten Ergebnisse,
4. Transferdaten,
5. Ausgabedaten.

05. Welche Daten werden im Hinblick auf die Häufigkeit der Veränderung unterschieden?

1. Stammdaten: Sie verändern sich nicht oder nur selten, wie z.B. Kundenadressen, Kundennummern.
2. Bestandsdaten: Sie erfassen betriebliche Zustände, die zeitabhängig sind.
3. Bewegungsdaten: Das sind geschäftsfallorientierte Daten, wie z.B. Lieferscheine.

06. Wie werden Daten nach ihrer Zeichenart unterschieden?

1. Numerische Daten,
2. Alphabetische Daten,
3. Alphanumerische Daten.

07. Was versteht man unter Dokumentation?

Ein analysiertes und codiertes Programm muß schriftlich festgehalten werden, um bei Programmänderungen oder dem Einsatz anderer Mitarbeiter das Problem erkennen zu können. Nach DIN 66230 besteht eine Programmdokumentation aus folgenden Bestandteilen:

Programmkenndaten (Name des Programmierers, Kurzbeschreibung, Datum der Programmerstellung und Freigabe, Protokolle über Testläufe).

Funktion und Aufbau des Programms (d.h. eine ausführliche Beschreibung des Programms und der Daten).

Betrieb des Programms (Angaben über die benötigten Datenträger, spezielle Fehlermeldungen).

Installation und Programmtest (Beschreibung der Testdaten und der Testergebnisse).

08. Was versteht man unter Off-Line-Verarbeitung?

Hierbei werden die gesammelten Daten auf Hilfsanlagen gesammelt, die nicht direkt mit der zentralen Datenverarbeitungsanlage verbunden sind.

09. Was versteht man unter On-Line-Verarbeitung?

Mit Hilfe des On-Line-Systems erfolgt der direkte Zugriff auf eine Datenbank über einen Personal-Computer.

10. Welche Aufgaben erfüllen Programmiersprachen?

Mit Hilfe von Programmiersprachen wird eine Arbeitsanweisung in den Computer eingegeben.

11. Welche Arten von Programmiersprachen werden unterschieden?

Man unterscheidet maschinenorientierte Sprachen, sie werden auch Assembler genannt, und problemorientierte Sprachen, wie z.B. Cobol (= Common Business Oriented Language). Cobol ist eine speziell für kommerzielle Anwendung geschaffene Sprache. RPG (= Report Programm Generator) oder FORTRAN (Formula Translation).

1.2.4 Planung und Entwicklung von EDV-Verfahren

01. Welche Gründe sind für die Einführung der EDV in einem Unternehmen maßgebend?

Kapazitätsmangel, Arbeitskräftemangel, Verminderung der Personalkosten, Raummangel, Rationalisierungen und Straffung der Organisation, Gewinnung zusätzlicher Informationen, Prestigegründe. Ein Unternehmen, welches nicht in irgendeiner Form mit automatischer Datenverarbeitung arbeitet, kann im Wettbewerb kaum noch bestehen.

1.2.4 Planung und Entwicklung von EDV-Verfahren

02. Welche Hauptaufgaben sind bei der Planung und Realisierung des organisatorischen Systems der Datenverarbeitung zu lösen?

Man unterscheidet folgende Schritte: die Systemanalyse, die Systemplanung, den Systemaufbau und die Systemanpassung.

03. Was versteht man unter der Systemanalyse?

Die Systemanalyse umfaßt die gesamte Aufnahme und kritische Durchleuchtung des Ist-Zustandes unter besonderer Berücksichtigung der folgenden Faktoren:

a) Der Erfassung der Arbeitsabläufe und zwar sowohl nach Funktionen als auch nach Abteilungen,
b) der Untersuchung des Aufbaus und der Zweckmäßigkeit der gegenwärtigen Organisation,
c) Erfassung des Informationsflusses,
d) der Erfassung der bislang eingebauten Kontrollen,
e) der Ermittlung des Datenvolumens nach Mengen und zeitlichem Anfall,
f) Ermittlung der Kosten des bisherigen Datensystems.

Die Systemanalyse arbeitet insbesondere mit den Methoden der Interviews und Fragebogen sowie mit Beobachtungen am Arbeitsplatz.

04. Was ist die Aufgabe der Systemplanung?

Die Systemplanung baut auf den Ergebnissen der Systemanalyse auf und beinhaltet die Gestaltung des Soll-Zustandes, die Aufstellung der Zeitpläne sowie von Wirtschaftlichkeitsberechnungen.

05. Was versteht man unter einem Programmablaufplan?

Der Programmablaufplan informiert über die logische Struktur eines Programmes und stellt in graphischer Form die zeitliche Aufeinanderfolge der einzelnen Schritte im Computer dar.

06. Wo sind die Programmablaufpläne geregelt?

Programmablaufpläne wurden vom Fachnormenausschuß Informationsverarbeitung als DIN 66001 geschaffen und als einheitliche Sprachregelung für die Symboltechnik der EDV-Abläufe festgelegt.

Diese Symbole sind:

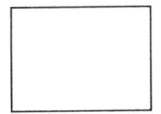

Operation (z.B. Addieren)
(mit Ausnahme der untenstehenden Operation)

Eingabe, Ausgabe (maschinell oder manuell: Kennzeichnung durch Beschriftung)

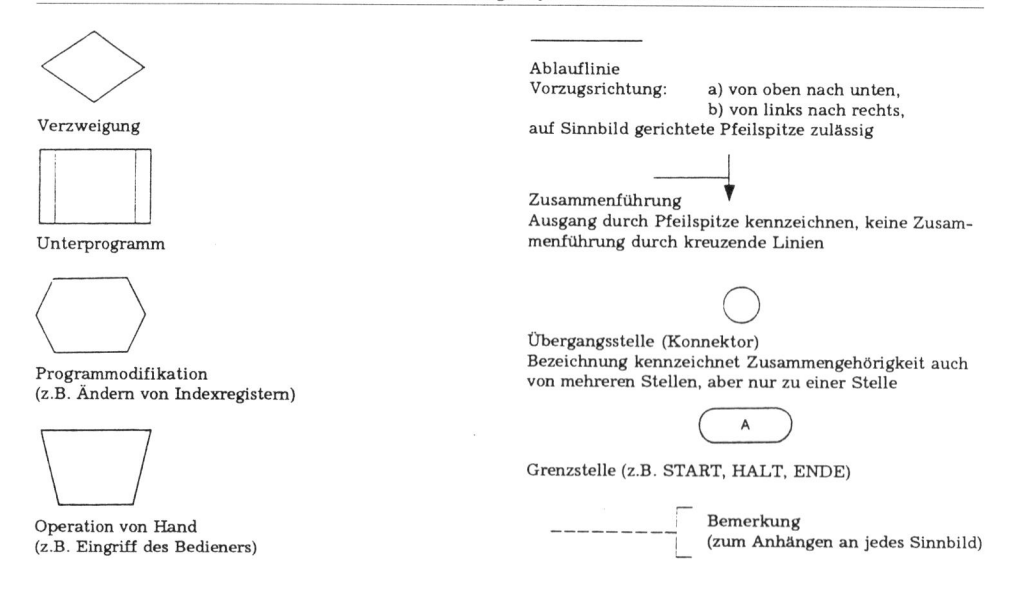

1.2 Elektronische Datenverarbeitung, Informations- und Kommunikationstechniken

Verzweigung

Unterprogramm

Programmodifikation
(z.B. Ändern von Indexregistern)

Operation von Hand
(z.B. Eingriff des Bedieners)

Ablauflinie
Vorzugsrichtung: a) von oben nach unten,
b) von links nach rechts,
auf Sinnbild gerichtete Pfeilspitze zulässig

Zusammenführung
Ausgang durch Pfeilspitze kennzeichnen, keine Zusammenführung durch kreuzende Linien

Übergangsstelle (Konnektor)
Bezeichnung kennzeichnet Zusammengehörigkeit auch von mehreren Stellen, aber nur zu einer Stelle

Grenzstelle (z.B. START, HALT, ENDE)

Bemerkung
(zum Anhängen an jedes Sinnbild)

07. Was versteht man unter Datenflußplänen?

Datenflußpläne geben Auskunft über Eingabegeräte, Datenträger, Wege der Daten und über einzelne Operationen. Sie stellen in graphischer Form den Organisations-, Daten- und Arbeitsablauf für ein Arbeitsgebiet dar.

08. Wo sind Datenflußpläne geregelt?

Datenflußpläne sind ebenfalls in DIN 66001 verbindlich festgelegt.

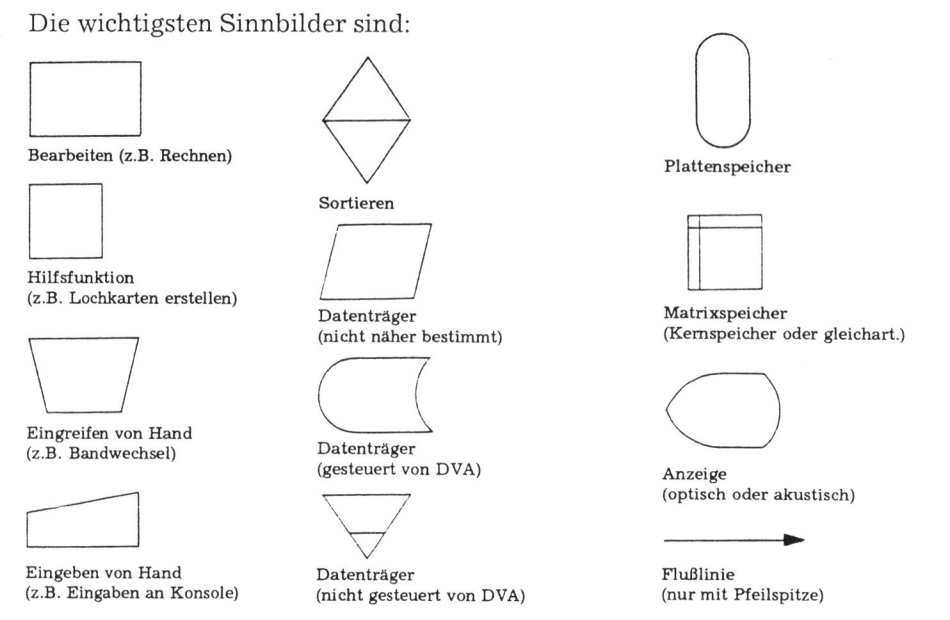

Die wichtigsten Sinnbilder sind:

Bearbeiten (z.B. Rechnen)

Hilfsfunktion
(z.B. Lochkarten erstellen)

Eingreifen von Hand
(z.B. Bandwechsel)

Eingeben von Hand
(z.B. Eingaben an Konsole)

Sortieren

Datenträger
(nicht näher bestimmt)

Datenträger
(gesteuert von DVA)

Datenträger
(nicht gesteuert von DVA)

Plattenspeicher

Matrixspeicher
(Kernspeicher oder gleichart.)

Anzeige
(optisch oder akustisch)

Flußlinie
(nur mit Pfeilspitze)

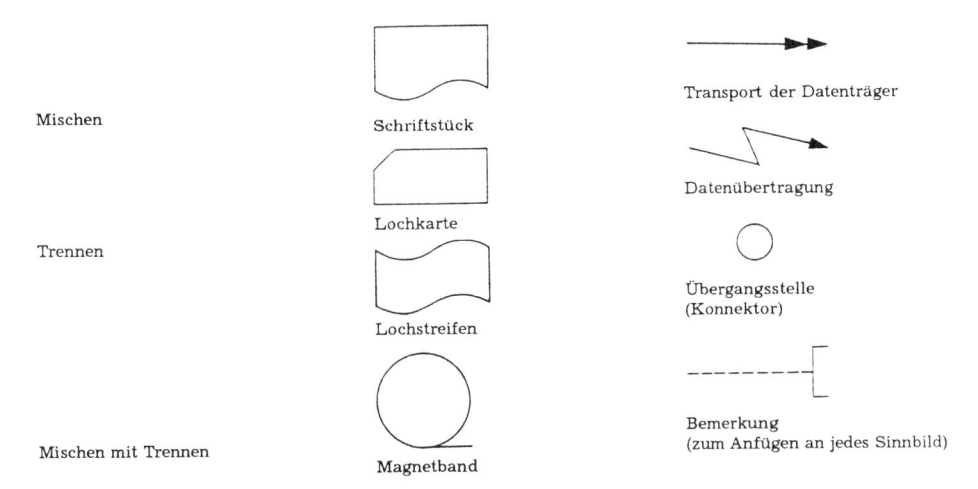

1.2.4 Planung und Entwicklung von EDV-Verfahren 55

Mischen	Schriftstück	Transport der Datenträger
Trennen	Lochkarte	Datenübertragung
	Lochstreifen	Übergangsstelle (Konnektor)
Mischen mit Trennen	Magnetband	Bemerkung (zum Anfügen an jedes Sinnbild)

09. Welche Aufgabe hat ein Programmiertest?

Im Rahmen eines Programmiertests wird ein Programm auf seine Richtigkeit hin überprüft, und zwar im Hinblick auf die Vollständigkeit aller Programmteile, die Richtigkeit und Logik aller Programmteile, die richtige Behandlung der Dateien und richtiges Reagieren auf logische Fehlerkontrollen.

10. Welche Arten von Fehlern können auftreten?

Es können einmal Formfehler, d.h. Verstöße gegen Regeln einer Programmiersprache und zum anderen logische Fehler auftreten.

11. Was versteht man unter einer Programmdokumentation?

Unter den Begriff Programmdokumentation fallen alle Unterlagen, die die Arbeitsfähigkeit eines Programms sicherstellen, und zwar die Aufgabenstellung, die Programmanleitung, die Testauswertungen sowie die Arbeitsanweisungen für den Programmierer und den Maschinenbediener.

12. Was versteht man unter Programmierung?

Unter Programmierung versteht man die Festlegung und Darstellung der Aufeinanderfolge von Arbeitsschritten in einer computerverständlichen Weise, die zur Lösung einer Aufgabe erforderlich sind.

13. Warum ist im Rahmen einer Umstellung auf EDV eine besondere Übergangsphase sowie eine Kontrolle notwendig?

Es wäre denkbar, daß der Übergang zur EDV nicht reibungslos klappt, so daß zunächst parallel nach dem alten und dem EDV-Verfahren gearbeitet werden sollte. Dabei läßt sich feststellen, wo Fehlerquellen liegen. Bei größeren Fehlern, die im System begründet sind, muß das Soll-Konzept überprüft werden.

14. Was versteht man unter der Logik der Programmerstellung?

Ein funktionsfähiges Programm erfordert einen folgerichtigen Ablauf aller Arbeitsschritte, die logisch aufeinander folgen müssen. Die einzelnen Arbeitsschritte müssen eindeutig festgelegt werden, wobei die Programmiersprache keine Rolle spielt. Die Programmerstellung erfolgt mit Hilfe der Datenflußpläne und Programmablaufpläne, deren einheitliche Symbole nach DIN 66001 festgelegt sind.

15. Wie werden betriebliche Aufgaben mit Hilfe von Datenflußplänen gelöst?

Im Rahmen der Betriebsorganisation wird mit Hilfe der EDV festgelegt, welche Aufgaben im einzelnen zu lösen sind. Es gibt jedoch niemals nur einen einzigen Datenflußplan für eine bestimmte Aufgabe. Man muß daher bestrebt sein, optimale Datenflußpläne zu erstellen, die der jeweiligen betrieblichen Situation angepaßt sind.

16. Was versteht man unter Codierung?

Unter Codierung versteht man die Form des Speicherns der Daten auf einem Datenträger oder im Speicher.

17. Was ist ein Code?

Ein Code ist eine Zuordnungsvorschrift für die Zuordnung einzelner Zeichen, die zur Darstellung bestimmter Informationen dienen.

18. Welche Arten von Codes werden unterschieden?

1. Zahlensysteme:
das Dezimalsystem: 0, 1, ,2, 3, 4, 5, 6, 7, 8, 9,
das Dualsystem: 0 und 1
das Sedezimalsystem auf der Basis 16, da mit 4 BIT 16 verschiedene Kombinationen dargestellt werden können,
das binärdezimale Zahlensystem, bei dem jede Stelle einer Dezimalzahl einzeln in einer vierstelligen Dezimalzahl dargestellt wird.

2. Datenträgercodes:
a) EBCDI-Code (= Extendet Binary Coded Decimal Interchange): er basiert auf der Zeichendarstellung durch 8 BITS.
b) ASCII-Code (= American Standard Code for Information Interchange): er wird in Mikrocomputern verwandt.
c) rechnerinterne Codes.

19. Was versteht man unter Formalisierung und unter Formatisierung?

Formalisierung ist die Vereinheitlichung unterschiedlich möglicher Darstellungsformen ein und derselben Information.

Formatierung ist die Festlegung bzw. genaue Vorgabe der bei der Eingabe von Daten zu benutzenden Stellen und deren Stelleninhalt sowie die Vorgabe der Zeichen, die ausschließlich verwandt werden dürfen.

20. Was ist ein Datenlexikon?

Ein Datenlexikon gibt eine Übersicht über alle bei der Datenverarbeitung eines Betriebes benutzten Daten und ihrer logischen Strukturen. Es ist gleichzeitig ein Datenverwendungsnachweis. Man unterscheidet dabei zwischen manuellen, freien und integrierten Datenlexika.

21. Was versteht man unter Datenorganisation?

Unter Datenorganisation versteht man Methoden zur Anordnung von zu speichernden Daten unter Berücksichtigung vorhandener Datenträger mit dem Ziel eines schnellen Zugriffs.

22. Welche Zugriffsmöglichkeiten bestehen?

Man muß zunächst einen Ordnungsbegriff wählen und Datensätze auf- oder absteigend aneinanderreihen. In der Praxis kann man Sätze hintereinander ablegen. Hinzukommende Sätze werden an das Satzende angefügt. Wird ein Satz gelöscht, rücken die folgenden nach vorn. Auf diese Weise entstehen in einer Datei keine Lücken. Diese einfachste Form der Speicherung entspricht der Ablage in unsortierter Reihenfolge. Will man diese Suchweise vermeiden, werden Ordnungsbegriffe festgelegt. Dabei muß eine Datei, wenn ein bestimmter Datensatz gesucht wird, in der Reihenfolge ihrer Abspeicherung, d.h. ihres zeitlichen Anfalls, durchsucht werden (= serieller Zugriff). Mit Hilfe einer sequentiellen Verarbeitung wird anstelle eines seriellen Zugriffs eine sortierte Anordnung und damit eine Optimierung des Zugriffs erreicht.

Bei der sequentiellen Speicherung werden zunächst alle Daten laufend und lückenlos auf den Datenträger geschrieben. Die Datensätze werden in ihrer logischen Folge hintereinander gespeichert. Sie werden vorher sortiert, so daß kein Zusammenhang zwischen Adresse und Ordnungsbegriff besteht.

23. Was versteht man unter Adressierung?

Unter einer Adresse wird (nach DIN 44300) die Kennzeichnung eines Speicherplatzes verstanden; dabei können Daten adressiert oder nicht adressiert gespeichert werden.

24. Was versteht man unter indexsequentieller Speicherung?

Hierbei werden die Daten logisch, fortlaufend gespeichert. In Form von Indextabellen wird ein Adressenverzeichnis aufgebaut, das Speicheradressen und Ordnungsbegriffe in Übereinstimmung bringt.

1.2.5 Anwendersoftware

01. Was versteht man unter dem Begriff Software?

Unter Software versteht man die Summe aller Programme, die eine Anlage zu bestimmten Leistungen befähigen.

02. Welche Arten von Software werden unterschieden?

Man unterscheidet zwischen Betriebssoftware und Anwendungssoftware (oder auch Anwendersoftware).

03. Was bezeichnet man als Betriebssoftware?

Betriebssoftware ist der Sammelbegriff für alle Programme, die die EDV- und artverwandte Anlagen steuern. Bezogen auf eine einzelne Anlage spricht man meist von Betriebsprogrammen oder Betriebssystemen. Das Betriebssystem ist entscheidend für die Steuerung, die Handhabung, die Programmierbarkeit und den Ausbau einer Anlage; es ist ferner die Basis für die Anwendungssoftware.

04. Was versteht man unter einer Datei?

Unter einer Datei versteht man eine Zusammenfassung von Daten mit einheitlichem Format zur Speicherung unter einem gemeinsamen Oberbegriff.

05. Was ist ein Datensatz?

Ein Datensatz ist die Zusammenfassung aller Datenfelder, die zu einem Ordnungsbegriff gehören. Ein solcher Ordnungsbegriff ist das Datenfeld (z.B. die Kundennummer), nach dem auf einen Datensatz zurückgegriffen wird.

06. Was ist eine Datenbank?

Eine Datenbank ist ein System, das dem Benutzer eine Informationseinheit aus mehreren Dateien mit unterschiedlichem Satzaufbau liefert, d.h. ein Verbundsystem von verschiedenartigen Dateien, mit dessen Hilfe der Benutzer benötigte Daten auswählen und zusammenstellen kann. Die auf einer Datenbank gespeicherten Daten sind logisch untereinander mit anderen Datenträgern verknüpft. Normalerweise ist eine bestimmte Information in einer Datenbank nur einmal vorhanden.

1.2.6 Datensicherung

01. Was versteht man unter Datensicherung?

Alle Maßnahmen, die zur Sicherung der Informationen vor Verlust, irrtümlicher Veränderung oder Zerstörung (Datensicherheit) dienen, oder gegen unbefugten

1.2.6 Datensicherung

Zugriff (Datenschutz) schützen. Viele Maßnahmen der Datensicherung dienen dem Datenschutz, weil bestimmte Datensicherungsmaßnahmen im Datenschutzgesetz zwingend vorgeschrieben sind.

02. Was versteht man unter einem Back-up?

Ein Back-up ist eine Sicherungskopie. Derartige Back-ups sollten täglich oder wöchentlich und in jedem Fall nach besonders umfangreichen Arbeitsvorgängen zur Datensicherung vorgenommen werden. Der Wert der Daten steht in keinem Verhältnis zum Diskettenpreis.

03. Welche Möglichkeiten bestehen im Hinblick auf die Sicherung der Qualität der zu verarbeitenden Daten?

Es bestehen folgende Prüfverfahren: Prüfzifferprüfung, Formalkontrolle, Plausibilitätsprüfungen, Kontrollsummenermittlung, Bildung von Abstimmkreisen.

04. Durch welche Möglichkeiten kann eine erfolgreiche Datensicherung gewährleistet werden?

Zugangskontrolle
Kontrolle, indem der Zugang zu Datenverarbeitungsanlagen, mit denen personenbezogene Daten verarbeitet werden, nur besonders ausgewählten Mitarbeitern gestattet wird.

Abgangskontrolle
Es muß sichergestellt sein, daß die bei der Verarbeitung personenbezogener Daten beschäftigten Mitarbeiter nicht unbefugt Datenträger entfernen können.

Speicherkontrolle
Mit ihrer Hilfe soll die unbefugte Eingabe in den Speicher sowie die unbefugte Kenntnisnahme, Veränderung oder Löschung gespeicherter personenbezogener Daten verhindert werden.

Benutzerkontrolle
Durch sie soll die Benutzung von Datenverarbeitungssystemen, aus denen oder in die personenbezogene Daten durch selbsttätige Einrichtungen übermittelt werden, durch unbefugte Personen verhindert werden.

Zugriffskontrolle
Sie soll gewährleisten, daß die Berechtigten zur Benutzung eines Datenverarbeitungssystems durch selbsttätige Einrichtungen ausschließlich auf die ihrer Zugriffsberechtigung unterliegenden personenbezogenen Daten zugreifen können.

Datenübermittlungskontrolle
Diese soll gewährleisten, daß überprüft und festgestellt werden kann, an welchen Stellen personenbezogene Daten durch selbsttätige Einrichtungen übermittelt werden können.

Eingabekontrolle
Sie soll gewährleisten, daß überprüft und festgestellt werden kann, welche personenbezogenen Daten zu welcher Zeit von wem in Datenverabeitungssysteme eingegeben worden sind.

Auftragskontrolle
Sie soll gewährleisten, daß personenbezogene Daten, die im Auftrag Dritter verarbeitet werden, nur entsprechend den Weisungen des Auftraggebers verarbeitet werden.

Transportkontrolle
Indem sichergestellt ist, daß bei der Übermittlung personenbezogener Daten sowie beim Transport entsprechender Datenträger diese nicht unbefugt gelesen, verändert oder gelöscht werden können.

Organisationskontrolle
Die Betriebsorganisation muß so gestaltet sein, daß sie den Anforderungen des Datenschutzes genügt.

05. Aus welchen Gründen können Daten verlorengehen?

Durch Stromausfall oder Softwarefehler können erfaßte und noch nicht abgespeicherte Daten gelöscht werden.

06. Wie werden Daten gesichert?

Die Daten werden auf externen Speichern, wie z.B. Disketten, abgespeichert.

07. Was versteht man unter Datenschutz?

Unter dem Datenschutz versteht man alle im Bundesdatenschutzgesetz niedergelegten Pflichten und Vorschriften, die gleichzeitig die Rechte schutzwürdiger Personen repräsentieren. Personenbezogene Daten sind Einzelangaben über persönliche oder sachliche Verhältnisse einer bestimmten oder bestimmbaren natürlichen Person (dem Betroffenen) wie z.B. Adresse, Einkommen, Familienstand, Personalentwicklungspläne, KFZ-Kennzeichen.

08. Welche Verpflichtungen ergeben sich aus dem Datenschutz für die Unternehmungen?

- die Geheimhaltungspflicht, d.h. den bei der Datenverarbeitung beschäftigten Personen ist untersagt, geschützte Daten zu anderen Zwecken zu verarbeiten, bekanntzugeben, zugänglich zu machen oder sonst zu nützen.

- die Löschungspflicht, d.h. personenbezogene Daten sind zu löschen, wenn ihre Kenntnis für die Erfüllung des Zweckes der Speicherung nicht mehr erforderlich ist; ihre Speicherung unzulässig ist; es sich um Daten über gesundheitliche Verhältnisse, strafbare Handlungen, Ordnungswidrigkeiten sowie religiöse oder politische Anschauungen handelt; ihre Richtigkeit von der speichernden Stelle nicht bewiesen werden kann.

1.2.6 Datensicherung

- die Berichtigungspflicht, d.h. personenbezogene Daten sind zu berichtigen, wenn sie unrichtig sind.

- die Sperrpflicht, d.h. personenbezogene Daten sind zu sperren, wenn ihre Richtigkeit vom Betroffenen bestritten wird und sich weder die Richtigkeit noch die Unrichtigkeit feststellen läßt oder die Kenntnis dieser Daten für die Erfüllung des Zwecks der Speicherung nicht mehr erforderlich ist.

- die Auskunftspflicht, d.h. dem Betroffenen ist auf Verlangen Auskunft über die zu seiner Person gespeicherten Daten zu geben; der Betroffene kann auch Auskunft über die Person verlangen, an die seine Daten regelmäßig übermittelt werden.

- die Benachrichtigungspflicht, damit der Betroffene weiß, wer Informationen über ihn besitzt, ist er bei erstmaliger Speicherung von Daten zu seiner Person zu benachrichtigen, es sei denn, er hat auf andere Weise Kenntnis von der Speicherung erlangt.

09. Wann ist ein Datenschutzbeauftragter zu bestellen?

Eine Bestellung gemäß § 28 BDSG ist erforderlich, wenn natürliche und juristische Personen personenbezogene Daten automatisch bearbeiten und mindestens fünf Arbeitnehmer ständig beschäftigen. Bei anderweitiger Verarbeitung personenbezogener Daten besteht die Verpflichtung zur Bestellung dann, wenn mindestens 20 Arbeitnehmer beschäftigt sind.

10. Was sind die Aufgaben eines Datenschutzbeauftragten?

Er muß eine Übersicht über die Art der gespeicherten personenbezogenen Daten und über deren Geschäftszweck führen (sog. Datenübersicht mit Datenempfängern) und eine Übersicht über die Art der eingesetzten Datenverarbeitungsanlagen erstellen. Ferner muß er die Überwachung der ordnungsgemäßen Anwendung der Datenverarbeitungsprogramme (Software) vornehmen; das Personal, das mit der Verarbeitung personenbezogener Daten betraut ist, unterweisen und schulen; bei der Auswahl der in der Verarbeitung dieser Daten tätigen Personen mitwirken.

11. Durch welche Maßnahmen läßt sich eine Datensicherung erreichen?

Durch bauliche Maßnahmen, durch organisatorische Maßnahmen, durch technische Maßnahmen, durch programmtechnische Maßnahmen.

12. Was sind in diesem Zusammenhang bauliche Maßnahmen?

Bauliche Maßnahmen, etwa die Verwendung feuerhemmender Materialien, sollen helfen, Schaden durch höhere Gewalt, Sabotage, Mißbrauch zu verhindern. Wichtige Datenträger werden in feuerfesten Schränken und hinter Stahltüren sicher aufbewahrt. Außerdem sollen Sicherungskopien in anderen Gebäuden gelagert werden. Dennoch können magnetische Daten mittels Magnetfelder zerstört oder beschädigt werden. Deshalb muß zwecks Abschirmung gegen magnetische Einflüsse darauf geachtet werden, daß keine Stromleitungen in der Nähe von magnetischen Datenträgern verlegt werden. Außerdem müssen zum Schutz vor Stromausfall Notstromaggregate installiert werden, die in der Lage sind, den Zentralspeicherinhalt auf Datenträger zu speichern.

13. Was sind organisatorische Maßnahmen zur Datensicherung?

Sie sollen Daten sichern und vor unberechtigtem Zugriff schützen, z.B. durch Paßwortregelungen, Einteilung der Daten nach Sicherheitsgraden. Die Daten werden dabei nach Sicherheitsbedürfnis und Vertraulichkeit unterteilt.

Programmerstellung und Programmausführung sollen durch verschiedene Personen durchgeführt werden.

Alle Maßnahmen sollen exakt protokolliert werden; wer hat wann auf welche Daten zugegriffen? Welche Programme wurden benutzt? Erstellen von Sicherungskopien.

Magnetbänder, aus denen andere gewonnen werden können, werden solange aufbewahrt, bis sich bei der Verarbeitung von Bändern der übernächsten Generation keine erkennbaren Fehler gezeigt haben.

14. Was sind technische Maßnahmen zur Datensicherung?

Technische Maßnahmen sind z.B. Schutzvorrichtungen, die ein unbeabsichtigtes Löschen verhindern, wenn die Datenträger mit entsprechenden Schutzringen versehen werden. Fehler, die beim Übertragen von Daten entstehen, können durch Anfügen von Prüfbits erkannt werden.

15. Was sind programmtechnische Maßnahmen?

Plausibilitätsprüfungen, Prüfziffernverfahren

1.2.7 Text- und Bildverarbeitung

01. Was versteht man unter Textverarbeitung?

Im Gegensatz zur Datenverarbeitung besteht die Textverarbeitung aus der Verarbeitung der Umgangssprache unter Berücksichtigung der Regeln des Satzbaus und der Rechtschreibung sowie Zeichensetzung.

02. Welche Änderungen sind in der Textverarbeitung in den letzten Jahren eingetreten?

Gegenüber der bisher üblichen Methode, Texte nach Stenogramm zu schreiben, bedient man sich zunehmend bestimmter Hilfsmittel, wie z.B. elektrischer Schreibmaschinen, Diktiergeräte, Kopiergeräte, Rechenmaschinen und Postbearbeitungsmaschinen. Hinzu kommt die Einführung zentraler Schreibdienste, die neben einigen Vorteilen auch Nachteile aufweisen, sofern es sich um das Schreiben von Texten handelt, bei denen eine Sachkenntnis im Detail vorausgesetzt wird.

03. Welche Möglichkeiten der modernen Textverarbeitung bestehen gegenwärtig?

Die Verwendung von Textbausteinen in Form programmierter Textverarbeitung, und die Computertextverarbeitung.

04. Was beinhaltet die programmierte Textverarbeitung?

Da sich die Mehrzahl der von den Betrieben benutzten Texte regelmäßig wiederholt, ist es sinnvoll, diese Texte zu speichern, um sie bei Bedarf individuell zu ergänzen. Zu diesem Zweck verwendet man sog. Textbausteine, die in Texthandbüchern zusammengefaßt sind. Diese Textbausteine werden entsprechend der vorgegebenen Aufgabenstellung zu einem individuellen Brief zusammengefügt und maschinell programmiert geschrieben.

05. Was beinhaltet die Computertextverarbeitung?

Die Computertextverarbeitung geht mit Hilfe von Groß- und Mikrocomputern vonstatten. Der Vorgang wird als Dialogtextverarbeitung bezeichnet. Man kann diese Methode sowohl zur Bausteintextverarbeitung als auch zur Herstellung von Serienbriefen und für individuelle Einzelbriefe verwenden.

06. Welche Möglichkeiten bietet ein Textverarbeitungsprogramm?

Man kann auf diese Weise Texte mit Hilfe eines Bildschirms erstellen, Änderungen einfügen, Absätze und Überschriften zentrieren, den Zeilenabstand verändern, Tabellen einfügen, den geschriebenen Text ausdrucken, speichern, archivieren und jederzeit bei Bedarf wieder verwenden, indem über die Bildschirmtastatur aus der Textdatei durch Eingabe der Selektionsnummer der gewünschte Text abgerufen wird.

1.2.8 Kommunikationsnetze

01. Was versteht man unter Kommunikation?

Unter Kommunikation versteht man den wechselseitigen Austausch von Informationen. Erfolgt hingegen der Informationsfluß nur in einer Richtung, so spricht man von Nachrichtenverteilung.

02. Mit Hilfe welcher Einrichtungen erfolgt eine Kommunikation?

Man bedient sich folgender Einrichtungen:
Telefon, Fernschreiber, Rohrpost, Aktenförderer, Wechselsprechanlagen, Personensuchanlagen und ferner der Dienste der Deutschen Bundespost.

03. Welche Kommunikationsdienste bietet die Deutsche Bundespost?

Das Fernkopieren (Telefax), das Bürofernschreiben, den Bildschirmtext, die Bildschirmkommunikation.

04. Was bedeutet Fernkopieren?

Mit Hilfe des Telefonnetzes werden unter Einsatz von zwei Fernkopiergeräten das graphische Bild von Unterlagen direkt übertragen. Es können über beliebige Entfernungen Originalschreiben mit Briefkopf und Unterschrift, Handschriften, Zeichnungen, Graphiken, Karten und Photos übermittelt werden. Dieser Dienst wird als TELEFAX bezeichnet.

05. Was bedeutet Bürofernschreiben?

Bei der Verwendung von Fernschreiben erfolgt die elektronische Übermittlung von Schreiben zeichenweise. Es können verschiedene Geräte genutzt werden: Teletext-Schreibmaschinen, Mikrocomputer, Großcomputer. Dieser Dienst wird als TELETEX bezeichnet.

06. Was bedeutet Bildschirmtext?

Beim Bildschirmtext (Btx) werden die Informationen über das Telefonnetz vom Zentralcomputer der Deutschen Bundespost zum Fernsehgerät des Empfängers übertragen.

07. Welche Anforderungen werden an eine Teilnahme am Bildschirmtext gestellt?

Bildschirmtextteilnehmer benötigen zusätzlich zu ihrem Fernsprecher ein Gerät, das den Fernsehempfänger an das Fernsprechnetz anpaßt. Nach seiner Hauptfunktion (modulieren und demodulieren) heißt das Apassungsgerät Modem. Weiterhin benötigt der Teilnehmer einen Fernsehempfänger neuer Generation, der einen Bildschirmtext-Decoder enthält. Dieser speichert die empfangenen Textinformationen und wandelt sie in stehende Fernschbilder, sog. Bildschirmtextseiten um. Der Dialog mit der Bildschirmtextzentrale erfolgt über die Tastatur des Fernsehempfängers.

08. Welche Möglichkeiten einer Bildschirmtext-Anwendung bestehen?

1. Aktuelle Übersichtsinformationen (Nachrichten, Notdienst, Sport), Informationen über Veranstaltungen,

1.2.8 Kommunikationsnetze

2. Informationen für gewerbliche Verbraucher: Hersteller, Bezugsquellen, Glückwünsche und briefliche Mitteilungen,
3. mathematische Berechnungen aller Art, Teilnahme an Weiterbildungsmaßnahmen (im Dialogverkehr).

09. Was bedeutet Bildschirmkommunikation?

Die Dialogverarbeitung, d.h. die Kommunikation zwischen Mensch und Maschine über Datensichtgeräte eines Dialogverarbeitungssystems, ermöglicht den Austausch von Informationen und Nachrichten, und zwar sowohl mit einem bestimmten Dialogpartner, als auch mit mehreren Dialogpartnern und mit allen Benutzern eines Terminals.

10. Welche weiteren Möglichkeiten zusätzlicher Kommunikation bestehen?

Man kann mit Hilfe des Telefons folgende Kommunikationsleistungen verwirklichen: Telefonkonferenzen, Anrufumleitungen, Aufschaltung nach Prioritäten, automatische Neuwahl bei besetzten Anschlüssen. Ferner besteht unter der Bezeichnung Telematik eine Kombinationsmöglichkeit von Daten, Text, Sprache und Bild.

2. Der wirtschaftszweigspezifische Teil der Prüfung

2.1 Handelsbetriebslehre

2.1.1 Grundbegriffe der Handelsbetriebslehre

01. Was ist die Aufgabe des Handels?

Die Aufgabe des Handels im Rahmen der Gesamtwirtschaft ist die Verteilung der Waren. Die Industrie erzeugt ständig Güter. Sie regt an und beschleunigt den Geschmacks-, Stil- und Modewandel. Die so erzeugten Güter werden durch den Handel dem Verbraucher zugeführt.

02. Welche Wirkungen hat der Handel auf die Struktur der Produktion?

Wandelt sich z.B. der Verbrauchergeschmack, so wird die Anpassung der Produktionsstruktur um so schneller vollzogen sein, je schneller der Handel reagiert. Umgekehrt haben neue Produkte um so größere Marktchancen, je schneller der Handel sein Sortiment und seine Werbung darauf einstellt. Dem Handel kommt aber auch im Hinblick auf die von ihm unterhaltenen Läger eine große Bedeutung bei konjunkturellen Schwankungen zu.

03. Wodurch ist ein Handelsunternehmen charakterisiert?

Ein Handelsunternehmen kombiniert Dienstleistungen mit dem Warenumsatz.

04. Was versteht man unter Warenwirtschaft?

Warenwirtschaft ist die buchhalterische Organisation der Warenbewegung vom Wareneinkauf bis zum Verkauf der Ware.

05. Was versteht man unter einem Warenwirtschaftssystem?

Warenwirtschaftssysteme sind EDV-Programme, die dazu dienen, den gesamten Warenfluß mengen- und wertmäßig zu erfassen, zu steuern und zu kontrollieren. Kernstück eines jeden Warenwirtschaftssystems ist die möglichst artikelgenaue Erfassung des Warenein- und -ausgangs. Die Verknüpfung von Wareneingangs- und Warenausgangsinformation ermöglicht eine permanente Lagerbestandsfortschreibung. Verknüpft man zusätzlich die Bestandsfortschreibung mit einer Lagersteuerung, die für die einzelnen Artikel Mindestbestandsmengen vorgibt, können automatisch Bestellungen ausgelöst oder den Disponenten Bestellvorschläge vorgelegt werden.

06. Welche Vorteile bietet der Einsatz von Warenwirtschaftssystemen?

Warenwirtschaftssysteme führen zu Kosteneinsparungen und erhöhen die Lieferbereitschaft. Außerdem können die Warenstatistiken als Entscheidungsgrundlage für die Sortimentspolitik, die Optimierung der Lagerhaltung und für die optimale Nutzung der Verkaufsregale herangezogen werden, sofern hierzu die Möglichkeiten der Gruppierung der einzelnen Artikel nach ihrer Umschlagshäufigkeit genutzt werden.

07. Welche Voraussetzungen müssen im Einzelhandel für den Einsatz von Warenwirtschaftssystemen vorliegen?

Warenwirtschaftssysteme setzen das Vorhandensein geeigneter Kasseneinrichtungen für artikelgenaue Erfassung der verkauften Waren voraus, d.h. die Datenkassen müssen mit optischen Datenerfassungsgeräten (Scannern, Lesegeräten) für maschinenlesbare Schriften ausgestattet sein.

08. Welche Absatzwege sind im Handel üblich?

Zwischen Hersteller und Verbraucher können folgende Stufen bestehen:
a) Hersteller - Spezialgroßhandel - Sortimentgroßhandel - Einzelhandel - Verbraucher,
b) Hersteller - Großhandel - Einzelhandel - Verbraucher,
c) Hersteller - Einkaufsgenossenschaft - Einzelhändler - Verbraucher,
d) Hersteller - Einzelhandel - Verbraucher,
e) Hersteller - Verbraucher,
f) im Außenhandel tritt zwischen Hersteller und Groß- bzw. Einzelhändler zusätzlich noch der Importeur bzw. Exporteur.

2.1.2 Die Funktionen der Handelsbetriebe

01. Nach welchen Kriterien läßt sich der Handel unterteilen?

Der Handel kann nach verschiedenen Kriterien unterteilt werden: Nach dem Abnehmerkreis, nach den Gegenständen des Handels, nach der räumlichen Gliederung, nach den Eigentumsverhältnissen und nach dem Sitz der Betriebsstätte.

02. Wie wird der Handel nach dem Abnehmerkreis unterteilt?

Man unterscheidet den Großhandel, - d.h. den Verkauf an gewerbliche Verwender, Großverbraucher und Wiederverkäufer - vom Einzelhandel, d.h. den Verkauf verwendungsreifer Konsumgüter an Letztverbraucher.

03. Wie wird der Handel nach den Gegenständen des Handels unterteilt?

Es lassen sich folgende Arten unterscheiden:
Handel mit unbeweglichen Gütern (Grund und Boden, Gebäuden);

2.1.2 Die Funktionen der Handelsbetriebe

Handel mit beweglichen Gütern (Rohstoffhandel, Investitionsgüter, Halbfabrikate- und Zubehörhandel, Fertigwarenhandel),
Handel mit Dienstleistungen (Rechte, Patente, Lizenzen, Wertpapier- und Geldhandel).

Der Handel kann aber auch nach Warengruppen unterteilt werden, z.B. in den Bereich der Nahrungs- und Genußmittel und den Nichtlebensmittelbereich (non-food-Bereich). Den Non-food-Bereich teilt man wieder in die Hauptgruppen Textilien und Bekleidung; Schuhe; Elektro- und Rundfunkgeräte; Eisen- und Metallwaren; Hohlglas und Keramik; Lacke und Farben; Schreib-Papierwaren und Bürobedarf; Drogen, Pharmazeutika und Kosmetik; Spielwaren; Heimtextilien, Tapeten und Teppiche.

04. Wie wird der Handel nach der räumlichen Gliederung unterteilt?

Man unterscheidet den Binnenhandel vom Außenhandel. Unter Außenhandel versteht man den Handel im grenzüberschreitenden Warenverkehr. Es wird unterteilt in Einfuhrhandel, der die Einfuhr von Waren aus dem Ausland bezweckt; Ausfuhrhandel, der die Ausfuhr von Waren betreibt; und Transithandel, der den Warenverkehr aus dem Ausland durch das Inland in ein anderes Land umfaßt.

05. Wie wird der Handel nach den Eigentumsverhältnissen unterschieden?

Man unterscheidet den Eigenhandel als Handel auf eigene Rechnung und Gefahr, den Kommissionshandel und den unselbständigen Handel als Wahrnehmen der Handelsfunktion durch andere Betriebe.

06. Wie wird der Handel nach dem Sitz der Betriebsstätte unterteilt?

Es wird unterschieden in ortsgebundenen oder seßhaften Handel, Versandhandel und Wanderhandel.

07. Wie läßt sich der Einzelhandel untergliedern?

Es bieten sich die folgenden Einteilungskriterien an: Nach den Sortimenten, nach dem Standort, nach der Methode der Leistungserstellung, nach der Betriebsgröße, nach dem Betriebsträger, nach der Preisgestaltung und nach der Verkaufsorganisation.

08. Wie gliedert man die Einzelhandelsbetriebe nach ihrem Standort?

Man unterscheidet:
- Einzelhandelsgeschäfte mit festem Verkaufslokal (Ladengeschäft),
- Einzelhandelsgeschäfte ohne festes Verkaufslokal (z.B. Marktgeschäfte, ambulanter Handel, Hausierhandel),
- zentralisierte Einzelhandlungen und dezentralisierte Einzelhandlungen (Filialgeschäfte).

09. Wie werden die Betriebe nach der Leistungserstellung gegliedert?

Man unterscheidet Fremdbedienungsbetriebe und Selbstbedienungsläden (Betriebe mit partieller Selbstbedienung und Betriebe mit totaler Selbstbedienung = automatischer Verkauf).

10. Wie werden die Einzelhandelsbetriebe nach der Betriebsgröße unterteilt?

Man unterscheidet Groß-, Mittel- und Kleinbetriebe. Die Großbetriebe sind typisch für den Verkauf von Waren des mittel- und des langfristigen Bedarfs bzw. von problemlosen Waren. Die Klein- und Mittelbetriebe überwiegen bei Waren des kurzfristigen Bedarfs und bei erklärungsbedürftigen Gütern.

11. Wie gliedert man die Einzelhandelsbetriebe nach ihrer Preisgestaltung?

Einzelhandelsbetriebe mit Barzahlung sowie Einzelhandelsbetriebe nach dem Prinzip der Abzahlung.

12. Wie werden die Einzelhandelsgeschäfte nach der Verkaufsorganisation unterteilt?

Fremdbedienungsläden, Selbstbedienungsläden, Supermarkets, Verbrauchermärkte, Discountgeschäfte (insbesondere Geschäfte mit schmalem Sortiment und hohem Warenumschlag).

13. Was sind die wichtigsten Arten des Ladengeschäfts im Einzelhandel?

Das *Ladengeschäft* ist die herkömmliche Form des Einzelhandels. Das Verkaufsgeschehen wird durch Ladenraum, Schaufenster und das Bedienungsprinzip bestimmt. Dabei werden unterschieden:

Das *Fachgeschäft*, das Waren einer Branche (tiefes Sortiment) mit ergänzenden Dienstleistungen anbietet, wobei in vielen Branchen das Bedienungsprinzip überwiegt.

Das *Gemischtwarengeschäft*, das Waren der verschiedensten Branchen enthält und insbesondere in ländlichen Gegenden üblich ist.

Das *Warenhaus* ist ein Einzelhandelsgroßbetrieb, der in verkehrsgünstiger Geschäftslage Waren mehrerer Branchen bei unterschiedlichen Bedienungsformen anbietet.

Das *Kaufhaus* ist ein größerer Einzelhandelsbetrieb, der überwiegend im Wege der Bedienung Waren aus zwei oder mehr Branchen, davon wenigstens aus einer Branche in tiefer Gliederung anbietet, ohne daß ein warenhausähnliches Sortiment, das eine Lebensmittelabteilung beinhalten würde, vorliegt. Kaufhäuser führen meist Textilien und Bekleidung.

Das *Gemeinschaftswarenhaus* ist der räumliche und organisatorische Verbund von zumeist selbständigen Fachgeschäften und Dienstleistungsbetrieben ver-

2.1.2 Die Funktionen der Handelsbetriebe

schiedener Art und Größe. Das Ziel ist ein warenhausähnliches Angebot, das einer von allen Beteiligten akzeptierten Konzeption folgt.

Die *Boutique* ist ein zumeist kleines Einzelhandelsgeschäft, das durch auffällige Aufmachung Käuferkreise ansprechen will, die für das den jeweiligen modischen und extravaganten Strömungen angepaßte Sortiment (z.B. Bekleidung, Einrichtungsgegenstände, Antiquitäten, Schmuck) besonders aufgeschlossen sind. Die Boutique ist auch als Shop-in-the-Shop in Kaufhäusern üblich.

Ein *Spezialgeschäft* ist ein Einzelhandelsbetrieb, dessen Warenangebot sich auf einen Ausschnitt des Sortiments eines Fachgeschäftes beschränkt, aber tiefer gegliedert ist. Für Spezialgeschäfte sind Sortimente charakteristisch, die besonders hohe Auswahlansprüche stellen und Bedienung erfordern.

Der *ambulante Handel* ist ein Teil des Einzelhandels, ist aber nicht an feste Standorte und offene Verkaufsstellen gebunden. Zum ambulanten Handel gehören die Hausierer (Wanderhandel), die private Haushalte aufsuchen und die angebotenen Waren mit sich führen, der Markthandel (Wochenmärkte, Weihnachtsmärkte), der Straßenhandel (Obstkarren) und Verkaufswagen, deren Inhaber teils als Spezialisten Waren (Obst, Gemüse, Fisch, Eier und sonstige Frischwaren) anbieten, teils größere Sortimente führen und vorzugsweise in Regionen mit dünnem Einzelhandelsnetz zu finden sind (mobile Supermärkte).

Unter *Handwerkshandel* wird die Einzelhandels- und auch Großhandelsfähigkeit von Handwerksbetrieben verstanden - die, wie z.B. Bäcker, Fleischer, Elektroinstallateure oder Kraftfahrzeugmechaniker - zur Ergänzung ihrer selbst hergestellten Waren auch Erzeugnisse anderer Produzenten anbieten.

Filialbetriebe sind Betriebe mit mindestens fünf standörtlich getrennten, aber unter einheitlicher Leitung stehenden Verkaufsstellen.

Die *Freiwillige Kette* ist eine Form der Kooperation, bei der sich Groß- und Einzelhandelsbetriebe meist gleichartiger Branchen zur gemeinsamen Durchsetzung unternehmerischer Aufgaben vorwiegend unter einheitlichen Organisationszeichen zusammenschließen.

Der *Versandhandel* ist eine Form des Einzelhandels, bei der Waren mittels Katalog, Prospekt, Anzeige bzw. durch Vertreter angeboten und dem Käufer nach Bestellung auf dem Versandweg durch die Post oder auf andere Weise zugestellt werden. Die Versandhandlungen unterhalten zum Teil auch offene Verkaufsstellen, wie umgekehrt der stationäre Einzelhandel sich mitunter ebenfalls im Versandhandel durch Schaffung besonderer Versandabteilungen betätigt.

Das *Selbstbedienungsgeschäft* ist ein Typ, bei dem ganz oder überwiegend auf Bedienung durch Verkaufspersonal verzichtet wird. Es hat sich aus dem Bestreben nach möglichst weitgehender Vereinfachung und Beschleunigung des Verkaufsablaufs entwickelt.

Fachmärkte sind vergleichsweise großflächige Einzelhandelsbetriebe, die im Rahmen ihres zielgruppen- oder bedarfsorientierten Spezialisierungskonzeptes ein breites und tiefes Sortiment führen. Sie bieten eine gut gegliederte, übersichtliche Warenpräsentation mit der Möglichkeit zur Vorwahl und Selbstbedienung.

Fachmärkte können sein: warenorientiert (Tiefkühlzentren, Getränkemärkte), bedarfsorientiert (Gesundheitsfachmärkte, Gartencenter, Hobby- und Heimwerkermärkte), segmentorientiert (Bekleidung, Schuhe, Möbel, Elektro, Stereo).

Ein *Verbrauchermarkt* ist ein meist preispolitisch aggressiver, großflächiger Einzelhandelsbetrieb (mindestens 1000 qm Verkaufsfläche), der vor allem Nahrungs- und Genußmittel (auch Frischwaren) anbietet und ergänzend als Randsortiment Waren anderer Branchen (Nonfood) führt, die für die Selbstbedienung geeignet sind und schnell umgeschlagen werden. Verbrauchermärkte befinden sich häufig in Stadtrandlagen und verfügen in der Regel über weiträumige Kundenparkplätze, verzichten jedoch auf kostspielige Kundendienstleistungen.

Ein *Selbstbedienungswarenhaus* ist ein nach dem Discountprinzip (Discountgeschäft) arbeitender Einzelhandelsgroßbetrieb, der ein umfassendes warenhausähnliches Sortiment anbietet, soweit dieses zum überwiegenden Teil für die Selbstbedienung geeignet ist. Diese Betriebe finden sich häufig in Stadtrandlagen, verfügen dort über weiträumige Kundenparkplätze, verzichten jedoch zumeist auf kostspielige Kundendienstleistungen. Gegenwärtig wird eine Verkaufsfläche von 3000 qm, manchmal von 4000 qm als Mindestgröße für ein Selbstbedienungswarenhaus angesehen.

Nach einer Definition des Instituts für Selbstbedienung (ISB) ist ein *SB-Center* "ein Einzelhandelsgeschäft, das überwiegend in Selbstbedienung Güter des kurz- und mittelfristigen Bedarfs anbietet, wobei nicht mehr als 50 % der Verkaufsraumfläche auf den Lebensmittelbereich entfallen. SB-Center verfügen über 1500 und mehr qm Verkaufsraumfläche, über Service-Betriebe sowie in der Regel über Kundenparkplätze".

Der *Supermarkt* ist ein Einzelhandelsbetrieb, der auf einer Verkaufsfläche von mindestens 400 qm Nahrungs- und Genußmittel einschließlich Frischwaren (Obst, Gemüse, Südfrüchte, Fleisch u.ä.) und ergänzend problemlose Waren anderer Branchen vorwiegend in Selbstbedienung anbietet.

Das *Discountgeschäft* ist eine Form des Einzelhandels, bei der ein auf raschen Umschlag ausgerichtetes Sortiment von Waren zu niedrig kalkulierten Preisen angeboten und auf Dienstleistungen weitgehend verzichtet wird.

14. Welche speziellen Verkaufsformen haben in den letzten Jahren Bedeutung erlangt?

Katalogschauraum (Catalog Showroom)

Der Katalogschauraum ist eine in den USA entstandene Form des Einzelhandels, die Versandhauswerbung mit einer offenen Verkaufsstelle verbindet. Muster der Waren, für die mit Hilfe von Katalogen geworben wird, können von Interessenten in Ausstellungsräumen (Showrooms) besichtigt werden. Bei Kauf wird die Ware aus einem angegliederten Lager originalverpackt in der Regel gegen Barzahlung ausgehändigt.

2.1.2 Die Funktionen der Handelsbetriebe

Duty-Free-Shop

Ein Duty-Free-Shop ist eine Einzelhandelsverkaufsstätte, in der Waren ohne Belastung durch Zölle und andere Einfuhrabgaben gekauft werden können. Am bekanntesten sind Duty-Free-Shops auf Flughäfen und auf Schiffen.

Versandhandel - Versandgeschäft

Der Versandhandel ist eine Form des Einzelhandels, bei der Waren mittels Katalog, Prospekt, Anzeige usw. oder durch Vertreter angeboten und dem Käufer nach Bestellung auf dem Versandwege durch die Post oder auf andere Weise zugestellt werden.

Die Versandhandlungen unterhalten zum Teil auch offene Verkaufsstellen (z.B. Waren- und Kaufhäuser, Supermärkte, Fachgeschäfte, Bestellkontore). Doch betätigt sich der stationäre Einzelhandel (z.B. Waren- und Kaufhäuser, Fachgeschäfte) mitunter ebenfalls im Versandhandel (Versandabteilungen).

Automatenverkauf

Automatenverkauf ist eine mechanisierte Verkaufsmethode im Einzelhandel, bei der der Käufer nach Eingabe von Zahlungsmitteln die gewünschte Ware dem Automaten entnimmt.

Heimdienst

Heimdienste beliefern private Haushalte in regelmäßigem Turnus (z.B. Getränke, Tiefkühlprodukte direkt ab LKW). Heimdienste ähneln den Verkaufswagen und mobilen Läden, unterscheiden sich aber von diesen vor allem dadurch, daß sie nicht an bestimmten Haltepunkten die Kunden erwarten, sondern deren Wohnungen aufsuchen.

Telefonverkauf

Telefonverkauf ist eine Verkaufsmethode, bei der der Geschäftsabschluß auf Grund telefonischer Kontakte erfolgt. Die Aktivität kann vom Anbieter oder Nachfrager ausgehen. Eine Vorinformation der potentiellen Kunden erfolgt im allgemeinen durch Kataloge oder Sortiments- und Preislisten.

Shop-in-the-shop

Bestimmte, vor allem aktuelle Teile des Sortiments großer Einzelhandelsbetriebe (Warenhäuser, große Fachgeschäfte) werden durch den Shop-in-the-shop akquisitorisch und räumlich als Spezialabteilungen oder Spezialangebote herausgehoben. Es wird ihnen ein intimer Charakter mit eigenen Erlebniswerten gegeben. Dadurch wird das Warenangebot aufgelockert. Der Shop-in-the-shop gehört vorzugsweise zur Politik des Trading-up. Er dient der Profilierung des Anbieters und des Angebotes.

Mehrfachmärkte

Fachmärkte, die mehrere Bedarfsfelder abdecken, z.B. Bau und Hobby, Möbel und Geschenke.

Fabrikläden

Verkaufsstellen von Produzenten, die ihre eigenen Erzeugnisse zu Niedrigpreisen direkt an den Endverbraucher verkaufen.

Cash- and Carry-Läden

Cash- and Carry-Läden sind Betriebe, die im Großhandel nach dem Prinzip der Selbstbedienung arbeiten und ein breites Sortiment von Nahrungs- und Genußmitteln sowie Nichtlebensmitteln unter Ausschluß der Zustellung gegen Barzahlung anbieten.

Einkaufszentrum

Unter einem Einkaufszentrum oder Shopping-center wird die gewachsene oder aufgrund einer Planung entstandene räumliche Konzentration von Einzelhandels- und Dienstleistungsbetrieben verschiedener Art und Größe verstanden.

Rack Jobber

Nach dieser Methode werden Supermärkte, Verbrauchermärkte und andere Einzelhandelsgeschäfte mit Waren des Ergänzungssortiments beliefert. Die Rack Jobbers liefern dieses Ergänzungssortiment in Kommission und stellen auch die notwendigen Werbemittel zur Verfügung. Dieses Sortiment wird ständig gewechselt, um den Käufern neue Kaufanreize zu geben.

15. Welche weiteren Vertriebsmöglichkeiten bestehen im Handel?

Messen haben das Ziel, Neuheiten vorzuführen, einen Überblick über das ganze Angebot einer oder mehrerer Branchen zu geben und den Absatz der Produkte zu fördern. Man unterscheidet Waren- und Mustermessen.

Eine Messe ist eine zeitlich begrenzte, im allgemeinen regelmäßig am gleichen Ort wiederkehrende Veranstaltung, auf der eine Vielzahl von Ausstellern das wesentliche Angebot eines oder mehrerer Wirtschaftszweige ausstellt und überwiegend nach Muster an gewerbliche Wiederverkäufer, gewerbliche Verbraucher oder Großabnehmer vertreibt (Legaldefinition § 64 Abs. 1 GewO). Der Veranstalter kann in beschränktem Umfang an einzelnen Tagen während bestimmter Öffnungszeiten Letztverbraucher zum Kauf zulassen (§ 64 Abs. 2 GewO).
Neben der Verkaufsfunktion der Messen hat deren Informationsfunktion an Bedeutung gewonnen.

Universalmesse

Als Universalmesse wird eine Messe bezeichnet, die das gesamte (industrielle und handwerkliche, evtl. auch das landwirtschaftliche) Angebot eines Landes widerspiegelt.

In entwickelten Volkswirtschaften sind Veranstaltungen dieser Art wegen der Fülle des Angebots oft unübersichtlich geworden. Daher ist daraus eine Vielzahl von Fach-, Spezial- und Branchenmessen (für Gebrauchs- und Verbrauchs- sowie für Investitionsgüter mit teilweise vielfältiger Untergliederung) hervorgegangen.

2.1.2 Die Funktionen der Handelsbetriebe

Musterung - Hausmesse - Einkaufsbörse

Als Musterung wird eine Einkaufsveranstaltung bezeichnet, die vorzugsweise von Handelsgruppen und auch von Handelsvertretern durchgeführt wird. Hersteller werden aufgefordert, ihre Erzeugnisse zu bestimmten Terminen an bestimmten Orten auszustellen, um den Mitgliedern/Kunden einen Überblick über das für sie hauptsächlich in Frage kommende Warenangebot zu verschaffen. Häufig dürfen dabei die Namen der Aussteller nicht ersichtlich sein, um die Objektivität der Auswahl und Kaufentscheidungen zu erhöhen. Solche Veranstaltungen werden, obwohl es sich nicht um Messen handelt, auch Hausmessen und Einkaufsbörsen genannt.

Ausstellung

Eine Ausstellung ist eine zeitlich begrenzte Veranstaltung, auf der eine Vielzahl von Unternehmen ein repräsentatives Angebot eines oder mehrerer Wirtschaftszweige oder Wirtschaftsgebiete ausstellt und vertreibt oder über dieses Angebot zum Zweck der Absatzförderung informiert.

Großmarkt

Ein Großmarkt ist eine Veranstaltung, auf der eine Vielzahl von Anbietern Waren im wesentlichen an gewerbliche Wiederverkäufer, gewerbliche Verbraucher oder Großabnehmer vertreibt (Legaldefinition § 66 GewO). Typisch für die Großmärkte sind leichtverderbliche Erzeugnisse: Obst, Gemüse, Südfrüchte, Blumen, Fische. Dazu sind andere Waren getreten, die der Lebensmittelhandel führt und die dieser zusammen mit den Frischwaren auf den Großmärkten einkauft.

Spezialmarkt

Ein Spezialmarkt ist eine im allgemeinen regelmäßig in größeren Zeitabständen wiederkehrende, zeitlich begrenzte Veranstaltung, auf der eine Vielzahl von Anbietern bestimmte Waren feilbietet (Legaldefinition § 68 Abs. 1 GewO). Zu den Spezialmärkten gehören z.B. bestimmte Viehmärkte, insbesondere Märkte für lebendes Kleinvieh.

Auktion - Versteigerung

Auktionen (Versteigerungen) sind Marktveranstaltungen, die im Wege des öffentlichen Aufrufs durch den Auktionator an bestimmten Orten zu bestimmten Zeiten stattfinden und bei denen nicht fungible (d.h. nicht vertretbare) Ware an den Meistbietenden verkauft wird. Die Ware muß präsent sein; sie kann also nicht durch Muster oder Typen vertreten werden. Der Sinn der Auktion liegt vor allem in der raschen Abwicklung der Geschäftsabschlüsse und der großen Sicherheit des Handelsverkehrs infolge der sonstigen Bedingungen (z.B. über die Zahlung). Auktionen sind u.a. wichtig für die Preisbildung im Handel mit Rohstoffen, die sich wegen unterschiedlichen Ausfalls (je nach der Ernte u.ä.) nicht oder nicht ausreichend standardisieren lassen (z.B. Wolle, Tabak, Holz, Felle, Vieh, Fische, Obst, Gemüse, Blumen).

Einschreibung

Die Einschreibung ist eine Marktveranstaltung, die mit der Auktion verwandt ist, bei der der Nachfrager sein Kaufangebot schriftlich einreichen muß (vor allem im Handel mit Rohtabak).
Der Käufer kann sich also nicht an den Preisgeboten der Konkurrenten orientieren wie bei der Auktion, sondern muß sogleich den höchsten Preis nennen, zu dem er zu kaufen bereit ist, wenn er zum Zuge kommen will.
Durch die Einschreibung soll die Ringbildung unter den Nachfragern verhindert oder wenigstens bekämpft werden. Darunter sind Absprachen über das Höchstgebot, das die Kaufinteressenten abgeben wollen, zu verstehen.

Ausschreibung (Submission)

Größere öffentliche, auch private Aufträge auf Lieferung von Waren oder Ausführung von Leistungen (z.B. Bauarbeiten) werden ausgeschrieben (z.B. in der Tages- oder Fachpresse). Die genauen Bedingungen werden bekanntgemacht (Leistungsbeschreibung) und die Interessenten aufgefordert, sich durch Abgabe von Angeboten um die Aufträge (den Zuschlag) zu bewerben. Man will auf diese Weise den günstigsten (preislich, qualitativ usw.) Lieferanten ermitteln.

Wochenmarkt

Ein Wochenmarkt ist eine regelmäßig am gleichen Ort wiederkehrende, zeitlich begrenzte Veranstaltung, auf der eine Vielzahl von Anbietern eine oder mehrere der folgenden Warenarten feilbietet:

- Lebensmittel im Sinne des § 1 des Lebensmittel- und Bedarfsgegenständegesetz vom 15. August 1974, mit Ausnahme alkoholischer Getränke;
- Produkte des Obst- und Gartenbaus, der Land- und Forstwirtschaft und der Fischerei;
- rohe Naturerzeugnisse mit Ausnahme des größeren Viehs.

Die Landesregierungen können zur Anpassung des Wochenmarktes an die wirtschaftliche Entwicklung und die örtlichen Bedürfnisse der Verbraucher durch Rechtsverordnung bestimmen, daß über Absatz (1) hinaus bestimmte Waren des täglichen Bedarfs auf allen oder bestimmten Wochenmärkten feilgeboten werden dürfen (Legaldefinition § 67 GewO).
Anbieter auf den Wochenmärkten sind Händler und Erzeuger; bei den Nachfragern handelt es sich um Verbraucher bzw. Haushaltungen. Zwischen den Wochenmärkten und den sonstigen Formen des Einzelhandels herrscht oftmals ein mehr oder minder stark ausgeprägter Preiswettbewerb.

Jahrmarkt

Ein Jahrmarkt ist eine im allgemeinen regelmäßig in größeren Zeitabständen wiederkehrende, zeitlich begrenzte Veranstaltung, auf der eine Vielzahl von Anbietern Waren aller Art feilbietet (Legaldefinition § 68 Abs. 2 GewO).

2.1.2 Die Funktionen der Handelsbetriebe

Mustermessen

Man unterscheidet bei Mustermessen
- nach der Nationalität der Verkäufer:
  nationale und internationale Mustermessen,
- nach dem Sortiment:
  allgemeine und Fachmustermessen,
- nach der Stellung der Anbieter in der Handelskette:
  Großhandels- und Industriemessen,
- nach der Herkunft der Käufer und Anbieter:
  Exportmessen und Importmessen

16. Was versteht man unter einer Börse?

Unter einer Börse versteht man die regelmäßigen Zusammenkünfte von Kaufleuten an einem bestimmten Ort (der Börse), zu einer bestimmten Zeit, um Kaufverträge über vertretbare (fungible) Güter oder Geldwerte (Effekten und Devisen) abzuschließen. Die Vertretbarkeit der Güter wird erreicht durch die Festlegung von Mustern, Typen und Standards, die den Geschäftsabschlüssen zugrunde gelegt werden. Die gehandelten Waren sind an der Börse nicht vorhanden, häufig noch unterwegs oder noch gar nicht lieferbar. Typische vertretbare Waren sind Baumwolle, Wolle, Getreide, Kaffee, Metalle, Jute, Sisal, Kautschuk.

17. Was versteht man unter Standards?

Standards sind Güteklassen, d.h. im Warenverkehr anerkannte Qualitätstypen. Ein Standard ist also der durch Vereinheitlichung geschaffene feste Maßstab für die Lieferung bestimmter Waren. Standards garantieren den gleichen Maßstab der verschiedenen Arten, Sorten und Qualitäten.

18. Worin besteht die Bedeutung der Börse?

Die Bedeutung der Börse besteht in der Markttransparenz, dem Ausgleich von Angebot und Nachfrage und in der örtlichen und zeitlichen Konzentration des Gesamtangebotes und der Gesamtnachfrage nach bestimmten Waren oder Leistungen.

19. Welche Arten von Börsen werden unterschieden?

Man unterscheidet: Waren- oder Produktenbörsen, Wertpapierbörsen, Devisenbörsen, Versicherungsbörsen, Frachtenbörsen für Versandvereinbarungen zwischen Absendern und Frachtführern.

20. Was ist ein Trade Market?

Ein Trade Market ist die räumliche Zusammenfassung von Verkaufsniederlassungen, Musterräumen oder Außenhandelsbüros der Industrie, des Großhandels und/oder der Handelsvertreter einer Branche. Von jedem vertretenen Unternehmen werden in speziellen Schauräumen, bzw. in kombinierten Schau- und Büroräumen Warenmuster gezeigt, aber auch Hilfsbüros des Handels- und Einkaufsbüros der Kunden sind in Trade Markets vertreten.

21. Was versteht man unter Einkaufsvereinigungen des Einzelhandels?

Einkaufsvereinigungen des Einzelhandels sind organisatorische Zusammenschlüsse selbständiger Einzelhandelsunternehmen mit dem Zweck kostengünstiger Warenbeschaffung. Sie werden unter den verschiedensten Bezeichnungen geführt, wie z.B. Einkaufs-Ringe, -Verbände, -Zentren, -Kontore. Mit der Gründung von Einkaufsorganisationen versuchen mittelständische Unternehmen sich die Vorteile des Filialprinzips zunutze zu machen, ohne die eigene Entscheidungsfähigkeit aufgeben zu müssen.

Nach der Rechtsform werden Einkaufsgenossenschaften und Einkaufsverbände unterschieden. Aus der Rechtsform werden unterschiedliche Formen der Abrechnung zwischen den angeschlossenen Unternehmen und der Zentrale ersichtlich. Das Eigengeschäft der Einkaufsgenossenschaft erfolgt auf eigene Rechnung und unter eigenem Namen. Die Waren werden entweder auf Lager genommen oder im Streckengeschäft für die Genossenschaft abgesetzt.

Im Fremdgeschäft wird im fremden Namen auf eigene oder fremde Rechnung abgeschlossen, dabei unterscheidet man folgende Formen:
- das Zentralregulierungsgeschäft, d.h. Bezahlung der Mitgliederrechnung durch die Genossenschaft,
- das Delkrederegeschäft, d.h. Übernahme der Ausfallbürgschaft durch die Genossenschaft,
- das Abschlußgeschäft, d.h. Abschluß von Rahmenverträgen durch die Genossenschaft mit einer Abnahmeverpflichtung bestimmter Waren,
- das Empfehlungsgeschäft, d.h. Empfehlung von Lieferanten und Waren durch die Genossenschaft.

2.1.3 Die Aufgaben im Handelsbereich

01. Wie wird der Begriff Großhandel definiert?

Großhandel betreibt, wer Waren weitgehend unverändert an gewerbliche Weiterverwender, Wiederverkäufer und Großverbraucher verkauft. Die Großhandelseigenschaft wird nicht dadurch beeinträchtigt, daß in geringem, nicht überwiegendem Teil auch Waren an den privaten Endverbraucher verkauft werden.

02. Wie wird der Großhandel gegliedert?

Man unterscheidet nach dem Sortiment den Spezialgroßhandel und den Fach-

2.1.3 Die Aufgaben im Handelsbereich

großhandel. Nach den marktbezogenen Funktionen gliedert man in Aufkaufgroßhandel und Absatzgroßhandel. Beim Aufkaufgroßhandel kaufen die Großhandelsbetriebe von Herstellern bestimmte Erzeugnisse in größeren Mengen, die von nachgeordneten Betrieben nur unregelmäßig oder in kleinen Mengen als Zusatzstoffe benötigt werden. Somit werden zwei aufeinanderfolgende Produktionsstufen verbunden, deren Verkaufs- und Beschaffungsprogramm in diesen Gütern nicht aufeinander abgestimmt ist.

Der Großhandel betätigt sich als Spezialgroßhandel, wenn er sich nur mit einer Warenart befaßt und als Sortimentsgroßhandel, wenn er Waren aus verschiedenen Bereichen führt.

In der Sonderform des Cash- und Carry-Betriebs, werden die Waren vom Käufer im Wege der Selbstbedienung entnommen und bar bezahlt.

03. Was versteht man unter einem Großhandelszentrum?

Ein Großhandelszentrum stellt die räumliche Zusammenfassung einer Mehrzahl von Großhandlungen an einem geeigneten Standort dar. Das Großhandelszentrum ist darauf eingerichtet, den Einkauf der Kunden zu erleichtern und für die beteiligten Betriebe durch gemeinsame Nutzung bestimmter Einrichtungen wie Bahnanschlüssen, Lagerhallen, Fuhrparks, EDV-Anlagen oder Parkplätze, Kosten zu senken.

04. Was sind die Hilfsgewerbe des Handels?

Die Hilfsgewerbe des Handels haben bestimmte Distributionsaufgaben zu erfüllen. Hierzu zählen die Handelsvertreter, die Handelsmakler, die Kommissionäre und Versteigerer. Hilfsfunktion haben auch die Märkte, Messen, Ausstellungen, Börsen, Ein- und Ausschreibungen.

05. Was ist der Gegenstand des Handels?

Gegenstand des Handels können alle Güter sein, die eine im Austausch verwendbare, verkehrsfähige Form haben. Im einzelnen sind dies: Bewegliche Sachgüter (Waren), unbewegliche Sachgüter (Grund und Boden), Dienstleistungen (solche der Transport- und Lagerhäuser bzw. der Versicherungen), Rechte, Patente, Lizenzen, Kapital.

06. Was sind die Hauptaufgaben oder Funktionen des Handels?

Der Handel hat die verschiedensten Funktionen zu erfüllen: Die Markterschliessung, die Kontaktfunktion, die Informationsfunktion, die Beratungsfunktion, die Warenumgruppierungsfunktion, die Mengenumgruppierungsfunktion, die Raumausgleichsfunktion, die Zeitausgleichsfunktion und die Veredelungsfunktion.

07. Was versteht man unter Betriebsfaktoren im Handel?

Die Betriebsfaktoren stellen die Mittel dar, die zur Leistungserstellung im Unternehmen zusammenwirken: Menschliche Arbeitsleistung, sachliche Betriebsmittel, Ware, Kapital und die dispositive Leitung.

08. Worin zeigt sich die Bedeutung des Betriebsfaktors der menschlichen Arbeitsleistung?

Die Bedeutung der menschlichen Arbeitsleistung zeigt sich am deutlichsten an der Höhe der Kosten, die sie verursacht. Im Handel betragen die Personalkosten schon teilweise 50 % der Gesamtkosten.

09. Was versteht man unter den sachlichen Betriebsmitteln als Betriebsfaktor?

Dem Betriebsfaktor der sachlichen Betriebsmittel ist die Nutzung aller beweglichen und unbeweglichen Sachgüter zuzurechnen, die zum Hervorbringen der Handelsleistung eingesetzt werden.

10. Wodurch ist der Standort im Handel bestimmt?

Der Standort im Handel richtet sich nach den Absatzmöglichkeiten und nach den Absatzkontakten. Voraussetzung für die Existenz eines Handelsunternehmens an einem Standort ist, daß der notwendige Mindestumsatz erzielt werden kann.

11. Was versteht man unter einem konkurrenzmeidenden Standort?

Bei bestimmten Artikeln, bei denen sich die Betriebe das Absatzpotential zu teilen haben, besteht oft das Bestreben vieler Betriebe, der Konkurrenz aus dem Wege zu gehen.

12. Was versteht man unter Konkurrenzagglomeration?

In vielen Fällen kann die Attraktivität einer Branche oder einer Einkaufsstraße durch das Hinzukommen eines neuen Betriebes gesteigert werden. Mithin ergeben sich absatzfördernde Maßnahmen aus einer Wettbewerbshäufung.

13. Wodurch ist ein Handelsunternehmen charakterisiert?

- Hoher Wareneinsatz: Feststellbar sowohl bei Einzel- als auch Großhandelsunternehmen. Die Steuerung und Kontrolle wird schwierig, wenn ein großes Sortiment mit Tausenden von Artikeln geführt wird.

- Starke Kundenabhängigkeit: Die Unternehmen des Einzelhandels und des C & C-Großhandels müssen warten, bis Kunden ihre Verkaufsräume betreten. Erst dann können sie tätig werden, können anbieten, beraten und verkaufen. Das Verkaufen als Teil der Handelsleistung kann man nicht fortlaufend produzieren und zum Teil, wenn gerade keine Kunden da sind, auf Lager legen.

2.1.3 Die Aufgaben im Handelsbereich

- Standortgebundenheit: Handelsunternehmen kann man nicht an jedem beliebigen Ort errichten. Ihr Standort muß einer Reihe von Anforderungen genügen. Er muß eine bestimmte Qualität haben. Je nach der Art des Handelsunternehmens gibt es auch verschiedene Formen der Standortqualität.

- Einzelhandelsunternehmen brauchen die Kundennähe. Sie müssen entweder angesiedelt werden, wo die Kunden wohnen (Nachbarschaftsgeschäfte für die Nahversorgung) oder wo sich Passantenströme bewegen (Fachgeschäfte in zentraler Lage, die stark von Laufkundschaft abhängen).

- Selbstbedienungswarenhäuser und C & C-Großhandelsunternehmen brauchen Standorte, die man mühelos mit dem Auto erreichen kann und die über ausreichend große Parkplätze verfügen. Sie sind verkehrsorientiert.

- Unternehmen des Zustell-Großhandels brauchen ebenfalls eine gute Verkehrsanbindung. Neben guten Straßenverbindungen sind z.T. auch Gleisanschlüsse erforderlich.

- Versandhandelsunternehmen legen Wert auf eine gute Anbindung an ein Netz leistungsfähiger Straßen oder an Knotenpunkte des Schienen- und Postnetzes. Aber auch die Nähe zu den Produzenten der im Sortiment geführten Waren kann von Bedeutung sein.

14. Welchen Weg durchläuft eine Ware im Großhandelsunternehmen?

Die Ware nimmt nach der Warenannahme folgenden Weg:

Lagern; die Ware wird zunächst in das Lager gebracht. In den modernen Hochregallagern, wie sie besonders der Lebensmittel-Großhandel verwendet, wird die Ware in der Regel dort abgestellt, wo gerade Platz ist. Den Lagerplatz merkt sich der Computer (chaotische Lagerhaltung).

Auspacken; diese Tätigkeit konnte wesentlich eingeschränkt werden. Es müssen heute höchstens Umhüllungen von den Paletten entfernt und Umkartons geöffnet werden.

Kommissionieren; die von den Kunden bestellte Ware wird im Lager gesammelt (kommissioniert) und zu einem Auftrag (Kommission) zusammengestellt. Vorher wird sie von der Lagerzone in die ebenerdige Greifzone verbracht, wo sie per Hand entnommen und in den Rollbehälter gelegt werden kann. In der Greifzone hat sie einen gleichbleibenden Stammplatz, im Unterschied zur Lagerzone.

Warenausgangskontrolle; die in den Rollbehältern oder anderen Behältern gesammelte Ware wird in eine besondere Zone des Lagers (im Lebensmittelgroßhandel nennt man sie die Kommissionszone) verbracht und dort vor dem Verladen in unterschiedlichster Weise kontrolliert (Zahl der Gebinde = Colli oder Zahl der Rollbehälter, Angaben, die die Rechnung enthält).

Verladen der Ware; diese Arbeit läßt sich heute bei Verwendung von Rollbehältern sehr rasch erledigen.

Transport zum Kunden; mit dem eigenen Fuhrpark bzw. durch Spediteure, bei Versandhandel durch die Post, wird die Ware zum Kunden gebracht.

Fakturieren; für die bestellten Waren wird eine Rechnung geschrieben. Meist geht die Rechnung bereits mit der Ware zum Kunden, oder sie wird kurz nach der Lieferung vom Bankkonto des Kunden abgebucht, wie es im Lebensmittelgroßhandel üblich ist.

15. Welche Entscheidungen sind bei der Warendisposition zu treffen?

Die Disposition besteht aus zwei Entscheidungen. Zunächst muß entschieden werden, welche Artikel geführt werden sollen. Dieser Teil der Disposition der Waren ist die Sortimentsgestaltung oder Sortimentspolitik. Innerhalb des Rahmens, den die Sortimentsgestaltung setzt, wird dann entschieden über Mengen pro Artikel, die bestellt werden sollen, Lieferant, bei dem gekauft werden soll, Preis zu dem gekauft werden kann, Zeitpunkt der Lieferung.

16. Welche Aufgaben fallen im Bereich der Wareneingangskontrolle an?

Sie stellt fest, ob die gelieferten Waren nach Menge, Qualität und Zeitpunkt der Lieferung der Bestellung entsprechen. Mit Hilfe der die Ware begleitenden Lieferscheine oder selbst erstellter Wareneingangsbelege informiert die Wareneingangskontrolle das Rechnungswesen über den Wareneingang. Die Wareneingangskontrolle ist für alle Handelsunternehmen von größter Bedeutung. Bei dem ständigen Warenfluß können sich kleine Fehler und Unregelmäßigkeiten zu erheblichen Verlusten anhäufen. An Inventurstichtagen hat die Wareneingangskontrolle für eine exakte Abgrenzung des Wareneingangs zu sorgen.

17. Was versteht man unter der Warenmanipulation?

Unter Manipulation der Ware (oder dem "Handling") versteht man die Bewegung und Behandlung der Ware innerhalb des Handelsunternehmens. In welcher Art und Weise die Ware manipuliert wird, das hängt wesentlich von der Art des Handelsunternehmens und der Vertriebsform ab.

Im *Einzelhandelsunternehmen* durchläuft die Ware nach der Warenannahme die folgenden Stationen:

Lagern; zumindest ein Teil der Ware wird zunächst gelagert. In den Selbstbedienungsgeschäften des Lebensmittel-Einzelhandels hat der Verkaufsraum einen großen Teil der Lagerfunktion übernommen. Eine Zwischenlagerung entfällt dann für die meiste Ware.

Auspacken; es werden große Gebinde eingekauft, die ausgepackt werden müssen, denn verkauft werden Einzelstücke. Man bezeichnet dies als Umwandlung großer Einkaufs- in kleine Verkaufsmengen (Transformation der Ware).

Preisauszeichnen; jeder Artikel muß mit dem Verkaufspreis versehen werden, der im Einzelhandel übrigens die Mehrwertsteuer enthalten muß. Die Preisauszeichnung ist im Interesse der Verbraucher gesetzlich vorgeschrieben. Sie liegt aber

2.1.3 Die Aufgaben im Handelsbereich

auch im Interesse des Handelsunternehmens, denn sie erleichtert bei Bedienung dem Verkäufer, bei der Selbstbedienung der Kassiererin die Arbeit. Mangelhafte Preisauszeichnung kann in Selbstbedienungsgeschäften eine große Verlustquelle sein.

Präsentation; die Ware wird in den Verkaufsraum gebracht und je nach Branche und Vertriebsform in unterschiedlichen Verkaufsmöbeln präsentiert. Bei Bedienung sind die Verkaufsmöbel anders beschaffen als bei Selbstbedienung, beim Discounter fallen sie bescheidener aus als beim Fachgeschäft.

18. Welche Aufgaben sind im Vertriebsbereich zu lösen?

In diesem Bereich werden die Aufgaben bearbeitet, die sich auf die Gestaltung des Warenangebotes eines Handelsunternehmens beziehen. Es muß entschieden werden:

- Welche Waren geführt werden sollen. Es werden die Grundsätze der Sortimentspolitik festgelegt.
- In welchem Verhältnis die geführten Warenbereiche zueinander stehen. Die Sortimentsstruktur wird festgelegt.
- In welcher Menge die Waren einzukaufen sind. Es müssen die Mengendispositionen bestimmt werden.
- Zu welchem Zeitpunkt bestimmte Waren zu führen sind. Es werden Saisonsortimente zusammengestellt.
- Zu welchem Preis die geführten Waren anzubieten sind. Die Preislagenpolitik und die Preispolitik müssen festgelegt werden.
- An welchen Standorten die Verkaufsflächen liegen müssen oder neu errichtet werden sollen, auf denen die Waren den Verbrauchern anzubieten sind. Das ist Aufgabe der Standortpolitik.
- In welcher Art und Weise die geführten Waren anzubieten sind. Das bestimmt die Profilpolitik.

Der Vertriebsbereich richtet seinen Blick aus dem Unternehmen hinaus auf den Markt. Von dort müssen die Informationen kommen, auf denen die Entscheidungen aufbauen. Dieser Bereich trägt fast vollständig das unternehmerische Risiko des Handelsunternehmens. Deshalb müssen Handelsunternehmen ständig den Markt und seine Entwicklung beobachten. Ganz kann man allerdings die Risiken nicht vermeiden. Deshalb läßt sich auch nie exakt voraussagen, ob der Vertriebsbereich die gesteckten Ziele erreicht. Vom Markt ausgehende Störfaktoren können dies verhindern.

19. Worauf ist bei der Warenbeschaffung zu achten?

Die Waren sind in der richtigen Menge zu beschaffen. Sonst wird eine Überkapazität aufgebaut, die nicht ausgelastet werden kann und die hohe Kosten nach sich zieht.

Die Waren sind in der richtigen Qualität zu beschaffen. Beim Betriebsfaktor Mitarbeiter steht für Qualität die fachliche Eignung. Qualität oder fachliche Eignung müssen den Aufgaben entsprechen, die zu erfüllen sind. Zu geringe Qualität führt zu Störungen im Leistungsprozeß, zu hohe Qualität verursacht zu hohe Kosten. Der Preis für die Betriebsfaktoren wird mit von der Qualität bestimmt.

Die Waren sind zum richtigen Zeitpunkt zu beschaffen. Stehen sie zur Verfügung, ehe sie gebraucht werden, so entsteht Leerlauf. Erfolgt die Beschaffung zu spät, kann die erforderliche Leistung nicht erbracht werden, muß u.U. auf Umsatz verzichtet werden.

Die Waren sind zum richtigen Preis zu beschaffen. Das Handelsunternehmen muß also die Märkte für die Betriebsfaktoren kennen und Vorteile zu nutzen wissen, die sich aus bestimmten Marktsituationen ergeben.

Die Planung der Beschaffung der Betriebsfaktoren baut auf den Vorgaben des Marketing-Bereiches auf. Seine Umsatz- und Rohgewinnziele sind die Basis für die Entscheidungen des Operating-Bereiches.

Sind die Betriebsfaktoren beschafft, so müssen sie aufeinander abgestimmt eingesetzt werden. Auf die Planung folgt zwangsmäßig die Organisation.

Wie der Operating-Bereich seine Aufgaben erfüllt, das bestimmt maßgeblich die Kosten, besonders die fixen Kosten. Oberste Richtschnur seines Handelns und seiner Entscheidungen muß deshalb das Prinzip der Wirtschaftlichkeit sein.

20. Was bedeutet Lebenszyklusanalyse?

Bei jedem Produkt werden folgende Phasen unterschieden:Einführungsphase, Wachstumsphase, Reifephase und Schrumpfungsphase.

In der Einführungsphase, die mit dem Eintritt des Produktes in den Markt beginnt, werden zunächst geringe Mengen abgesetzt. In der Wachstumsphase findet der allgemeine Verbreitungsprozeß eines Gutes statt. In der Reifephase wird die relative Marktsättigung erreicht, und schließlich verfällt das Produkt in die Schrumpfungsphase. Als Ursache für einen Absatzrückgang können technische Verbesserungen des Substitutionsangebots oder Kaufkraft- und Einkommensänderungen gelten, die ihrerseits Veränderungen bestehender Bedarfsstrukturen nach sich ziehen.

21. Welche wichtigen Einzelhandelsbranchen bestehen gegenwärtig?

Lebensmittel, Drogerien, Reformhäuser, Textilien, Schuhe, Möbel, Eisenwaren und Hausrat, Glas und Porzellan, Radio und Fernsehen, Tapeten und Bodenbelag, Lederwaren, Spielwaren, Sportartikel, Papier + Bürobedarf und Schreibwaren, Büromaschinen - Büromöbel und Organisationsmittel, Zweiräder, Uhren, Juwelen, Gold- und Silberwaren, Musikalien, Buchhandel.

22. Was versteht man unter Franchising?

Franchising ist eine Form der Kooperation, bei der ein sog. Franchise-Geber aufgrund einer langfristigen vertraglichen Bindung rechtlich selbständigen Fran-

2.1.3 Die Aufgaben im Handelsbereich

chise-Nehmern gegen Entgelt das Recht einräumt, bestimmte Waren oder Dienstleistungen unter Verwendung von Namen, Warenzeichen, Ausstattung und sonstigen Schutzrechten des Franchise-Gebers und unter Beachtung des von ihm entwickelten Absatz- und Organisationssystems anzubieten.

23. Was versteht man unter Sortimentsbreite und Sortimentstiefe?

Die Sortimentsbreite kennzeichnet die Anzahl verschiedener Arten und Waren, die ein Sortiment umfaßt.

Je breiter ein Sortiment ist, desto mehr Waren verschiedener Branchen umfaßt es. Meist ist eine größere Sortimentsbreite mit einer geringeren Sortimentstiefe verbunden. Ein relativ breites Sortiment weisen Kaufhäuser auf, die größtmögliche Sortimentsbreite ist bei Warenhäusern und Verbrauchermärkten anzutreffen.

Sortimentstiefe kennzeichnet die Auswahl, die ein Sortiment im Hinblick auf Modevielfalt, Qualitäten, Preislagen und Größen innerhalb bestimmter Warengruppen bietet. Eine große Sortimentstiefe bedeutet ein vollständiges Angebot von Gütern einer Branche. Diese findet sich im Fachgeschäft. Hingegen ist die größtmögliche Sortimentsbreite im Spezialgeschäft anzutreffen.

24. Was ist ein Testmarkt?

Ein Testmarkt dient dem Zweck, die Annahme eines neuen Artikels oder eines neuen Ladentyps zu erproben. Ein Testmarkt erstreckt sich auf ein regional abgegrenztes Gebiet. Es wird vor einer bundes- oder landesweiten Einführung die Marktchance geprüft, um aufgrund der so gewonnenen Marktdaten über die Annahme oder Ablehnung der Neuerung entscheiden zu können.

2.2 Betriebsorganisation

2.2.1 Aufgaben und Ziele der Betriebsorganisation

01. Was versteht man unter Organisation?

Unter Organisation wird die planvolle Schaffung einer stetigen, generellen Ordnung verstanden.

02. Was versteht man unter Planen?

Unter Planen wird einmal das Vorausdenken für die Zukunft, das das Unternehmen im Ganzen oder in einzelnen Bereichen berührt, und zum anderen das geordnete Festlegen von Vorhaben hinsichtlich Inhalt und Umfang sowie der Zeit und der Mittel der Durchführung verstanden.

03. Was ist die Aufgabe der Organisation?

Die Organisation umfaßt die Summe aller Regelungen zum bestmöglichen Erreichen von erforderlichen, geplanten Zielsetzungen.

04. Was versteht man unter Organisationsplanung?

Organisationsplanung ist die Planung und Organisation der Maßnahmen, die auf lange Sicht notwendig ist, um den optimalen Zustand der Organisation eines Unternehmens zu erhalten.

05. Wie wird die Planung organisiert?

Es werden eindeutig definierte Ziele gesetzt, die bewußt anzustreben sind. Die Gesamtheit dieser Ziele und der darauf gerichteten Maßnahmen wird in einem System von Teilplänen zusammengestellt. Gleichzeitig müssen die Teilpläne zu einem Gesamtplan zusammengesetzt werden.

06. In welchen Phasen vollzieht sich die Planung?

In der ersten Phase müssen die Ziele gesetzt und die Maßnahmen zur Erreichung dieser Ziele festgelegt werden. Man spricht deshalb von Zielplänen und von Maßnahmeplänen, wobei die Zielpläne das Ergebnis nennen, das zu bestimmten Zeitpunkten oder in bestimmten Zeiträumen erreicht werden soll. Die Maßnahmepläne hingegen zeigen den Weg und das Verfahren sowie die Methode, die zur Erreichung des gewünschten Ergebnisses führen sollen. In der zweiten Phase werden alle Bedingungen und Einflüsse, die für die Planung von Bedeutung sind, erfaßt. In der dritten Phase werden die zu berücksichtigenden Ziele, Daten und Faktoren zu Alternativen kombiniert und zu Teilplänen verarbeitet. In der vierten Phase werden die einzelnen Teilpläne zu einem System der Gesamtplanung verarbeitet.

2.2.1 Aufgaben und Ziele der Betriebsorganisation

07. Welche Probleme sind im Rahmen einer Organisation zu regeln?

Es ist zu regeln,
wer die Aufgaben erfüllen soll,
wie die Aufgaben zu erfüllen sind,
womit, d.h. mit welchen Hilfsmitteln die Aufgaben erfüllt werden sollen,
an welchem Objekt die Arbeitsleistung erfolgen soll,
wo die Durchführung erfolgen soll und
wann die Aufgaben erfüllt werden sollen.

08. Welche Phasen umfaßt die Organisation betrieblicher Arbeitsabläufe?

Die Ermittlung des Ist-Zustandes,
die Darstellung des Ist-Zustandes,
die Kritik des Ist-Zustandes,
die Entwicklung eines Sollkonzepts,
die Kontrolle des Sollkonzepts.

09. Was muß in einem Unternehmen organisiert werden?

In einem Unternehmen müssen der Aufbau des Unternehmens und seine Gliederung sowie der Arbeitsablauf zur Durchführung der zu erfüllenden Aufgaben organisiert werden.

10. Was versteht man unter der Regelung des organisatorischen Aufbaus?

Hierzu zählen die Ordnung der Zuständigkeiten, der Verantwortung und die Verteilung der Kompetenzen.

11. Was versteht man unter Arbeitsabläufen?

Als Arbeitsablauf bezeichnet man eine Reihe von gleichzeitig oder nacheinander erfolgenden Arbeitsleistungen, die auf die Lösung einer bestimmten Aufgabe gerichtet sind.

12. Welche Zusammenhänge bestehen zwischen Planung und Organisation?

Während mit Hilfe der Planung festgelegt wird, was, wieviel, auf welche Weise und mit welchen Kräften gekauft, produziert und verkauft werden soll, wird bei der Organisation danach gefragt, welche Personen die inhaltlich festgelegten Aufgaben (d.h. die Zeit, die Termine, die Reihenfolge) und wo (d.h. die Räume und Arbeitsplätze) im einzelnen durchführen sollen.

13. Wie muß die Organisation gestaltet sein, damit sie ihren Aufgaben gerecht werden kann?

Die Organisation muß so gestaltet sein, daß sie

a) alle technischen Probleme regelt, die zur Lösung der Betriebsaufgaben gestellt sind,
b) alle Funktionen sachlich und zeitlich richtig aufteilt,
c) alle Funktionen in personeller Hinsicht richtig verteilt, d.h. den Betriebsaufbau regelt,
d) eine zeitliche, räumliche und personelle Abstimmung gewährleistet,
e) sich plötzlichen Veränderungen anpassen kann.

14. Welche Bereiche sind im Rahmen der Organisation zu regeln?

a) Die Mensch-Mensch-Beziehungen (dies äußert sich im Führungsstil),
b) die Beziehungen zwischen Mensch und Maschine (dies geschieht im Rahmen der Arbeitszerlegung),
c) die Beziehungen zwischen den Maschinen (das ist etwa im Rahmen der Vollautomatisierung der Fall).

15. Welche Organisationsprinzipien müssen beachtet werden?

Die Organisation soll einfach, klar, übersichtlich, in ihren Teilen abgestimmt und auf die gemeinsamen Ziele und Zwecke ausgerichtet sein.

2.2.2 Grundlagen der Betriebsorganisation

01. Wer hat den Begriff der Arbeitsteilung geprägt?

Der Begriff der Arbeitsteilung wurde von Adam Smith geprägt und in seinem Werk "Der Reichtum der Nationen" verwandt. In Deutschland wurde der Begriff Arbeitsteilung von Karl Bücher systematisch untersucht.

02. Was versteht man unter Arbeitsteilung?

Unter Arbeitsteilung versteht man die Aufteilung einer bisher von einer Person ausgeführten Arbeit auf mehrere Arbeitsgänge.

03. Wodurch wird die Arbeitsteilung gefördert?

Die Notwendigkeit der Arbeitsteilung ergibt sich aus den begrenzten Fähigkeiten des Menschen, aus seinem begrenzten Fassungsvermögen, aus der steigenden Arbeitsbeherrschung infolge qualitativer Begrenzung der Arbeitsaufgabe und aus der Ablösung der menschlichen Arbeit durch die Maschinen.

04. Was ist der Zweck der Arbeitsteilung?

Sie muß sich der verfügbaren menschlichen Arbeitsneigung anpassen, d.h. die Gesamtheit gegebener Aufgaben so untergliedern, daß jedem einzelnen diejenige Arbeit zugeteilt wird, die seinen körperlich-geistigen Anlagen tatsächlich entspricht.

2.2.2 Grundlagen der Betriebsorganisation

05. Was sind die Wirkungen der Arbeitsteilung?

Die Wirkungen der Arbeitsteilung liegen in der Aufspaltung ursprünglicher Tätigkeiten in eine Vielzahl von Berufen, in der Arbeitszerlegung und in einer Produktionsteilung, die darin zum Ausdruck kommt, daß die Herstellung der Güter auf viele, voneinander unabhängige Betriebe verteilt ist.

06. Was versteht man unter Rationalisierung?

Rationalisierung bezeichnet die Summe der Änderungen und Maßnahmen, die die Abläufe und Zustände in einem Unternehmen so verbessern sollen, daß die Unternehmensziele schnell, sicher und mit möglichst geringem Aufwand erreicht werden.

07. Was sind die Ziele der Rationalisierung?

Maßnahmen der Rationalisierung sollen dazu beitragen, den Unternehmenserfolg zu vergrößern, und zwar durch:
- Schnelles Anpassen der Unternehmensziele an veränderte Bedingungen,
- Straffen von Führungs-, Verwaltungs- und Kontrollfunktionen,
- Entwickeln marktgerechter Erzeugnisse oder Verkaufsprogramme,
- Verbesserung der Entscheidungsvorgänge,
- Verbesserung der zwischenmenschlichen Beziehungen im Betrieb,
- Vermeidung von Fehlleistungen.

08. Welche Maßnahmen können der Rationalisierung dienen?

- Einführung von modernen Führungsorganisationen und Führungsstilen,
- Steigerung der Produktivität,
- Verbesserung der Wirtschaftlichkeit durch Überwachung von Kosten, Erträgen, Lager, Produktion und Warenumschlag.

09. Wie lassen sich Rationalisierungsziele ermitteln und bewerten?

Hierzu stehen zur Verfügung: Marktanalysen, Finanzanalysen, Standortanalysen, Ertragsanalysen, ferner Analysen der Informationsflüsse, der Entscheidungsfindung, der Aufgabenteilung und Kompetenzabgrenzung.

10. In welchem Zusammenhang stehen Betriebsorganisation, Rationalisierung und Wirtschaftlichkeit?

Rationalisierung führt zu einer Steigerung der Produktivität, die Produktivitätssteigerung verbessert die Wirtschaftlichkeit, diese wiederum führt zu einer Verbesserung der Rentabilität und die Rentabilitätsverbesserung fördert die Rationalisierung.

11. Warum ist eine Kontrolle der Organisation erforderlich?

Es genügt nicht, den Betriebsablauf zu organisieren. Es muß auch überwacht werden, ob das betriebliche Handeln mit den Planungen übereinstimmt und ferner, ob die organisatorischen Regelungen effizient sind bzw. eingehalten werden.

12. Was ist im Rahmen der Betriebsorganisation im einzelnen zu kontrollieren?

Der laufenden Kontrolle unterliegen:

a) Der Unternehmensablauf (z.B. Materialkontrolle, Kontrolle der Abweichungen der Soll-Ist-Werte, Kontrolle des Absatzplanes),
b) die Anpassung des Unternehmens an die Marktverhältnisse,
c) die Effizienz der aufgrund der gegebenen Organisation getroffenen Entscheidungen.

2.2.3 Aufbauorganisation

01. Was ist die Aufgabe der Aufbauorganisation?

Aufgabe der Aufbauorganisation ist es, ausgehend von der gegebenen Gesamtaufgabe des Unternehmens eine Aufspaltung in so viel Teil- oder Einzelaufgaben vorzunehmen, daß durch die anschließende Kombination dieser Teilaufgaben zu Stellen eine sinnvolle arbeitsteilige Gliederung und Ordnung der betrieblichen Handlungsprozesse entsteht. Aufgabe der Aufbauorganisation ist also einmal die Analyse und Zerlegung der Gesamtaufgabe und zum anderen, die Einzelaufgaben auf dem Wege der Stellenbildung wieder zusammenzufassen.

02. Wie läßt sich die Unternehmensaufgabe zergliedern?

Die Unternehmensaufgabe läßt sich sinnvollerweise durch Bildung von Abteilungen zergliedern, z.B. in die Abteilungen Einkauf, Fertigung, Verkauf.

03. Was ist eine Stelle?

Die Stelle ist die Grundlage der Aufbauorganisation. Sie stellt die Zusammenfassung von Teilaufgaben zum Arbeitsbereich einer Person dar.

04. Was versteht man unter Kompetenz?

Unter Kompetenz versteht man die einem Stelleninhaber ausdrücklich zugeteilten Rechte und Befugnisse. Ihnen stehen Pflichten und Verantwortungen gegenüber, die der Stelleninhaber zu übernehmen hat.

2.2.3 Aufbauorganisation

05. Was versteht man unter dem Leitungssystem?

Das Leitungssystem berücksichtigt die Verteilung der Leitungsaufgaben nach dem Rangmerkmal und stellt die Beziehungen der einzelnen Stellen unter dem Gesichtspunkt der Weisungsbefugnis dar.

06. Was versteht man unter dem Kommunikationssystem?

Das Kommunikationssystem regelt die Beziehungen der Stellen unter dem Gesichtspunkt des Austauschs von Informationen.

07. Welche Bedeutung haben die Rangmerkmale?

Da das Leitungssystem die einzelnen Stellen unter dem Gesichtspunkt der Weisungsbefugnis untereinander verbindet, stellt es ein hierarchisches Gefüge dar. Die Rangverhältnisse der einzelnen Stellen lassen sich als Über-, Unter- und Gleichordnungsverhältnisse ausdrücken.

08. In welchen Formen ist die betriebliche Hierarchie denkbar?

Die betriebliche Hierarchie läßt sich in Form der Organisations- oder Leitungssysteme wie folgt unterteilen: Liniensystem, Funktionssystem, Stabliniensystem, Spartensystem (nach Produkten gegliederte Organisation), Matrixorganisation oder nach Märkten gegliederte Organisation.

09. Was versteht man unter dem Liniensystem?

Beim Liniensystem sind alle Organisationsstellen in einem einheitlichen Instanzenweg (Dienstweg, Befehlsweg) eingegliedert, der von der obersten Instanz über mehrere Zwischenstufen zur untersten führt. Die Einhaltung des Dienstweges soll die Einheitlichkeit der Leitung garantieren. In beiden Richtungen, d.h. von oben nach unten und von unten nach oben muß der Instanzenweg für alle Anweisungen und Aufträge genau eingehalten werden, und es müssen auch Instanzen auf einer Ebene den Weg über die nächsthöhere Instanz nehmen, um miteinander in Verbindung treten zu können.

10. Für welche Betriebsgröße ist das Liniensystem geeignet?

Das Liniensystem ist nur für kleinere Betriebe zweckmäßig, denn es schafft klare und übersichtliche Befehlsverhältnisse und eindeutige Abgrenzungen. Es hat aber den Nachteil, daß die Betriebsleitung überlastet wird, weil sie sich um jede Kleinigkeit selbst kümmern muß. Außerdem ist der Befehlsweg zu lang und zu schwerfällig.

11. Was versteht man unter dem Funktionssystem?

Beim Funktionssystem wird auf den Instanzenweg verzichtet. Die Ausführenden haben mehrere, auf verschiedene Sachgebiete spezialisierte Vorgesetzte. Dieses

System ist nicht so schwerfällig, jedoch sind die Kompetenzen nicht scharf voneinander abzugrenzen.

12. Was versteht man unter dem Stabliniensystem?

Beim Stabliniensystem handelt es sich um eine Art Liniensystem, bei dem bestimmte Funktionen abgespalten werden, die mit Spezialisten ohne Weisungsbefugnis besetzt werden. Der Instanzenweg des Liniensystems wird beibehalten, wobei einzelnen Instanzen Stabsstellen zugeordnet sind.

13. Was ist die Aufgabe der Stäbe?

Die Stäbe haben die Aufgabe, die Unternehmensleitung oder einzelne Abteilungen bei der Durchführung ihrer Arbeit zu unterstützen und der Linie gewissermaßen Dienstleistungen bereitzustellen mit dem Ziel, der Instanz bei der Wahrnehmung ihrer Aufgaben vorbereitend und unterstützend zu helfen. Die Stabsstellen erhalten Anweisungen, können sie aber nicht weitergeben. Die Stäbe haben aber nicht nur die Aufgabe, Vorschläge zu unterbreiten und bestimmte Aufgaben zu erledigen, sie müssen auch die Entwicklung des Unternehmens mit planen und die Linientätigkeiten zwischen den verschiedenen Bereichen koordinieren.

14. Was versteht man unter der Spartenorganisation?

In dieser Organisationsform werden alle Linientätigkeiten zusammengefaßt, die für die Ergebnisse in einzelnen Produktgruppen wichtig sind. Die Gruppierung erfolgt in der Regel nach Produktgruppen. Das am Produktprinzip orientierte System wird lediglich durch die Bildung von zentralen Spezialabteilungen durchbrochen, die beratend der Gesamtleitung und den Spartenleitungen zur Verfügung stehen.

15. Was sind die Vor- und die Nachteile der Spartenorganisation?

Vorteilhaft wirkt sich aus, daß die Organisation flexibler wird und daß sich die Verantwortung besser abgrenzen läßt. Nachteilig kann sich auswirken, daß Doppelarbeit geleistet wird und daß spezielle Kenntnisse und Erfahrungen nur einem Produktbereich zugute kommen.

16. Wie arbeitet die nach Märkten gegliederte Organisation?

In dieser Organisationsform werden die für den Erfolg in einem bestimmten Markt wichtigen Tätigkeiten zusammengefaßt. Diese Gruppierung kann nach verschiedenen Merkmalen des Kundenkreises, z.B. nach Regionen, Ländern oder Bezirken erfolgen. Diese Organisationsform erlaubt eine Ausrichtung auf die unterschiedlichen Anforderungen und Eigenarten der verschiedenen Märkte.

17. Was bedeutet Matrix-Organisation?

Im Rahmen einer Matrix-Organisation kooperieren die verschiedenen Bereiche

2.2.3 Aufbauorganisation

ohne Einschaltung der Betriebsleitung, wobei jeder Funktionsbereich auf seinem Gebiet Entscheidungsvollmacht hat. Die Matrix-Organisation ist insbesondere im Rahmen der nach Sparten gegliederten Organisation üblich.

18. Nach welchen Prinzipien ist die Führungsspitze eines Unternehmens organisiert?

Ein Unternehmen, das von mehreren Personen geleitet wird, ist entweder nach dem Direktorial- oder nach dem Kollegialsystem organisiert.

19. Wodurch ist das Direktorialprinzip gekennzeichnet?

Beim Direktorialprinzip sind alle Leitungsbefugnisse unabhängig von der Zahl der die Geschäftsführung bildenden Personen auf eine Person konzentriert.

20. Wodurch ist das Kollegialsystem gekennzeichnet?

Das Kollegialsystem sieht eine Aufteilung der Leitungsbefugnisse auf mehrere Personen vor.

21. Was versteht man unter einer Entscheidung?

Unter einer Entscheidung wird ein dispositiver, geistiger Akt der Auswahl einer Maßnahme oder Situation aus einer Reihe vergleichbarer Alternativen durch zielgerichtete Überlegungen verstanden, wodurch ein gewünschter Endzustand im Rahmen der Gegebenheiten am besten verwirklicht werden kann.

22. Wie wird eine Entscheidung vorbereitet?

Zunächst werden Ziele gesetzt, die in möglichst exakten Sollvorgaben präzisiert werden. Mit Hilfe der Planung werden die verschiedenen Möglichkeiten geprüft und die im Hinblick auf die festgelegten Ziele günstigsten Möglichkeiten ausgewählt.

23. Was versteht man unter einer Instanz im Betrieb?

Unter einer Instanz wird eine mit Leitungsbefugnissen ausgestattete Stelle verstanden. Eine Instanz ist eine organisatorische Einheit, die sowohl Träger des betrieblichen Entscheidungsprozesses als auch Durchsetzungsorgan ist und damit ein wichtiger Bestandteil des betrieblichen Leitungssystems darstellt.

24. Was versteht man unter Entscheidungsbefugnis?

Unter Entscheidungsbefugnis wird die organisatorisch geregelte Ermächtigung oder Kompetenz verstanden, über bestimmte Fragen Entscheidungen zu treffen, die für andere verbindlich sind und einen Bestandteil der Leitungsbefugnis darstellen.

25. Was versteht man unter Leitung?

Unter Leitung versteht man ein bestimmtes menschliches Handeln, das in erster Linie durch das Treffen von Entscheidungen, das Durchsetzen dieser Entscheidungen im Wege der Erteilung von Anordnungen sowie die Übernahme von Verantwortung gekennzeichnet ist. Hinzu kommen das Recht zur Ausübung von Kontrollen und die Pflicht, Initiativen zu ergreifen, falls dies erforderlich werden sollte.

26. Wie werden Leitungsbefugnisse geregelt?

Leitungsbefugnisse werden in der Weise geregelt, daß ein übergeordneter Stelleninhaber Leitungsbefugnisse in bezug auf das Handeln anderer ausübt, mithin also Entscheidungen trifft, Anordnungen erteilt und Verantwortung übernimmt. Da nun jede geleitete, einer anderen untergeordnete Stelle wiederum in Bezug auf andere, ihr unterstellte Stellen Leitungsbefugnisse ausüben kann, ergibt sich in der Praxis meist eine Kette mehrstufiger Leitungsbeziehungen, die in Form einer Leitungspyramide oder Leitungshierarchie dargestellt werden kann.

27. Wie kann eine Instanz besetzt werden?

Eine Instanz kann durch eine Person besetzt werden (die sog. Singularinstanz). Sie kann aber auch durch mehrere Aufgabenträger gleichzeitig besetzt sein (sog. Pluralinstanz).

28. Wo sind Pluralinstanzen üblich?

Pluralinstanzen treten insbesondere auf der oberen Leitungs- und Führungsebene auf, und zwar als Direktorium oder Vorstand. Dabei kann die Mitwirkung der einzelnen Instanzeninhaber an Führungsentscheidungen durch bestimmte Formen der Kollegialität organisatorisch geregelt werden. Diese Formen werden als Primat-, Abstimmungs-, Kassations- oder Ressortkollegialität bezeichnet.

29. Wie erfolgt die Abteilungsbildung?

Instanzen und direkt untergeordnete Stellen bilden eine Abteilung, in der der übergeordnete Instanzeninhaber der Abteilungsleiter ist.

30. Was versteht man unter einem mehrstufigen Leitungssystem?

Ein mehrstufiges Leitungssystem ist durch eine bestimmte Abteilungsgliederung und verschiedene Leitungsebenen gekennzeichnet. Diese Ebenen werden als Top Management, Middle und Lower Management und ausführende Stellen bezeichnet.

2.2.3 Aufbauorganisation

31. In welchem Zusammenhang stehen Leitungssystem und Kommunikationssystem?

Das Kommunikationssystem ist deshalb durch das Leitungssystem vorgegeben, weil Anordnungen und entsprechende Vollzugsmeldungen nur nach Maßgabe des Leitungssystems vorgenommen werden dürfen.

32. Welche Nachteile entstehen durch eine starre Bindung der Kommunikation an das Leitungssystem?

Der Nachrichtenverkehr würde sich zu schwerfällig gestalten, wenn für alle Informationen die Wege des Leitungssystems vorgeschrieben wären. Aus dem Aufgabengefüge heraus ist deshalb ein zusätzliches Kommunikationssystem sinnvoll.

33. Wie werden die aufgabenbezogenen Informationsbeziehungen genannt?

Aufgabenbezogene Informationsbeziehungen, d.h. Informationen, die zur Erfüllung vorgegebener Aufgaben benötigt werden, werden als formale Beziehungen bezeichnet. Ihnen stehen die organisatorisch nicht geregelten informalen Beziehungen gegenüber, die die formalen Beziehungen überlagern und als soziale Kontakte (Interaktionen) zwischen den Mitarbeitern spontan entstehen.

34. Welche Bedeutung hat das informale System?

Das informale System kann positiv wirken, da nicht alle Fälle eines notwendigen Informationsaustausches vorhersehbar sind und zum besseren Betriebsklima beitragen. Es kann allerdings auch negativ wirken, wenn Informationen falsch gelenkt werden oder bestimmte Stellen vom Nachrichtenfluß abgeschnitten werden.

35. Welche Aufgaben bestehen im Rahmen der Betriebsorganisation zur Lenkung des Informationsflusses?

Aufgabe der Betriebsorganisation ist es, unter Berücksichtigung des Informationsbedarfs der Stellen zur Erfüllung ihrer Aufgaben die durchzuführenden Kommunikationsmöglichkeiten so auf die Stellen zu verteilen, daß es unter geringsten Kosten möglich ist, alle Stellen qualitativ und quantitativ zum richtigen Zeitpunkt mit den richtigen Informationen zu versorgen.

36. Auf welche Weise kann der Kommunikationsprozeß vorgenommen werden?

Der Kommunikationsprozeß kann schriftlich oder mündlich, direkt oder indirekt erfolgen.

2.2.4 Ablauforganisation

01. Was versteht man unter Ablauforganisation?

Unter Ablauforganisation versteht man die Gestaltung von Arbeitsprozessen. Dabei muß unterschieden werden zwischen der Ordnung des Arbeitsinhaltes, der Ordnung der Arbeitszeit, der Ordnung des Arbeitsraumes und der Arbeitszuordnung.

02. Was versteht man unter der Ordnung des Arbeitsinhaltes?

Der Arbeitsinhalt muß sowohl hinsichtlich der Arbeitsobjekte als auch hinsichtlich der Verrichtungen organisiert werden.

03. Was versteht man unter der Organisation der Arbeitszeit?

Die Arbeitszeit muß in dreifacher Weise geordnet werden: Einmal muß die Zeitfolge der einzelnen Teilaufgaben bestimmt werden, sodann die Zeitdauer der Teilaufgaben und schließlich muß der Zeitpunkt der einzelnen Maßnahmen festgelegt werden.

04. Was ist das Ziel der Ablauforganisation?

Ziel der Ablauforganisation ist der möglichst reibungslose Ablauf der Arbeiten der einzelnen Stellen innerhalb einer Abteilung und die Abstimmung der Arbeiten der einzelnen Stellen verschiedener Abteilungen. Dieses Ziel bedingt die Festlegung und das zeitliche und örtliche Neben- und Nacheinander der zur Erzielung eines bestimmten Arbeitsergebnisses auszuführenden Arbeitsvorgänge. Mithin erfaßt der Arbeitsablauf, was, wo, wann und wie etwas zu tun ist.

05. Welche Probleme können sich bei der Ablauforganisation ergeben?

Probleme können dadurch entstehen, daß die Zahl der Arbeitsvorgänge eines Arbeitsablaufs immer größer wird, d.h. die Arbeitsteilung wird immer weiter vorangetrieben, und auf diese Weise wird der Arbeitsfluß beeinträchtigt. Es kann auch sein, daß die Zeitpunkte oder Termine, zu denen bestimmte Arbeiten anfallen, ungleich verteilt sind, so daß die tatsächliche Arbeitsbelastung zu bestimmten Zeiten größer oder kleiner ist als die normale oder Mindestleistungskapazität.

06. Welche Leitsätze können zur Gestaltung der betrieblichen Arbeitsabläufe dienen?

a) Ausrichtung der Organisation an Regelfällen,
b) funktionelle Zuordnung von Arbeitsstationen,
c) Minimierung von Arbeitsstationen,
d) Minimierung von Informationen,

2.2.4 Ablauforganisaton

e) Minimierung von zu verrichtenden Tätigkeiten im Rahmen des Arbeitsprozesses,
f) optimale Auswahl und Gestaltung der Hilfsmittel,
g) Arbeitsverteilung nach qualitativen Gesichtspunkten,
h) optimale Bemessung des Personalbedarfs,
i) ständige Kontrolle und regelmäßige Soll-Ist-Abstimmung,
j) Unabhängigkeit der Ablauforganisation von einzelnen Personen.

07. Was bedeutet die Ausrichtung der Organisation an Regelfällen?

Regelfälle stellen diejenigen Abwicklungsverfahren dar, die alle häufig wiederkehrenden Arbeiten umfassen. Diese Verfahren sind soweit wie möglich organisatorisch zu regeln und in allgemeinverbindlichen Richtlinien und Arbeitsanweisungen niederzulegen. Hingegen können Sonderfälle nicht verbindlich geregelt werden.

08. Was versteht man unter einer funktionellen Zuordnung von Arbeitsstationen?

Die einzelnen Bereiche des Arbeitsablaufes sind entsprechend dem Arbeitsfluß zu gestalten und räumlich möglichst eng zusammenzulegen, damit unnötige Wege unterbleiben.

09. Was bedeutet eine Minimierung der Arbeitsstationen?

Es muß versucht werden, die Anzahl der Arbeitsstationen innerhalb eines Arbeitsablaufs so gering wie möglich zu halten.

10. Was bedeutet die Forderung nach Minimierung von Informationen?

Damit genügend Zeit zu produktiver Arbeit verbleibt, muß die Zahl der zu verarbeitenden Informationen so gering wie möglich gehalten werden. Diese Forderung wiederum beinhaltet die Zielsetzung nach der Auswahl der Informationen, die zur Bewältigung der Arbeit unerläßlich sind und nach Trennung des Wichtigen vom scheinbar Wichtigen.

11. Was bedeutet die Minimierung zu verrichtender Tätigkeiten?

Die Anzahl und der Umfang der im Rahmen eines Arbeitsablaufs zu verrichtender Arbeitsgänge sind möglichst gering zu halten.

12. Was bedeutet eine optimale Auswahl und Gestaltung der Hilfsmittel?

Die Arbeitsplätze sollten mit den notwendigsten und geeignetsten Hilfsmitteln (Karteien, Formularen, Maschinen, Nachschlagewerken, usw.) ausgestattet sein, wobei auch auf die Wirtschaftlichkeit zu achten ist.

13. Wie ist die Arbeitsverteilung unter dem qualitativen Gesichtspunkt vorzunehmen?

Die Arbeitsverteilung soll so vorgenommen werden, daß ein unterwertiger Einsatz qualifizierter Arbeitskräfte vermieden wird.

14. Was bedeutet eine optimale Bemessung des Personalbedarfs?

Der Personalbedarf sollte entsprechend dem Arbeitsumfang so gering wie möglich bemessen sein und sich nicht im Hinblick auf das Stammpersonal an einmaligen Arbeitsspitzen orientieren.

15. Wie ist eine ständige Leistungs- und Aufwandskontrolle durchzuführen?

Die Leistung des eingesetzten Personals und die Entwicklung des Aufwandes sind anhand von Kennzahlen ständig zu beobachten und unter Berücksichtigung der Rentabilität, der Wirtschaftlichkeit, der Produktivität und der Unternehmensziele ständig anhand der vorgegebenen Sollwerte zu vergleichen.

16. Warum soll die Ablauforganisation von einzelnen Personen unabhängig sein?

Die Gliederung und Gestaltung von Arbeitsabläufen hat sich ausschließlich an sachlichen Gesichtspunkten zu orientieren und sollte nicht an Personen orientiert sein.

17. Wie erfolgt die Zuordnung der Teilaufgaben zu einer Stelle?

Je nach der Art der zu verrichtenden Tätigkeiten werden die einzelnen Arbeiten zu Stellen zusammengefaßt. Dies geschieht, indem entweder jede Verrichtung einer bestimmten Person übertragen wird, oder aber die Arbeiten werden in ihrer Gesamtheit einer Gruppe übertragen und im Rahmen der Gruppe wird dann entschieden, wer die einzelnen Arbeiten zu übernehmen hat.

18. In welchem Zusammenhang stehen Aufbau- und Ablauforganisation?

Entweder wird in der Praxis von einer gegebenen Aufbauorganisation ausgegangen und danach die Ablauforganisation angepaßt, oder es wird umgekehrt verfahren.

19. Wie wird die Organisation überwacht?

Die Organisation eines Betriebes muß in jedem Fall überwacht werden, um feststellen zu können, ob die Ergebnisse des Handelns mit der Planung übereinstimmen. Die Überwachung geschieht mit Hilfe der Kontrolle und der Prüfung (Revision).

20. Was versteht man unter Kontrolle?

Man spricht von Kontrolle, wenn die Überwachung durch die mit der Ausführung der Aufgabe betrauten Personen vorgenommen wird, wobei sich die Kontrolle auf den gesamten Tätigkeitsbereich des Unternehmens erstreckt. Die Kontrolle wird anhand von Organisationsplänen, Geschäftsverteilungsplänen und Arbeitsablaufplänen durchgeführt.

21. Was ist die Aufgabe der Revision?

Aufgabe der Revision ist die Prüfung der Arbeitsgänge selbst. Man will feststellen, ob das Kontrollsystem ordnungsgemäß funktioniert, ob und gegebenenfalls welche Mängel in der Organisation vorliegen. Die Revision hat schließlich auch die Aufgabe, etwaige Unregelmäßigkeiten aufzudecken bzw. zu unterbinden.

2.2.5 Organisationshilfsmittel

01. Was versteht man unter Organisationshilfsmittel?

Organisationshilfsmittel haben die Aufgabe, organisatorische Erscheinungen und Zusammenhänge in übersichtlicher Form darzustellen und den Ablauf der Organisation zu erleichtern und zu vereinheitlichen.

02. Welche Arten von Bürohilfsmitteln werden unterschieden?

Man unterscheidet:

a) bürotechnische Hilfsmittel,
b) graphische Darstellungen von Strukturen,
c) verbale Darstellungsformen,
d) mathematische Verfahren.

03. Was sind bürotechnische Hilfsmittel?

Zu den bürotechnischen Hilfsmitteln zählt man einerseits die technischen Geräte, wie z.B. Diktiergeräte, Nachrichtenübermittlungsgeräte, Hilfsmittel zur Vervielfältigung, Rechner, Buchungsmaschinen und andererseits die Hilfsmittel zur Datenermittlung, (wie z.B. Fragebogen oder Rechenmaschine), zur Datenerfassung (durch Tabellen, Karteien, Magnetbänder), zur Datenaufbereitung (durch Rechner) zur Datendarstellung (durch Statistiken), zur Datenzuordnung, Datenspeicherung, Datenabruf, Datenübermittlung und zur Datenkontrolle.

04. Was versteht man unter graphischen Darstellungen von Strukturen?

Graphische Darstellungen von Strukturen werden in Form von Organisationsplänen (Organisationsschaubildern) und Funktionsdiagrammen erstellt und haben die Aufgabe, die vorhandene oder geplante betriebliche Aufbauorganisation übersichtlich darzustellen.

05. Welche Angaben enthält der Organisationsplan?

Der Organisationsplan veranschaulicht: a) Das Verteilungssystem der Aufgaben und die Institutionalisierung der Teilaufgaben zu Stellen, b) das Gefüge der Stellen und ihre Zusammenfassung zu Abteilungen, c) die Rangordnung der Instanzen, d) die Eingliederung der Hilfsstellen (z.B. der Stäbe), e) die Kommunikationswege, f) die personelle Besetzung der Stellen.

06. Was versteht man unter einer Führungsanweisung?

Eine Führungsanweisung enthält in schriftlicher Form für alle Führungspositionen alle grundsätzlichen instanziellen Rechte und Pflichten.

07. Was versteht man unter einer Stellenbeschreibung?

Unter einer Stellenbeschreibung ist die schriftlich festgelegte Darstellung der Zielsetzung des Arbeitsplatzes, seiner Aufgaben, Kompetenzen, Befugnisse, seiner Beziehungen zu anderen Arbeitsplätzen und der Anforderungen an den Inhaber des Arbeitsplatzes zu verstehen.

08. Was versteht man unter mathematischen Verfahren als Hilfsmittel der Organisation?

Mathematische Hilfsmittel sollen der Organisation Probleme aufzeigen, die sich verbal nicht oder nur schwer darstellen lassen. Hierzu zählen insbesondere die Verfahren des Operations Research und der Netzplantechnik.

09. Was versteht man unter Operations Research?

Operations Research oder Unternehmensforschung ist die während des 2. Weltkrieges in den USA entwickelte Methode zur Beschaffung und Auswertung quantitativer Unterlagen für militärische Entscheidungen, die nach dem Kriege auch in den Unternehmungen Eingang gefunden hat. Charakteristisch am Operations Research ist der Versuch, möglichst alle Entscheidungen durch eine exakte und numerische Berechnung der Folgen der verschiedenen alternativen Möglichkeiten vorzubereiten.

10. Was versteht man unter der Netzplantechnik?

Die Netzplantechnik ist ein Verfahren, mit dessen Hilfe versucht wird, eine komplexe Gesamtaufgabe in Teilaufgaben aufzugliedern und die zu ihrer Erfüllung führenden Tätigkeiten in einem Ablaufplan in Form eines Netzplanes darzustellen, der alle verrichtungs-, objekt- und zeitbedingten Abhängigkeiten aufzeigt.

2.3 Personalwirtschaft

2.3.1 Personalpolitik

01. Was versteht man unter Personalpolitik?

Unter der Personalpolitik wird die Summe der Prinzipien und Maßnahmen verstanden, die die gegenseitigen Beziehungen zwischen der Unternehmensleitung und der Belegschaft, zwischen den einzelnen Mitarbeitern sowie die Beziehungen des einzelnen zu seiner Arbeit bestimmen.

02. Warum ist eine Personalpolitik erforderlich?

Die personellen Entscheidungen im Betrieb können nicht willkürlich getroffen werden. Vielmehr ist die Formulierung und Ausarbeitung einer systematischen Personalpolitik für das Unternehmen im Sinne der bestehenden Organisations- und Führungsprinzipien unerläßlich, um die technische, wirtschaftliche sowie die menschliche Sphäre miteinander in Einklang zu bringen und so die Ziele des Unternehmens optimal erreichen zu können.

03. Was ist die Aufgabe der Personalpolitik?

Aufgabe der Personalpolitik ist es, ein sinnvolles und störungsfreies Zusammenwirken des Produktionsfaktors Arbeit mit den übrigen Produktionsfaktoren und den betrieblichen Teilbereichen sicherzustellen. Dabei handelt es sich im einzelnen um die Sicherung der Leistungsbereitschaft und -fähigkeit des Betriebes, soweit diese von der Belegschaft abhängig sind, um die Erhaltung und Steigerung der Arbeitsproduktivität und damit der Wirtschaftlichkeit des Betriebes. Hinzu kommen die sozialen Ziele, d.h., die Erwartungen, Bedürfnisse und Interessen der Mitarbeiter, die sie an die Unternehmungen stellen und die eine wesentliche Voraussetzung dafür sind, daß dem Betrieb leistungsfähige und leistungswillige Mitarbeiter zur Verfügung stehen.

04. Auf welche Bereiche erstreckt sich die Personalpolitik?

Die Personalpolitik erstreckt sich auf alle Vorgänge, die sich auf die Planung, den Einsatz, die Überwachung, die Entlohnung und die Pflege der menschlichen Arbeitskraft im Betrieb beziehen.

05. Wer sind die Träger der Personalpolitik?

Träger der Personalpolitik sind die Vertreter der Unternehmensleitung, soweit sie mit personalpolitischen Entscheidungskompetenzen ausgestattet sind, wie z.B. der Personalleiter sowie die Vertreter der Mitarbeiter der Unternehmungen, d.h. die Betriebsräte und die Arbeitnehmervertreter im Aufsichtsrat.

06. Welche Aufgaben sind den Trägern der Personalpolitik gestellt?

Die wichtigsten Aufgaben sind:

- Bereitstellung der notwendigen Arbeitskräfte,
- Planung des Personaleinsatzes,
- optimale Gestaltung der menschlichen Arbeitsleistungen,
- Gestaltung einer leistungegerechten Entlohnung,
- Entwicklung einer betrieblichen Sozialpolitik,
- Sicherung des Arbeitsplatzes im Rahmen der Unfallschutzbestimmungen,
- planmäßige und systematische Ausbildung des Nachwuchses,
- formale Festlegung personalpolitischer Grundsätze,
- Regelung der Betriebsverfassung.

07. Welche Kompetenzen bestehen in der Personalpolitik?

Im Rahmen klar abgegrenzter Zuständigkeiten sind der Personalpolitik Entscheidungsbefugnisse und Weisungsrechte in folgenden Bereichen zugeordnet:

Einstellungen und Entlassungen von Mitarbeitern, Stellenbeschreibungen, Arbeitsplatzbewertung, Leistungsbewertung, Werbung neuer Mitarbeiter, Auswahl von Mitarbeitern, Durchführung von Eignungstests, Vornahme von Versetzungen, Vornahme von Beurteilungen, Regelung der Aus-, Fort- und Weiterbildung, Regelung der Aufstiegs- und Nachwuchsplanung.

08. Welche Entscheidungen sind im Rahmen der Personalpolitik zu treffen?

Entscheidungen

- über die Grundsätze der Einstellung, der Versetzung, der Beförderung und Entlassung von Mitarbeitern,
- über den Einsatz und die Auslastung der verschiedenen Mitarbeiter,
- über die Grundsätze und Anwendungsformen der Personalorganisation einschließlich der Führungsorganisation,
- über die Wahl geeigneter Lohnformen,
- über die Frage der Vollmachterteilung im Sinne des Handelsrechts (z.B. bei der Bestellung von Prokuristen),
- über den Führungsstil.

09. Warum ist eine schriftliche Festlegung der Grundsätze der betrieblichen Personalpolitik notwendig?

Eine schriftliche Festlegung von Grundsätzen der Personalpolitik ist erforderlich, um zu verhindern, daß durch Zweifel und Gerüchte Unruhe unter den Mitarbeitern entsteht.

10. Wo liegen die Grenzen der Personalpolitik?

Grenzen der Entscheidungen der Personalpolitik liegen in staatlichen Gesetzen, Einflüssen des Marktes, der öffentlichen Meinung und des staatspolitischen Geschehens.

11. Welche Bedeutung hat die Lohn- und Gehaltspolitik?

Die Lohn- und Gehaltspolitik ist ein wichtiger Bereich im Rahmen der Personalpolitik, denn Löhne und Gehälter sind einmal aus der Sicht des Arbeitgebers Kostenbestandteile und zum anderen aus der Sicht des Arbeitnehmers Grundlage zur Sicherung seiner Existenz und mithin ein wesentlicher Faktor der Motivation.

12. Wie sollten Lohn und Gehalt festgesetzt werden?

Lohn und Gehalt sollten grundsätzlich so festgelegt werden, daß sie ein Höchstmaß an Gerechtigkeit enthalten und von den Mitarbeitern als gerecht empfunden werden.

13. Was sind Maßstäbe gerechter Lohn- und Gehaltspolitik?

Lohn und Gehalt sollten anforderungsgerecht und leistungsgerecht sein und soziale Komponenten, z.B. das Lebensalter und den Familienstand, mit berücksichtigen.

14. Was versteht man unter anforderungsgerechtem Lohn oder Gehalt?

Lohn oder Gehalt sollen der Art der Arbeit, d.h. den körperlichen, geistigen und seelischen Anforderungen entsprechen, die die jeweilige Arbeit an den Menschen stellt.

15. Was versteht man unter leistungsgerechter Entlohnung?

Lohn und Gehalt sollen der Leistung des einzelnen, seiner Einsatzbereitschaft und Leistungskraft entsprechen.

16. Wann ist ein Lohn oder ein Gehalt anforderungsgerecht?

Lohn und Gehalt sind dann anforderungsgerecht, wenn die Höhe des Lohnes oder des Gehaltes nach den Anforderungen, die Arbeitsplätze, Arbeitsvorgang oder Arbeitsbedingungen stellen, gestaffelt sind. Schwierigere Arbeiten müssen mithin höher als einfachere entlohnt werden.

17. Welche Bedeutung hat eine leistungsgerechte Entlohnung?

Eine leistungsgerechte Entlohnung fördert das Leistungsbewußtsein der Mitarbeiter.

18. Wie sollen und können die Leistungen beurteilt werden?

Die Leistungen werden mit Hilfe objektiver Bewertungs- und Beurteilungsmethoden ermittelt. Den unterschiedlichen Anforderungen der verschiedenen Arbeitsplätze wird mit Hilfe der Arbeitswertung Rechnung getragen.

19. Welchen Spielraum hat die betriebliche Lohn- und Gehaltspolitik?

Die Löhne und Gehälter sind im allgemeinen durch Tarifverträge festgelegt, so daß den Betrieben wenig Spielraum für eine individuelle Gestaltung der Löhne und Gehälter verbleibt.

20. Was versteht man unter Personalführung?

Für den Erfolg der Personalpolitik ist es entscheidend, daß ihre Ziele auch in die Tat umgesetzt werden. Diese Aufgabe obliegt der Personalführung. Wesentliche Voraussetzung für die Personalführung ist eine Organisation des Betriebes, in der Verantwortungsbereiche und Anordnungsrechte genau festgelegt sind, so daß jeder weiß, wofür er zuständig ist und welche Kompetenzen er besitzt. Dabei ist mit dem Anordnungsrecht auch eine entsprechende Verantwortung verbunden. Sie bewirkt, daß ein Vorgesetzter alle Arbeiten der ihm Unterstellten so zu verantworten hat, als wären es seine persönlichen.

21. Welche Bereiche können der Lohn- und Gehaltspolitik außerdem zugeordnet werden?

Zur betrieblichen Lohn- und Gehaltspolitik gehören nicht nur die Löhne und Gehälter, sondern auch die betrieblichen Erfolgsbeteiligungen.

22. Welche Formen der betrieblichen Erfolgsbeteiligung bestehen?

Die Arbeitnehmer können entweder am Ertrag oder am Gewinn des Unternehmens beteiligt werden.

2.3.2 Aufgaben der Personalabteilung

01. Was ist die wichtigste Aufgabe der Personalabteilung?

Die wichtigste Aufgabe der Personalabteilung ist es, die bei ihr angeforderten Arbeitskräfte rechtzeitig bereitzustellen, d.h. anzuwerben, auszuwählen und an den Arbeitsplatz weiterzuleiten.

02. Welche Bedeutung hat die Personalplanung?

Erst in den letzten Jahren ist das Problem der Personalplanung im heutigen Sinne

2.3.2 Aufgaben der Personalabteilung

erörtert worden. Dabei geht es nicht nur um die Beschaffung geeigneter Mitarbeiter, sondern auch um einen Beitrag zur Humanisierung des Arbeitslebens. In einer Zeit, in der Ausbildungsmaßnahmen für Mitarbeiter notwendig sind, um mit den technischen, wirtschaftlichen und sozialen Neuerungen Schritt halten zu können, sind im Personalbereich in erheblichem Maße Investitionen vorzunehmen, um Entwicklungsmöglichkeiten für qualifizierte Mitarbeiter, aber auch für den Nachwuchs im Ausbildungsbereich zu schaffen.

03. Was sind die Aufgaben der Personalplanung?

Der Personalplanung werden die verschiedensten Aufgaben zugeordnet:

a) Die Deckung des erforderlichen Personalbestandes. Unter bestimmten Voraussetzungen ist auch ein Abbau von Arbeitskräften notwendig, der nach Möglichkeit ohne Entlassungen vollzogen werden muß;
Probleme, die mit den Begriffen Personalbedarfsplanung und Beschaffungsplanung umschrieben werden können.

b) Die Zuordnung von Teilaufgaben zu Personen und umgekehrt, d.h. der Personaleinsatz.

c) Die Vermittlung der erforderlichen Qualifikationen an die Belegschaft durch betriebliche oder außerbetriebliche Bildungsmaßnahmen, wobei insbesondere die Frage erörtert werden muß, welche beruflichen Bildungsmaßnahmen erforderlich sind, um die Mitarbeiter für neue Arbeitsaufgaben zu qualifizieren.

d) Der bestmögliche Einsatz der Mitarbeiter entsprechend ihren Fähigkeiten, Neigungen und Kenntnissen.

e) Die Eingliederung neuer Mitarbeiter, insbesondere von Teilzeitarbeitskräften.

f) Die Ausbildungsplanung.

g) Die Planung optimaler Arbeitsbedingungen.

h) Die Planung der Löhne und Sozialleistungen.

04. Wie kann die Deckung des erforderlichen Personalbestandes geplant werden?

Die Deckung des Personalbestandes setzt immer eine langfristige Planung und eine Abstimmung mit anderen Teilbereichen der Unternehmensplanung voraus, um die Mitarbeiter dann zur Verfügung zu haben, wenn sie gebraucht werden. Dazu ist es erforderlich, sich über mögliche und voraussehbare Veränderungen im klaren zu sein, d.h. die Abgänge durch Pensionierungen und die Erfahrungswerte der Fluktuation zu berücksichtigen und mögliche Kapazitätsausweitungen bereits in die Personalwerbung einzubeziehen. Weiter ist es erforderlich, sich über innerbetriebliche Veränderungswünsche im klaren zu sein, um zweckmäßigerweise freiwerdende Positionen innerbetrieblich besetzen zu können.

Personalplanung

05. Wie läßt sich eine Deckung des Personalbedarfes erreichen?

Wenngleich die Aufgabe der Arbeitsbeschaffung den Arbeitsämtern gesetzlich übertragen ist und sich auch die Möglichkeit einer Werbung durch Zeitungsanzeigen bietet, ist es immer zweckmäßig, durch eine bewußte Meinungspflege in der Öffentlichkeit den Eindruck zu vermitteln, daß der Betrieb gute Arbeitsplätze bietet und seinen Beitrag zur Zufriedenheit der Mitarbeiter leistet.

06. Wie wird die Personalplanung durchgeführt?

Es wird sowohl der kurzfristige und langfristige als auch der quantitative und qualitative Personalbedarf ermittelt, wobei sowohl in qualitativer und quantitativer als auch in zeitlicher Hinsicht die weiteren betrieblichen Planungen von Investitionen und Absatzerwartungen abhängig sind und neben den erwarteten Abgängen und Schätzungen der Fluktuationsrate aufgrund von Erfahrungswerten und des Krankenstandes auch die Entwicklung der Arbeitszeit zu berücksichtigen ist. Schließlich ist zu unterscheiden, ob ein Ersatzbedarf oder ein Zusatzbedarf einzuplanen ist bzw. ob sich die Planungen auf Personaleinschränkungen zu erstrecken haben.

07. Nach welchem Schema wird der Personalbedarf geplant?

Vom gegenwärtigen Personalbestand werden die Abgänge durch Pensionierungen, Kündigungen, Einberufungen zur Bundeswehr, usw. abgezogen und die bereits vorgenommenen Einstellungen hinzugezählt, ferner die zu übernehmenden Auszubildenden und die von der Bundeswehr oder aus dem Erziehungsurlaub zurückerwarteten Mitarbeiter. Dieser Personalbestand dient als Grundlage der weiteren noch vorzunehmenden Einstellungen.

08. Wie wird ein Personalabbau ohne Entlassungen betrieben?

Es wird eine mehr oder weniger generelle Einstellungssperre angeordnet, wobei freiwerdende Stellen in der Regel nicht wieder besetzt werden. Müssen diese Stellen wieder besetzt werden, so werden sie aus dem vorhandenen Personalstamm besetzt, wobei die durch Aufrücken oder Umsetzung freigewordene Stelle nicht wieder besetzt wird. Zusätzlich werden Mitarbeiter vorzeitig pensioniert. Auch ist es möglich, für zusätzliche Aufgaben, die mit einer Umsatzausweitung verbunden sind, keine neuen Stellen einzurichten.

09. Welche Vorteile bietet die Besetzung freier Arbeitsplätze durch Mitarbeiter des Betriebes?

Es entfallen die oft sehr hohen Einstellungskosten. Das Wissen und Können des Mitarbeiters kann besser eingeschätzt werden als das neuer Mitarbeiter. Der bisherige Mitarbeiter kennt die betrieblichen Gegebenheiten. Das Betriebsklima wird dadurch verbessert, daß die Mitarbeiter das Gefühl haben, sie können innerbetrieblich aufsteigen.

2.3.2 Aufgaben der Personalabteilung

10. Welche Gründe sprechen gegen eine innerbetriebliche Besetzung freier Stellen?

Sind mehrere gleich gute Mitarbeiter vorhanden, so kann die Auswahl eines Mitarbeiters von den anderen als Zurücksetzung empfunden werden. Auch sind neue Mitarbeiter nicht betriebsblind und können aufgrund ihrer in anderen Betrieben gewonnenen Erfahrungen neue Ideen unterbreiten.

11. Welche Hilfsmittel stehen für die Personalplanung zur Verfügung?

Hilfsmittel der Personalplanung sind die Personalstatistik, Stellenpläne, Stellenbesetzungspläne, Stellenbeschreibungen sowie Nachfolge- und Laufbahnpläne.

12. Was ist das Ziel eines Stellenplanes?

In einem Stellenplan sind die zur Erledigung der Aufgaben eines Unternehmens, eines Bereiches oder einer Abteilung notwendigen Arbeitsplätze nach Anzahl und Bezeichnung festgelegt.

13. Was ist der Inhalt eines Stellenbesetzungsplanes?

Ein Stellenbesetzungsplan zeigt auf, von wem die einzelnen Stellen besetzt sind. Dadurch wird gleichzeitig ersichtlich, welche Stellen noch unbesetzt sind. Der Stellenbesetzungsplan enthält aber nicht nur die Namen der Mitarbeiter, sondern auch die Titel, die Vollmachten, das Geburts- und Eintrittsjahr sowie die Gehaltsgruppe.

14. Was ist der Inhalt einer Stellenbeschreibung?

Eine Stellenbeschreibung ist die schriftlich fixierte Darstellung des Zieles eines jeden Arbeitsplatzes, seiner Aufgaben, Kompetenzen, Unterstellungen, Überstellungen, seiner Beziehungen zu anderen Arbeitsplätzen sowie seiner Anforderungen an den Inhaber des Arbeitsplatzes.

15. Was ist das Ziel von Nachfolge- und Laufbahnplänen?

Nachfolgepläne gehen von den zu besetzenden Positionen aus und zeigen, welche Position von welchem Stelleninhaber in welchem Zeitraum ausgefüllt wird. Die Laufbahnpläne stellen dagegen die Inhaber der einzelnen Posititionen in den Mittelpunkt und zeigen, welche Stelleninhaber auf welchen Positionen über welchen Zeitraum hinweg tätig sind.

16. Wie können geeignete Mitarbeiter innerbetrieblich gewonnen werden?

Neue Mitarbeiter können innerbetrieblich durch Umsetzung, Übernahme aus einem Ausbildungsverhältnis, Versetzung und Beförderung gewonnen werden.

17. Wie können Mitarbeiter auf dem Wege über den Arbeitsmarkt gewonnen werden?

Es gibt grundsätzlich drei Möglichkeiten der Beschaffung neuer Mitarbeiter:

a) durch die Arbeitsämter,

b) durch die Aufgabe von Stellenanzeigen,

c) durch die Auswertung von Stellenanzeigen veränderungswilliger Bewerber. In Ausnahmefällen ist es darüber hinaus möglich, Aufgaben an dritte Unternehmen zu übertragen oder sich der Hilfe des Personalleasing zu bedienen.

18. Was ist zu tun, wenn man sich der Hilfe der Arbeitsverwaltung bedient?

Der Arbeitsverwaltung ist rechtzeitig der Bedarf mitzuteilen. Dabei ist die zu besetzende Stelle nach Möglichkeit genau zu beschreiben. Auch sollten die Anforderungen an den Bewerber genau mitgeteilt werden, wobei zu bedenken ist, daß der ideale Mitarbeiter sehr oft nur schwer zu finden ist.

19. Wie können Stellenanzeigen in Zeitungen aufgegeben werden?

Stellenanzeigen in Zeitungen werden entweder unter Nennung des Namens des Unternehmens oder anonym aufgegeben.

20. Wann empfiehlt sich eine Nennung des Unternehmens in der Stellenanzeige?

Eine Angabe des suchenden Unternehmens empfiehlt sich immer dann, wenn im Betrieb bekannt ist, daß eine Stelle neu zu besetzen ist. Die offene Angabe des suchenden Unternehmens ist für qualifizierte Bewerber interessanter als eine Chiffreanzeige und ermöglicht ihnen, vorher Informationen einzuholen.

21. Welche Gründe sprechen gegen eine Angabe des Unternehmens bei der Aufgabe einer Stellenanzeige?

Falls die ausgeschriebene Stelle noch besetzt ist, können sich innerbetriebliche Konflikte ergeben. Auch könnte die Konkurrenz aus der Tatsache, daß eine Position ausgeschrieben ist, Schlüsse über geplante, aber vertrauliche Maßnahmen ziehen.

22. Welche rechtlichen Vorschriften sind bei der innerbetrieblichen Mitarbeitergewinnung zu beachten?

Durch das 1972 novellierte Betriebsverfassungsgesetz kann der Betriebsrat nach § 93 vor jeder Neubesetzung einer Position eine innerbetriebliche Ausschreibung verlangen. Hat der Betriebsrat diese innerbetriebliche Stellenausschreibung gefordert, so kann er die Zustimmung zu einer geplanten Einstellung oder Versetzung verweigern, wenn die betreffende Stelle nicht innerbetrieblich ausgeschrieben worden ist.

2.3.2 Aufgaben der Personalabteilung

23. Welche Probleme ergeben sich bei der Beschäftigung von Aushilfen und Teilzeitkräften?

Viele Betriebe sind auf Aushilfen und Teilzeitkräfte angewiesen, da die Beschäftigung von ständig beschäftigten Ganztagskräften entweder nicht lohnend ist oder solche Kräfte auf dem Arbeitsmarkt nicht zur Verfügung stehen. Das Problem bei den Aushilfskräften besteht darin, daß diese in der Regel nicht über die notwendigen Informationen verfügen, daß sie teilweise nicht mit den neuesten Methoden vertraut sind und daher in verschiedener Hinsicht nicht umfassend eingesetzt werden können. Im Hinblick auf die Teilzeitkräfte besteht die Schwierigkeit, einen Platz für die gesamte Dauer der Arbeitszeit zu besetzen, da viele Arbeitskräfte überwiegend daran interessiert sind, nur am Vormittag zu arbeiten, während im Handel gerade am Nachmittag Arbeitskräfte benötigt werden.

24. Was ist bei der Beschaffung von Arbeitskräften zu beachten?

Es müssen Stellenangebote ausgeschrieben werden, die dem Bewerber exakt Auskünfte über die von ihm erwarteten Anforderungen, die Aufgaben, Verantwortungen und Erwartungen geben. Außerdem müssen psychologische Eignungstests durchgeführt werden, die die persönliche Eignung des Bewerbers für einen bestimmten Beruf feststellen. Ferner sind die durch Gesetz, Tarifvertrag oder Betriebsvereinbarung bestehenden Einstellungsbedingungen zu beachten. Dazu gehört z.B. das rechtzeitige Einschalten des Betriebsrates.

25. Auf welche Art können neue Mitarbeiter gewonnen werden?

Neue Mitarbeiter können durch Umbesetzungen im eigenen Unternehmen oder durch Anwerbung von außen gewonnen werden.

26. Welche Vorteile hat eine innerbetriebliche Ausschreibung?

Die Mobilität wird erhöht, die Arbeitnehmer werden durch Aufstiegsmöglichkeiten motiviert, Erfahrungen im eigenen Unternehmen lassen sich besser verwerten, eine schnellere Einarbeitung ist möglich, Anwerbungskosten lassen sich einsparen.

27. Welche Nachteile hat eine innerbetriebliche Ausschreibung?

Bei Bewerbern, die bei einer Ablehnung eine persönliche Blamage und eine negative Reaktion ihres Vorgesetzten sehen, treten psychologische Hemmnisse auf. Aber auch Vorgesetzte, die es ungern sehen, wenn sich Mitarbeiter um einen freien Platz in einer anderen Abteilung bewerben, sind psychologisch gehemmt. Schließlich besteht die Gefahr, daß angeblich unersetzbare Mitarbeiter am Fortkommen gehindert und weniger geeignete fortgelobt werden oder daß nur Bewerber mit den höchsten Dienst- oder Lebensjahren ausgewählt werden, nicht aber die Eignung entscheidet.

28. Wo können Bewerber außerhalb des eigenen Unternehmens gewonnen werden?

Bewerber können durch die Einschaltung der Arbeitsämter oder durch Stellenanzeigen in Zeitungen gewonnen werden.

29. Welche Anforderungen sollten in einer Personalanforderung enthalten sein?

Zunächst muß eine Beschreibung der Tätigkeit in allen wichtigen Einzelheiten mit Schwerpunktbildung vorgenommen werden. Die erforderlichen Kenntnisse und Fertigkeiten, Ausbildung, Berufserfahrung und die sonstigen persönlichen Eigenschaften müssen ersichtlich sein. Auch sollten die Entwicklungsmöglichkeiten und die Dotierung beschrieben sein.

30. Wie kann ein Arbeitsverhältnis beendet werden?

Ein Arbeitsverhältnis kann durch Tod, Zeitablauf, Pensionierung, Kündigung des Arbeitnehmers oder des Arbeitgebers und in bestimmten Fällen auf Antrag des Betriebsrates aufgelöst werden.

31. Welche Wirkung hat eine Kündigung?

Durch eine Kündigung wird ein Arbeitsverhältnis von einem bestimmten Zeitpunkt an aufgehoben. Eine Kündigung ist als ordentliche Kündigung, d.h. unter Einhaltung der vertraglich vereinbarten Kündigungsfrist und als außerordentliche Kündigung bei Vorliegen eines wichtigen Grundes möglich.

32. Was sollte die Personalabteilung im Falle einer Kündigung durch den Arbeitnehmer tun?

Die Personalabteilung sollte durch ein Gespräch feststellen, aus welchen Gründen der Mitarbeiter kündigt. Die Gründe können in der Bezahlung, in der Art der Arbeit, in der Stellung zu Vorgesetzten oder Mitarbeitern und im Betriebsklima liegen oder persönliche Ursachen, z.B. Ortswechsel haben. In jedem Fall sollte der Betrieb Wert darauf legen, die Ursachen der Fluktuation zu erkennen, um sie ggf. abstellen zu können.

33. Welche Verpflichtungen hat der Betrieb beim Ausscheiden eines Mitarbeiters?

Der Mitarbeiter hat Anspruch auf ein Zeugnis sowie auf Aushändigung seiner Papiere (Lohnsteuerkarte, Versicherungskarten, persönliche Unterlagen wie Originalzeugnisse früherer Tätigkeiten, die er bei der Einstellung abgegeben hat), Auszahlung des restlichen Lohnes oder Gehalts und Abmeldung bei der Krankenkasse.

2.3.2 Aufgaben der Personalabteilung

34. Worauf beruht der Anspruch auf ein Zeugnis?

Der Anspruch auf ein Zeugnis ist gesetzlich geregelt, und zwar für gewerbliche Arbeitnehmer im § 113 der Gewerbeordnung, für kaufmännische Angestellte im § 73 HGB und für sonstige Arbeitnehmer im § 630 BGB.

35. Welche Bedeutung hat ein Zeugnis?

Ein Zeugnis spielt insbesondere bei der Bewerberauslese für zu besetzende Positionen eine wichtige Rolle. Es sollte daher Auskunft über Art und Dauer der Tätigkeit, über Leistung und Verhalten geben.

36. Welche Arten von Zeugnissen unterscheidet man?

Man unterscheidet das einfache und das qualifizierte Zeugnis.

37. Welche Angaben sind in einem einfachen Zeugnis enthalten?

Ein einfaches Zeugnis erstreckt sich nur auf Personalangaben sowie die Art und die Dauer der Tätigkeit (Arbeitsbescheinigung), hingegen nicht auf Leistungen und Verhalten.

38. Welche Angaben enthält ein qualifiziertes Zeugnis?

In einem qualifizierten Zeugnis sind neben den Personalangaben und der Art und der Dauer der Tätigkeit noch ausführliche Angaben über Leistungen und das gezeigte Verhalten enthalten, die dem neuen Arbeitgeber die Entscheidung darüber erleichtern sollen, ob der Bewerber für die anvisierte Tätigkeit geeignet ist.

39. Wer entscheidet darüber, welche Zeugnisart erteilt wird?

Die Wahl trifft der Arbeitnehmer.

40. Was ist bei der Entscheidung zu berücksichtigen?

Ein Zeugnis muß auf der einen Seite wahr sein, andererseits die Interessen des nächsten Arbeitgebers berücksichtigen und schließlich Angaben über Führung und Leistung enthalten.

41. Wann können Komplikationen bei der Zeugniserteilung auftreten?

Solche Komplikationen können auftreten, wenn der Arbeitnehmer zwar fleißig und intelligent, aber unehrlich ist (z.B. der Kassierer einer Bank hat Unterschlagungen begangen) oder fleißig, doch unzuverlässig ist (der Arbeitnehmer beachtet Termine nicht, der Berufsfahrer trinkt während der Fahrten Alkohol).

42. Was bedeutet der Grundsatz der Zeugniswahrheit?

Ein wahres Zeugnis muß sowohl berechtigte günstige als auch berechtigte ungünstige Angaben enthalten. So darf dem untreuen Kassierer keine Ehrlichkeit bescheinigt werden und dem unzuverlässigen Terminsachbearbeiter nicht die Einhaltung aller Termine.

43. Warum werden gelegentlich Angaben im Zeugnis in codierter Form vorgenommen?

Das Bundesarbeitsgericht hat in einem Grundsatzurteil vom 26.11.1963 entschieden, daß ein Zeugnis einerseits objektive Angaben enthalten soll, daß andererseits die Angaben "vom verständigen Wohlwollen für den Arbeitnehmer getragen sein und ihm sein weiteres Fortkommen nicht erschweren sollen".

44. Wie werden codierte Aussagen getroffen?

Codierte Aussagen erwecken den Anschein günstiger Angaben, lassen jedoch den Eingeweihten unschwer erkennen, daß der Beurteilte den gestellten Anforderungen nicht entsprochen hat oder Mängel im Verhalten vorliegen.

45. Was sollte der Betrieb beachten, wenn der Mitarbeiter ein Zwischenzeugnis wünscht?

Der Personalchef sollte die Gründe für den Wunsch nach einem Zwischenzeugnis feststellen, um einer beabsichtigten Fluktuation vorbeugen zu können und zum anderen bedenken, daß ein Zwischenzeugnis inhaltlich dem späteren Zeugnis entsprechen muß. Ein schlechteres Zeugnis beim Ausscheiden als das Zwischenzeugnis muß exakt begründet werden.

46. Nach welchen Kriterien werden Bewerber um freie Positionen beurteilt?

Es werden die Unterlagen formal und inhaltlich geprüft und analysiert.

47. Was bedeutet die formale Prüfung eingereichter Unterlagen?

Unter der formalen Prüfung eingereichter Unterlagen versteht man eine Sichtung im Hinblick auf die formale Gestaltung, d.h. auf die äußere Form und die positionsbezogene Gliederung, die Prüfung auf Vollständigkeit der Unterlagen, wobei es darauf ankommt, festzustellen, ob alle angeforderten Unterlagen eingereicht worden sind, ob die Beschäftigungszeiten lückenlos und mit Zeugnissen versehen sind.

48. Was umfaßt die inhaltliche Prüfung eingereichter Unterlagen?

Die Unterlagen können nach dem Informationsgehalt, d.h. den Hinweisen zur Qualifikation, über ausgeübte Tätigkeiten, des Gehaltswunsches, eines gekündig-

2.3.2 Aufgaben der Personalabteilung

ten oder ungekündigten Beschäftigungsverhältnisses, des bezogenen Einkommens, oder des Eintrittsdatums, vom Arbeitgeber überprüft werden, um festzustellen, ob der Bewerber die geforderten Voraussetzungen erfüllen könnte und mithin zu einer Vorstellung eingeladen werden soll. Bei einer Vielzahl von Bewerbungen ist eine solche Vorauswahl unerläßlich.

49. Wie erfolgt eine Analyse der eingereichten Unterlagen?

Die Unterlagen werden auf den Briefstil des Bewerbes hin untersucht. Ferner im Rahmen einer Zeitabfolgeanalyse die Häufigkeit des Wechsels, das Alter des Bewerbers, die Branchen, in denen der Bewerber tätig war, ob es sich um einen aufsteigenden oder um einen absteigenden Wechsel handelt bzw. um einen Berufs- oder Arbeitsgebietswechsel. Schließlich kann im Rahmen einer Kontinuitätsanalyse der sinnvolle Aufbau der bisherigen beruflichen Entwicklung des Bewerbers analysiert werden. Besondere Bedeutung kann auch den Aussagen in den Zeugnissen beigemessen werden.

50. Welche Ziele werden im Rahmen eines Vorstellungsgespräches verfolgt?

Im Rahmen eines Vorstellungsgespräches will sich der Betrieb einen persönlichen Eindruck über den Bewerber verschaffen und die schriftlichen mit den mündlichen Aussagen vergleichen. Dabei kann gleichzeitig ein Eindruck gewonnen werden, ob der Bewerber fähig ist, sich in den Betrieb bzw. in die Abteilung zu integrieren, welche Erwartungen der Bewerber hat und inwieweit sich diese im Unternehmen verwirklichen lassen.

51. Wie sollte ein Vorstellungsgespräch geführt werden?

Ein Vorstellungsgespräch sollte von der persönlichen Sphäre des Bewerbers ausgehen, d.h. sein Herkommen, seine schulische und berufliche Ausbildung und die bisherige berufliche Tätigkeit aufgreifen, um die Situationsbefangenheit zu nehmen. Anschließend sollte eine Information des Betriebes über das Unternehmen, die freie Position, die gestellten Aufgaben und die Anforderungen erfolgen. Im folgenden Verlauf können die eigentlichen Vertragsverhandlungen geführt werden, die dann in einen Vertragsentwurf einmünden.

52. Welche Fehler sollten bei der Vorstellung vermieden werden?

Es sollte vermieden werden, falsche Hoffnungen und Erwartungen zu wecken und etwas in Aussicht zu stellen, was nicht erfüllt werden kann. Der Bewerber soll sich ein Urteil über die Möglichkeiten, die Probleme und die evtl. Nachteile machen können. Ein Bewerber, der unter falschen Voraussetzungen angeworben wurde, wird schwerlich ein zufriedener Mitarbeiter werden, sondern vermutlich nur zur Verschlechterung des Betriebsklimas beitragen und alsbald wieder kündigen, so daß dem Betrieb die Einarbeitungskosten obliegen und die Kontinuität im Betriebsfluß beeinträchtigt wird.

53. Welche Lohnformen werden unterschieden?

Man unterscheidet den Zeitlohn und den Leistungslohn.

54. Was versteht man unter dem Zeitlohn?

Beim Zeitlohn dient die Dauer der Arbeitszeit als Berechnungsgrundlage. Der Lohn wird pro Stunde, pro Woche oder pro Monat berechnet. Es besteht keine direkte Abhängigkeit von der Arbeitsmenge.

55. Wann wird nach dem Zeitlohn bezahlt?

Der Zeitlohn ist dort angebracht, wo die Qualität der Arbeit, die Gefahr von Beschädigungen oder eine erhöhte Unfallgefahr im Vordergrund stehen. Er kommt ebenfalls in Frage, wenn der Zeitbedarf nicht vorhersehbar ist. Dies trifft z.B. bei Reparaturarbeiten zu. Der Zeitlohn ist im übrigen bei Lagerarbeitern, Fahrern oder Pförtnern üblich.

56. Was sind die Vor- und die Nachteile des Zeitlohnes?

Die Vorteile des Zeitlohnes liegen in der einfachen und wirtschaftlichen Berechnung ohne Vorgabezeitermittlung. Die Nachteile liegen in der Tendenz zur Leistungsnivellierung. Dies trifft insbesondere dann zu, wenn in der gleichen Abteilung unterschiedlich bezahlt wird, d.h. die produktiv Tätigen Leistungslohn erhalten und die Reparaturarbeiter einen niedrigeren Zeitlohn.

57. Wie können die Nachteile des Zeitlohnes ausgeglichen werden?

Um einen Leistungsanreiz zu geben, erhalten die im Zeitlohn beschäftigten Mitarbeiter neben dem Zeitlohn eine Zulage, die sich nach den in der Vergangenheit erbrachten Leistungen bemißt.

58. Was versteht man unter Leistungslohn?

Beim Leistungslohn hängt die Höhe des Entgeltes unmittelbar von der Arbeitsleistung bzw. dem Arbeitsergebnis ab.

59. Welche Formen des Leistungslohnes werden unterschieden?

Man unterscheidet den Akkordlohn und den Prämienlohn.

60. Was versteht man unter dem Akkordlohn?

Beim Akkordlohn wird entweder eine feste Zeit je Produktionseinheit (Zeitakkord) oder ein fester Geldwert je Produktionseinheit zugrunde gelegt (Geldakkord). Die Zeit, die tatsächlich für die Leistung benötigt wird, spielt bei der Lohnerrechnung keine Rolle. Der Akkordlohn kann aber auch in der Form des garan-

2.3.2 Aufgaben der Personalabteilung

tierten Mindestlohnes angewandt werden. Bei Unterschreiten einer bestimmten Leistungsgrenze wird der Mindestlohn gezahlt, so daß sich ein weiteres Absinken der Leistung nicht mehr finanziell für den Arbeiter auswirkt.

61. Wann ist ein Akkordlohn anwendbar?

Der Akkordlohn setzt voraus, daß der Lohn exakt nach der Leistung des Arbeiters berechnet werden kann.

62. Wie kann der Akkordlohn außerdem gestaltet werden?

Der Akkordlohn kann ein Einzelakkord oder ein Gruppenakkord sein.

63. Was sind die Vorteile des Einzelakkords?

Beim Einzelakkord kann sich die Leistungsfähigkeit des einzelnen Arbeiters voll auswirken.

64. Was sind die Vor- und Nachteile des Gruppenakkords?

Der Gruppenakkord kann das Zusammengehörigkeitsgefühl und die Teamarbeit einer Gruppe fördern. Nachteile des Gruppenakkords sind soziale Differenzierungen zwischen leistungsfähigen und weniger leistungsfähigen Gruppenmitgliedern.

65. Welche Entlohnungsformen sind im Handel üblich?

Im Handel ist in der Regel der Zeitlohn, im Verkaufsbereich auch die Prämienentlohnung üblich. Soweit im Zeitlohn gezahlt wird, sind jedoch vielfach übertarifliche Löhne und Gehälter anzutreffen.

66. Wie kann der Zeitlohn attraktiv gestaltet werden?

In vielen Handelsbetrieben ist es üblich, neben dem reinen Zeitlohn entweder eine freie Lohnzulage oder eine Leistungszulage auf der Grundlage der persönlichen Leistungsbeurteilung zu gewähren.

67. Wie kann eine Verkäuferleistung gemessen werden?

Eine Verkäuferleistung drückt sich im erzielten Umsatz und der Zahl der bedienten Kunden in einer bestimmten Zeiteinheit aus.

68. Wann ist die Prämienentlohnung im Handel möglich?

Die Prämienentlohnung für Verkaufskräfte ist dann möglich, wenn die Verkäuferleistung exakt gemessen werden kann. Der Verkäufer muß in der Lage sein, über eine Mehrleistung die Höhe der gewährten Prämie direkt zu beeinflussen, auch müssen die Leistungsbedingungen für alle Verkaufskräfte annähernd gleich sein. Ferner muß eine Soll-Leistung festgestellt sein, die von einer durchschnittlich veranlagten Verkaufskraft bei normaler Beanspruchung erwartet werden kann. Auch muß die Höhe des Leistungslohnes eine gerechte Belohnung für die Mehrleistung darstellen und schließlich muß die Berechnungsart für jede Verkaufskraft verständlich und leicht nachprüfbar sein. Darüber hinaus muß sich die Prämienhöhe an den betrieblichen Möglichkeiten orientieren.

69. In welchen Fällen ist ein Prämienlohn sinnvoll?

Der Prämienlohn ist als Ansporn zu höheren Leistungen für solche Tätigkeiten anwendbar, deren Ergebnisse mit dem Maß der Zeit nicht erfaßbar sind und bei denen der wesentliche Beitrag des Menschen in raschem Auffassen und Reagieren, in schnellem Begreifen von neuen Situationen und in Fällen entsprechender Entscheidungen liegt.

70. Welche Voraussetzungen müssen für die Einführung der Prämienentlohnung vorliegen?

Die Leistungsbedingungen für alle Kräfte müssen annähernd gleich sein. Es muß eine Soll-Leistung festgelegt werden, die von einer durchschnittlich begabten Verkaufskraft bei normaler Beanspruchung erwartet werden kann.

71. Wo liegen die Grenzen einer Prämiengewährung?

Die Untergrenze der gewährten Prämie liegt dort, wo gerade noch ein Anreiz für die Erreichung der Prämie liegt. Die Obergrenze wird durch den prozentualen Anteil der Summe der Grundgehälter am Sollumsatz bestimmt.

72. Nach welchem Schema kann der Prämienlohn ermittelt werden?

Maßstab einer Prämienentlohnung kann sowohl der prozentuale Anteil der durch eine Verkaufskraft bedienten Kunden pro Zeiteinheit als auch der durch die Verkaufskraft erzielte prozentuale Umsatzanteil am Gesamtumsatz des Betriebes pro Zeiteinheit sein. Beide Anteile werden addiert und durch zwei dividiert.

73. Worin liegt das Problem der Prämienentlohnung?

Das entscheidende Problem für die Gewährung von Prämien ist die Messung der Verkäuferleistung. Dabei müssen die Verkaufskräfte die Möglichkeit haben, die als Maßstäbe für ihre Leistung verwendeten Größen positiv und negativ zu verändern. Überdies müssen die der Bemessung zugrundeliegenden Größen mit einem vertretbaren Aufwand und für alle Beteiligten hinreichend verständlich zu ermitteln sein.

2.3.2 Aufgaben der Personalabteilung

74. Welche Arten von Prämienlohn sind möglich?

Man kann sowohl die Form einer Individualprämie als auch die Form einer Gruppen- oder Abteilungsprämie wählen.

75. Was versteht man unter Individual- und was unter Gruppenprämien?

Bei Individualprämien wird die Mehrleistung einer jeden Verkaufskraft im Einzelfall berechnet, während bei Gruppenprämien die Prämie für einen größeren Kreis, z.B. für eine Abteilung, insgesamt berechnet und nach der Zahl der Beteiligten aufgegliedert wird.

76. Was sind die Vor- und Nachteile der Gruppenprämie?

Bei der Gruppenprämie wird das gegenseitige Ausspannen der Kunden vermieden. Der Kunde wird intensiver beraten, weil sichergestellt ist, daß jede Verkaufskraft von dem Umsatz jedes Kunden profitiert, auch werden die notwendigen Nebenarbeiten wie die Warenpflege nicht im Interesse einer überbetonten Umsatzerzielung zu Lasten der Arbeitskollegen eingeschränkt. Nachteilig kann sich auswirken, daß der leistungssteigernde Wettbewerb innerhalb des Personals gemindert wird.

77. Welche speziellen Entlohnungsformen bestehen insbesondere im Großhandel bzw. für Handelsvertreter?

In den Bereichen, in denen auf Provisionsbasis gearbeitet wird, ist es möglich, die Provisionen nach den folgenden Grundsätzen festzulegen:
a) eine Provision mit unveränderlichem Prozentsatz, d.h. eine Steigerung des Einkommens ist lediglich mit steigendem Umsatz möglich;
b) eine Provisionsstaffel mit unterschiedlichen Prozentsätzen;
c) die Provision als Anteil am Mehrerlös;
d) eine Erfolgsprämie nach einer Bonusstaffel;
e) festgesetzte Beträge als Sonderprämien.

78. Wie wird eine Umsatzprovision geregelt?

Der Mitarbeiter erhält ein Fixum sowie eine prozentuale Beteiligung am Umsatz.

79. Wie wird die Gewährung eines Umsatzbonus geregelt?

Es wird zunächst ein Mindestumsatz vorgesehen, der durch eine Umsatzbeteiligung am Mehrumsatz ergänzt wird.

80. Wie werden besondere Verkaufserfolge berücksichtigt?

Besondere Verkaufserfolge werden durch eine Umsatzprämie gefördert, die für verschiedene Anlässe, wie den Verkauf von Neuheiten, Restposten oder schwer verkäuflichen Positionen gewährt wird.

81. Welche Entlohnung ist bei außertariflichen und leitenden Angestellten üblich?

Während sich die Entlohnung für die Arbeiter und Angestellten in der Regel nach den Vorschriften des Tarifvertrages oder der Betriebsvereinbarung richtet, sind die Entgelte für leitende Angestellte frei vereinbar. Hier spielen Titel, Stellung im Betrieb, Betriebszugehörigkeit, Alter, Erfahrung, Marktwert und Leistung eine wesentliche Rolle für die Einstufung.

2.3.3 Betriebliches Sozialwesen

01. Was ist das Ziel der betrieblichen Sozialpolitik?

Die betrieblichen Sozialleistungen sind ein Instrument der Sozialpolitik, mit dessen Hilfe sozialpolitische Ziele durch die Betriebe verwirklicht werden. Diese Ziele werden teilweise auf überbetrieblicher Ebene gesetzt, z.B. vom Staat oder von den Sozialpartnern, teilweise von den Betrieben selbst.

02. Welche Bereiche umfaßt die betriebliche Sozialpolitik?

Die betriebliche Sozialpolitik umfaßt neben den Maßnahmen zum Schutz gegen Beeinträchtigungen durch die Arbeit und zur Sicherung gegen die Risiken des Arbeitslebens bzw. zur Verbesserung der materiellen Lebensbedingungen auch die Maßnahmen, die den Mitarbeitern das in einem Betrieb höchstmögliche Maß an persönlicher Freiheit, Verantwortung und Entfaltung sichern, der Anerkennung der Person und Leistung im Betrieb dienen und ein Zugehörigkeitsgefühl zum Betrieb entwickeln.

03. Was bezwecken betriebliche Sozialleistungen?

Betriebliche Sozialleistungen sind darauf ausgerichtet, Härten und Spannungen auszugleichen, die eine an der Leistung orientierte Entlohnung mit sich bringt.

04. Welche Arten betrieblicher Sozialleistungen werden unterschieden?

Man unterscheidet:

a) Gesetzliche und tarifvertragliche Sozialaufwendungen und
b) freiwillige soziale Aufwendungen.

2.3.3 Betriebliches Sozialwesen

05. Was fällt in den Bereich des gesetzlichen bzw. tarifvertraglichen Sozialaufwands?

Arbeitgeberbeiträge zur Sozialversicherung, Beiträge zur Berufsgenossenschaft, Tarifurlaub, Bezahlung von Arbeitsausfällen, sonstige Aufwendungen auf gesetzlicher Grundlage, wie z.B. für die Unfallverhütung, für Schwerbeschädigte, Aufwendungen, die tarifvertraglich vereinbart sind, wie z.B. die Weiterzahlung von Lohn in Sterbefällen, Zuschüsse zum Krankengeld.

06. Was fällt in den Bereich der freiwilligen sozialen Leistungen?

Die betriebliche Altersversorgung, der betriebliche Gesundheitsdienst, die Werksverpflegung, die Wohnungshilfe, persönliche Hilfe, Maßnahmen zur Arbeitssicherheit und Gratifikationen.

07. Was ist der Zweck der betrieblichen Altersversorgung?

Die betriebliche Altersversorgung ist eine Ergänzung der gesetzlichen Altersversicherung und der privaten Altersvorsorge. Sie will dem Arbeitnehmer eine zusätzliche Hilfe zur Aufrechterhaltung seines Lebensstandards im Alter geben.

08. Wann ist eine besondere soziale Betreuung notwendig?

In jedem Betrieb ist damit zu rechnen, daß sich Mitarbeiter in besonderen Notsituationen befinden, sei es, daß Familienmitglieder krank sind, sei es, daß der Mitarbeiter durch irgendwelche Umstände in wirtschaftliche Not geraten ist. In diesen Fällen ist eine besondere Betreuung erforderlich.

09. Wie kann eine sinnvolle soziale Betreuung erfolgen?

Der Mitarbeiter muß das Gefühl haben, daß er sich an die Personalabteilung wenden und dort individuell und unbürokratisch Rat und Hilfe einholen kann. Häufig bedarf es nur rechtlich fundierter Ratschläge oder der Arbeitnehmer benötigt Hilfe beim Vermitteln von Adressen bzw. beim Anmelden bei Behörden oder beim Aufsetzen von Schriftstücken. In anderen Fällen ist eine finanzielle Hilfe notwendig, die in Form eines Gehaltsvorschusses oder eines zinsgünstigen Darlehens gewährt werden kann und die langfristig mit dem Gehalt verrechnet wird.

10. Welche Folgen hat die soziale Betreuung?

Mitarbeiter, die sich in Not befinden, sind in ihrer Leistung gemindert. Wenn diese Mitarbeiter aber das Gefühl haben, daß ihnen in ihrer speziellen Situation geholfen wird, führt dies zu einer Bindung an den Betrieb und zu verstärktem Einsatz.

11. Was versteht man unter human relations?

Unter human relations versteht man die Gesamtheit der zwischenmenschlichen Beziehungen im Betrieb und zugleich die Bemühungen, diese Beziehungen zu pflegen und zu verbessern. Es handelt sich dabei um die sozialen Kontakte unter den Mitarbeitern und um die Beziehungen zwischen der Unternehmensleitung und den Mitarbeitern, die einen wichtigen Einfluß auf das sog. Betriebsklima haben.

12. Warum sind human relations wichtig?

Eine optimale Gestaltung der Arbeitsbedingungen ist für den Leistungswillen der Mitarbeiter zwar unerläßlich, jedoch nicht allein entscheidend. Die Leistungsbereitschaft setzt ein gutes Verhältnis unter den Mitarbeitern und zwischen Unternehmensleitung und Mitarbeitern voraus.

13. Was sind Kennzeichen eines schlechten Betriebsklimas?

Kennzeichen eines schlechten Betriebsklimas sind Neid und Mißgunst innerhalb der Belegschaft. In gleicher Weise wirkt das Gefühl, in der Menschenwürde mißachtet oder falsch beurteilt und ungerecht behandelt zu werden.

14. Was sind Kennzeichen eines guten Betriebsklimas?

Die Mitarbeiter haben das Gefühl, daß sie als Mensch geachtet werden. Der Führungsstil ist klar, die Kompetenzabgrenzungen sind eindeutig. Unternehmensleitung und Mitarbeiter sind in ihrer Zusammenarbeit von Vertrauen, Verständnis und Hilfsbereitschaft getragen. Dieses Verhältnis drückt sich in den Organisationsgrundsätzen und im gegenseitigen Verhalten und Gesprächen aus.

15. Wie müssen die human relations gestaltet werden?

Es kommt darauf an, den Betrieb so zu organisieren, daß die Mitarbeiter richtig ausgebildet, eingesetzt, eingewiesen, informiert und weitergebildet bzw. gefördert werden und daß sie zufrieden sind.

16. Was versteht man unter sozialer Betreuung?

Der Mitarbeiter im Betrieb bedarf vielfach der sozialen Betreuung. Hierzu gehören nicht nur die für alle Mitarbeiter geschaffenen Einrichtungen wie die eines Mittagstisches, der betrieblichen Sozialleistungen, der ärztlichen Versorgung oder der betrieblichen Altersversorgung, sondern im besonderen Maße auch die Hilfen im Einzelfall.

2.3.3 Betriebliches Sozialwesen

17. Was ist der Zweck der Werksverpflegung?

Sie trägt zu einer gesunden, den Arbeitsanforderungen angepaßten Ernährung bei, auf die zur Aufrechterhaltung einer durchgehenden Arbeitszeit nicht verzichtet werden kann.

18. Was ist das Ziel des betrieblichen Gesundheitsdienstes?

Er dient der Erhaltung der Gesundheit und Leistungsfähigkeit der Mitarbeiter. Während größere Betriebe gesetzlich zur Unterhaltung eines werksärztlichen Dienstes verpflichtet sind, bedienen sich auch kleinere Betriebe häufig der Hilfe eines nebenberuflichen Arztes insbesondere bei Einstellungs- und Überwachungsuntersuchungen oder in der Beratung in allen gesundheitlichen und arbeitshygienischen Fragen.

19. Wer gilt als Betriebsarzt?

Nach dem Gesetz über Betriebsärzte, Sicherheitsingenieure und andere Fachkräfte für Arbeitssicherheit vom 12.12.1973 gilt als Betriebsarzt, wer berechtigt ist, den ärztlichen Beruf auszuüben und über eine arbeitsmedizinische Fachkunde verfügt.

20. Was ist das Ziel der Arbeitssicherheit?

Ziel der Arbeitssicherheitsmaßnahmen ist es, das gesamte Arbeitsleben so zu gestalten, daß möglichst viele Gefahrenquellen beseitigt oder zumindest als solche erkannt werden.

21. Worauf erstrecken sich die Maßnahmen des Arbeitsschutzes?

Der Arbeitsschutz erstreckt sich einmal auf die Planung, Ausführung und Unterhaltung von Betriebsanlagen, sozialen und sanitären Einrichtungen, die Beschaffung von technischen Arbeitsmitteln sowie die Auswahl geeigneter Arbeitsschutzmittel einschließlich Unfallschutz.

22. Was ist das Ziel des Unfallschutzes?

Es müssen sowohl die Unfallursachen erkannt als auch die erkannten Ursachen durch technische Mittel, organisatorische Maßnahmen, Erziehung und ein entsprechendes arbeitssicheres Verhalten beseitigt werden.

23. Was ist das Ziel des Arbeitszeitschutzes?

Mit Hilfe bestimmter gesetzlicher Bestimmungen, wie der Arbeitszeitordnung, dem Ladenschlußgesetz und anderen, soll der Arbeitnehmer vor Überanstrengungen und dem Verschleiß der Arbeitskraft geschützt werden. Die genannten Bestimmungen sehen z.B. eine Höchstarbeitszeit vor.

24. Was versteht man unter dem Arbeitsvertragsschutz?

Der Arbeitsvertragsschutz bezweckt den Schutz der Arbeitnehmer vor einer unsozialen Gestaltung seiner Arbeitsbedingungen. Im wesentlichen ist der Arbeitsvertragsschutz im Tarifrecht der Sozialpartner geregelt, es kommen aber auch Bestimmungen der Gewerbeordnung und des Bürgerlichen Gesetzbuches zum Zuge.

25. Welche Personengruppen genießen einen besonderen Arbeitsschutz?

Ein besonderer Arbeitsschutz ist für Jugendliche nach dem Jugendarbeitsschutzgesetz, für werdende Mütter nach dem Mutterschutzgesetz aber auch für bestimmte Personengruppen vorgesehen, die aufgrund ihrer speziellen Tätigkeiten vor berufstypischen Gefahren besonders geschützt werden sollen.

26. Wem obliegt die Überprüfung des Arbeitsschutzes?

Die Einhaltung der Bestimmungen obliegt dem Gewerbeaufsichtsamt, den Berufsgenossenschaften und den Sicherheitsbeauftragten, die in Unternehmungen mit mehr als 20 Beschäftigten zu bestimmen sind.

27. Welche Folgen treten bei Verstößen gegen Bestimmungen des Arbeits- oder Unfallschutzes ein?

Werden Bestimmungen des Arbeitsschutzes verletzt, so können Klagen vor Arbeitsgerichten die Folge sein. Erstreckt sich die Verletzung auf technische Bereiche, so können Zwangsmaßnahmen ergriffen werden, um staatliche Vorschriften durchzusetzen. Hierzu zählen Verfügungen, die Ersatzvornahme, die Festsetzung von Zwangsgeld und notfalls die Betriebsschließung.

2.3.4 Personalkosten und Personalkostenbudgetierung

01. Welche Bedeutung haben die Personalkosten?

Personalkosten haben in vielen Betrieben einen relativen oder sogar einen absoluten Fixkostencharakter. Arbeitsrechtliche Vorschriften und Tarifverträge lassen die Personalkosten ständig steigen. Bereits im Jahre 1970 haben die Personalkosten einschließlich des kalkulatorischen Unternehmerlohnes im Gesamtdurchschnitt des Einzelhandels 55 % der Handlungskosten betragen.

02. Wie werden die Personalkosten aufgegliedert?

Personalkosten können nach folgendem Schema gegliedert werden:

Löhne und Gehälter, Personalnebenkosten aufgrund von Gesetz und Tarif, Perso-

2.3.4 Personalkosten und Personalkostenbudgetierung

nalnebenkosten aufgrund freiwilliger Leistungen, unterteilt in freiwilligen Personalaufwand und freiwilligen Sozialaufwand.

03. Welche Tatbestände verursachen besonders hohe Personalkosten?

Von besonderem Einfluß auf die Kostenstruktur sind Fluktuation, Fehlzeiten und Mehrarbeit.

04. Welche Kosten sind eine unmittelbare Folge von Fluktuationen?

Kosten für Stellenanzeigen, ärztliche Untersuchungen, Bearbeitungskosten der Personalabteilung, Vorstellungskosten, Einarbeitungskosten.

05. Welche Bedeutung haben die Fehlzeiten?

Die Fehlzeiten sind teilweise unbeeinflußbar, wie z.B. durch Urlaub. Dennoch entstehen in jedem Betrieb eine Reihe unerwünschter Fehlzeiten durch unerlaubtes Fernbleiben, Zuspätkommen und private Erledigungen. Diese Fehlzeiten sollten regelmäßig erfaßt und auf Stundenbasis die Soll-Ist-Abweichungen registriert werden. Viele Betriebe dürften von der Höhe dieser Kosten als Folge von Fehlzeiten überrascht sein. Es empfiehlt sich dann, betriebsorganisatorische Maßnahmen einzuleiten, um die Fehlzeiten, soweit sie beeinflußbar sind, zu reduzieren.

06. Welche Bedeutung haben die Kosten für Mehrarbeit?

Vielfach wären Kosten für Mehrarbeit, insbesondere durch Überstunden, vermeidbar, wenn rechtzeitig das aufgrund der erhöhten Auftragslage notwendige Personal angefordert und eingestellt worden wäre. Durch Überstunden werden aber auch Mängel in der Betriebsorganisation erkennbar, weil die Aufträge zum falschen Zeitpunkt angenommen wurden; denn nicht alle saisonalen Überstunden sind unvermeidlich.

07. Wie lassen sich die Personalkosten planen?

Die Personalkosten müssen auf der Basis der Istkosten erfaßt und unter den Aspekten der Personalkostenentwicklung pro Kopf, der Entwicklung des Personalstandes und der Änderungen in der Personalstruktur geplant werden.

08. Welche Verhältniszahlen geben Aufschluß über wichtige personalwirtschaftliche und kostenmäßige Entwicklungen?

$$\frac{\text{Verschiedene Altersstufen}}{\text{Zahl des Gesamtpersonals}} = \text{Altersaufbau der Mitarbeiter}$$

$$\frac{\text{Arbeiter}}{\text{Angestellte}} = \text{Struktur der Mitarbeiter}$$

$$\frac{\text{Fachkräfte}}{\text{Gesamtpersonal}} = \text{Quote der Mitarbeiter mit beruflichem Abschluß}$$

$$\frac{\text{Umsatz}}{\text{Zahl der Beschäftigten}} = \text{durchschnittliche Umsatzleistung pro Kopf}$$

$$\frac{\text{Personalkosten}}{\text{Gesamt-Handelsbetriebskosten}} = \text{Struktur der Handelsbetriebskosten}$$

09. Welche Einzelstatistiken werden im Rahmen der Personalstatistik geführt?

Die Beschäftigtenstatistik, die Arbeitszeitstatistik, die Lohn- und Gehaltsstatistik, die Sozialstatistik.

10. Wie kann die Beschäftigtenstatistik aufgegliedert werden?

Die Beschäftigtenstatistik kann als Personalstrukturstatistik und als Personalbewegungsstatistik geführt werden.

11. Welche Erkenntnisse werden aus der Personalstrukturstatistik gezogen?

Die Personalstrukturstatistik gibt Auskunft über die Zusammensetzung der Belegschaft nach bestimmten Merkmalen, wie z.B. Alter, Familienstand, Dauer der Betriebszugehörigkeit, Arbeiter und Angestellte, gelernte, angelernte und ungelernte Kräfte, Aufteilung auf einzelne Berufe, männliche und weibliche Mitarbeiter.

12. Welche Erkenntnisse werden aus der Personalbewegungsstatistik gezogen?

Die Personalbewegungsstatistiken geben Auskunft über die Zu- und Abgänge des Personals, aufgeteilt nach Tod, Pensionierung und Fluktuation, Kündigungen seitens der Arbeitnehmer und des Arbeitgebers, Einberufungen zum Wehrdienst, Mutterschutz und Erziehungsurlaub.

13. Welche Erkenntnisse werden aus der Arbeitszeitstatistik gezogen?

Die Arbeitszeitstatistik gibt Auskunft über die Zahl der geleisteten Arbeitsstunden, der Überstunden, von Urlaub, Krankheit und Ausfalls durch Streik oder Aussperrung. Das Verhältnis der Ist-Arbeitsstunden zu den Soll-Arbeitsstunden ist eine Kennziffer für den Beschäftigungsgrad.

14. Welche Erkenntnisse werden aus der Lohn- und Gehaltsstatistik gezogen?

Die Lohn- und Gehaltsstatistik gibt Auskunft über die Löhne unterteilt nach Betriebsabteilungen, nach Lohnformen wie Zeitlohn und Prämienlohn, nach Tariflohn und Überstundenlöhnen. Durch das Auswerten des Lohnniveaus im Vergleich zu anderen Betrieben lassen sich Schlüsse darüber ziehen, ob durch zu niedrige Löhne ein Abwandern zu anderen Betrieben zu befürchten ist oder ob durch zu hohe Löhne Wettbewerbsnachteile eintreten könnten.

15. Welche Erkenntnisse werden aus der Sozialstatistik gezogen?

Die Sozialstatistik gibt Auskunft über die Aufgliederung der einzelnen sozialen Leistungen nach gesetzlichen, tariflichen und freiwilligen Leistungen sowie nach ihrer Art, wie z.B. Gratifikationen, Altersversorgung, Urlaubsgeld usw.

2.3.5 Mitwirkung der Arbeitnehmer und ihrer Vertretung

01. In welchen Gesetzen sind Mitwirkungsrechte der Arbeitnehmer geregelt?

Die Mitwirkungsrechte der Arbeitnehmer sind in erster Linie im Betriebsverfassungsgesetz von 1972 geregelt. Darüber hinaus bestehen besondere Mitbestimmungsrechte der Arbeitnehmer in Führungs- und Aufsichtsgremien, in den Vorständen und Aufsichtsräten, der Montanindustrie aufgrund der Bestimmungen des Montanmitbestimmungsgesetzes vom 21.5.1951 sowie in Unternehmungen außerhalb der Montanindustrie, - die in der Rechtsform einer AG, einer KGaA, einer GmbH, einer bergrechtlichen Gewerkschaft mit eigener Rechtspersönlichkeit oder einer Erwerbs- und Wirtschaftsgenossenschaft betrieben werden und die in der Regel mehr als 2000 Arbeitnehmer beschäftigen -, aufgrund des Mitbestimmungsgesetzes vom 4.5. 1976. Dieses Gesetz regelt vor allem die Zusammensetzung des Aufsichtsrates mit Arbeitnehmervertretern.

02. Welche grundsätzlichen Regelungen enthält das Betriebsverfassungsgesetz?

Das Betriebsverfassungsgesetz regelt im wesentlichen die Einrichtung von Betriebsräten und einer Jugendvertretung und gewährt den Arbeitnehmern Mitwirkungsrechte sowie Mitbestimmungsrechte in sozialen und personellen Angelegenheiten.

03. Wann werden Betriebsräte gewählt?

Betriebsräte werden in Betrieben mit in der Regel mindestens fünf ständigen wahlberechtigten Arbeitnehmern gewählt, von denen drei wählbar sind.

04. Wer ist wahlberechtigt?

Wahlberechtigt sind alle Arbeitnehmer, die das 18. Lebensjahr vollendet haben.

05. Wer ist als Mitglied des Betriebsrates wählbar?

Wählbar sind alle wahlberechtigten Mitarbeiter, die dem Betrieb sechs Monate angehören oder als in Heimarbeit Beschäftigte in der Hauptsache für den Betrieb gearbeitet haben.

06. Wie lange dauert die Amtszeit des Betriebsrates?

Die Amtszeit des Betriebsrates dauert vier Jahre.

07. Welche Grundsätze gelten für die Zusammenarbeit zwischen Betriebsrat und Arbeitgeber?

Arbeitgeber und Betriebsrat sollen mindestens einmal im Monat zu einer Besprechung zusammentreten. Sie haben über strittige Fragen mit dem ernsten Willen zur Einigung zu verhandeln und Vorschläge für die Beilegung von Meinungsverschiedenheiten zu machen.

08. Welche Grundsätze gelten für die Behandlung der Betriebsangehörigen?

Arbeitgeber und Betriebsrat haben darüber zu wachen, daß alle im Betrieb tätigen Personen nach den Grundsätzen von Recht und Billigkeit behandelt werden und daß jede unterschiedliche Behandlung unterbleibt. Sie haben ferner darauf zu achten, daß Arbeitnehmer nicht wegen Überschreitung bestimmter Altersstufen benachteiligt werden.

09. Welche Aufgaben hat der Betriebsrat?

Der Betriebsrat hat die Aufgabe,

- darüber zu wachen, daß die zugunsten der Arbeitnehmer geltenden Vorschriften, Gesetze, Verordnungen, Unfallverhütungsvorschriften, Tarifverträge und Betriebsvereinbarungen durchgeführt werden;

- Maßnahmen, die dem Betrieb und der Belegschaft dienen, beim Arbeitgeber zu beantragen.

10. Welche allgemeinen Aufgaben hat der Betriebsrat?

Der Betriebsrat hat die Aufgabe,

- darüber zu wachen, daß die zugunsten der Arbeitnehmer geltenden Gesetze, Verordnungen, Unfallverhütungsvorschriften, Tarifverträge und Betriebsvereinbarungen eingehalten werden;

- Maßnahmen, die dem Betrieb und der Belegschaft dienen, beim Arbeitgeber zu beantragen;
- Anregungen von Arbeitnehmern und der Jugendvertretung entgegenzunehmen und, falls sie berechtigt erscheinen, durch Verhandlungen mit dem Arbeitgeber auf eine Erledigung hinzuwirken;
- die Eingliederung Schwerbeschädigter und sonstiger schutzbedürftiger Personen zu fördern;
- die Wahl einer Jugendvertretung vorzubereiten und durchzuführen und mit dieser zur Förderung der Belange der jugendlichen Arbeitnehmer eng zusammenzuarbeiten und von der Jugendvertretung Vorschläge und Stellungnahmen anzufordern;
- die Beschäftigung älterer Arbeitnehmer zu fördern;
- die Eingliederung ausländischer Arbeitnehmer im Betrieb und das Verhältnis zwischen ihnen und den deutschen Arbeitnehmern zu fördern.

11. Welche Unterrichtungspflichten hat der Arbeitgeber gegenüber den Arbeitnehmern?

Der Arbeitgeber hat den Arbeitnehmer über dessen Aufgabe und Verantwortung sowie über die Art seiner Tätigkeit und ihre Einordnung in den Arbeitsablauf zu unterrichten und den Arbeitnehmer über die Unfall- und Gesundheitsgefahren sowie über die Maßnahmen und Einrichtungen zur Abwendung dieser Gefahren zu unterrichten.

12. Welche Mitbestimmungsrechte hat der Betriebsrat in sozialen Angelegenheiten?

Der Betriebsrat hat, soweit eine gesetzliche oder tarifliche Regelung nicht besteht, in folgenden Angelegenheiten mitzubestimmen:

1) Fragen der Ordnung des Betriebs und des Verhaltens der Arbeitnehmer im Betrieb;
2) Beginn und Ende der täglichen Arbeitszeit einschließlich der Pausen sowie Verteilung der Arbeitszeit auf die einzelnen Wochentage;
3) vorübergehende Verkürzung oder Verlängerung der betriebsüblichen Arbeitszeit;
4) Ort, Zeit und Art der Auszahlung der Arbeitsentgelte;
5) Aufstellung allgemeiner Urlaubsgrundsätze und des Urlaubsplanes;
6) Einführung und Anwendung von technischen Einrichtungen, die dazu bestimmt sind, das Verhalten oder die Leistung der Arbeitnehmer zu überwachen;
7) Regelungen über die Verhütung von Arbeitsunfällen und Berufskrankheiten sowie über den Gesundheitsschutz;
8) Form, Ausgestaltung und Verwaltung betrieblicher Sozialeinrichtungen;

9) Zuweisung und Kündigung von Werkswohnungen;
10) Fragen der betrieblichen Lohngestaltung, insbesondere die Aufstellung von Entlohnungsgrundsätzen und die Einführung und Anwendung neuer Entlohnungsmethoden sowie deren Änderung;
11) Festsetzung der Akkord- und Prämiensätze und vergleichbarer leistungsbezogener Entgelte;
12) Grundsätze über das betriebliche Vorschlagswesen.

13. Welche Rechte hat der Betriebsrat in personellen Angelegenheiten?

Der Arbeitgeber hat den Betriebsrat über die Personalplanung, insbesondere über den gegenwärtigen und künftigen Personalbedarf sowie über die sich daraus ergebenden personellen Maßnahmen und Maßnahmen der Berufsbildung an Hand von Unterlagen rechtzeitig und umfassend zu unterrichten. Personalfragebögen bedürfen der Zustimmung des Betriebsrates.

14. Welche Mitbestimmungsrechte hat der Betriebsrat in personellen Einzelmaßnahmen?

Der Betriebsrat ist in Betrieben mit in der Regel mehr als 20 wahlberechtigten Arbeitnehmern vor jeder Einstellung, Eingruppierung, Umgruppierung und Versetzung zu unterrichten. Der Arbeitgeber muß dem Betriebsrat die erforderlichen Bewerbungsunterlagen vorlegen und Auskunft über die Person der Beteiligten geben. Ebenso ist der Betriebsrat vor jeder Kündigung zu hören. Der Arbeitgeber hat ihm die Gründe für die Kündigung mitzuteilen. Eine ohne Anhörung des Betriebsrates ausgesprochene Kündigung ist unwirksam.

15. Wann können Jugend- und Auszubildendenvertretungen gewählt werden?

Durch das Gesetz zur Bildung von Jugend- und Auszubildendenvertretungen vom 13.07.1988 ist das Betriebsverfassungsgesetz in den die Jugendvertretungen regelnden Bestimmungen geändert worden. Wesentlicher Inhalt ist, daß in Betrieben mit in der Regel mindestens fünf Arbeitnehmern, die das 18. Lebensjahr noch nicht vollendet haben (jugendliche Arbeitnehmer) oder die zu ihrer Berufsausbildung beschäftigt sind und das 25. Lebensjahr noch nicht vollendet haben, Jugend- und Auszubildendenvertretungen gewählt werden. Diese Jugend- und Auszubildendenvertretung nimmt die besonderen Belange der jugendlichen Arbeitnehmer wahr. Die Jugend- und Auszubildendenvertretung besteht in Betrieben mit in der Regel 5 bis 20 Jugendlichen aus einem Jugend- und Auszubildendenvertreter, bei 21 bis 50 Jugendlichen aus drei und bei 51 bis 200 Jugendlichen aus fünf Vertretern. Die Jugend- und Auszubildendenvertretung soll sich möglichst aus Vertretern der verschiedenen Beschäftigungsarten und Ausbildungsberufe zusammensetzen.

16. Welche Aufgaben hat die Jugend- und Auszubildendenvertretung?

Aufgaben der Jugend- und Auszubildendenvertretung sind:

1) Maßnahmen, die den jugendlichen Arbeitnehmern dienen, insbesondere in Fragen der Berufsbildung, beim Betriebsrat zu beantragen;

2) darüber zu wachen, daß die zugunsten der jugendlichen Arbeitnehmer geltenden Gesetze, Verordnungen, Unfallverhütungsvorschriften, Tarifverträge und Betriebsvereinbarungen eingehalten werden;

3) Anregungen von jugendlichen Arbeitnehmern, insbesondere in Fragen der Berufsbildung, entgegenzunehmen und falls sie berechtigt erscheinen, beim Betriebsrat auf eine Erledigung hinzuwirken. Die Jugendvertretung hat die betroffenen jugendlichen Arbeitnehmer über den Stand und das Ergebnis der Verhandlungen zu informieren.

Zur Durchführung ihrer Aufgaben ist die Jugendvertretung durch den Betriebsrat rechtzeitig und umfassend zu unterrichten.

Der Betriebsrat hat die Jugendvertretung zu Besprechungen zwischen Arbeitgeber und Betriebsrat hinzuzuziehen, wenn Angelegenheiten erörtert werden, die besonders jugendliche Arbeitnehmer betreffen. Die Jugendvertretung kann ferner beim Bertriebsrat Maßnahmen, die die Berufsbildung betreffen, beantragen.

17. Welche Rechte hat der Arbeitnehmer im Hinblick auf seine Person?

Der Arbeitnehmer hat folgende Rechte:

a) Das Recht, in betrieblichen Angelegenheiten, die seine Person betreffen, von den zuständigen Personen des Betriebes gehört zu werden;

b) er kann verlangen, daß ihm die Berechnung und Zusammensetzung seines Arbeitsentgelts erläutert wird und daß mit ihm die Beurteilung seiner Leistungen sowie die Möglichkeiten seiner beruflichen Entwicklung erörtert werden;

c) er hat das Recht, in die über ihn geführten Personalakten Einsicht zu nehmen;

d) er hat das Recht, sich bei den zuständigen Stellen des Betriebes zu beschweren, wenn er sich benachteiligt oder ungerecht behandelt fühlt.

18. Welche Vorschriften bestehen im Hinblick auf die Personalplanung?

Der Arbeitgeber hat den Betriebsrat über die Personalplanung, insbesondere über den gegenwärtigen und künftigen Personalbedarf sowie über die sich daraus ergebenden personellen Maßnahmen sowie Maßnahmen der Berufsbildung an Hand von Unterlagen rechtzeitig und umfassend zu unterrichten.

19. Welche Vorschriften bestehen im Hinblick auf Personalfragebogen und die Aufstellung allgemeiner Beurteilungsgrundsätze?

Personalfragebogen und die Aufstellung allgemeiner Beurteilungsgrundsätze bedürfen der Zustimmung des Betriebsrates.

20. Welche Mitbestimmungsrechte hat der Betriebsrat bei Einstellungen?

In Betrieben mit in der Regel mehr als 20 wahlberechtigten Arbeitnehmern hat der Arbeitgeber den Betriebsrat vor jeder Einstellung, Eingruppierung, Umgruppierung und Versetzung zu unterrichten und die Bewerbungsunterlagen vorzulegen.

21. Welche Vorschriften gelten für Kündigungen?

Der Betriebsrat ist vor jeder Kündigung zu hören. Der Arbeitgeber hat die Gründe für die Kündigung mitzuteilen. Eine ohne Anhörung des Betriebsrates ausgesprochene Kündigung ist unwirksam.

22. Was versteht man unter betrieblichem Vorschlagswesen?

Unter dem betrieblichen Vorschlagswesen versteht man ein organisatorisches und ablaufmäßig festgelegtes Verfahren, das dazu dient, Ideen der Mitarbeiter eines Unternehmens zur Verbesserung von Arbeitsabläufen, die nicht zur eigentlichen Arbeitsaufgabe zählen, systematisch zu sammeln, auf Anwendbarkeit zu prüfen und entweder einzuführen oder eine Begründung für die Ablehnung zu geben.

23. Wie werden Verbesserungsvorschläge honoriert?

Werden als Verbesserungsvorschläge eingereichte Ideen eingeführt, so werden sie mit einer Prämie honoriert, wobei die Höhe der Prämie nach dem Wert der Ersparnis bemessen sein sollte. Als angemessen wird ein Satz von 10 % der Jahresersparnis angesehen. Einzelheiten über Arbeitnehmererfindungen sind im Gesetz über Arbeitnehmererfindungen geregelt. Es empfiehlt sich aber auch, Verbesserungen mit nicht erkennbaren Jahresersparnissen in die Prämiengewährung einzubeziehen.

2.3.6 Menschenführung

01. Was versteht man unter Menschenführung?

Menschenführung ist eine Art angewandter Wissenschaft, die ihre Methoden der Technik, der Pädagogik, der Psychologie, der Soziologie und der Medizin entlehnt und das Ziel verfolgt, die in der Praxis auftauchenden Probleme in der richtigen Weise zu lösen, um ein Optimum im Zusammenleben und -arbeiten zu erreichen.

2.3.6 Menschenführung

02. Was ist die Voraussetzung für eine optimale Menschenführung?

Eine optimale Menschenführung beruht auf dem gegenseitigen Vertrauen. Eine solche Menschenführung ist wirkungsvoller und leistungsfördernder als eine Menschenführung, die auf Zwang und autoritärer Führung beruht.

03. Was versteht man unter Führen?

Führen bedeutet, andere Menschen so zum Handeln zu bringen, daß ein bestimmtes Ziel erreicht wird.

04. Was versteht man unter Führungsstil?

Wer führt, setzt bestimmte Führungsmittel ein, um die Mitarbeiter zu einem bestimmten Handeln oder Verhalten zu veranlassen. Die Art, wie diese Führungsmittel eingesetzt werden, kennzeichnen den Führungsstil.

05. Welche Führungsstile werden praktiziert?

Die in der betrieblichen Praxis angewandten Führungsstile, die im Einzelfall variiert werden, weisen vier verschiedene Grundformen auf: die autoritäre, die bürokratische und die kooperative Führung sowie die Delegation von Verantwortung.

06. Was versteht man unter autoritärer Führung?

Autoritäre Führung bedeutet, daß von den Mitarbeitern grundsätzlich Unterordnung verlangt wird.

07. Was versteht man unter bürokratischer Führung?

Eine bürokratische Führung ist gekennzeichnet durch eine Fülle von Anweisungen und Reglementierungen, die dem einzelnen Mitarbeiter kaum Spielraum für eigene Entscheidungen lassen.

08. Wie ist der kooperative Führungsstil gekennzeichnet?

Beim kooperativen Führungsstil werden den Mitarbeitern Mitwirkungsrechte an den sachlichen und personellen Entscheidungen eingeräumt.

09. Was versteht man unter Delegation von Verantwortung?

Die Gesamtaufgabe des Betriebs wird in Sachgebiete oder Teilfunktionen aufgegliedert, die genau definiert und ausdrücklich delegiert werden. Der einzelne Mitarbeiter kennt den Umfang und die Grenzen seiner Aufgaben und Kompetenzen. Im Rahmen dieser Kompetenzen entscheidet er allein, Sonderfälle trägt er seinem Vorgesetzten vor.

10. Woran ist der Führungsstil eines Unternehmens erkennbar?

Der Führungsstil ist erkennbar an den festgelegten Führungsgrundsätzen, den Führungstechniken und den Führungsmitteln.

11. Was versteht man unter Führungsgrundsätzen?

Unter Führungsgrundsätzen versteht man die Regelungen der Personalführung sowie die Richtlinien zur Erreichung einer optimalen Leistung unter Schaffung eines gesunden sozialen Klimas sowie unter Gewährleistung einer reibungslosen und effizienten Kooperation zwischen Führungskräften und Untergebenen sowie zwischen gleichgestellten Mitarbeitern in verschiedenen Bereichen.

12. Was versteht man unter Führungsmitteln?

Führungsmittel sind einzelne Maßnahmen zur Erfüllung der Führungsaufgaben. Hierzu gehören Richtlinien, Pläne, Informationen, Besprechungen, Anweisungen, Kontrollen, Anerkennungen und Kritik.

13. Was versteht man unter Richtlinien?

Richtlinien sind Verhaltens- und Entscheidungsregeln, die ein einheitliches auf ein bestimmtes Ziel gerichtetes Handeln aller Betroffenen gewährleisten sollen.

14. Welche Bedeutung haben die Pläne als Führungsmittel?

Sie geben an, welche Ziele, bezogen auf ein oder mehrere Jahre, in den einzelnen Bereichen, z.B. im Absatz, verwirklicht werden sollen.

15. Welche Bedeutung hat die Information als Führungsmittel?

Mitarbeiter können nur dann richtig tätig werden, wenn sie über alle notwendigen Informationen verfügen. In vielen Fällen ist es jedoch so, daß der Informationsfluß nicht sinnvoll geregelt ist, daß Informationen nicht weitergegeben werden und daß die Mitarbeiter nicht wissen, welche Informationen für sie wichtig sind.

16. Was versteht man unter Mitarbeiterbesprechung?

Mitarbeiterbesprechungen finden zwischen Vorgesetzten und ihren unmittelbaren Mitarbeitern statt und dienen der Entscheidungsvorbereitung. Dieses Führungsmittel aktiviert die Initiative und das Mitdenken der Mitarbeiter.

17. Was versteht man unter Anweisungen als Führungsmittel?

Kein Unternehmen kann ohne schriftlich fixierte Anweisungen auskommen. Diese müssen im Hinblick auf Termine und Fristen genau eingehalten werden. Im Hinblick auf die Aufgabe müssen sie die Bereiche und die Ermessensspielräume beinhalten.

2.3.6 Menschenführung

18. Welche Aufgabe hat die Kontrolle als Führungsmittel?

Die Kontrolle muß sicherstellen, daß die Aufgaben erfüllt und die Ziele erreicht werden. In die Kontrolle sollte aber auch das Führungsverhalten einbezogen werden.

19. Welche Bedeutung haben Anerkennung und Kritik?

Gute Leistungen sollten anerkannt werden, denn sie tragen zur weiteren Entfaltung der Mitarbeiter bei. Hingegen soll Kritik möglichst in einem persönlichen Gespräch erfolgen, um Fehlleistungen und Fehlverhalten ersichtlich werden zu lassen.

20. Welche Bedeutung hat die Mitarbeiterbeurteilung?

Planmäßige Beurteilungen sind ein wichtiges Führungsmittel und kommen nicht nur dem Betrieb, sondern auch dem einzelnen Mitarbeiter zugute.

21. Welche Vorteile bietet eine regelmäßige Beurteilung für die Betriebe?

Die Mitarbeiterbeurteilungen in regelmäßigen Abständen sind ein Mittel der Personalplanung und geben dem Betrieb einen Überblick über den Eignungs- und Leistungsstand sowie über die Einsatz- und Entwicklungsmöglichkeiten und ferner über den Ausbildungsbedarf. Sie liefern Unterlagen für die künftigen Stellenbesetzungen und erleichtern den Personalausgleich, bieten Anhaltspunkte für Weiterbildung, die sachgemäße Bemessung des Gehalts, für Versetzungen, Beförderungen und Entlassungen.

22. Welche Vorteile bietet eine regelmäßige Beurteilung für den Mitarbeiter?

Der Mitarbeiter erhält durch eine objektive Beurteilung Kenntnis über seinen Leistungsstand und seine Stärken und Schwächen und welche Maßnahmen gegebenenfalls zu seiner Leistungsverbesserung geplant oder notwendig sind. Auf diese Weise kann einerseits erreicht werden, daß der Mitarbeiter durch maßvolle Kritik zum Ausgleich festgestellter Mängel und zu besserer Leistung motiviert wird und andererseits die Tätigkeit erhält, die seinen Fähigkeiten und Neigungen am ehesten entspricht.

23. Welche Voraussetzungen muß eine Beurteilung erfüllen?

Die Beurteilung muß sich auf Beobachtungen stützen, sie müssen beschreibbar, bewertbar und vergleichbar sein.

24. Wie müssen die Beurteilungen gestaltet sein?

Die Beobachtungen müssen so erfolgen, daß sie das natürliche Verhalten des Mitarbeiters im Arbeitsprozeß erfassen, d.h. die festgestellten Arbeitsergebnisse im Hinblick auf Arbeitstempo, Arbeitsergebnisse, Genauigkeit und Fertigkeiten beschreiben und auch das Arbeitsverhalten berücksichtigen.

25. Wie werden die Beurteilungen durchgeführt?

Die Beurteilungen erfolgen in schriftlicher Form und müssen die Beurteilungsmerkmale enthalten.

26. Was bedeutet Vergleichbarkeit der Beurteilung?

Die Beurteilungen müssen untereinander vergleichbar sein. Zur Bildung eines gültigen Urteils führt das Vergleichen von Merkmalen untereinander bei einer Person oder ein- und desselben Merkmals bei vielen Personen.

27. Was bedeutet Bewertbarkeit?

Um Leistungen bewertbar und damit vergleichbar zu machen, muß ein Bewertungsmaßstab vorhanden sein, der eine qualitative und quantitative Abstufung ermöglicht. Die Beurteilung ist an einem Normalverhalten oder an einer durchschnittlichen Leistung gegenüber bestimmten Anforderungen des Arbeitsplatzes orientiert.

28. Wie muß ein Beurteilungsschema gestaltet sein?

Ein Bewertungsschema sollte in fünf Bewertungsstufen mit folgender Einteilung untergliedert werden:

1. Stufe: Die Leistungen liegen weit über dem Durchschnitt, sie überragen in diesem Merkmal weit die mit vergleichbaren Aufgaben betrauten Mitarbeiter;

2. Stufe: die Leistungen liegen über dem Durchschnitt, sie sind deutlich besser als die Mehrzahl der mit vergleichbaren Aufgaben betrauten Mitarbeiter;

3. Stufe: die Leistungen entsprechen dem Durchschnitt, sie sind weder besser noch schlechter als die mit vergleichbaren Aufgaben betrauten Mitarbeiter;

4. Stufe: die Leistungen liegen unter dem Durchschnitt, die Mehrzahl der mit gleichen Aufgaben betrauten Mitarbeiter erfüllt diese Aufgabe besser;

5. Stufe: die Leistungen liegen weit unter dem Durchschnitt, sie werden den Anforderungen dieses Merkmals nicht gerecht.

29. Welche Bereiche werden für eine Beurteilung herangezogen?

Im allgemeinen werden das Arbeitsverhalten, das Denkverhalten und das mitmenschliche Verhalten beurteilt, wobei die zu bewertenden Beurteilungskriterien

2.3.6 Menschenführung

bei weniger qualifizierten Mitarbeitern mehr nach Leistungsmerkmalen und bei höher qualifizierten Mitarbeitern, insbesondere bei solchen mit Vorgesetztenfunktionen, mehr nach Persönlichkeitsmerkmalen ausgewählt werden.

30. Welche Kriterien können im Rahmen des Arbeitsverhaltens beurteilt werden?

Belastbarkeit, Arbeitsbereitschaft und Fleiß, Konzentration und Sorgfalt, Arbeitstempo, Zuverlässigkeit, Mobilität.

31. Welche Beurteilungskriterien können im Rahmen des Denkverhaltens beurteilt werden?

Auffassen, Finden und Kombinieren, Denken und Urteilen, Organisations- und Dispositionsfähigkeit, Merken und Behalten.

32. Welche Kriterien umfaßt das mitmenschliche Verhalten?

Das Verhalten zu Vorgesetzten, zu Mitarbeitern, zu Besuchern und Kunden.

33. Welche Kriterien können zur Beurteilung geistiger Fähigkeiten herangezogen werden?

Auffassungsgabe, Ausdrucksvermögen, Dispositionsvermögen, Improvisationsvermögen, Kreativität, Organisationstalent, Selbständigkeit, Verhandlungsgeschick.

34. Welche Fehler können Beurteilungen zugrunde liegen?

Um Fehler zu vermeiden, ist es wichtig, sich von gefühlsmäßigen Eindrücken freizumachen und das Urteil auf tatsächliche Einzelbeobachtungen zu stützen. Es kommt aber auch darauf an, die Tendenz zur blassen Mitte zu vermeiden und ferner, eingetretene Verbesserungen oder Verschlechterungen zu erkennen.

35. Welche Rechte hat der Beurteilte?

Die Ergebnisse der Beurteilung müssen in jedem Fall dem Beurteilten vorgelegt werden. Sie sollten überdies zum Gegenstand eines Beurteilungsgespräches gemacht werden, in dessen Verlauf der Beurteilte die Gründe für die Beurteilung erfährt und die Möglichkeit erhält, sich zu äußern oder schriftlich zu dem Ergebnis Stellung zu nehmen. Der Beurteilte hat überdies das Recht, ein Betriebsratsmitglied hinzuzuziehen und Einsicht in seine Personalakten zu nehmen. Es empfiehlt sich daher, dem Beurteilten einen Durchschlag seiner Beurteilung auszuhändigen.

36. Was ist bei der Mitarbeiterauswahl zu beachten?

Bei der Auswahl von Mitarbeitern für eine bestimmte Position kommt es in erster Linie darauf an, daß sowohl die fachlichen als auch die persönlichen Anforderungen an den zu besetzenden Arbeitsplatz bekannt sind . Der freie Platz sollte unter Berücksichtigung der Anforderungen besetzt werden, d.h. es kommt darauf an, den Bewerber zu finden, der aufgrund der geforderten Fertigkeiten und Kenntnisse am ehesten geeignet ist. Dies braucht nicht in jedem Fall der beste Mitarbeiter zu sein, wenn nur bestimmte Eigenschaften gefordert werden, oder bestimmte Anforderungen im Vordergrund stehen, während andere Anforderungen nur von untergeordneter Bedeutung sind. Schließlich sollten subjektive Einflüsse, wie Protektion oder Vorurteile vermieden werden.

37. Welche Forderungen sind an den Mitarbeitereinsatz zu stellen?

Der Mitarbeitereinsatz ist so zu gestalten, daß genügend Arbeitskräfte vorhanden sind und daß immer der richtige Mitarbeiter am richtigen Platz eingesetzt wird.

38. Wie muß der Mitarbeitereinsatz geplant werden?

Es muß bekannt sein, welche Mitarbeiter mit welchen Anforderungen benötigt werden und die vorhandenen Mitarbeiter müssen optimal eingesetzt werden, um Über- oder Unterforderungen zu vermeiden.

2.4 Beschaffung

2.4.1 Grundlagen der Beschaffung

01. Was versteht man unter Beschaffung?

Unter den Begriff Beschaffung fallen alle in einem Unternehmen benötigten Betriebsfaktoren, d.h. Arbeitskräfte, Grundstücke, Maschinen, Einrichtungen, Waren sowie das Kapital, ferner Rechte und Dienstleistungen. Im Rahmen eines Handelsunternehmens erstreckt sich die Beschaffung hauptsächlich auf den Einkauf von Handelswaren, die entweder verändert oder unverändert zum Verkauf an andere Händler oder an Endverbraucher bestimmt sind, ferner die nötigen Rechte, Genehmigungen, Räume und Lager. Die Beschaffung von Personal fällt in die Zuständigkeit der Personalabteilung und die Beschaffung von Kapital in das Finanzressort, so daß man von der Beschaffung im engeren Sinne nur von der Beschaffung von Sachmitteln spricht.

02. Was ist die Aufgabe der Beschaffungspolitik?

Aufgabe der Beschaffungspolitik ist es, alle benötigten Waren in ausreichender Menge und benötigter Qualität zum richtigen Zeitpunkt am richtigen Ort und zum richtigen Preis zur Verfügung zu stellen.

03. Was sind typische Entscheidungen im Rahmen der Beschaffung?

Entscheidungen über das Bestellverfahren, d.h. zentralisierte oder dezentralisierte Bestellung, fester Bestellrhythmus oder Bestellpunktverfahren; Zeitpunkt der Bestellung, Sicherheitsbestand und die Festlegung der optimalen Bestellmenge.

04. Warum muß sich die Einkaufspolitik an der Unternehmenspolitik orientieren?

Die Unternehmenspolitik hat die Grundsatzentscheidungen für alle Bereiche des Unternehmens zu treffen. An diesen Entscheidungen hat sich die Einkaufspolitik ebenso wie alle anderen Teilbereiche zu orientieren. Anhand dieser Richtlinien werden der Umfang des Einkaufs, die Art der einzukaufenden Waren und ihre Qualität, die Art der Finanzierung und die Größe des Lagers festgelegt.

05. Warum müssen Verkaufspolitik und Einkaufspolitik miteinander koordiniert werden?

Sehr häufig besteht zwischen den verschiedenen Bereichen und Abteilungen eines Unternehmens ein Mangel an Information. Um sicherzustellen, daß die vom Verkauf benötigten Waren tatsächlich vorhanden sind und um zu vermeiden, daß der Einkauf Waren bestellt, die zwar günstig erworben werden können, im Grunde genommen aber unverkäuflich sind, bzw. um zu vermeiden, daß Engpässe in der Belieferung oder zu hohe Lagerbestände auftreten, ist zwischen Einkauf und Verkauf eine permanente Abstimmung notwendig.

06. Welche Aufgaben sind im Rahmen der Einkaufspolitik zu erfüllen?

Der Einkaufspolitik obliegt es, die Sortimentsbildung zu ermöglichen, die im Rahmen der Unternehmenspolitik als Ziel gesetzt wurde, und gleichzeitig die Preis- und Rabattpolitik zu betreiben, die den optimalen Erfolg verspricht.

07. Wie können Einkaufsplanung und Verkaufsplanung aufeinander abgestimmt werden?

Die Unternehmensführung setzt dem Verkauf bestimmte Ziele, sei es, daß eine Steigerung des Umsatzes insgesamt oder bestimmter Produkte vorgegeben wird oder daß eine Räumung des Lagers betrieben werden soll, oder sei es, daß bestimmte Kunden oder Lieferanten in einer besonderen Werbeaktion angesprochen werden sollen. Sei es, daß zu einem bestimmten Zeitpunkt besonders ausgewählte Produkte vertrieben werden sollen, oder daß bestimmte Absatzmengen unter Vermeidung unwirtschaftlicher Kleinaufträge erreicht werden sollen. Diese Ziele müssen dem Einkauf rechtzeitig bekannt und so gesetzt sein, daß sie erfüllbar sind. Die gesetzten Ziele schlagen ins Gegenteil um, wenn besondere Werbe- oder Verkaufsmaßnahmen ergriffen worden sind, die herausgestellte Ware aber schon kurzfristig vergriffen ist.

08. Welche Konsequenzen ergeben sich aus der Einkaufsplanung für den Verkauf?

Es ist denkbar, daß der Einkauf feststellt, daß sich auf dem Markt Engpässe ergeben oder daß mit zukünftigen Lieferschwierigkeiten oder Preiserhöhungen zu rechnen ist. In diesen Fällen muß sich der Verkauf an diesen Daten orientieren und die Sortimente entsprechend verändern.

09. Welche Zielsetzungen ergeben sich für die Einkaufspolitik im Rahmen der vorgegebenen Unternehmensziele?

Die Unternehmensführung setzt Ziele im Hinblick auf die Finanzierung, d.h. den Rahmen, den der Einkauf nicht überschreiten darf, die Lagergröße und die Art der zu führenden Produkte. An diesen Zielen muß sich die Einkaufspolitik orientieren. So können nicht mehr Artikel bestellt werden, als im Rahmen des Finanzbudgets bezahlt werden können. Ist die Entscheidung für hochwertige Artikel bzw. für bestimmte Marken gefallen, ist der Einkauf gehalten, nur in diesem Rahmen zu operieren und Einkäufe in anderen Bereichen zu unterlassen. Ist hingegen die Entscheidung für preiswerte Artikel gefallen, so obliegt es dem Einkauf, die im Rahmen des Preislimits liegenden günstigen Lieferantenangebote ausfindig zu machen und sie zu nutzen.

10. Was versteht man unter Postenkäufen?

Ein Postenkauf ist in der Regel der Kauf einer besonderen abgegrenzten Warenmenge, die in dieser Form nicht wieder zu beschaffen ist und die infolge besonderer

Umstände günstig eingekauft werden kann. Postenkäufe bestehen in der Regel aus Importwaren oder aus auslaufenden Serien.

11. Welche Bedeutung haben Postenkäufe?

Postenkäufe können das Verkaufsgeschäft beleben. Sie haben aber den Nachteil, daß die Ware meist im Falle von Mängeln beim Hersteller nicht umgetauscht werden kann und daß sie nicht im vollen Umfang auf den eigenen Bedarf abgestimmt werden kann, so daß möglicherweise bestimmte Teile des gekauften Postens nur schwer absetzbar sind.

2.4.2 Einkaufsorganisation

01. Welche Möglichkeiten der organisatorischen Eingliederung des Einkaufs in das Unternehmen bestehen?

Im Gegensatz zu Industriebetrieben, bei denen der Einkauf häufig nur als ausführendes Organ der Fertigung anzusehen ist, obliegt es dem Einkauf in Handelsbetrieben, in stärkerem Maße Einfluß auf das Verkaufsgeschehen zu nehmen. In diesen Fällen hat der Einkauf die gleiche Verantwortung wie der Verkauf, der häufig von der Geschäftsführung selbst beeinflußt wird. In großen Handelshäusern besteht ein zentraler Einkauf für alle Abteilungen oder Filialen. Man kann die Einkaufsorganisation wie folgt regeln: Die Einkaufsabteilung kann als selbständige Abteilung neben anderen Abteilungen und insbesondere neben dem Verkauf bestehen, sie kann im Rahmen eines Bereiches Warenwirtschaft angesiedelt werden und damit gleichzeitig die Lagerhaltung umfassen, sie kann nach bestimmten Produktgruppen aufgegliedert sein und sie kann zusätzliche Marketingaufgaben übertragen bekommen haben.

02. Welche Vor- und Nachteile bestehen im Rahmen einer Organisation, bei der die Einkaufsabteilung selbständig ist?

Im Rahmen einer selbständigen Einkaufsabteilung, die gleichberechtigt neben anderen Abteilungen wie Verkauf, Rechnungswesen, Lagerhaltung und Personal besteht, läßt sich die Verantwortung klar delegieren; es ist jedoch notwendig, daß sich insbesondere die Einkaufs- und die Verkaufsabteilung permanent abstimmen.

03. Welche Probleme ergeben sich im Rahmen einer Organisation, bei der die Einkaufsabteilung in den Bereich der Warenwirtschaft eingegliedert ist?

Eine Abteilung Einkauf, der gleichzeitig die Funktionen der Warenwirtschaft zugeordnet sind, hat eine gute Kontrolle über das Lager und die Lagerbestände. Es besteht jedoch die Gefahr, daß die Gesichtspunkte des Einkaufs gegenüber einer aktiven Verkaufspolitik überwiegen. Eine dynamische Einkaufsabteilung unter Einschluß des Lagers wird bestrebt sein, dem Verkauf die Produkte vorzuschlagen, die aus ihrer Sicht zweckmäßigerweise verkauft werden sollten. Eine dynamische Verkaufsabteilung dagegen wird der Einkaufsabteilung vorschlagen, welche Produkte aus der Sicht des Verkaufs zweckmäßigerweise eingekauft werden sollten, so daß bei einer derartigen organistorischen Aufgliederung in jedem Falle eine Abstimmung zwischen den Ressorts erfolgen muß.

04. Welche Probleme ergeben sich bei einer Gliederung nach bestimmten Produktgruppen?

Ist eine Aufgliederung des Einkaufs nach bestimmten Produktgruppen vorgenommen worden, so ist darauf zu achten, daß sich alle Abteilungen im Rahmen der vorgegebenen Ziele bewegen. Es muß insbesondere vermieden werden, daß sich bestimmte Produktgruppen zu Lasten anderer ausweiten und damit das gesamte Verkaufskonzept gefährdet wird. Diese Gefahren können dadurch gemildert werden, daß den Produktgruppen sowohl der Einkauf als auch der Verkauf der Waren dieses Bereichs übertragen wird, wobei zusätzlich der finanzielle Rahmen bestimmt wird.

05. Welche Probleme ergeben sich bei einer Einbeziehung des Marketingbereichs in den Einkauf?

Ist der Einkaufsabteilung auch der Marketingbereich übertragen, so besteht einerseits die Möglichkeit, selbst unter Berücksichtigung der Kundenwünsche einzukaufen, andererseits muß darauf geachtet werden, daß die unternehmerische Gesamtkonzeption nicht beeinträchtigt wird.

06. Auf welche Weise kann der Einkauf erfolgen?

Der Einkauf kann entweder zentral oder dezentral vorgenommen werden.

07. Was bedeutet ein zentraler Einkauf?

Bei einem zentralen Einkauf obliegen alle Angelegenheiten des Einkaufs einschließlich der Lieferantenauswahl und der Mengen- und Preisdispositionen sowie der Termine einer Abteilung.

08. Was sind die Vorteile eines zentralen Einkaufs?

Bei einem zentralen Einkauf lassen sich die Vorteile des Großeinkaufs ausnutzen, höhere Rabatte sind möglich, der Einsatz qualifizierter Fachkräfte ist möglich, die Umschlagsgeschwindigkeit ist gut zu kontrollieren, die Lieferantenauswahl kann nach einheitlichen Gesichtspunkten erfolgen.

2.4.2 Einkaufsorganisation

09. Was sind die Nachteile eines zentralen Einkaufs?

Bei einem zentralen Einkauf lassen sich individuelle Verkaufswünsche nur dann erfüllen, wenn sie von der Einkaufsabteilung akzeptiert werden. Der Kontakt zwischen den Verkäufern vor Ort und den oft an anderen, räumlich weit entfernten Orten sitzenden Einkäufern geht verloren, desgleichen der Kontakt zwischen Verkäufern und Lieferanten.

10. Wie lassen sich die Nachteile eines zentralen Einkaufs mildern?

Viele Handelsbetriebe möchten die Vorteile eines zentralen Einkaufs nutzen, aber deren Nachteile vermeiden. Zu diesem Zwecke haben sich Mischformen herausgebildet. Z.B. ist es möglich, zwar den Einkauf zentral zu handhaben, die Lagerung aber dezentral vorzunehmen und dadurch den einzelnen Abteilungen oder Filialen einen Einfluß auf die Sortimentsausbildung zuzugestehen. Auch ist es möglich, zwar den Zentraleinkauf generell beizubehalten, aber bestimmte Bestellmöglichkeiten aus einem vorgegebenen Lieferantenkreis und im Rahmen eines vorgegebenen Artikelsortiments und einem vorgegebenen Limit den Abteilungen oder Filialen eigenverantwortlich zu übertragen. In diesem Fall können die Vorteile des Großeinkaufs beibehalten werden, während den Abteilungen oder Filialen die Einzelbestellung zu den von der Zentrale ausgehandelten Bedingungen obliegt.

11. Was bedeutet ein dezentraler Einkauf?

Bei einem dezentralen Einkauf wird der Einkauf von jedem dazu Berechtigten nach eigenem Ermessen vorgenommen.

12. Was sind die Vorteile eines dezentralen Einkaufs?

Jeder Einkäufer kann dort einkaufen, wo er das beste Angebot vermutet. Er kann sich den Kundenwünschen anpassen und die Liefermöglichkeiten und -termine berücksichtigen.

13. Was sind die Nachteile eines dezentralen Einkaufs?

Bei einem ausschließlich dezentralen Einkauf lassen sich die Vorteile des Großeinkaufs nicht ausnutzen, es entstehen zusätzliche Kosten, möglicherweise wird ein und dasselbe Erzeugnis zu den unterschiedlichsten Bedingungen von verschiedenen Lieferanten bezogen.

14. Wie lassen sich die Nachteile eines dezentralen Einkaufs vermeiden?

Im Rahmen des dezentralen Einkaufs können bestimmte Erfahrungen oder Verhandlungsergebnisse an eine Zentralstelle geleitet werden, die als Auskunftsstelle im Rahmen eines Informationsaustauschs fungiert. Es lassen sich überdies mit Herstellern Mengenvereinbarungen treffen, die von den Einkäufern in eigener Verantwortung abgerufen werden können.

15. Welche Sonderformen des Einkaufs bestehen?

Sonderformen des Einkaufs sind das Streckengeschäft, bei dem die Lieferung nicht an den Besteller, sondern an einen Dritten erfolgt; ferner die Einkaufsverbände, bei denen sich selbständige Handelsbetriebe zwecks Ausnutzung der Vorteile des Großbezugs zusammengeschlossen haben und der dezentrale Einkauf mit zentraler Aktion. Diese Form ist etwa bei Ketten üblich und erstreckt sich nur auf bestimmte Waren, die unter einer gemeinsamen Marke angeboten werden oder auf Waren, die als Sonderaktion zu einem bestimmten Zeitpunkt abgesetzt werden.

16. Wie läßt sich eine Einkaufsorganisation nach Sachgebieten und Funktionen gliedern?

Im Rahmen des Einkaufs fallen die unterschiedlichsten Aufgaben an. Dazu gehören die Auswahl der Lieferanten, die Beschaffungsmarktforschung, die rechtliche Abwicklung des Einkaufs, die Prüfung und Überwachung des Wareneingangs, die Vornahme von Mängelrügen, die Sortimentsbildung, die Bezahlung der Rechnungen bzw. die Überprüfung der Richtigkeit eingehender Rechnungen, die Neubestellung. Es ist möglich, die reinen Einkaufsfunktionen von den anderen im Einkauf anfallenden Tätigkeiten zu trennen und je nach Umfang der anfallenden Tätigkeiten für jede Funktion eigene Mitarbeiter einzusetzen oder einen Mitarbeiter mit mehreren Funktionen zu betrauen. Dabei erweist es sich jedoch als sinnvoll, die Rechnungsprüfung und evtl. auch die Abwicklung von Mängelrügen aus der Einkaufsabteilung auszugliedern. Die Rechnungsprüfung kann der Revisionsabteilung und die Abwicklung von Mängelrügen der Rechtsabteilung zugeordnet werden.

17. Welche Bedeutung haben Lieferanten-, Bestell-, Termin- und Preiskarteien?

Der Einkauf läßt sich nur dann optimal abwickeln, wenn ein Überblick über die Lieferanten und deren Erzeugnisse und Preise besteht. Aus diesem Grunde sind mehrere Karteien bzw. Dateien sinnvoll. Während die Lieferantenkarteien/-dateien über die Liefermöglichkeiten Auskunft geben, sind die Preiskarteien/-dateien Anhaltspunkte für die Preisentwicklungen der geführten Artikel, wobei nicht nur ein Zeitvergleich sondern auch ein Vergleich der Preise ein und desselben Erzeugnisses, das von mehreren Lieferanten angeboten wird, möglich ist. Bestellkarten geben Auskunft darüber, zu welchem Termin und welche Mengen bestellt wurden und wann diese Waren geliefert werden sollen. Diese Termine werden in besonderen Karteien bzw. Dateien erfaßt, so daß eine lückenlose Kontrolle aller bestellten Waren möglich ist.

18. Warum sind Organisationsanweisungen für Mitarbeiter in den Einkaufsabteilungen notwendig?

Gerade der Einkauf unterliegt den vielfältigsten Einflüssen. Verkaufsabteilungen und Hersteller versuchen, ihre Ansichten und Vorstellungen gegenüber der Einkaufsabteilung durchzusetzen. Es bedarf daher klarer Vorstellungen und Grundsätze, um den Mitarbeitern in den Einkaufsabteilungen die Arbeit zu erleichtern und ihnen eine Übersicht über ihre Kompetenzen zu geben.

19. Welche Regelungen sollten in den Organisationsanweisungen enthalten sein?

In jedem Fall muß in den Organisationsanweisungen geregelt sein, wer für den Einkauf bestimmter Produkte oder die Einkaufshöhe verantwortlich ist, wer den Bestelltermin festzulegen hat, wer für die Lieferantenauswahl verantwortlich ist, welche Einkaufsbedingungen zu beachten sind, welche Preise akzeptiert werden können, wer die Zusammensetzung der Sortimente bestimmt, welche Informationen, z.B. über Lieferschwierigkeiten oder verstärkt auftretende Mängel, die die Einkäufer veranlassen könnten, anders als bisher zu disponieren, an welche Stellen weiterzugeben sind.

20. In welcher Form sollten Organisationsanweisungen abgefaßt sein?

Organisationsanweisungen sollen in jedem Fall schriftlich niedergelegt sein. Sie müssen von Zeit zu Zeit überarbeitet und jedem Mitarbeiter ausgehändigt werden.

2.4.3 Bedarfsermittlung

01. Von welchen Faktoren ist der Bedarf abhängig?

Anhaltspunkte für den Bedarf sind zunächst einmal die in der vorangegangenen Periode getätigten Verkaufsmengen, aber auch die Kaufkraftentwicklung, die konjunkturelle Situation, die Preisentwicklung der jeweiligen Waren oder die Situation der Lieferanten. Hinzu kommen die Veränderungen des Bedarfs, die sich nur psychologisch erklären lassen, denn nicht alle Bedarfsverschiebungen sind auf die genannten Ursachen oder auf das Aufkommen neuer Produkte zurückzuführen. Mit Hilfe der Bedarfsforschung lassen sich die Motive des Kaufs erforschen, die von Zeit zu Zeit Wandlungen unterliegen und die beim Einkauf berücksichtigt werden müssen. Dadurch schlagen sich veränderte Ernährungs-, Kleidungs- oder Wohnmöglichkeiten oder -einstellungen unabhängig von der wirtschaftlichen Situation in einem veränderten Bedarf nieder.

02. Wie lassen sich Bedarfsrechnungen aufstellen?

Bedarfsrechnungen können sich sowohl an der Kaufkraft als auch an der Zahl der möglichen Verbraucher orientieren. Dabei spielen sowohl die Art der in Frage kommenden Erzeugnisse als auch die allgemeine wirtschaftliche Situation und die Tätigkeit der Konkurrenz eine wesentliche Rolle. Bedarfsrechnungen sind daher vielfach mit Unsicherheitsfaktoren behaftet. Dennoch ist es zweckmäßig, einen Bedarfsplan aufzustellen, der unter Berücksichtigung der erkennbaren wirtschaftlichen und psychologischen Faktoren einen bestimmten angenommenen Bedarf ermittelt, der Ausgangspunkt für die Aktivität der Einkaufsabteilung sein muß.

03. Wie erfolgt die Wahl der Beschaffungswege?

Die Wahl der Beschaffungswege setzt eine Reihe von Grundsatzentscheidungen voraus, die marktorientiert, unternehmensorientiert oder personalorientiert sein können.

04. Wann spricht man von einer marktorientierten Wahl der Beschaffungswege?

Eine marktorientierte Wahl der Beschaffungswege liegt vor, wenn die Beschaffung ausschließlich unter den Gesichtspunkten der besten Angebote auf dem Markt unter Berücksichtigung der Wünsche der Verbraucher und der Lieferungsmöglichkeiten der Hersteller erfolgt.

05. Wann liegt eine unternehmensorientierte Wahl der Beschaffungswege vor?

Eine unternehmensorientierte Wahl der Beschaffungswege ist dann gegeben, wenn im Vordergrund der Entscheidungen betriebswirtschaftliche Überlegungen, wie die Höhe der Beschaffungs- und Lagerkosten, die Vertriebsform und die Marken bzw. der Erzeuger stehen, wobei auch die geographische Herkunft der Erzeugnisse eine Rolle spielt.

06. Wann liegt eine personalpolitisch orientierte Wahl der Beschaffungswege vor?

Die Beschaffungswege sind dann personalorientiert, wenn der Einkauf überwiegend unter dem Gesichtspunkt der Kenntnisse der Einkaufsmitarbeiter erfolgt.

07. Wo kann benötigte Ware beschafft werden?

Benötigte Ware kann beschafft werden:

a) durch Besuche bei Herstellern, bei denen zunächst ein Überblick über das Verkaufsprogramm gewonnen wird und der Einkauf sodann aufgrund des Angebotes erfolgt;

b) durch Besuche von Einkaufsmessen, Spezialmessen oder Informationsmessen;

c) durch Einkäufe zu Hause aufgrund von Mustern und Katalogen oder des Besuches von Vertretern bzw. Reisenden der Hersteller oder von Fahrverkäufern.

2.4.4 Beschaffungsmarktforschung

01. In welchem Verhältnis steht die Beschaffungsmarktforschung zur Marktforschung?

Die Beschaffungsmarktforschung ist ein Teilgebiet der Marktforschung, deren Aufgabe es ist, Veränderungen am Markt zu erkennen, um daraus Maßnahmen des

2.4.4 Beschaffungsmarktforschung

eigenen Betriebes einleiten zu können. Die Marktforschung hat sich darauf zu konzentrieren, alle objektiven Daten und Informationen zu ermitteln, die die Struktur und Entwicklung des jeweiligen Marktes kennzeichnen. Andere Teilbereiche der Marktforschung sind die Bedarfsforschung, die Produktforschung, die Absatzforschung, die Werbeforschung und die Konkurrenzforschung.

02. Was ist das Ziel der Beschaffungsmarktforschung?

Ziel der Beschaffungsmarktforschung ist es, einmal einen Überblick über die gegenwärtige Marktsituation zu erhalten, um über Lieferanten, Produkte, Bezugsmöglichkeiten und Preise Bescheid zu wissen und zum anderen, um die zukünftige Marktentwicklung trendmäßig erfassen zu können.

03. Welche Aufgaben hat die Beschaffungsmarktforschung im einzelnen zu erfüllen?

Die Feststellung der vorhandenen und möglichen Lieferanten und deren Konkurrenzsituation. Die Beurteilung der Lieferanten und deren Mitarbeiter sowie der betrieblichen Leistungsfähigkeit, des Umsatzes, der Lieferpünktlichkeit, der Vertragstreue, des Kundendienstes und der Zahlungsbedingungen. Die Beurteilung der Waren nach Qualität, Preiswürdigkeit, Lagerfähigkeit und der technischen Eigenschaften. Evtl. können auch mögliche Konzentrationsbestrebungen für die weiteren Geschäftsbeziehungen von entscheidender Bedeutung sein.

04. Welcher Hilfsmittel kann man sich bei der Beschaffungsmarktforschung bedienen?

Zwecks Erzielung umfassender Überblicke über den Beschaffungsmarkt ist es zunächst notwendig, Informationen aller Art zu sammeln. Hierzu können sowohl innerbetriebliche Unterlagen wie Vertreterberichte, statistische Erfassungen von Umsätzen des eigenen Unternehmens, usw. als auch Firmennachrichten der Konkurrenz, Messeberichte, Ausstellungskataloge, Verbandsübersichten, Branchenadreßbücher, amtliche Statistiken, usw. dienen.

05. Wie werden die gewonnenen Erkenntnisse erfaßt und ausgewertet?

Die gewonnenen Erkenntnisse müssen systematisiert und in Karteien gesammelt werden. Dazu bedarf es einer vorherigen Festlegung der Daten, die für die betrieblichen Zwecke notwendig erscheinen und deren laufende Fortschreibung, damit die Daten laufend auf dem neuesten Stand sind. Zwecks Auswertung müssen sie denjenigen Mitarbeitern zur Verfügung gestellt werden, die aus den vorliegenden Daten Schlüsse für ihr Handeln ziehen müssen.

06. Welche Unterlagen dienen der Auswahl der Lieferanten?

Um einen Überblick über Ware, Hersteller und Preise der einzelnen Erzeugnisse zu erhalten, werden Waren- oder Bezugsquellenkarteien/dateien, Lieferantenkarteien/dateien und evtl. besondere Preiskarteien/dateien geführt.

07. Was ist der Zweck von Bezugsquellenverzeichnissen?

Bezugsquellenverzeichnisse ermöglichen einen Überblick über die verschiedenen Bezugsmöglichkeiten aller benötigten Waren.

08. Welche allgemein zugänglichen Bezugsquellennachweise können ausgewertet werden?

Allgemein zugängliche Bezugsquellennachweise sind z.B. Fachverzeichnisse und Anschriftenbücher wie "Das ABC der Deutschen Wirtschaft", "Wer liefert was?", die Branchenverzeichnisse der amtlichen Fernsprechbücher und die Anzeigenteile größerer Tageszeitungen und Fachzeitschriften.

09. Worauf ist bei der Aufstellung einer Warenkartei zu achten?

Eine Warenkartei ist immer nach einzelnen Artikeln oder Artikelgruppen eingeteilt, wobei für jeden Artikel eine Karte angelegt werden muß. Der Kopf der Karteikarte muß die genaue Bezeichnung des Artikels enthalten. In den einzelnen Spalten sind die Anschriften der Hersteller, das Datum des letzten Angebots und Hinweise auf vorhandene Kataloge vermerkt. Es ist dabei zu beachten, daß die genauen Abmessungen, Inhalte, spezifischen Abmessungen, Qualitäten, usw. erfaßt werden, um eine Vergleichsmöglichkeit zu haben. Wird auf eine besondere Preiskartei verzichtet, so ist es außerdem notwendig, die Preise der einzelnen Waren mit aufzunehmen.

10. Worauf ist bei der Aufstellung einer Lieferantenkartei zu achten?

Eine Lieferantenkartei muß alle für die Geschäftsabwicklung notwendigen Angaben enthalten. Dazu gehören die Eigentumsverhältnisse, die in Frage kommenden Produkte und deren hauptsächlichsten Abnehmer bzw. Verbreitungsgebiete, die Preise der einzelnen Waren, die Lieferfristen, die Qualitäten, die Einhaltung von Terminen, die mit dem eigenen Unternehmen getätigten Umsätze, die Mengenrabatte sowie sonstige Konditionen.

11. Was ist bei der Lieferantenauswahl zu beachten?

Für einen Handelsbetrieb stellt sich die Auswahl der Lieferanten als eine der schwierigsten und folgenreichsten Aufgaben. Werden Erwartungen enttäuscht, so kann der ganze geschäftliche Erfolg ausbleiben, finden die Waren keinen Anklang, so bleiben die Kunden weg. Hat man die falschen Lieferanten ausgewählt, so dürfte es in vielen Fällen nicht einfach sein, zur Konkurrenz überzuwechseln. Es ist daher entscheidend, die Wahl der Lieferanten sorgfältig vorzubereiten und sich von vornherein über einige wesentliche Probleme im klaren zu sein: Welche Preisklassen und mithin Qualitäten sollen geführt werden, in welcher Breite und Tiefe soll das Sortiment beschaffen sein, welche Waren sind notwendig, um das notwendige Grundsortiment führen zu können und auf welche Hersteller soll man sich konzentrieren bzw. welche Hersteller oder Marken müssen nicht geführt werden,

2.4.4 Beschaffungsmarktforschung

welches Randsortiment muß zusätzlich geführt und welche Artikel müssen in Saisonsortimente aufgenommen werden? Außerdem stellt sich die Frage, welche Waren bzw. Hersteller von der Konkurrenz geführt werden und ob man die gleichen Marken bzw. Artikel wie die Konkurrenz führen will oder muß bzw. wie man sich von der Konkurrenz unterscheiden kann.

12. Welche Gesichtspunkte sind für die Wahl der Lieferanten entscheidend?

Sobald die grundsätzlichen Entscheidungen im Hinblick auf das zu führende Sortiment getroffen worden sind, ist es entscheidend, sich über einzelne Probleme im klaren zu sein, die für den eigenen Betrieb von Wichtigkeit sind. Dabei sind häufig Alternativen zu bedenken, sei es, daß man zwar bei einem führenden Hersteller mit ausgezeichneten Produkten in bezug auf Qualität und Preis beziehen könnte, aber im Hinblick auf die Liefertermine mit Schwierigkeiten rechnen muß, während ein anderer Hersteller zwar die Termine einhält, dafür aber im Hinblick auf die Qualität Sorgen bereitet. Es ist daher zweckmäßig, die für den Betrieb wesentlichsten Faktoren aus einer Vielzahl möglicher Gesichtspunkte auszuwählen und auf diese dann besonderen Wert zu legen. Solche Faktoren können sein: Qualität, Einhaltung von Lieferterminen, kurzfristige Bestell- und Liefermöglichkeiten, Einräumung von Mengenrabatten, Kundendiensterfahrungen, Großzügigkeit bei Mängelrügen, gute Form bei technischen Geräten, usw..

13. Wie werden Lieferanten beurteilt?

Die Kontaktaufnahme mit neuen Lieferanten ist für beide Seiten mit Risiken verbunden. Der Händler kennt nicht die Leistungsfähigkeit und das gesamte Programm des Herstellers, der Hersteller nicht die Leistungsfähigkeit des Händlers. Entscheidend ist es daher, welcher der Partner stärker an einem Geschäftsabschluß interessiert ist. Vom Standpunkt des Händlers aus sollte versucht werden, sich über Prospekte, durch Firmenbesuche und Auswertung der Berichte der Einkäufer ein Bild von der Leistungsfähigkeit und den möglichen Schwächen der Hersteller zu machen. Dabei sollte den Lieferanten die Möglichkeit von Dauergeschäften in Aussicht gestellt werden, um allmählich zum Kreis der Stammkunden zu gehören.

14. Wann wird die Einkaufsabteilung tätig?

Die Einkaufsabteilung wird tätig, wenn seitens der Verkaufsabteilung ein Bedarf gemeldet wird, wobei vorher überprüft werden muß, ob sich die benötigten Waren nicht doch noch auf Lager befinden. Wird tatsächlich ein Bedarf festgestellt, so wird geprüft, ob es sich um eine Nachbestellung bei einem Lieferanten oder bei mehreren Lieferanten, der/die regelmäßig liefern handelt oder ob ein Angebot eingeholt werden muß, um die günstigsten Bezugsmöglichkeiten feststellen zu können.

15. Wie muß eine Anfrage gestaltet sein?

Eine Anfrage muß eindeutig sein, sie muß klar erkennen lassen, um welche Warenqualität, um welche Menge, um welche Lieferart und -zeit und um welchen Lieferort es sich handelt, welche besonderen Wünsche, welche Zahlungsweisen, welche Mengenrabatte und sonstigen Preisnachlässe bestehen.

16. Welche Schritte sind nach Eingang der Angebote zu unternehmen?

Nach Eingang der Angebote aufgrund von Anfragen müssen die verschiedenen Angebote daraufhin überprüft werden, ob sie miteinander vergleichbar sind, andernfalls muß die Vergleichbarkeit durch Umrechnen der verschiedenen Angaben hergestellt werden. Anschließend muß der Auftrag an den Lieferanten erteilt werden, der als der günstigste Anbieter ermittelt wurde.

17. Was ist beim Ausschreiben der Bestellung zu beachten?

Die Bestellung muß eindeutig sein, d.h. sie muß die gewünschten Waren im Hinblick auf Menge, Qualität, Preis und Verpackung genau spezifizieren und Lieferort, Liefertermin, Zahlungsweise und Nebenbedingungen eindeutig festlegen.

2.4.5 Voraussetzungen des Einkaufserfolges

01. Was versteht man unter einer optimalen Bestellmenge?

Werden größere Mengen einer Ware bestellt, so ergeben sich durch Mengenrabatte günstigere Einkaufspreise, dafür steigen jedoch die Kapital-, Zins- und Lagerkosten. Werden jedoch mehrmals kleinere Mengen bestellt, sind die Lager- und Zinskosten niedriger, dafür aber die Beschaffungskosten höher. Daher ist es das Ziel, eine Bestellmenge zu finden, bei der die Kosten pro beschaffter Mengeneinheit ein Minimum sind.

02. Wie wird die optimale Bestellmenge errechnet?

Die Formel für die optimale Bestellmenge lautet:

$$m_{opt} = \sqrt{\frac{200 \cdot M \cdot F}{e \cdot l \cdot p}}$$

Dabei bedeuten:

m_{opt} = die optimale Bestellmenge,
M = der geschätzte Jahresbedarf,
F = die fixen Bezugskosten, die bei jeder Bestellung unabhängig von der Menge anfallen,
e = der Einstandspreis pro gekaufter Einheit,

2.4.5 Voraussetzungen des Einkaufserfolges

p   = der Jahreszinssatz des Kapitals, der durch das Lager gebunden ist,
l   = der Lagerkostensatz.

03. Unter welchen Voraussetzungen gilt die Formel für die Errechnung der optimalen Bestellmenge?

Dieser Formel liegen Annahmen im Hinblick auf den geschätzten Jahresbedarf und die Lagerkosten sowie die Bezugskosten zugrunde. Es wird ferner unterstellt, daß es sich um konstante Größen handelt, die Mengenrabatte unberücksichtigt bleiben und genügend Kapital und Lagerraum zur Verfügung stehen. Da in der Praxis ein Teil der Annahmen nicht der Wirklichkeit entspricht, begegnet diese Formel häufig Bedenken. Insbesondere spielen die Mengenrabatte bei der Festlegung der Bestellmenge eine große Rolle.

04. Welchen Einfluß haben die Rabatte auf die optimale Bestellmenge?

Viele Hersteller räumen Mengenrabatte ein. Es kann daher die Situation eintreten, daß die Einsparungen durch Mengenrabatte größer sind als die Kosten, die sich durch das Überschreiten der optimalen Bestellmenge ergeben. Hierbei läßt sich ein Mindestrabattsatz ausrechnen, bei dem die Einsparung bei den Einkaufskosten den Mehrkosten durch Überschreiten der optimalen Bestellmenge entspricht.

05. Wie wird der Mindestrabattsatz berechnet?

Die Formel für die Berechnung des Mindestrabattsatzes lautet:

$$MR = \frac{l \cdot m_{opt}}{2 \cdot M} \left(\frac{m_{opt}}{m_{min}} + \frac{m_{min}}{m_{opt}} \right) - 2$$

Dabei bedeuten:

MR   = Mindestrabattsatz,
m_{opt} = optimale Bestellmenge,
M   = geschätzter Jahresbedarf,
m_{min} = die Mindestmenge, um in den Genuß eines Mengenrabattes zu kommen.

06. Welche Bestellzeitpunkte sind zu beachten?

In der Praxis der Handelsbetriebe kann einerseits von Fall zu Fall bestellt werden, d.h. immer dann, wenn der Bedarf festgestellt wird. Es gibt aber auch andererseits Betriebe, bei denen zu einem festen Bestellzeitpunkt bestellt werden muß und eine Nachbestellung zu anderen Terminen nicht möglich ist. Ferner kann Ware auf Abruf bezogen werden.

07. Zu welchem Zeitpunkt muß Ware nachbestellt werden?

In jedem Betrieb ist es erforderlich, für jede Ware einen Meldebestand festzulegen, bei dessen Erreichung oder Unterschreitung die Bestellung erfolgen muß. Der Bestellzeitpunkt ist insbesondere von der Wiederbeschaffungszeit abhängig, d.h. von dem Zeitraum, der notwendig ist, um notfalls eine Anfrage bei Lieferanten durchführen zu können und die Bearbeitung des Auftrages beim Lieferanten sicherzustellen, wobei zusätzlich die Transportzeit und die Zeit des Wareneingangs im Lager hinzuzurechnen ist. Neben der Wiederbeschaffungszeit hängt der Bestelltermin aber auch noch von der sog. Überprüfungszeit, d.h. den Terminen, zu denen jeweils festgestellt wird, ob eine Bestellung notwendig ist, der einigermaßen zuverlässigen Schätzung des Verbrauchs und der Einhaltung der Lieferzusagen des Lieferanten ab.

08. Welche Bedeutung hat der Sicherheitsbestand?

Um zu vermeiden, daß bestimmte Waren nicht mehr vorrätig sind, ist für jede Ware ein eiserner Bestand oder Sicherheitsbestand festzusetzen. Der Sicherheitsbestand darf jedoch nicht zu groß sein, weil sich dadurch eine Erhöhung der Lagerhaltungskosten ergeben könnte.

09. Wie wird der Bestellzeitpunkt errechnet?

Der Bestellzeitpunkt ergibt sich aus der Wiederbeschaffungs- und Überprüfungszeit x geschätztem Verbrauch und Sicherheitsbestand.

10. Welche Bedeutung hat die Erfolgskontrolle im Einkauf?

Der Kontrolle im Einkauf obliegen zahlreiche Aufgaben. Zunächst einmal kommt es darauf an, ein unlauteres Zusammenarbeiten im Einkauf zu unterbinden, zum anderen muß die bestmögliche Versorgung der Kunden und ein optimaler Erfolg erreicht werden. Zur Durchführung der Kontrolle eignet sich die Statistik in vielfältiger Weise, die durch den Vergleich von Ergebnissen Anhaltspunkte für das Abschneiden abgibt.

11. Wie erfolgt die Erfolgskontrolle im Einkauf?

Die Erfolgskontrolle im Einkauf kann einmal durch Preisvergleiche vorgenommen werden, sie kann aber auch andere Faktoren einbeziehen. Dazu gehören die Höhe der Beanstandungen durch die Kunden, die Art und Weise, wie Mängelrügen erledigt werden, die Belieferung im Falle von Lieferschwierigkeiten, die Erledigung von Sonderwünschen und kleineren Aufträgen usw..

2.5 Lagerhaltung

2.5.1 Lagerung

01. Was ist ein Lager?

Ein Lager ist der Aufbewahrungsort für Erzeugnisse. Der Begriff Lager deckt aber auch die mengen- und wertmäßige Summe der eingelagerten Gegenstände ab.

02. Was ist die Aufgabe der Lagerung?

Die Läger haben unterschiedliche Funktionen, je nachdem, ob es sich um Industrie- oder um Handelsbetriebe handelt. In der Industrie hat das Lager in erster Linie die Funktion, Differenzen zwischen dem Einkauf und dem Materialbedarf der Produktion zu überbrücken, und die Lager sollen schließlich eine kontinuierliche Fertigung ermöglichen. Im Handel hat das Lager die Aufgabe, die Verkaufs- und Lieferbereitschaft zu gewährleisten.

03. Welche Aufgaben hat das Lager im Handel zu erfüllen?

Die Aufgaben des Lagers im Handel ergeben sich aus folgenden Faktoren:

a) der Bedarf der Händler bzw. der Verbraucher hat in vielen Fällen einen anderen Rhythmus als die Produktion, so daß durch das Lager ein zeitlicher Ausgleich zwischen dem Zeitpunkt der Herstellung und dem Zeitpunkt des Verbrauchs hergestellt werden muß, d.h., es müssen Bedarfsschwankungen ausgeglichen werden;

b) die Waren werden nicht immer dort erzeugt, wo sie gebraucht werden und müssen mithin gelagert werden, um diesen räumlichen Ausgleich zwischen dem Ort der Herstellung und dem Ort des Verbrauchs herbeizuführen;

c) viele Waren können nur zu bestimmten Zeiten hergestellt werden oder bedürfen der Reifung, sie werden aber ganzjährig benötigt;

d) die Industriebetriebe stellen in größeren Mengen her. Diese Mengen müssen durch die Lagerung auf eine Vielzahl von Händlern verteilt werden;

e) viele Waren müssen noch durch Umformen verkaufsfertig gemacht werden, sei es, daß andere Verpackungseinheiten hergestellt werden müssen, sei es, daß die Ware zusammengesetzt werden muß;

f) die Ware muß umgruppiert werden, um sie kundengerecht anbieten zu können;

g) es müssen Lieferschwierigkeiten ausgeglichen werden.

04. Welche betriebswirtschaftlichen Probleme ergeben sich für die Lagerhaltung aus volkswirtschaftlicher Sicht?

Aus volkswirtschaftlicher Sicht haben die Betriebe der Erzeugung einen Beitrag zur Erreichung einer stabilen Beschäftigung und einer betrieblichen Vollauslastung zu leisten. Die Lagerhaltung trägt zur Auflegung optimaler Serien und damit zur Kostenminderung bei. Die Industriebetriebe versuchen jedoch, die Ware im Handelsbetrieb lagern zu lassen, während der Handel bestrebt ist, seine Läger möglichst klein zu halten.

05. Wer unterhält Läger?

Läger werden sowohl von Produzenten als auch von Großhändlern oder von Einzelhändlern unterhalten. Dabei spielt es eine große Rolle, um welche Branche es sich handelt, da in einigen Branchen die Lagerfunktion überwiegend von der Industrie wahrgenommen wird, wie z.B. in der Klavier- und Möbelindustrie. In anderen Branchen obliegt die Lagerfunktion überwiegend dem Großhandel und schließlich teilweise auch dem Einzelhandel, was dazu führt, daß bei einer falschen Disposition ein Nachbezug nicht mehr möglich ist.

06. Wovon ist die Größe des Lagers abhängig?

Die Größe des Lagers ist von folgenden Faktoren abhängig:

a) der Betriebsgröße,
b) der Breite und Tiefe des Sortiments,
c) der Umschlagshäufigkeit,
d) den Konjunkturschwankungen,
e) den Schwankungen im Absatz oder in der Beschaffung,
f) den Zinskosten,
g) der Ausnutzung der Vorteile des Großeinkaufs,
h) den Bestellmengen,
i) der Wiederbeschaffungszeit.

07. Was ist bei der Einrichtung eines Lagers zu beachten?

Das Lager ist von den Besonderheiten der Branche und der Betriebsstruktur abhängig. Hat man es mit Artikeln zu tun, die jederzeit nachbestellt werden können, so kann anders disponiert werden, als wenn es sich um saisonabhängige und insbesondere starken Bedarfsschwankungen unterliegende Waren handelt. Im letzteren Fall ist man gezwungen, sich größere Warenbestände auf Lager zu legen. Hat man ein zu kleines Lager, wird das Sortiment in einem nicht zu vertretenden Maße beschränkt. Dies wirkt sich auf die Anziehungskraft gegenüber den Kunden negativ aus, und ein häufiges Nachbestellen wird erforderlich. Die Ware kann letztlich nicht verkaufswirksam dargeboten werden. Ist das Lager hingegen zu groß, entstehen hohe Kosten, es besteht die Gefahr des Verderbs und von Mode- und Geschmacksänderungen.

2.5.1 Lagerung

08. Wann ist die optimale Lagergröße erreicht?

Die optimale Lagergröße ist zunächst vom Umsatz, der Verkaufsfläche und der beschäftigten Personen abhängig. Bei der Beschaffung von größeren Mengen für einen längeren Zeitraum fallen infolge der Ausnutzung von Mengenrabatten die Beschaffungskosten, es steigen die Lager- und Zinskosten und ein höherer Kapitalbetrag ist im Lager gebunden; der Bestellung kleinerer Mengen liegen höhere Beschaffungskosten und niedrigere Zins- und Lagerkosten bei niedrigerer Kapitalbindung zugrunde. Es stellt sich mithin das Problem, denjenigen Lagerbestand zu ermitteln, bei dem die Beschaffungs- und Lagerkosten minimiert sind, was bedeutet, daß die Hauptkosten wie Personalkosten, Kosten des Unterhalts des Lagers, Warenkosten laufend festgehalten und bestimmte Kennzahlen ermittelt werden.

09. Welche Lagerkennzahlen sind für die Ermittlung des Betriebsergebnisses bedeutsam?

Der Lagerumschlag, die Lagerquote, die Lagerdauer, der Lagerkapitalanteil.

10. Was besagt der Lagerumschlag?

Der Lagerumschlag gibt an, wie oft das Lager in einer Zeitperiode umgesetzt wird. Er wird errechnet, indem man den Umsatz durch den durchschnittlichen Lagerbestand dividiert, wobei darauf zu achten ist, daß einheitliche Verrechnungspreise zugrunde gelegt werden.

11. Was besagt die Lagerquote?

Die Lagerquote ermöglicht eine Kontrolle der Warenvorräte und ergibt sich aus der Division des durchschnittlichen Lagerbestandes und des Umsatzes.

12. Was besagt die Lagerdauer?

Die Lagerdauer zeigt an, wieviele Tage die Ware im Durchschnitt auf Lager liegt und damit Kapital bindet. Die Lagerdauer wird errechnet, indem die 360 Tage eines Jahres durch den Lagerumschlag dividiert werden.

13. Was besagt der Lagerkapitalanteil?

Der Lagerkapitalanteil drückt das Verhältnis zwischen dem Lagerbestand und dem im Betrieb arbeitenden Kapital aus.

14. Was ist das Ziel der Verbesserung des Lagerumschlages?

Ziel der Verbesserung des Lagerumschlages ist die Verkürzung der Lagerdauer und eine Senkung der Lagerkosten und des Lagerrisikos.

15. Was versteht man unter der Lagerreichweite?

Die Lagerreichweite ist die Division des durchschnittlichen Lagerbestandes durch den durchschnittlichen Verbrauch pro Zeiteinheit.

16. Wie wird die Lagergröße ermittelt?

Die Lagergröße wird wie folgt ermittelt: Anfangsbestand + Zugänge ./. Auslieferung = neuer Bestand.

17. Wie wird der Verbrauch berechnet?

Der Verbrauch errechnet sich wie folgt: Anfangsbestand + Zugänge ./. Endbestand = Verbrauch.

18. Wie wird die Beschaffungszeit ermittelt?

Die Beschaffungszeit ist die Zeitspanne von der Bedarfsfeststellung bis zur Verkaufsbereitschaft und wird wie folgt ermittelt:

Einkaufsvorbereitung und Bestellung .... Tage
+ Postweg und Fertigungszeit des Lieferers .... Tage
+ Transportzeit .... Tage
+ Annahme- und Lagerungs- sowie Prüfzeit .... Tage
= Beschaffungszeit insgesamt .... Tage

19. In welchem Zusammenhang stehen Lagerumschlag und Handelsspanne?

Der Lagerumschlag bzw. die Lagerumschlagsgeschwindigkeit beeinflussen die Handelsspanne, die neben der abgesetzten Warenmenge von den Kalkulationsaufschlägen und den Erlösschmälerungen wie Rabatten, Preisherabsetzungen, Kundenskonti, Verderb, Schwund, Diebstahl abhängt.

20. Was besagt die Bruttonutzenziffer?

Die Bruttonutzenziffer ist eine Kennzahl, die den Einfluß des Lagerumschlags auf die Handelsspanne aufzeigt und auf zwei Arten ermittelt werden kann:

a) Die Bruttonutzenziffer ergibt sich (in %) aus der Division der Handelsspanne in DM durch den durchschnittlichen Lagerbestand in DM oder

b) als Produkt aus Lagerumschlag und Kalkulationsaufschlagssatz. Die Bruttonutzenziffer kann sowohl für das gesamte Warenlager als auch für einzelne Artikel oder Artikelgruppen errechnet werden.

2.5.1 Lagerung

21. Was versteht man unter Lagerpolitik?

a) Die Bestimmung optimaler Lagerbestände,

b) die optimale Gestaltung der Lagergebäude. Hierzu zählen sowohl die Einrichtungstechnik als auch die Technik der Zusammenstellung der Aufträge, d.h. die rationelle Gestaltung der Betriebsabläufe in organisatorischer Hinsicht.

22. Welche Bedeutung hat der Lagerplan?

Der Lagerplan steht im engen Zusammenhang zum Absatz- und Beschaffungsplan. Aufgrund der erwarteten Umsätze wird der Einkauf unter Berücksichtigung der noch vorhandenen Lagerbestände so getätigt, daß sich ein optimaler Lagerbestand ergibt. Zweckmäßig ist es, für jede Warengruppe monatliche Höchstbestände festzulegen, die aus den Durchschnittswerten des Vorjahres ermittelt werden.

23. Was versteht man unter der ABC-Lagerbestandsanalyse?

Die Lagerbestände eines Unternehmens fließen nicht gleichmäßig ab, da sich sehr viele Waren schnell, andere weniger schnell umsetzen lassen, so daß für jeden Artikel die Bestellmengen, die Bestellzeitpunkte und die Lagerumschlagsgeschwindigkeit unterschiedlich sind. Mit Hilfe der ABC-Analyse kann der Anteil bestimmter Warengruppen am Gesamtumsatz ermittelt werden.

24. Wie wird eine ABC-Analyse ermittelt?

Bei einer ABC-Analyse wird zunächst der Jahresumsatz eines jeden Artikels ermittelt und in Relation zum Gesamtumsatz gesetzt. Dann wird eine Reihe sämtlicher Artikel in absteigender Folge gebildet, wobei aus der Reihenfolge die Höhe des jeweiligen Jahresumsatzes eines jeden Artikels ersichtlich wird. Schließlich wird der prozentuale Umsatz-Anteil jedes Artikels am Gesamtumsatz errechnet. Es ergibt sich dann, wie gesicherte Erkenntnisse aus der betrieblichen Praxis zeigen, daß rund 20 % der geführten Artikel einen Umsatzanteil von 80 % vom Gesamteinkauf aufweisen. Diese Artikel werden als A-Artikel bezeichnet. Rund 35 % der geführten Artikel haben einen Umsatzanteil von 15 % am Gesamteinkauf. Diese Artikel werden als B-Artikel bezeichnet. Hingegen haben 45 % der Artikel nur einen Umsatzanteil von 5 % am Gesamteinkauf. Diese Artikel werden als C-Artikel bezeichnet.

25. Welche Folgerungen ergeben sich aus der ABC-Analyse?

Im Hinblick auf den optimalen Lagerbestand, die Bestellmengen, die Warenpflege und die Bestandsführung ergeben sich erhebliche Unterschiede, je nachdem, ob es sich um A-Artikel, um B-Artikel oder um C-Artikel handelt. A-Artikel erfordern eingehende Markt-, Kosten- und Preisuntersuchungen, eine genaue Bestandsführung und Überwachung des Lagerumschlags sowie die Errechnung der optimalen Bestellmengen, während für C-Artikel diese Voraussetzungen nicht so entscheidend sind und z.B. größere Bestellmengen in Kauf genommen werden können, da der Lagerumschlag nicht so von Bedeutung ist. Für B-Artikel kann im Einzelfall entschieden werden, ob tendenziell das Verfahren für A-Artikel oder das Verfahren für C-Artikel angewandt werden soll.

26. Von welchen Faktoren ist die Lagerpolitik abhängig?

Einflüsse auf die Lagerpolitik haben das Sortiment, die Kundenwünsche, die Konkurrenz, die Größe des Lagers und die finanzielle Situation des Unternehmens.

27. Was versteht man unter der Mengendisposition im Rahmen der Lagerpolitik?

Mengendisposition erfordert die Bestimmung der Melde-, Mindest- und Höchstbestände für jeden Artikel oder jede Artikelgruppe im Rahmen der ABC-Analyse unter Berücksichtigung der Lagerkarteien und der Bestandsbuchführung.

28. Was versteht man unter der Zeitdisposition im Rahmen der Lagerpolitik?

Unter der Zeitdisposition versteht man den Zeitpunkt der Lagerauffüllung unter Berücksichtigung des Lagerumschlags und der besonderen Verhältnisse der Lieferanten- und Absatzsituation sowie der Wiederbeschaffungskosten.

29. Was versteht man unter der Finanzdisposition im Rahmen der Lagerpolitik?

Unter der Finanzdisposition versteht man die Finanzierung des Einkaufs unter Berücksichtigung der Liquidität, des Lagerumschlags und der Kapitalbeschaffung.

30. Wovon ist die Lagerplanung abhängig?

Die Lagerplanung ist von

der Gesamtzahl der Artikel, dem maximalen Lagerbestand pro Artikel, der Umschlagshäufigkeit, den Abmessungen und Gewichten und den besonderen Lagerbedingungen wie Raumtemperatur, Geruchsempfindlichkeit, Feuchte, Feuerschutz abhängig.

2.5.2 Lagerarten und Einrichtung von Lägern

01. Welche Arten von Lägern werden im Handel unterschieden?

Man unterscheidet im Handel zentrale und dezentrale Läger. Auch ist eine Unterscheidung in Haupt- und Nebenlager möglich. Organisatorisch gesehen kann es sich dabei um Außenlager oder um besondere Lagerräume im Haus handeln.

2.5.2 Lagerarten und Einrichtung von Lägern

Andere Einteilungskriterien sind: Eingezäunte Läger, halboffene Läger (überdachte Lagerflächen), geschlossene Läger (Gebäude), Spezialläger.

02. Was sind die Vor- und Nachteile zentraler Läger?

Bei einer zentralen Lagerung entstehen in der Regel längere Transportwege, da sich Zentrallager aus Kostengründen nur sehr selten in der Verkaufsstätte einrichten lassen. Der Vorteil besteht in der Verwendung moderner Lager-und Fördertechniken und in der Erleichterung der Warenmanipulation, während im dezentralen Lager, welches sich in der Verkaufsstätte befindet, eine sofortige Warenauslieferung möglich ist.

03. Welche Warenflußprobleme müssen mit Hilfe des Lagers gelöst werden?

Einmal muß es den Lieferanten bzw. Spediteuren möglich sein, die Ware ungehindert abzuladen, zum anderen muß der Warenfluß vom Lager in den Verkaufsraum so reibungslos verlaufen, daß die täglichen Kundenwünsche ohne weiteres und ohne zusätzliche Transportkosten erfüllt werden können.

04. Nach welchen Merkmalen werden Läger eingerichtet?

Im Lager werden die Waren in der Regel nach erkennbaren Systematiken zusammengestellt, wie z.B. nach dem Stoff, der Herkunft, der Gebrauchszusammengehörigkeit, dem Verwendungszweck, den Preislagen. Es sind aber auch andere Kriterien möglich, wie z.B. die gleichmäßige Auslastung aller Lagerräume, sofern nicht besondere Lagervorschriften dies verbieten, oder die kontinuierliche Beschäftigung aller Mitarbeiter insbesondere von Lägern, die von Saisongeschäften (Weihnachtsverkauf) betroffen sind.

05. Wann empfiehlt sich eine dezentrale Lagerung?

Eine dezentrale Lagerung ist dann von Vorteil, wenn niedrige Transport- und Raumkosten anfallen, eine sofortige Belieferung sichergestellt sein muß, nur ein geringer Bedarf besteht oder wenn ein stark schwankender Bedarf vorliegt.

06. Welche Lagerbauarten werden unterschieden?

Man unterscheidet das Regallager, das Durchlauflager und das Hochlager.

07. Was versteht man unter einem Regallager?

Ein Regallager ist ein eingeschossiges Lager, dessen Stapelhöhe auf Grund der Leistungsfähigkeit der modernen Hochregalstapler bis zu 12 m betragen kann, in der Praxis aber häufig nur 6 m beträgt. Das Regallager eignet sich für die Lagerung unterschiedlicher Größen und Formen. Es erfordert nur geringe Investitionen, aber große Grundflächen und hohe Betriebskosten. Es ist einfach zu bedienen und läßt sich relativ schnell Veränderungen im Sortiment anpassen.

08. Was versteht man unter einem Durchlauflager?

Ein Durchlauflager besteht aus Rollen, wobei die Waren auf der einen Seite beladen und jeweils weitergeschoben werden, während die Entnahme auf der anderen Seite erfolgt. Ein Durchlauflager ermöglicht zwar eine konzentrierte Lagerung, und es ist ein hoher Automatisierungsgrad möglich; die Regalkonstruktion ist jedoch wegen der Rollen sehr teuer, zusätzlich sind Bremsen und andere Vorrichtungen notwendig, um den Durchlauf zu steuern. Da nur pro Kanal ein Gut gelagert werden kann, ist ein solches Durchlauflager nur bei relativ kleinem Sortiment anwendbar.

09. Was versteht man unter einem Hochlager?

Ein Hochlager ist ein eingeschossiges Regallager mit einer Höhe bis zu 40 m und einer Länge bis zu 200 m, bei dem die Bedienung durch Hochregalstapler erfolgt. Ein solches Lager hat eine hohe Umschlagsleistung, einen niedrigen Grundflächen-, aber einen hohen Investitionsbedarf und weist eine relativ hohe Störanfälligkeit auf.

10. Welche besonderen Lagerformen sind in der Praxis üblich?

Für Güter, die infolge besonderer Anforderungen an die Regaltechnik - etwa weil das Gewicht, das die Tragfähigkeit der Regale übersteigt - oder aus Wirtschaftlichkeitsüberlegungen nicht in herkömmlichen Lagern untergebracht werden können, wurden für stapelfähige Güter Blocklager, Tanklager für Heizöl, Getränke und Chemikalien und Schüttgutlager für staubförmige, feinkörnige oder grobkörnige Güter entwickelt. Schüttgutlager, die sich zur Lagerung von Getreide, Kohle oder Sand eignen, haben die Form eines Silos oder einer offenen oder überdachten Lagerhalde.

11. Welche Lagerkosten entstehen?

Man unterscheidet folgende Lagerkosten:

a) Raumkosten, wie Abschreibungen, Zinsen, Versicherungen, bzw. Mieten, in bezug auf Bestände und Inventar, Beleuchtung und Heizung sowie Instandhaltung;

b) Kosten der Einrichtung für die Läger, die Regale, regalunabhängige Flurförderfahrzeuge wie Frontstapler, Hochregalstapler, Handhubwagen, Sackkarren oder Selbstbedienungswagen und für regalabhängige Flurförderfahrzeuge, die bei schmalen Gängen üblich sind und die Nutzfläche der Regale vergrößern;

c) Kosten der Lagerbestände einschließlich Verzinsung, Versicherung, Verderb, Schwund, Veralterung;

d) Personalkosten.

2.5.2 Lagerarten und Einrichtung von Lägern

12. Welche Kosten entstehen für die Behandlung lagernder Güter?

Neben den Kosten für das Lager, quasi den Fixkosten, entstehen noch eine Reihe anderer Kosten durch die Behandlung der lagernden Güter. Dazu gehören die Kosten für das Ein- und Auslagern einschließlich der Fahrzeuge, die Kosten für die Warenpflege oder die qualitative Veränderung der Waren, um sie gebrauchsfähig zu machen, sowie das Verpacken.

13. Welche Sicherheitsvorschriften sind zu beachten?

In jedem Lager sind die jeweiligen Vorschriften der Berufsgenossenschaft, der Gewerbeaufsicht, der Feuerwehr und der Hersteller über besondere Anforderungen an die Lagerung bestimmter Güter im Hinblick auf Feuer- oder Explosionsgefahren zu beachten.

14. Welche Feuerwarn- und Feuerbekämpfungsanlagen werden unterschieden?

Feuerwarnanlagen sind Rauchmelder, Thermomelder und Flammenmelder; Feuerbekämpfungsanlagen sind Sprinkleranlagen.

Rauchmelder reagieren auf Rauch und setzen ein unbedingtes Rauchverbot für alle Mitarbeiter voraus, Thermomelder reagieren beim Überschreiten einer bestimmten Temperatur und Flammenmelder reagieren auf offenes Feuer, nicht jedoch auf Schwelbrände. Sprinkleranlagen sind automatische Sprühwasserlöschanlagen, deren Auslösung nach der Erreichung einer bestimmten Temperatur erfolgt.

15. Wovon ist die Lagerbauart abhängig?

Die Lagerbauart hängt sowohl von Bedingungen ab, die Qualitäts- und Quantitätsminderungen der Waren möglichst ausschließen, als auch vom Materialfluß. Der Materialfluß kann bereits in einem mehrgeschossigen Bau erheblich beeinträchtigt werden, so daß sich aus dieser Sicht oftmals eine eingeschossige Bauweise empfiehlt. Aus dem gleichen Grund werden oft freitragende Deckenkonstruktionen gewählt, da diese am ehesten eine optimale Lageraufteilung gewährleisten.

16. Von welchen Faktoren sind die Lagerflächen abhängig?

Die Lagerflächen sind davon abhängig, ob

- die Ware sofort bei Kaufabschluß ausgeliefert werden muß, bzw. vom Kunden mitgenommen wird,

- eine Auslieferung an den Kunden nach Bestellung oder eine spätere Abholung durch den Kunden erfolgt.

17. Was ist beim Lagerbau zu berücksichtigen?

die Partnerstruktur:
- die Lieferanten,
- die Abnehmer;

die Art der Lageraktivitäten, z.B.
- Annahme,
- Einsortieren,
- Sammeln,
- Umgruppieren,
- Verteilen;

die Verpackungen, insbesondere die Verpackungseinheiten;

die Auftragsstruktur;

die technischen Gestaltungsanforderungen und die darauf beruhende Raum- und Sachmittelbestimmung.

18. Welches System der Verpackungseinheiten ist optimal?

Ein zentrales Steuerungskriterium bei der physischen Distribution ist das System der Verpackungseinheiten, insbesondere die kombinierte Verpackungs-, Lade- und Lagereinheit und möglichst auch Verkaufseinheit.

Im Bereich der physischen Distribution wird angestrebt:

Verpackungseinheit = Transporteinheit = Lagereinheit = Umschlagseinheit = Versandeinheit.

19. Welche Warenarten müssen beim Lagerbau berücksichtigt werden?

Die Lagerhaltung wird in besonderem Maße durch die Art der Waren bestimmt. Für eine flächenrelevante Differenzierung der Waren lassen sich aufgrund der Ähnlichkeit der auf den Wareneigenarten beruhenden Anforderungen an Transport und Lagerung nennen:

umschlagsorientierte Waren,
- verderbliche Waren,
- Stückgut;

lagerorientierte Waren
- Konsumgüter,
- Produktionsgüter.

20. Von welchen Faktoren der Lagerhaltung ist der Lagerbau abhängig?

Warenarten,
Warenvolumina,
Warengewichte,

2.5.2 Lagerarten und Einrichtung von Lägern

Transporteinheiten,
Verpackungseinheiten.

Dazu kommen:

Auftragsgröße und -zusammensetzung,
Anlieferrhythmen,
Abgangsrhythmen,
warenspezifische Lageranforderungen hinsichtlich Temperatur und Feuchtigkeit.

Als kombiniertes Merkmal sind die Größe und Gewichte der Kolli zu nennen. Sie haben Einfluß auf:

Lagerungsart,
Lagerort nach der geringsten Transportintensität,
Transportart,
Transportgeräte,
Stapelmöglichkeit in Verbindung mit der Tragfähigkeit der Geschoßdecken.

21. Welche Ziele können mit verschiedenen Lagerarten verwirklicht werden?

	Ziele		Lagergüter und
Lagerart	Aktivität	Standort	Lagerbezeichnung
Vorratslager	langfristige Pufferfunktion, d.h. Zeitüberbrückung zwischen Produktion und Verwendung	produktions-, absatz- oder verkehrsorientiert	Rohstoffe, saisongebundene Ware (Agrarprodukte)
Umschlagslager	kurzfristige Umverteilungs- oder Umsortierungsfunktion, rascher Warenumschlag	transport- oder verkehrsorientiert	z.B. Obst- und Gemüsegroßmärkte, Stückgutumschlagszentralen, Güterterminals
Verteilungslager	sofortige Lieferfähigkeit und Sicherung eines bestimmten Versorgungsgrades (Servicegrades)	absatzorientiert	Konsum- und Investitionsgüter, u.U. dezentrale Lagersysteme, auch hierarchische Lagerhaltung
Sammellager	sofortige Aufnahmefähigkeit von Produkten	beschaffungsorientiert	Konsum- und Investitionsgüter, Einfuhr- und Vorratsstellenlager, Getreidesilos

22. Wie werden Lagereinrichtungen unterteilt?

Feste Lagereinrichtungen
- Regale
- Fachregal und Schubladen, Regalwand für Lagerkästen, Röhrenregal für Rollenware, Wabenregal für Stangenmaterial, Ständerregal (Christbaumregal), Stangenregal, Palettenregal
- Schränke;

Bewegliche Lagereinrichtungen
- Lagerbehälter und Behälter
- Stapelkästen, Leichtmetall-Transportkästen, Plastik/Metall-Sichtlagerkästen, Faltbox, Transportbehälter, Collico-System, Großbehälter, Container-System
- Paletten
- Vierweg-Flachpalette, Zweiweg-Flachpalette, Flachpalette in Sonderausführung als Untersatz für Bügel, Transportwände oder Regalboden; Regalpalette, Gitterboxpalette, Muldenpalette, Stapelbehälter, Schüttbox, Stapelgestell, Faßpalette, Sieger-Kreuzpalette aus Wellpappe;

Kombinierte Lagereinrichtungen
- Durchlaufregal, Compactus-System.

Je nach Lagerorganisation können noch hinzugerechnet werden:

- Palettenautomat;
- Umreifungsgerät, Umreifungsautomat, Schrumpftunnel für Plastikverpackung;
- Verpackungsautomat.

23. In welchem Umfang läßt sich die Lagerraumkapazität nutzen?

Warenart bzw. Lagerungsmethode	Lagerraumausnutzung	Höhenverlust	Bedienungsverlust	Wegeverlust
Flüssigkeiten	100 %			
Schüttgüter (z.B. Mehl)	90 %			
Blockstapel	79 %	10 %		12 %
Gleitregal, Regal mit max. Höhennutzung	75 %	5 %	10 %	12 %
Durchlaufregal mit Regalbedienungsgerät	68 %		15 %	20 %
Regalanlage mit Bedienungsgerät	52 %	10 %	35 %	12 %
Regalanlage mit Stapelkran	41 %	20 %	35 %	20 %
Regale mit Leitern, 4 m Höhe Palettenregalanlage	31 %	12 %	55 %	12 %
Regale handebedient, 2.5 m Höhe	20 %	25 %	55 %	12 %

2.5.3 Lagerverwaltung

01. Was versteht man unter der Wareneingangskontrolle?

Unter der Wareneingangskontrolle versteht man die umfassende Prüfung eingehender Waren unter rechtlichen, organisatorischen und betriebswirtschaftlichen Gesichtspunkten.

02. Was ist unter rechtlichen Gesichtspunkten bei der Wareneingangskontrolle zu beachten?

a) Ob die bestellte Menge termingemäß angeliefert wurde.

b) Ob die gelieferte Menge in Qualität und Quantität sowie im Hinblick auf den Liefertermin der Bestellung entspricht.

c) Welche Mängel vorliegen – sei es im Hinblick auf die gelieferte Menge, sei es im Hinblick auf die Qualität – und welche Ansprüche fristgemäß angemeldet werden sollen.

03. Was ist unter organisatorischen Gesichtspunkten bei der Wareneingangskontrolle zu beachten?

Unter den organisatorischen Gesichtspunkten ist zu beachten, daß die Anlieferung der Waren, sei es nun durch Frachtführer, sei es durch den Lieferanten im Werkverkehr, unabhängig vom Verkehrsmittel (Post, Bahn, Schiff oder Lkw) reibungslos erfolgen kann, d.h. daß sich nicht Schlangen von Abfertigungsfahrzeugen bilden, die einmal einen Zeitverlust bedeuten zum anderen möglicherweise die Wareneingangskontrolle im Hinblick auf Qualität und Menge erschweren. Es muß sichergestellt sein, daß die Ware auch im richtigen Lager angeliefert wird, was bei gleichzeitiger Unterhaltung mehrerer Lager oftmals sehr schwierig zu erkennen ist. Schließlich ist sicherzustellen, daß ein mehrmaliges Umladen innerhalb des eigenen Lagers vermieden wird, was voraussetzt, daß der Platz, an dem eine Ware gelagert werden soll, bereits feststeht und auch innerbetrieblich ohne Schwierigkeiten erreicht werden kann.

Die notwendigen Wareneingangskontrollen, d.h. das Zählen, Wiegen, Entnehmen von Stichproben, usw., müssen personell und zeitlich so eingeplant oder organisatorisch so eindeutig festgelegt sein, daß Fehler vermieden werden. So muß den Anlieferern oder Frachtführern genau bekannt sein, wann eine Warenannahme erfolgt. Wenn – wie etwa bei Schiffsladungen mit hohen Liegegeldern – nicht mit sofortiger Abnahme zu rechnen ist und die Warenannahme nicht der eigenen Disposition unterliegt, muß die Abnahme auch außerhalb der regulären Arbeitszeit sichergestellt werden .

04. Was ist unter betriebswirtschaftlichen Gesichtspunkten bei der Wareneingangskontrolle zu beachten?

Es muß gewährleistet sein, daß die Lieferantenrechnungen mit den Lieferscheinen verglichen werden. Sodann muß die Bezahlung der Rechnung unter Ausnutzung der Rabatte und Skonti in die Wege geleitet werden und die Waren müssen in die Lagerbestandskarteien eingetragen werden. Schließlich muß die Neubestellung veranlaßt werden.

05. Was versteht man unter dem Begriff Warenmanipulation?

Unter dem Begriff Warenmanipulation versteht man die Anpassung der Ware an die Verkaufsgegebenheiten durch Sortieren, Reinigen, Mischen, Veredeln, Umpacken.

06. Was versteht man unter dem Umpacken der Waren?

Die zu verkaufenden Waren werden oftmals nicht in verkaufsfähigen, verbrauchsgerechten Einheiten geliefert, sondern in anderen Einheiten, die entsprechend umgepackt werden müssen. Aber auch andere, bereits verkaufsgerecht verpackte Waren müssen aus Kisten und Behältern entfernt und von der Verpackung befreit werden, um sie im Lager aufstellen zu können. Im Bereich des Großhandels müssen die bestellten Waren zu den gewünschten Kommissionen zusammengestellt werden.

07. Wann ist eine Preisauszeichnung erforderlich?

Nach den Bestimmungen der Verordnung über Preisangaben vom 10.5.1973 müssen alle für den Endverbraucher bestimmten Waren mit dem Endpreis ausgezeichnet sein.

08. Wo kann die Preisauszeichnung vorgenommen werden?

Die Preisauszeichnung kann bereits vom Hersteller vorgenommen werden, sie kann im Lager erfolgen oder aber unmittelbar vor dem Verkauf im Verkaufsraum selbst.

09. Welche Daten können im Rahmen der Preisauszeichnung mit angegeben werden?

Bei der Preisauszeichnung werden häufig aus betriebswirtschaftlichen Gründen noch Angaben in verschlüsselter Form über den Einstandspreis, Artikelgruppen, Lieferanten und Qualität aufgenommen. In Verbindung mit Registrierkassen oder Vermerken auf Rechnungen lassen sich aus bestimmten Angaben über den Verkauf einzelner ausgewählter Artikel oder über die Umsätze der Warengruppen Erkenntnisse über die Lagerdauer und die Umschlagshäufigkeit ziehen, die für die Lagerarbeit und das Bestellwesen von entscheidender Bedeutung sind.

2.5.3 Lagerverwaltung

10. Was versteht man unter Kommissionierung?

Kommissionieren ist das Zusammenstellen von Artikeln aus einem Warensortiment aufgrund eines oder mehrerer Aufträge.

11. Welche Tätigkeiten müssen im Rahmen einer Kommissionierung vorgenommen werden?

Die Kommissionierung erstreckt sich auf folgende Vorgänge:
a) Die Aufbereitung der Auftragsdaten,
b) die Warenentnahme und ihr innerbetrieblicher Transport zum Versandraum,
c) das Zusammenstellen des oder der Aufträge,
d) Kontrolle der Richtigkeit und Ausstellen der Rechnung.

12. Welche Arten von Auftragsabwicklung kennt man?

Man unterscheidet die Einzelbearbeitung und das serienweise bzw. artikelweise Bearbeiten. Während bei der Einzelbearbeitung jede Position zeitlich nacheinander erledigt wird, bedeutet die Serienbearbeitung von Aufträgen, daß mehrere Aufträge arbeitsmäßig zusammengefaßt werden, wobei zunächst eine artikelweise Aussortierung aus dem Lager vorgenommen wird und erst dann eine Aufteilung dieser Artikel auf die einzelnen Aufträge erfolgt.

13. Welche Kommissionierungsarten werden unterschieden?

Als Beispiele für das Kommissionieren, d.h. das Sammeln der Waren und den Transport bis zum Anstellplatz bzw. Versandplatz, lassen sich u.a. unterscheiden:

das Sammeln der Artikel nach Kunden (Aufträgen)
- mit festgelegter Sammelreihenfolge aufgrund des Ordersatzes,
- mit freier Sammelreihenfolge;
das Sammeln der Artikel nach der Auftragsgröße;
das Sammeln der Artikel nach Teillagern, z.B. nach Warengruppen;
das Sammeln nach Artikelarten und Zusammenstellung nach Kunden.

Bei der Warenzusammenstellung nach Kunden werden die Waren eines Kundenauftrages an den Lagerstandorten eingesammelt und zum Anstellplatz transportiert. Bei Selbstbedienung führt der Kunde diesen Arbeitsgang mit einem innerbetrieblichen Transportgerät selbst aus. Wenn die Warenzusammenstellung durch betriebliche Arbeitskräfte vorgenommen wird, ist außer den Be- und Entladezeiten die Zusammenstellzeit und damit der Zusammenstellweg zu minimieren.

14. Welche Kommissionierungsverfahren werden unterschieden?

Man kann folgende Kommissionierungsverfahren unterscheiden:

Ringsammelverfahren
Dabei werden alle Waren eines Auftrages von einem Kommissionierer-Team auf einem ringförmigen Wege gesammelt;

Sternsammelverfahren
Hierbei wird das Lager in Bereiche aufgegliedert, in denen parallel oder sequentiell gesammelt wird. Nach Zeittaktverfahren werden die Aufträge bei sequentieller Sammlung an andere Abteilungen weitergegeben oder bei Parallelverfahren zusammengeführt;

Umlaufkommissionierung
Hier werden Lagereinheiten zu einem Kommissionierungsplatz transportiert und nach der Warenentnahme wieder eingelagert;

Karusselverfahren oder Umwälzverfahren
Beim Karusselverfahren wird Ware aus Hochregallagern abgerufen und die Lagereinheit zum Kommissionierungsplatz gebracht und von dort wieder auf einen Stellplatz. Die Lagereinheiten bewegen sich horizontal oder vertikal vor dem Kommissionierer. Beim Karusselverfahren bewegt sich die Ware am Kommissionierer vorbei, der an seinem Platz bleibt;

Durchlaufverfahren
Die Lagereinheiten werden in Durchlaufregalen gelagert und automatisch oder manuell kommissioniert.

15. Was versteht man unter Materialfluß?

Unter Materialfluß versteht man den Durchlauf der Waren von ihrer Bereitstellung im Lager über ihre Entnahme und den innerbetrieblichen Transport bis zur Abgabe der Ware, wobei zwischen dem Bewegungsfluß der Waren und dem Informationsfluß unterschieden werden muß.

16. Wie erfolgt die Bereitstellung der Ware?

Die Bereitstellung der Ware erfolgt entweder in der Weise, daß der Bearbeiter die Ware einem festen Lagerplatz entnimmt und die Kommissionen entweder auftrags- oder artikelweise zusammenstellt. Dieses Verfahren wird als "Mann zur Ware" bezeichnet. Ein anderes Verfahren ist die Zuführung der Artikel zu einem bestimmten Platz, an dem die Aufträge zusammengestellt werden. Dieses Verfahren wird als "Ware zum Mann" bezeichnet.

17. Wie erfolgt die Entnahme der Ware?

Die Entnahme der Ware erfolgt entweder manuell oder automatisch bzw. elektronisch mit Hilfe von Steuerungsvorgängen, die die Warenabgabe lenken.

2.5.3 Lagerverwaltung

18. Wie wirkt der Informationsfluß auf den Materialfluß?

Die Weitergabe der Auftragsdaten erfolgt entweder nach dem Off-Line oder dem On-Line-Informationssystem.

19. Was bedeutet das Off-Line-Informationssystem?

In einem Off-Line-Informationssystem besteht keine direkte Verbindung zwischen der EDV-Anlage und der Auftragsbearbeitungsstelle. Die Daten können manuell, mittels Rohrpost oder mittels Datenträgern - wie Lochkarten oder Lochstreifen - weitergegeben werden.

20. Was bedeutet das On-Line-Informationssystem?

In einem On-Line-Informationssystem sind die Schaltstellen der Auftragsbearbeitung mit der EDV-Anlage durch Datenfernübertragungskanäle verbunden.

21. Wie erfolgt die Überwachung der Bestände?

Die Überwachung der Bestände erfolgt einmal durch das Führen von Lagerbestandskarteien, auf denen Zu- und Abgänge verbucht werden, zum anderen durch die Inventur, die in Form der Stichtagsinventur oder in Form der permanenten Inventur durchgeführt werden kann.

22. Was versteht man unter der Stichtagsinventur?

Unter Stichtagsinventur versteht man die vollständige körperliche Bestandsaufnahme aller Waren durch Zählen, Messen oder Wiegen, die am Bilanzstichtag oder zeitnah innerhalb einer Frist von 10 Tagen vor oder nach dem Bilanzstichtag erfolgen kann, sofern eine wertmäßige Fortschreibung der Bestandsveränderungen erfolgt. Unter bestimmten Voraussetzungen ist auch eine sog. erweiterte zeitnahe Stichtagsinventur möglich.

23. Was versteht man unter der permanenten Inventur?

Bei der permanenten Inventur stimmen körperliche Bestandsaufnahme der Waren und Bilanzstichtag zeitlich nicht überein; vielmehr werden die Lagerbestände kontinuierlich fortgeschrieben und mindestens einmal im Jahr durch eine körperliche Bestandsaufnahme überprüft, wobei evtl. notwendig werdende Berichtigungen sofort vorgenommen werden müssen. Die permanente Inventur ist mithin eine Kombination der körperlichen und buchmäßigen Bestandsaufnahme.

24. In welchem Zusammenhang stehen Lagerumschlag und Mindestmengen?

Das Lager muß jederzeit lieferbereit zu sein. Es gilt der Grundsatz, daß nur das verkauft werden kann, was im Laden oder im Lager tatsächlich vorhanden ist. Dies bedeutet, daß für jeden Artikel die Bestellmenge und der Bestellzeitpunkt festgelegt werden müssen. Zu diesem Zweck ist ein Mindestbestand anzugeben, der auf Erfahrungen beruht. Zusätzlich ist zu unterscheiden, ob kurzfristige Beschaffungsmöglichkeiten - in Stunden oder Tagen - bestehen oder ob die Beschaffungszeit länger ist, weil die Artikel erst hergestellt oder importiert werden müssen und der Hersteller Bestellungen nur aufgrund seines Produktionsrhythmus vornimmt, so daß zusätzliche und insbesondere eilbedürftige Aufträge keine Aussicht auf Erfolg haben und dadurch die Leistungsfähigkeit beeinträchtigen. Schwierigkeiten in der Belieferung zwingen in der Regel zur Lagerhaltung von größeren, langfristig festgelegten Mengen auch auf die Gefahr hin, daß bestimmte Erzeugnisse nicht im vollen Umfang abgesetzt werden können.

25. Welche Konsequenzen ergeben sich aus der Einführung der Warenwirtschaftssysteme für die Lagerhaltung?

Warenwirtschaftssysteme verändern die Lagerhaltung der Handelsbetriebe in mehrfacher Weise. In der Industrie z.B. müssen durch das Just-in-time-Prinzip individuelle Güter mit einem Minimum an Zeit und einem Maximum an Vorhersagesicherheit hergestellt werden. Auch der Handel geht dazu über, eine Art nachfragesynchroner Belieferung einzuführen, die den Warenbestand am Lager des Handelsbetriebes deutlich reduziert. Im Idealfall soll die Verkaufsfläche der Lagerfläche entsprechen. Dieses System führt zu geringeren Bestellmengen und einem häufigeren Bestellrhythmus. Damit werden gleichzeitig geringere Lagerkosten durch größere Lagerarbeiten kompensiert.

26. Wie wird im einzelnen bei der Gestaltung des Warenflusses verfahren?

Im Handel wird eine gebündelte Warenbestellung mit jeweils nur einer Sendung pro Tag über alle Lieferanten und über alle Warengruppen angestrebt. Nach diesem Prinzip verfahren die Warenhäuser, die Filialketten und die Einkaufsvereinigungen. Dabei bedient man sich der Zentrallager, in denen die Waren für jeden Empfängerbetrieb betriebsspezifisch gebündelt und angeliefert werden. Es genügt ein größeres Reservelager. Der Warenweg verändert sich von einem bisherigen Bestandslager zu einem bestandsarmen Warenverteilzentrum.

27. Wie kann ein solches Warenverteilzentrum in einigen Jahren aussehen?

In Japan, aber auch vereinzelt in Europa, sind Warenverteilzentren mit folgender kompletter Robotertechnik eingeführt. Fünf Standroboter entnehmen, kommissionieren und verpacken die angelieferte Ware. Der erste Roboter identifiziert Paletten und Kartons über Strichcodeleser und legt sie auf ein Förderband. Der zweite Roboter entnimmt durch Lasertechnik und Kameras gesteuert Ware und lagert sie in einem Hochregallager ein. Der dritte Roboter kommissioniert in Packkartons und leitet sie in ein Zwischenpufferlager. Der vierte Roboter liefert die Versandpackung und gibt sie an den fünften Roboter weiter, der die kommissionierte Ware einlegt und die Packung verschließt. Über ein fahrerloses Transportsystem verläßt der Karton die Anlage und wird zur Abholrampe weitergeleitet.

2.5.4 Innerbetriebliches Transportwesen

28. Welche weiteren Entwicklungstendenzen zeichnen sich ab?

Wegen des hohen Investitionsaufwands derartiger automatisierter Zentrallager und der entsprechenden Verteilkonzepte, wird die Warenverteilung von besonderen Distriktionsunternehmen vorgenommen, die über eine entsprechende Logistik und über Fahrzeuge verfügen. Teilweise sind diese Logistikunternehmen in der Lage, die Disposition der Bestellerfassung und die Bestellübermittlung für ihre Kunden mit zu erledigen. Die Handelsunternehmen oder Hersteller bedienen sich neutraler Spediteure, die neben dem reinen Versand zusätzliche Dienstleistungen übernehmen. Aufgabe der Transportunternehmen ist es, sofort zur Verfügung zu stehen, wo Waren fehlen, um diese an den Ort des Verbrauchers zu bringen. Dabei benötigen sie Computer mit der Möglichkeit, vom Stauraum in den LKWs, den Bedarf der Kunden, den Spritverbrauch und die Arbeitszeit der Mitarbeiter alle Informationen zur schnellsten und optimalen Erledigung ihrer Aufgaben verfügbar zu haben.

29. Wie sollen Lager angeordnet werden?

Mit Hilfe der Informationstechnik läßt sich die physische Handhabung der Ware bei Lagerung und Transport optimal gestalten. Hierzu gehört die Einführung fester Lagerorte. Im Gegensatz zur willkürlichen Lagerhaltung, bei der die Ware dort eingelagert wird, wo gerade Platz ist, erhält bei der festen Lagerordnung jeder Artikel seinen festen Platz. Existiert eine solche Lagerung, kann diese auch in den EDV-Artikelstamm übernommen werden. Damit ist die Voraussetzung für eine wege- und lagerplatzoptimierte Kommissionierung erzielt.

30. Welche Vorteile ergeben sich in Lagern mit festen Plazierungen?

Die der Kommissionierung zugrunde liegenden Belege (Lieferschein, Kommissionsschein) können im Hinblick auf die bestellten Artikel so aufgelistet werden, daß die Kommissionierung effizient lagerplatzorientiert anstelle der bisher üblichen auftragsorientierten Kommissionierung durchgeführt wird. Weitere Vorteile ergeben sich, wenn die Lagerorte im Sinne der ABC-Analyse nach Gängigkeit gruppiert werden, indem z.B. die gängigen Artikel im vorderen Lagerbereich angeordnet werden.

2.5.4 Innerbetriebliches Transportwesen

01. Was ist das Ziel des innerbetrieblichen Transportwesens?

Das Ziel des innerbetrieblichen Transportwesens ist eine Minimierung der Transport- bzw. Ladezeiten bzw. die Erzielung geringster Verlustzeiten. Dieses Ziel kann erreicht werden durch ein Lager, das

a) in optimaler Nähe zu allen zu beliefernden Verkaufsstätten liegt,

b) in seiner Bauweise so konstruiert ist, daß ein ungehinderter Warenfluß bei der An- und Auslieferung einschließlich der Kommissionierung möglich ist,

c) den optimalen Einsatz von Lagerhilfsgeräten gestattet und

d) die innerbetrieblichen Transportwege übersichtlich sind.

02. Was versteht man unter Lagerhilfsgeräten?

Wichtigste Lagerhilfsgeräte sind genormte Versandeinheiten, Geräte, die ein bewegliches Lager ermöglichen, sowie die Transportmittel.

03. Was versteht man unter genormten Versandeinheiten?

Genormte Versandeinheiten sind: Paletten, Bahnbehälter, Kisten, Container und andere Materialien, die eine gleiche Größe aufweisen und mithin eine bessere Nutzung der Lagerfläche ermöglichen.

04. Welche Bedeutung haben Geräte, die ein bewegliches Lagern ermöglichen?

Geräte, die ein bewegliches Lagern ermöglichen, sind Palettengestelle und Ladegestelle. Sie erleichtern die Abstimmung der Versand- bzw. Verpackungseinheiten.

05. Welche Fördermittel im Lager sind üblich?

Im innerbetrieblichen Transport werden sowohl regalunabhängige Förderfahrzeuge als auch regalabhängige Fahrzeuge eingesetzt.

06. Was versteht man unter regalunabhängigen Förderfahrzeugen?

Regalunabhängige Förderfahrzeuge sind Frontstapler, Seitenstapler, Drehgabelstapler, Teleskopstapler und Stapler mit Achsvorschub, die durch ein hohes Stapeln des Lagergutes eine bessere Lagerraumausnutzung gewährleisten.

07. Was versteht man unter regalabhängigen Fahrzeugen?

Regalabhängige Fahrzeuge sind an Regale gebunden, d.h., sie können nur innerhalb der Gänge eingesetzt werden, erlauben aber schmale Gänge und Hochregale.

2.6 Absatz

2.6.1 Marketing-Konzeption

01. Was versteht man unter Absatz?

Unter Absatz versteht man nicht nur die reine Verkaufstätigkeit, sondern auch die Vorbereitung, Anbahnung, Durchführung und Abwicklung der vertriebs- und absatzorientierten Tätigkeit eines Unternehmens.

02. Was versteht man unter Marketing?

Marketing bezeichnet eine Handlungsweise, die sich an den Kundenwünschen und am Bedarf des Marktes orientiert. Während in den ersten Jahren nach der Währungsreform nahezu alle produzierten Waren reibungslos abgesetzt werden konnten, weil die Nachfrage der Konsumenten das Warenangebot der Hersteller überstieg - eine Situation, die als Verkäufermarkt umschrieben wird - setzte etwa Mitte der 50er Jahre eine Situation ein, in der zwar infolge der Automatisierung und anderer rationeller Herstellungsverfahren die Kundenwünsche befriedigt werden konnten, gleichzeitig aber die Kaufkraft stieg und sich mithin die Kundenwünsche differenzierten. Waren konnten nur noch dann abgesetzt werden, wenn sie konkret den Vorstellungen der Verbraucher entsprachen - eine Situation, die als Käufermarkt bezeichnet wird. Es kommt also entscheidend darauf an, zu erkunden, ob ein Bedarf für ein neues Produkt besteht, wie es aussehen soll, welche Funktionen es erfüllen soll, welcher Preis vom Markt akzeptiert wird, bevor das Produkt überhaupt produziert werden kann.

03. Welche Bereiche umfaßt das Marketing?

Das Marketing umfaßt:

a) Die Marktforschung und Marktbeobachtung, d.h. die Erfassung der Daten über die einzelnen Märkte, wie z.B. die Zahl der Abnehmer, deren regionale Verteilung, Kaufkraft usw., ferner die Erforschung der Konkurrenzsituation, die Kapazität der Konkurrenten, deren Marktanteile sowie die Untersuchung der Produkte.

b) Die Instrumente der Marktgestaltung, wie z.B. die Produktpolitik, die Sortimentspolitik, die Preispolitik (im Bereich der Hersteller und Großhändler die Rabattpolitik), die Werbung, den Verkauf, die Verkaufsförderung und die public relations.

04. Warum ist Marktforschung notwendig?

Die Unternehmungen sind heute nicht mehr in der Lage, alle Einzelheiten des Marktes und ihre vielseitigen wirtschaftlichen Verflechtungen zu erkennen und nach Fingerspitzengefühl die richtigen Entscheidungen im Hinblick auf die Produkte und deren Preise, Ausstattung und Verbraucherwünsche zu treffen. Auch der Konsument hat in der Regel keine Möglichkeit mehr, alle angebotenen Produkte zu kennen. So weiß der Unternehmer nicht ohne weiteres, ob gerade seine Erzeugnisse den Vorstellungen der Kunden entsprechen. Mit Hilfe der Marktforschung kann das einzelne Unternehmen weitgehend die Absatzchancen seiner Erzeugnisse feststellen.

05. Welche Begriffe werden im Rahmen der Marktforschung verwandt?

Man unterscheidet: Markterkundung, Marktforschung, Marktbeobachtung, Marktanalyse und Marktprognose.

06. Was versteht man unter Markterkundung?

Markterkundung liegt vor, wenn sich das Unternehmen mit einfachen, nicht systematischen Methoden einen Überblick über die Marktsituation verschaffen will. Dies geschieht durch Kontaktaufnahme mit Kunden und Lieferanten und durch Auswertung von Mitteilungen von Vertretern und Geschäftsfreunden.

07. Was versteht man unter Marktforschung?

Marktforschung ist die systematische, auf wissenschaftlicher und methodischer Analyse beruhende Untersuchung des Marktes.

08. Wie arbeitet die Marktforschung?

Die Marktforschung bedient sich einerseits sekundärstatistischer Unterlagen, analysiert aber auch primärstatistische Daten.

09. Was versteht man unter Marktanalyse?

Wird zu einem bestimmten Zeitpunkt oder für eine ganz bestimmte Zeitspanne ein bestimmter, regional und nach Warengattungen abgegrenzter Teilmarkt untersucht, so spricht man von Marktanalyse.

10. Was versteht man unter Marktprognose?

Unter Marktprognose versteht man die Abschätzung und Berechnung der künftigen Marktentwicklung.

11. Welche Arten von Marktforschung werden unterschieden?

Man unterscheidet:

a) Beschaffungsmarktforschung und Absatzmarktforschung,

b) Konsumgütermarktforschung oder Verbrauchsforschung und Produktionsgütermarktforschung,

c) Retrospektive Marktforschung und prospektive Marktforschung,

d) Bedarfsforschung, Produktforschung, Konkurrenzforschung, Verbrauchsforschung.

12. Was ist die Aufgabe der Beschaffungsmarktforschung?

Für den Beschaffungsmarkt sind die genaue Kenntnis über die Lieferanten und deren Verkaufsgewohnheiten, Lieferer- und Herstellungsmöglichkeiten bzw. Ausweichmöglichkeiten auf Austauschprodukte und deren Lieferanten, sowie die eigene Einkaufsgewohnheiten im Verhältnis zu denen der vorhandenen Konkurrenz am Beschaffungsmarkt wichtig. Im einzelnen interessieren die vorhandenen und möglichen Lieferanten und deren Konkurrenzverhältnisse; die Beurteilung der Lieferantenbetriebe; die Beurteilung der Leistungsfähigkeit der einzelnen Lieferanten nach Umsatz, Fertigungsverhältnissen, Vorratslagerung; die Lieferpünktlichkeit, Vertragstreue, Umfang des Kundendienstes, Vergleich mit den branchenüblichen Verhältnissen und deren Veränderungen; Beurteilung der von den einzelnen Lieferanten hergestellten und vertriebenen Waren nach Qualität, Preiswürdigkeit, Lagerungseignung; Zahlungsbedingungen und mögliche Sondervereinbarungen bei den einzelnen Lieferanten, deren Kreditgebarung und Verhalten bei Reklamationen; Formen der vorhandenen Handelswege und Handelsketten.

13. Was ist die Aufgabe der Absatzmarktforschung?

Am Absatzmarkt sind die Kunden nach ihren Käufen und Zahlungsformen, sowie ihren Verbrauchsgewohnheiten zu beurteilen, ferner sind die verschiedenen möglichen Absatzwege und die Möglichkeiten der Gewinnung neuer Kundenkreise zu klären. Wichtig ist weiterhin die Kenntnis, wie sich die Konkurrenz um diesen Kundenkreis bemüht. Hinzu kommen die Beurteilung der Absatzmöglichkeiten, der Verkaufsleistung sowie eine Beurteilung der Leistungen der Verkäufer, die Prüfung der Bevorzugung bestimmter Erzeugnisse durch den Verbraucher, die Prüfung der Verpackung, die Bewertung der Werbung und die Untersuchung der Werbewirksamkeit.

14. Was ist die Aufgabe der Konsumgütermarktforschung oder Verbrauchsforschung?

Unter der Konsumgüterforschung versteht man die Untersuchung typischer Verhaltensweisen der Endkonsumenten in den Haushalten. Dabei geht es insbesondere auch um die Klärung der Frage, mit welchen Vorstellungen ein Verbraucher ein bestimmtes Produkt wählt.

15. Was ist die Aufgabe der Produktionsgütermarktforschung?

Die Produktionsgütermarktforschung untersucht die Absatzmärkte für Erzeugnisse, die ihrerseits wieder in den Produktionsprozeß eingehen, wie Maschinen, Produktionsanlagen, Rohstoffe jeder Art usw..

16. Was versteht man unter retrospektiver Marktforschung?

Retrospektive Marktforschung bedeutet Überprüfung vergangener Marktverhältnisse, insbesondere bei Mißerfolgen (Flops).

17. Was versteht man unter prospektiver Marktforschung?

Prospektive Marktforschung bedeutet Überprüfung der Möglichkeiten für die unternehmerische Planung der Zukunft.

18. Was ist die Aufgabe der Bedarfsforschung?

Die Bedarfsforschung erfaßt die Verbraucherkreise, deren Bedarf und Bedarfsgewohnheiten sowie bei den Verbrauchern deren Kaufentschluß und Kaufkraft, die Lebensgewohnheiten sowie den Altersaufbau der Bevölkerung und die zahlenmäßige Größe der einzelnen Altersgruppen, die Verteilung auf Stadt und Land, usw.

19. Was ist die Aufgabe der Konkurrenzforschung?

Die Konkurrenzforschung hat den Zweck, die Wettbewerbsfähigkeit des eigenen Betriebes gegenüber den Konkurrenzbetrieben und deren Verkaufsgewohnheiten sowie die Veränderungen bei den Konkurrenten, bei den Wettbewerbsverhältnissen am Markt und in der Geltung der Konkurrenten bei den Kunden zu untersuchen.

20. Was ist die Aufgabe der Produktforschung?

Die Produktforschung untersucht sowohl die Eigenschaften als auch die marktmäßige Verwendung der einzelnen Erzeugnisse nach Form, Gewicht, Geschmack, Güte, Ausstattung, Haltbarkeit und Lebensdauer, aber auch nach Preis, Kundendienst, Ruf.

21. Auf welche Weise wird die Marktforschung durchgeführt?

Die Marktforschung kann entweder in der Form der sekundärstatistischen Auswertung oder in der Form der primärstatistischen Erhebung durchgeführt werden.

22. Wie wird die sekundärstatistische Auswertung vorgenommen?

Für die Zwecke der betrieblichen Marktforschung eignet sich zunächst die Auswertung von Umsatz- und Lagerstatistiken. Außerdem eignen sich Veröffentlichungen des Statistischen Bundesamtes, der statistischen Landesämter, von Fachverbänden, Industrie- und Handelskammern, Ministerien, wissenschaftlichen Instituten und Zeitschriften. Aus den Angaben der amtlichen Statistik lassen sich mitunter bis auf Stadt- und Kreisebene wichtige Daten zur Analyse des Marktes eines Unternehmens ersehen. So stehen z.B. folgende Angaben zur Ver-

2.6.1 Marketing-Konzeption

fügung: Einwohner männlich und weiblich, Eheschließungen, Wanderungsbewegungen, Geburten, Sterbefälle, Haushaltungen nach der Größe, Bestände an Kraftfahrzeugen, Einzelhandels- und Handwerksumsätze nach Branchen und Zahl der Betriebe, Wohnungsbestand, Fremdmeldungen, Industriebeschäftigte und Zahl der Betriebe nach Branchengruppen.

23. Wie wird eine primärstatistische Erhebung durchgeführt?

Eine primärstatistische Erhebung wird durch direkte Befragungen der Verbraucher oder Verwender der Erzeugnisse durchgeführt. Zu diesem Zweck werden Fragebogen verwandt und Interviews durchgeführt. In der Regel sind jedoch keine Totalbefragungen möglich. Es werden vielmehr Repräsentativbefragungen durchgeführt. Dabei arbeitet man mit den Methoden des Quota- und des Randomverfahrens. Außerdem wird das Panelverfahren angewandt.

24. Was versteht man unter dem Quotaverfahren?

Beim Quotaverfahren muß die ausgewählte Befragtenmasse sowohl in ihrer Zusammensetzung (nach Betriebsgröße, Verwendungszweck, Bezirken, Geschlecht, usw.) ein Abbild der Gesamtmasse sein. In den Intervieweranweisungen wird daher nur angegeben, wieviel Personen mit bestimmten Merkmalen zu befragen sind. Innerhalb dieses Personenkreises ist die Auswahl der zu Befragenden den Interviewern überlassen. Da viele Personen nicht anzutreffen sind oder eine Befragung ablehnen, kann leicht auf andere Personen oder Betriebe mit gleichen Merkmalen ausgewichen werden.

25. Was versteht man unter dem Zufallsauswahl- oder Randomverfahren?

Dieses Verfahren ist ein Auswahlverfahren, das Gesetzen der Wahrscheinlichkeitsrechnung entspricht. Aus den vollständig vorhandenen Adressen einer definitorisch genau abgegrenzten Grundgesamtheit von Personen oder Betrieben wird eine Anzahl von Adressen zufällig gezogen. Voraussetzung ist, daß alle Personen oder Betriebe der Grundgesamtheit die gleiche oder berechenbare unterschiedliche Chance haben müssen, gezogen zu werden und daß sie von der Ziehung durch feststehende und im Verlauf der Untersuchung nicht mehr veränderbare Merkmale und Eigenschaften charakterisiert sind.

26. Was versteht man unter einer Panelerhebung?

Bei einer Panelerhebung wird ein über eine bestimmte Zeit gleichbleibender Personenkreis zu demselben Thema über eine längere Zeit hinweg mehrfach und in regelmäßigen Abständen befragt. Der Vorteil des Panelverfahrens liegt in der Feststellung der Entwicklung des Marktgeschehens im Gegensatz zu einer einmaligen Befragung. Der Nachteil besteht darin, daß Teilnehmer am Panelverfahren sterben, krank werden oder durch Unlust an der Teilnahme unzuverlässige Angaben machen, so daß der Aussagewert sinkt.

27. Was ist ein bekanntes Panel?

Bekannt ist das Einzelhandelspanel, bei dem Einzelhandelsgeschäfte befragt bzw. die zu befragenden Sachverhalte durch besondere Mitarbeiter selbst festgestellt werden. Nach diesem Panel werden die unter das Panel fallenden Geschäfte alle 61 Tage aufgesucht. Dabei wird der Lagerbestand bestimmter Waren festgestellt. Sodann wird anhand der vorliegenden Rechnungen und Lieferscheinen der Einkauf beim Großhandel und direkt bei den Herstellern ermittelt und anschließend der Endverbrauchersatz festgestellt. Mit Hilfe dieses Panels sind folgende Informationen gegeben: Trend des Gesamteinzelhandelsumsatzes, Trend des Umsatzes einzelner Waren bzw. Warengruppen, Endverbraucherabsatz nach Menge und Wert, Lagerbestand, durchschnittlicher Monatsabsatz je Geschäft, Zahl der Geschäfte, die den Artikel vorrätig haben, Zahl der Geschäfte, die den Artikel führen bei gleichzeitiger Gewichtung der Umsatzbedeutung, Zahl der Geschäfte, die den Artikel zwar führen, aber nicht vorrätig haben.

28. Was versteht man unter Produktpolitik im Rahmen der Marketing-Konzeption?

Ein Produkt besteht nicht nur aus dem Erzeugnis selbst, sondern auch der Name des Erzeugnisses und die Verpackung spielen eine Rolle, wobei herausgefunden werden muß, welche Produktalternative den Wünschen der Verbraucher am ehesten entspricht, d.h. in welcher Größe oder Menge und in welcher Aufmachung das Produkt am ehesten zu verkaufen ist, um einen ausreichenden Gewinn zu erzielen. Dabei kommt es entscheidend auf die Art des Produktes an, d.h. ob es sich um ein kurzlebiges oder um ein längerlebiges Verbrauchsgut handelt, welche Verbraucherkreise als Abnehmer in Frage kommen, wie die Konsumgewohnheiten sind, usw..

29. Welche Schwierigkeiten sind bei der Einführung eines neuen Produktes zu überwinden?

Jedes neue Produkt ruft einen sog. primären Marktwiderstand hervor, weil das Produkt neu ist. Die Verbraucher bringen dem Neuen zunächst Skepsis entgegen, sie wollen nicht Versuchskaninchen sein und warten ab, bis andere das Produkt ausprobiert haben. Erst dann, wenn sich Nachahmer gefunden haben und sich das Produkt im Verwandten- und Bekanntenkreis durchgesetzt hat, vielleicht gar zum Prestigeobjekt geworden ist, läßt es sich im größeren Rahmen verkaufen.

30. Was kann getan werden, um Produkte besser bekannt zu machen?

Man kann bisherige Produkte unter einem neuen Namen verkaufen, man kann die Verpackung ändern, andere Funktionen einführen oder zusätzliche Verwendungsmöglichkeiten schaffen.

2.6.1 Marketing-Konzeption

31. Was versteht man unter der Sortimentsgestaltung und Diversifikation?

Unter Sortimentsgestaltung versteht man das Bestreben, das geführte Sortiment in Breite, Tiefe und Preisklassen so auf die Wünsche der Kunden abzustellen, daß den Kunden eine breite Auswahl geboten wird, ohne daß die Vergrößerung des Angebots um weitere Produkte zu einer wesentlichen Erhöhung der Kosten der Verkaufsorganisation, der Verkaufsfläche, des Lagers und der Transportwege führt. Unter Diversifikation versteht man die Differenzierung des Verkaufsprogramms durch Aufnahme neuer Warenarten.

32. Aus welchen Gründen wird eine Diversifikation betrieben?

Vielfach können Umsatzausweitungen nicht mehr mit den vorhandenen Waren erreicht werden. Aus Gründen eines angestrebten Wachstums oder einer Risikoverminderung wird daher eine Diversifikation betrieben, die sich entweder auf die Aufnahme von Waren der gleichen Art oder völlig anderer Sortimente erstrecken kann.

33. Wie kann die Diversifikation im Handel betrieben werden?

Die Waren werden nicht mehr unter dem Gesichtspunkt der Branchenzugehörigkeit geführt, wie z.B. nur Textilien, nur Schuhe, nur Möbel, nur Lebensmittel, sondern unter dem Gesichtspunkt der Bedarfsorientierung. Dies führt zu einem Wandel der Geschäftsstruktur. Möbelgeschäfte werden zu Einrichtungshäusern, Schuhgeschäfte führen auch Strümpfe, usw..

34. Welche Bedeutung hat die Preispolitik?

Mit Hilfe der Preispolitik muß versucht werden, einen Preis zu finden, der einen Gewinn garantiert, aber auch den optimalen Absatz der Waren sicherstellt und sich dabei am Markt orientiert. Betriebswirtschaftlich ist der Preis nach unten durch den Deckungsbeitrag bzw. die Vollkosten und nach oben durch den Marktpreis bestimmt, wobei sich der Preis überdies am Preis qualitativ minderwertiger Konkurrenzprodukte orientieren muß. Häufig stellt sich auch die Frage, wie auf preispolitische Aktionen der Konkurrenz reagiert werden kann. In anderen Situationen geht die preispolitische Aktivität vom eigenen Unternehmen aus, indem man Sonderaktionen startet, die Produktpolitik als Maßnahme der Preispolitik einsetzt, indem man entweder besondere Handels- oder Hausmarken kreiert oder bestimmte Artikel durch Großeinkauf und der dadurch bedingten Ausnutzung der Mengenrabatte günstiger als vergleichbare andere Artikel mit derselben Funktion angeboten werden.

35. Welche Vorstellungen sind im Rahmen der Preispolitik zu berücksichtigen?

Die Preisvorstellungen des Verbrauchers und der Konkurrenz, die eigenen Preisvorstellungen im Hinblick auf den Absatz, die Kosten und den Gewinn.

36. Welche Möglichkeiten einer Preisbindung gibt es?

Während bis zum Jahre 1974 die Möglichkeit der Preisbindung der zweiten Hand galt, besteht dieses Instrument heute nur noch bei Verlagserzeugnissen, d.h. Büchern, Zeitungen, Schallplatten und bei pharmazeutischen Artikeln. Bei letzteren ist die Handelsspanne gesetzlich festgelegt. Bei allen anderen Produkten hat der Hersteller nur noch die Möglichkeit einer unverbindlichen Preisempfehlung, bei der der Händler jedoch nach dem Willen des Gesetzgebers in seiner preispolitischen Handlungsfreiheit nicht eingeschränkt werden darf. Ist eine Preisempfehlung auf der Ware aufgedruckt, gilt dies als Höchstpreis. Ist die unverbindliche Preisempfehlung in den Händlerlisten verzeichnet, gilt dies als Maßstab für die Kalkulation. Die Preisempfehlung darf nur für Markenartikel oder für Handelsmarken ausgesprochen werden, jedoch muß sie immer als unverbindlich deklariert sein. Somit verbleiben nur noch die Konditionen als Maßstab der Preispolitik, und zwar Skonto, Rabatt und Bonus. Im Hinblick auf die Rabatte unterscheidet man Mengenrabatte, Aktionsrabatte, Naturalrabatte und Saisonrabatte, ferner Treue- und Einführungsrabatte.

37. Wie können Rabatte im Hinblick auf Marketing-Konzeption gestaltet werden?

Zur Erhöhung der Absatzmenge können Naturalmengenrabatte oder Preismengenrabatte eingeräumt werden. Es können aber auch auf die pro Jahr gekauften Mengen Boni verrechnet werden. Zum Ausgleich von Saisonschwankungen können in absatzschwachen Zeiten Saisonrabatte gewährt werden. Zur Verbesserung der eigenen Liquidität lassen sich indes höhere Skontosätze festsetzen. Es gibt auch noch die Möglichkeit, Rückkäufe oder Kulanzregelungen zu gewähren. Von seiten der Hersteller oder Großhändler werden aber auch sog. Treuerabatt gewährt, die ein Entgelt für eine dauerhafte Geschäftsverbindung darstellen und gewährt werden, wenn ein Kunde ein bestimmtes Produkt über eine längere Zeit nur von einem Hersteller bezieht. Der Einführungsrabatt wird gewährt, wenn ein Händler ein neues, vielleicht noch wenig bekanntes Produkt in sein Sortiment aufnimmt. Einführungsrabatte werden meist in der Form der Naturalrabatte gewährt. Für den Endverbraucher kommen jedoch nur Rabattmarken in Frage, die im Grunde genommen einen Treuerabatt darstellen, jedoch aufwendig sind und auch häufig nach einer gewissen Zeit ihren Reiz auf die Kunden verlieren. Rabattmarken sind heute selten.

38. Welche Bedeutung hat die Umsatzplanung?

Im Rahmen einer Marketing-Konzeption werden in aller Regel die Umsätze, bezogen auf die Warengruppen oder auch auf einzelne Waren, wertmäßig, für ein Jahr im voraus monatlich prognostiziert. Zu diesem Zweck werden auf der Basis der Umsätze des letzten Jahres Sollwerte vorgegeben und durch geeignete Schritte unterstützt. Hierzu zählen Werbe- und Verkaufsfördermaßnahmen, Unterweisung der Mitarbeiter ebenso wie die Placierung der Waren. Zusätzlich müssen Abweichungsanalysen erstellt werden, um Plankorrekturen vornehmen zu können und Sortimentsverschiebungen zu erkennen mit dem Ziel, sich rechtzeitig auf veränderte Kundenwünsche einzustellen.

39. Worauf beruht das Verkaufskonzept?

Jedem Verkauf müssen bestimmte Annahmen und Erkenntnisse zugrundeliegen. Es ist von den anzusprechenden Kundenkreisen, deren Kaufkraft und Kaufgewohnheiten auszugehen und darauf das Verkaufskonzept in Verbindung mit der Sortimentspolitik vorzubereiten. Je nachdem, welche Kundenkreise angesprochen werden sollen, werden hochwertige oder billige Artikel geführt und die Verkaufsförderung darauf abgestellt.

2.6.2 Werbung

01. Was versteht man unter Werbung?

Werbung sind alle Äußerungen, die sich an diejenigen richten, deren Aufmerksamkeit zu gewinnen versucht wird. Die Werbung einer wirtschaftlichen Unternehmung umfaßt alle ihre Äußerungen, die sie an diejenigen richtet, deren Aufmerksamkeit sie für ihre Leistungen auf Dauer gewinnen will.

02. Was sind die Aufgaben der Werbung?

Im einzelnen hat die Werbung die folgenden Aufgaben: Gewinnung von Aufmerksamkeit und Interesse, Unterrichtung und Information, Beeinflussung mit dem Ziel der Begründung von Überzeugungen, Weckung von Bedarf und Kaufbereitschaft, Gewinnung, Erweiterung und Sicherung von Märkten, Schaffung von Transparenz im Absatz- und Beschaffungsmarkt, Einführung oder Wiedereinführung von Erzeugnissen, Marken oder von Herstellernamen, Identifizierung von Erzeugnissen oder Marken, Leistungs- und Qualitätsgarantie, Absatz- und Verkaufserleichterungen, Hilfe im Vertrieb, Verbrauchs- und Umsatzsteigerungen, Gewinnung von Vertrauen, Auswirkungen auf den Wettbewerb.

03. Welche Anforderungen werden an die Werbung gestellt?

Um das Ziel der Werbung, nämlich Aufmerksamkeit zu erzeugen, bedarf es in hohem Maße der Kreativität, um durch gelungene, einprägsame Slogans oder Bilddarstellungen tatsächlich aufmerksam machen zu können und die weiteren Ziele, die erreicht werden sollen, auch tatsächlich erreichen zu können.

04. Welche Arten von Werbung werden unterschieden?

Man unterscheidet Einzel-, Gruppen- und Massenwerbung; Allein-, Gemeinschafts- und Sammelwerbung; offene und versteckte Werbung; unmittelbare und mittelbare Werbung; bezahlte und freiwillige Werbung; Werbung an Kaufleute und an Private; Einführungswerbung, Verkaufswerbung und Erinnerungswerbung.

05. Was versteht man unter Einzel-, Gruppen- und Massenwerbung?

Bei der Einzelwerbung ist der Adressat ein einzelner Kunde. Der Werbeeffekt kann aufgrund der individuellen Ansprache groß sein. Diese Art der Werbung ist sehr kostspielig. Bei der Gruppenwerbung liegt die Ansprache einer in den Gebrauchsgewohnheiten übereinstimmenden Kundengruppe vor (z.B. alle Skifahrer werden über eine neue Skibindung informiert). Bei einem sehr großen Kreis der Umworbenen spricht man von Massenwerbung.

06. Was versteht man unter Allein-, Gemeinschafts- und Sammelwerbung?

Die Alleinwerbung wird von einem einzelnen Betrieb, die Gemeinschaftswerbung von einer Branche oder einem Verband durchgeführt. Zur Durchführung einer Gemeinschaftswerbung kann ein einmaliger bzw. vorübergehender Zusammenschluß mehrerer Interessenten erfolgen. Ein solcher Zusammenschluß kann auch auf Dauer erfolgen. Zu denken ist z.B. an Werbegemeinschaften. Die Teilnehmer an solchen Maßnahmen bleiben unter sich Wettbewerber. Von Sammelwerbung spricht man, wenn sich mehrere Werbetreibende zusammenschließen und unter Nennung ihrer Namen werben. Von einer Sammelwerbung wird aber auch dann gesprochen, wenn mehrere Werbeziele angesprochen werden.

07. Was versteht man unter offener und versteckter Werbung?

Bei der offenen Werbung ist die Werbung sofort als solche zu erkennen, während die versteckte Werbung eine scheinbare Objektivität wahrt und mit Gutachten, Lage- und Wirtschaftsberichten oder auch mit Vorführungen, Besichtigungen, Besprechungen arbeitet.

08. Was versteht man unter mittelbarer und unmittelbarer Werbung?

Die unmittelbare Werbung geht den Weg der direkten Werbung, während bei der mittelbaren Werbung Umwege eingeschlagen werden, indem sich etwa die Werbung an den Mann richtet, der seiner Frau einen bestimmten Gegenstand schenken soll. Man kann sich aber auch an Kunden wenden und diese auffordern, bestimmte Artikel bei ihren Fachhändlern zu kaufen.

09. Was versteht man unter bezahlter und freiwilliger Werbung?

In aller Regel wird die Werbung bezahlt. Die freiwillige Werbung ergibt sich durch das Weiterempfehlen zufriedener Kunden. Oft ist die Freiwilligkeit jedoch nur scheinbar, und zwar dann, wenn die Weiterempfehlung in irgend einer Form honoriert wird.

2.6.2 Werbung

10. Was versteht man unter Werbung an Kaufleute und Nichtkaufleute?

Es muß unterschieden werden, ob sich die Werbung an Kaufleute, d.h. an Wiederverkäufer oder an Private (Letztverbraucher) richtet. Die Werbung an Kaufleute muß informativer und sachlicher sein als die Werbung, die sich an Letztverbraucher richtet.

11. Was versteht man unter Einführungswerbung, Verkaufswerbung und Erinnerungswerbung?

Mittels der Einführungswerbung wird auf ein neues Produkt oder ein Erzeugnis mit neuen Eigenschaften aufmerksam gemacht. Die Verkaufswerbung macht ein Unternehmen mit seinen Erzeugnissen am Markt bekannt oder will das Produkt durchsetzen. Mit Hilfe der Erinnerungswerbung will man an seine Erzeugnisse erinnern und auf sie aufmerksam machen.

12. Was versteht man unter Werbemitteln?

Werbemittel erfüllen den Zweck, die Werbung wirksam werden zu lassen.

13. Welche wichtigen Werbemittel werden unterschieden?

Man unterscheidet:

Optische Werbemittel, und zwar zunächst einmal die Ware selbst, die als Warenprobe und in der Packung in Schaufenstern, Schaukästen, auf Messen und Ausstellungen präsentiert werden kann.

Grafische Werbemittel in Form von Werbebriefen, Drucksachen, Handzetteln, Flugblättern, Anzeigen und Plakaten, Einsatz von Film und Licht in Form von Werbefilmen, Flutlicht, Schaufensterbeleuchtung, Werbeleuchtschriften und -schilder.

Geschenkwerbung in Form von Werbegeschenken, Zugaben, Gutscheinen, Gewinnen bei Preisausschreibungen usw., wobei allerdings die einschlägigen Rechtsvorschriften wie UWG und die Zugabeverordnung u.a. beachtet werden müssen.

Werbung im Straßenverkehr, wie z.B. in Werbewagen, Werbekolonnenfahrten, Werbeumzügen und Werbebeschriftung von Fahrzeugen; Plakatträgern und Werbemittel in der Luft.

Architektonische Werbemittel wie Gebäudegestaltung, besondere Repräsentationsräume, Schaufenstergestaltung, Firmenschilder, Ladeneinrichtungen.

Akustische Werbemittel, wie das gesprochene Wort, z.B. bei Verkaufsgesprächen durch Verkäufer, Reisende, Ausrufer, Propagandisten, Werbeversammlungen;

durch Film und Funk, wie Werbefilme und Werbefernsehen, Werbehörfunk, Lautsprecherwerbung.

Durch *Service*, wie Kundendienst, Verkaufshilfen.

14. Was ist bei der Werbung mittels der Ware zu beachten?

Bei der Ware muß bereits die äußere Formgebung und auch, soweit notwendig, die Verpackung, werbegerecht sein, d.h. sie muß ansprechen und die Verbraucher zum Besitz anreizen. Die Ware muß aber auch, soweit sie im Verkaufsraum ausgestellt ist, leicht zu besichtigen sein. Es darf nicht der Eindruck eines Kaufzwanges entstehen, und es muß durch die Art der Placierung eine günstige Atmosphäre zur Vorbereitung eines Kaufes geschaffen werden.

15. Was ist das Schaufenster?

Das Schaufenster ist das optische Hauptwerbemittel des Einzelhandels, das die Kaufwünsche der Vorübergehenden wecken und diese zum Betreten des Ladens auffordern soll. Es vermittelt den Passanten, die davor stehenbleiben, einen allgemeinen Eindruck von der Art und den Preisen der Ware, die das Geschäft führt. Aber das Schaufenster will den Betrachter nicht nur sachlich informieren, sondern es will vor allem auf sie durch die Dekoration der Waren und die Beleuchtung des Fensters attraktiv wirken.

16. Welche Arten und Formen des Schaufensters werden unterschieden?

Das *Stapelfenster* (auch Katalog- oder Spezialfenster genannt) ist sachlich und einheitlich aufgebaut und will durch die Menge von Artikeln der gleichen Warenart oder Warengruppe und deren Preisherausstellung wirken.

Das *Ideenfenster* (Phantasiefenster, Stimmungsfenster) ist ein Fenster für gehobene und Luxuserzeugnisse und zeigt nur wenige, besonders ausgesuchte Stücke des gleichen Artikels oder auch verschiedener Waren in phantasievoller und farbenprächtiger, aber ruhig und vornehm wirkender Aufmachung.

Das *kombinierte Fenster* steht in der Regel unter einem besonderen Leitgedanken (z.B. alles für die Ferienreise, das schöne Heim) und ist dementsprechend mit verschiedenartigen Artikeln dekoriert.

Das *Sonderveranstaltungsfenster* wird nur bei bestimmten Anlässen (Schlußverkäufe, Weihnachten, Ostern) dekoriert und kann Stapelfenster, Ideenfenster oder kombiniertes Fenster sein.

2.6.2 Werbung

17. Welche Bedeutung haben Schaufenster und Schaukästen?

Schaufenster und Schaukästen sind die wesentlichen Werbemittel des Einzelhandels. Oftmals ist es zweckmäßig, Schaufenster nicht in unmittelbare Straßennähe zu legen, sondern etwa in Passagen anzulegen, damit die Kunden ausreichend Gelegenheit haben, die Ware zu besichtigen. Bei einer guten Schaufensterdekoration sollen Inhalt und Blickfang aufeinander abgestimmt sein. Straßenlage und Möglichkeit zur Besichtigung bestimmen die Form der Dekoration.

18. Welchen Anforderungen muß der Verkaufsraum genügen?

Die Aufmachung der Ladenfront und die Dekoration der Schaufenster bringen den besonderen Charakter des Geschäfts zum Ausdruck und sollen auf die Passanten einen entsprechenden Eindruck machen, etwa den eines vielseitigen, modernen oder mehr konservativ geführten, eines eleganten, luxuriösen oder eines soliden schlichten Geschäfts. Dieser äußere Eindruck erweckt in den Vorübergehenden ganz bestimmte Erwartungen und Vorstellungen vom Inneren des Ladens, vom Verkaufsraum und auch vom Verkaufspersonal und der Bedienung. Um diese Erwartungseinstellung, in der der Kunde das Geschäft betritt, nicht zu enttäuschen, sondern zu bestätigen, müssen die Ausstattung und die Einrichtung des Verkaufsraumes dem Charakter der Fassade und dem Stil der Schaufensterdekoration angepaßt sein und entsprechen.

19. Welche Ausstattungen muß der Verkaufsraum erfüllen?

Hierzu gehören Möbel, Wandbekleidung, Fußbodenbelag, Beleuchtung. Diese Einzelheiten müssen den Vorstellungen der Kunden entsprechen und die psychologische Wirkung, die die Ausstattung des Verkaufsraumes auf die Kunden ausübt, berücksichtigen.

20. Woran orientiert sich die Einrichtung des Verkaufsraumes?

Sie richtet sich nach der Ware und nach der Einstellung des jeweiligen Kundenkreises. In Vitrinen und Verkaufsschränken werden wertvolle Waren aufbewahrt. Sie erhalten durch die Art der Zurschaustellung eine besondere Wertsteigerung beim Kunden. Gondeln, bewegliche Verkaufstische und Spezialtheken ermöglichen im Laden einen schnellen Wechsel der Waren. Warentische und Regale dienen zur Ausstellung oder Stapelung von Waren.

21. Welche Eigenschaften der Waren müssen bekannt sein?

Fast alle Kaufargumente und die meisten Fragen und Einwände der Kunden beziehen sich auf die Eigenschaften der Ware. Zu den Eigenschaften der Ware gehören außer den Sorten, Qualitäten und Preisen die Beschaffenheit, die Herstellung und Haltbarkeit (Dauerhaftigkeit, Verwendbarkeit).

22. Wie verläuft ein Verkaufsgespräch?

Die Form, in der ein Verkaufsgespräch verläuft, besteht aus Reden, Fragen und Schweigen.

Die Kunst der Kundenbehandlung besteht vor allem in der Kunst, mit dem Kunden richtig zu sprechen. Hingegen soll der Verkäufer sowenig wie möglich fragen. Erst wenn der Kunde Interesse für bestimmte Waren zeigt, sind Fragen zweckmäßig, um festzustellen, ob der Kunde den Argumenten des Verkäufers folgt und zu kaufen beabsichtigt. Ein guter Verkäufer muß aber auch gut zuhören und im richtigen Moment schweigen können.

23. Was ist der Inhalt eines Verkaufsgespräches?

Ein Verkaufsgespräch konzentriert sich auf die Beschreibung der Ware, d.h. die fachmännische Beratung und dient dem Zweck, dem Kunden die Eigenschaften und Besonderheiten der Ware zu erklären, auf die Kaufargumente hinzuweisen und die Einreden der Kunden zu entkräften.

24. Welche Bedeutung hat das Verkaufsgespräch?

Das Verkaufsgespräch ist eine Werbung für das Unternehmen und für die angebotene bzw. nachgefragte Ware. Der Verkäufer muß daher unbedingt Menschenkenntnis, Einfühlungsvermögen, gutes Benehmen und Warenkenntnis besitzen. Der Kunde erwartet eine eingehende Beratung und keine Überrumpelung zum Kauf. Dabei kommt es insbesondere darauf an, daß der Verkäufer zuverlässig die Argumente beherrscht, die für die anzubietende Ware sprechen und auch die Unterschiede kennt, die die nachgefragte Ware von anderen Artikeln unterscheidet. Der Verkäufer muß aber auch den Zweck im Rahmen des Verkaufsgesprächs erfragen.

25. Was sind Kaufargumente?

Kaufargumente sind diejenigen Angaben, Aussagen, Hinweise und Andeutungen des Verkäufers über die Beschaffenheit der Ware, über ihren Wert und über den Kauf, welche geeignet sind, die Konsum- und Kaufmotive des Kunden so eindringlich und überzeugend anzusprechen, daß er bereit ist, diesen Argumenten zu folgen und die angebotene Ware zu kaufen.

26. Welche Arten von Kaufargumenten werden unterschieden?

Man unterscheidet informierende, inspirierende und rationalisierte Kaufargumente.

27. Welche Bedeutung hat die Anzeige?

Die Anzeige (das Inserat) ist die meist verbreitete Werbeform. Anzeigen eignen sich in Zeitungen, Zeitschriften, Adreßbüchern, Telefonbüchern, in Theatropro-

2.6.2 Werbung

grammen, usw. Entscheidend ist es, daß die Anzeigen auch gelesen werden, was durch eine geschickte Aufmachung erreicht werden kann. Wichtig ist aber auch, daß die Anzeige in der richtigen Zeitung mit der richtigen Auflagenhöhe und dem richtigen Kundenkreis, d.h. mit der richtigen Kaufkraft erscheint, denn die Wahrscheinlichkeit der Inseratbeobachtung wird um so geringer, je mehr gleichartige Angebote bei den Konkurrenzinseraten zu finden sind. In solchen Fällen muß die eigene Anzeige versuchen, den Blick so zu lenken, daß sie tatsächlich beachtet wird.

28. Was versteht man unter einem Werbeträger?

Werbeträger sind einmal die Materialien, aus denen die Werbemittel hergestellt sind, wie z.B. Holz, Papier, Filme, usw. und zum anderen die Hilfsmittel, auf denen die Werbemittel angebracht sind, wie z.B. die Zeitung für das Inserat, das Schaufenster für die ausgestellte Ware. Dabei ist es entscheidend, daß der Werbeträger dazu beiträgt, die Werbewirkung des Werbemittels zu erhöhen und nicht etwa zu zerstören, was etwa der Fall sein kann, wenn auf schlechtem Papier oder mit schlechter Farbwiedergabe für ein Produkt geworben wird. Die Aufmerksamkeit muß in jedem Fall auf das Werbemittel gelenkt werden.

29. Was versteht man unter Public Relations?

Unter Public Relations versteht man die Information des Publikums über das Unternehmen als Ganzes, um auf diese Weise den Goodwill des Betriebes zu erhöhen, d.h., das Unternehmen wirbt in der Öffentlichkeit um Vertrauen in seine Leistungen.

30. Wie wird Public Relations betrieben?

Mit Hilfe der Public Relations werden Informationen über das Unternehmen, seine Tätigkeit und seine Produkte an Kunden, Lieferanten, Banken, Konkurrenten, Verbände, Behörden, Parteien, Schulen und nicht zuletzt die eigenen Mitarbeiter gegeben. Zu diesem Zweck wird eine Öffentlichkeitsabteilung eingerichtet, die, je nach Betriebsgröße, eigene Firmenzeitschriften herausgibt oder sich mit der Herausgabe von Berichten über die Geschäftsentwicklung, Fachartikel, usw. begnügt. Es werden aber auch Messen und Ausstellungen beschickt, auf denen die Leistungen des Unternehmens herausgestellt werden. Oftmals empfehlen sich auch Tage der offenen Tür.

31. Was ist eine Aktion?

Aktion ist eine Maßnahme, die ein Anbieter im Rahmen seiner Werbung und Verkaufsförderung durchführt. Aktionen können allein, aber auch in Kooperation mit Herstellern oder Einkaufsvereinigungen durchgeführt werden. Eine Aktion strebt eine hohe Publikumswirkung an. Beispiele sind Dichterlesungen, Ausstellungen, Versteigerungen, Verkauf von Wein im Beisein der Weinkönigin, usw.

32. Welchem Zweck dient die Eröffnungswerbung?

Die Eröffnungswerbung dient der Weckung von Aufmerksamkeit bei der Neueröffnung eines Unternehmens. Sie kann bereits vor dem eigentlichen Eröffnungstag einsetzen, indem z.B. in Inseraten oder durch Plakate auf die Eröffnung hingewiesen wird. Am Eröffnungstag wird außerdem durch besondere Veranstaltungen wie Verlosungen und Werbegeschenke und durch Sonderangebote auf das neue Unternehmen hingewiesen.

33. Was versteht man unter einer Image-Untersuchung?

Es wird festgestellt, ob die Verbraucher ein bestimmtes Unternehmen kennen und wie sie es beurteilen. Zu diesem Zweck werden Passanten befragt mit dem Ziel festzustellen, wie die Kunden dieses Unternehmen sehen. Es wird ermittelt, in welchem Unternehmen die Befragten bevorzugt bestimmte Waren kaufen und warum. Gleichzeitig soll festgestellt werden, warum bestimmte Geschäfte gemieden werden. Außerdem soll der Bekanntheitsgrad eines Unternehmens ermittelt werden.

34. Was versteht man unter einem Werbeplan?

Der Werbeplan beruht auf den Ergebnissen der Marktforschung und der Absatzplanung und zeigt auf, in welcher Weise für die Erzeugnisse geworben werden soll.

35. Wie wird ein Werbeplan aufgestellt?

Es wird zunächst die Zielgruppe definiert, d.h. die Gruppe der Verbraucher festgestellt, die mit der Werbung angesprochen werden soll. Danach wird die Werbekonzeption entwickelt, d.h. die inhaltliche Aussage der Werbung festgelegt und dann die Auswahl der Werbeträger getroffen. Die Werbeträger wiederum hängen in starkem Maße von der Zielgruppe ab. Ist diese Auswahl getroffen, wird der Zeitpunkt der Werbung bestimmt, der wiederum mit den anderen in Frage kommenden Abteilungen abgestimmt sein muß, damit die Ware zu dem Zeitpunkt, zu dem geworben wird, auch tatsächlich im notwendigen Umfang auf Lager ist.

36. Was versteht man unter Werbekosten?

Werbekosten sind Kosten für das nicht an unmittelbare persönliche Verkaufsleistungen gebundene Angebot von Gütern und Dienstleistungen durch Werbemittel.

37. Welche Bedeutung haben die Werbekosten?

Mit Hilfe der Werbekosten sollen die Kosten für die Werbung von den sonstigen Kosten abgegrenzt werden. Problematisch ist jedoch eine Zuordnung dann, wenn für mehrere Produkte geworben wird. Eine zeitliche Periodenabgrenzung ist dann vorzunehmen, wenn sich die Werbung verteilt und der Erfolg der Werbung teilweise erst in einem späteren Zeitpunkt sichtbar wird. Es ist jedoch sehr schwierig, den Erfolg einer Werbung in bezug auf die aufgewendeten Kosten exakt zu messen.

38. Welche Bedeutung hat die Werbeerfolgskontrolle?

Mit Hilfe der Werbeerfolgskontrolle soll versucht werden festzustellen, ob die Werbung den beabsichtigten Effekt erzielt hat. Eine solche Feststellung ist jedoch in der Praxis häufig sehr schwer zu treffen.

39. Wie kann der Erfolg der Werbung gemessen werden?

Der Erfolg der Werbung kann am zweckmäßigsten an den gesetzten Werbezielen gemessen werden. Solche Ziele sind z.B. die Schaffung, Erhöhung oder Beibehaltung eines bestimmten Bekanntheitsgrades einer Ware bei den Verbrauchern; die nachhaltige Information der Verbraucher über bestimmte Produkteigenschaften; das Wecken von Kaufinteresse bei den Kunden. Der Erfolg der Werbung ist am ehesten dann meßbar, wenn nicht mehr geworben wird. In der Regel sinkt dann der Absatz, der vorher durch die nachhaltige Werbung laufend erhöht werden konnte. Ein solcher "Erfolg" dürfte jedoch sehr teuer erkauft worden sein.

2.6.3 Absatzdurchführung

01. Welche Absatzwege sind im Handel möglich?

Zwischen Hersteller und Verbraucher können folgende Stufen eingeschaltet sein:
a) Hersteller - Spezialgroßhandel - Sortimentsgroßhandel - Einzelhandel - Verbraucher;
b) Hersteller - Großhandel - Einzelhandel - Verbraucher;
c) Hersteller - Einkaufsgenossenschaft - Einzelhandel - Verbraucher;
d) Hersteller - Einzelhandel - Verbraucher;
e) Hersteller - Verbraucher;
f) Im Außenhandel tritt zwischen Hersteller und Groß- bzw. Einzelhändler zusätzlich noch der Importeur bzw. Exporteur.

02. Welche Vertriebsformen werden unterschieden?

Man unterscheidet den Direktabsatz durch betriebseigene Verkaufsorgane und den indirekten Absatz durch betriebsfremde Verkaufsorgane.

03. Wann ist der direkte Absatz zweckmäßig?

Der direkte Absatz ist nur dann zu empfehlen, wenn Fertigung und Verbrauch räumlich nicht zu weit entfernt liegen, der Hersteller die Waren bereits in konsumfähiger Größe und Verpackung liefert, die Qualität gleichbleibend ist, Fertigung und Absatz gleichmäßigen Marktschwankungen unterworfen sind oder bei Objekten, die nur auf Bestellung geliefert werden.

04. Wie erfolgt der Vertrieb im Rahmen des direkten Absatzes?

Der Vertrieb erfolgt - in der Regel bei Großprojekten - durch die Geschäftsleitung selbst; durch dezentrale Verkaufsbüros, die bestimmte Absatzgebiete betreuen und den Geschäftsverkehr mit den Kunden abwickeln; durch Reisende; durch Fabrikfilialen, die sich insbesondere für Massenartikel eignen.

05. Wann ist der indirekte Absatz vorherrschend?

Der indirekte Absatz ist notwendig, wenn der Vertrieb nicht von den Herstellern selbst vorgenommen werden soll oder kann. Dies trifft in der Regel bei Massenprodukten zu, die in kleinen Mengen verbraucht werden; beim sog. Aufkaufhandel, bei einer Weiterverarbeitung durch den Handel, bei technisch schwieriger Lagerhaltung und Transport, bei besonderer Sachkenntnis von Waren und Marktverhältnissen, beim Absatz komplementärer Güter, bei großen Qualitätsunterschieden in der Produktion, denen beim Verbraucher ein Bedarf nach gleichwertigen Erzeugnissen gegenübersteht und bei weitgehender Spezialisierung der Produktion, die als Folge des Fehlens eines Vollsortiments die Zwischenschaltung des Handels erfordert.

06. Welche Formen des indirekten Absatzes werden unterschieden?

Man unterscheidet den Absatz durch Selbständige, d.h. durch Handelsvertreter und Kommissionäre und durch selbständige Absatzbetriebe, d.h. durch den Handel in seinen vielfältigen Formen wie Fach- und Spezialgeschäft, Kaufhaus, Warenhaus, Gemeinschaftswarenhaus, Filialbetrieb, Versandhaus, Supermarkt, Verbrauchermarkt, Selbstbedienungswarenhaus, Cash-and Carry-Lager, Shopping-Center, Genossenschaften, freiwillige Ketten, Discounthäuser.

07. Worauf ist bei der Warenpräsentation zu achten?

Die Warenpräsentation ist zweifellos von Artikel zu Artikel unterschiedlich, dennoch gibt es eine Reihe von Grundregeln. So ist zunächst darauf zu achten, daß die Ware übersichtlich angeordnet wird. Die Ware muß ferner in ihrer Gebrauchsfähigkeit zu erkennen sein, und der Kunde muß unschwer erkennen können, ob die von ihm in Aussicht genommene oder ihm vorgelegte Ware seinen Vorstellungen entspricht.

08. Welche Bedeutung hat die Verkaufspsychologie?

Jeder Verkäufer sollte über Kenntnisse der Verkaufstechnik verfügen, d.h. Bescheid wissen über das richtige Ansprechen der Kunden und Darbietung der Waren. Er soll die Kaufmotive kennen sowie die wichtigsten Kundentypen kennen.

2.6.3 Absatzdurchführung

09. Was sind die wichtigsten Kaufmotive?

Geldersparnis, Geltungsbedürfnis, Besitzstreben, Nachahmungstrieb, Wunsch nach Schönheit, nach Bequemlichkeit, nach Gesundheit, nach Sicherheit, ferner Eitelkeit, Modebedürfnis, das Bedürfnis, Freude zu machen und zu schenken, das Genußbedürfnis, das hygienische Bedürfnis.

10. Welche Arten von Kundentypen werden unterschieden?

Man unterscheidet den freundlichen und gesprächigen Kunden; den schweigsamen, verschlossenen Kunden; den ungeduldigen, reizbaren, impulsiven Kunden; den ruhigen, bedächtigen, langsamen Kunden; den unentschlossenen, unsicheren Kunden; den sicheren, entschlossenen Kunden.

11. Welche Bedeutung hat der Kundendienst für den Absatz?

In vielen Branchen, insbesondere in Bereichen, in denen hochtechnisierte Geräte verkauft werden, ist der Kundendienst eine entscheidende Voraussetzung für den Absatzerfolg. Der Kundendienst hat die Aufgabe, eine ständige Überwachung zu garantieren, das notwendige Ersatzmaterial ständig vorrätig zu haben, Reparaturmöglichkeiten zu schaffen und ständig bei der Benutzung beraten zu können (z.B. durch Gebrauchsanweisungen). Der Kundendienst kann zentralisiert und dezentralisiert durchgeführt werden.

12. Wie arbeitet der Kundendienst des Herstellers oder Großhändlers gegenüber dem Einzelhändler?

Der Kundendienst wird gewährt durch das Überlassen von Schaufensterdekorationen, evtl. eines Dekorateurs, durch Verkaufsschulung, Unterrichtung über das Herstellverfahren oder die Gebrauchsanwendung.

13. Welche Bedeutung hat die Mitarbeitermotivation?

Nur Mitarbeiter, die von ihrer Tätigkeit überzeugt sind, sind einsatzbereit und können ihre Leistungen steigern. Gleichgültige Mitarbeiter sind insbesondere im Verkauf, d.h. dort, wo ein unmittelbarer Kontakt mit anderen Menschen und ganz besonders mit Kunden gegeben ist, von Nachteil, denn sie schrecken die Kunden ab, tragen nichts zu den Kaufabschlüssen bei und schädigen so den Ruf des Unternehmens. Deshalb ist es wichtig, die Mitarbeiter zu motivieren und sie zu mitdenkenden, in der Sachargumentation geschulten Kräften zu machen, die überzeugen können.

14. Welche Bedeutung kommt der Verkäuferschulung zu?

Ohne ständige Verkäuferschulung lassen sich keine dauernden Verkaufserfolge erzielen. Die Verkäuferschulung muß beim Eintritt neuer Mitarbeiter in das Unternehmen beginnen und für alle tätigen Mitarbeiter von Zeit zu Zeit wiederholt werden. Schließlich sind bestimmte zusätzliche Schulungen erforderlich, die sich auf bestimmte neue Produkte, neue Eigenschaften oder Verwendungsmöglichkeiten erstrecken. Die Verkäuferschulung hat sich dabei neben der Ware auch auf das fachliche Wissen und Können, die Kontaktaufnahme zwischen Kunden und Verkäufer und auf die Verkaufspsychologie zu erstrecken. Dabei kann man sich neuerer Methoden bedienen, etwa visueller Hilfsmittel, um Mimik und Gestik oder Sprache zu kontrollieren, oder auch die Fallmethode anwenden, in deren Verlauf Verkaufsvorgänge simuliert werden, um an Hand der Verkaufsgespräche richtiges und falsches Verhalten demonstrieren zu können.

2.6.4 Versandwesen

01. Welche Versandarten kommen für Warensendungen in Frage?

Versand durch die Post,
Versand mittels Eisenbahn,
Versand mittels Kraftwagen,
Versand mittels Binnenschiff und Seeschiff,
Versand mittels Flugzeug.

02. In welcher Form ist eine Beförderung von Waren durch die Post möglich?

Die Post befördert gewöhnliche Pakete, Schnellpakete, Postgut (nur bis 7 kg), Wertpakete, Einschreibepakete (nur im Verkehr mit dem Ausland) und Nachnahmepakete.

03. Welche weiteren Sendungen können bei der Post aufgegeben werden?

Päckchen, Warensendungen (Proben, Muster), ferner Wurfsendungen (aufschriftlose Drucksendungen oder Warensendungen mit gleichem Inhalt), die an alle Haushaltungen zu verteilen sind, sowie Briefe, Drucksachen, Briefdrucksachen und Postkarten.

Besondere Versendungsformen sind die Eilzustellungen, Einschreibesendungen und Nachnahmesendungen.

04. Welche Versandarten bestehen im Rahmen der Güterbeförderung durch die Eisenbahn?

Nach dem Umfang der Sendung befördert die Eisenbahn Güter als Stückgut, Wagenladungsgut oder als Sammelladung. Nach der Schnelligkeit der Beförderung sind beim Stückgut Frachtgut, welches mit Güterzügen und Expreßgut, das wie Reisegepäck in den Packwagen der Personenzüge befördert wird, zu unterscheiden.

Für den Handel eignen sich außerdem Kleinbehälter (1 - 3 m^3), Großbehälter, Collicos, Paletten und Container.

2.6.4 Versandwesen

05. Welche Versandmöglichkeiten bestehen mittels Kraftwagen?

Man unterscheidet den anmeldepflichtigen Güternahverkehr (bis zu einer Entfernung von 50 km), den genehmigungspflichtigen Güterfernverkehr, den genehmigungsfreien Werksfernverkehr.

06. Welche Güter eignen sich für eine Beförderung mittels der Binnenschiffahrt?

Die Binnenschiffahrt ist die Schiffahrt auf Binnengewässern (Flüsse, Kanäle, Seen, Haffe). Die Grenze zwischen Meer und Binnengewässern richtet sich nach der Seewasserstraßenordnung. Der Wassertransport eignet sich hauptsächlich für Güter, die längere Zeit unterwegs bleiben können, ohne zu verderben und die nur einen geringen Frachtsatz vertragen.

07. Welche Güter werden mittels Seeschiffahrt versandt?

Ex- und Importgüter, die infolge ihres Gewichts oder Haltbarkeit den Seeweg vertragen, werden entweder als Stückgut oder als Schiffsladung versandt.

08. Welche Güter eignen sich für einen Versand mittels Flugzeug?

Als Luftpostpakete oder Luftfracht eignen sich fast alle Güter mit Ausnahme von Massen- und feuergefährlichen Gütern. Besonders geeignet sind transportempfindliche, schnell verderbliche Güter und Güter mit Seltenheitswert.

09. Wie werden Güter gegen Transportschäden geschützt?

Transportschäden können mittels einer Transportversicherung abgedeckt werden. Die Transportversicherung deckt aber auch den Verlust von Gütern und erstreckt sich auf den Transport auf dem See-, Fluß-, Land- und Luftweg. Man unterscheidet die General- oder laufende Police, bei der der Versicherungsnehmer laufend gleichartige Transporte durchführt, die sämtlich als versichert gelten und die monatlich abgerechnet werden und die Abschreibepolice, bei der die Prämie für mehrere Monate im voraus erhoben wird und monatlich die verbrauchte Versicherungssumme vom Gesamtwert abgezogen wird. Schließlich kennt man noch die Einzelpolice, die dann verwendet wird, wenn der Versicherungsnehmer nur im Einzelfall Transporte zu versichern hat.

10. Welche Vorschriften gelten bei der Ein- und Ausfuhr?

Der deutsche Außenhandel ist weitgehend liberalisiert. Beschränkungen der Einfuhr gibt es im wesentlichen nur zum Schutz bestimmter Wirtschaftszweige. Beschränkungen der Ausfuhr können auf Grund der Bestimmungen des Außenwirtschaftsgesetzes vom 28.4.1961 und der Außenwirtschaftsverordnung vom 28.8.1961 in der Fassung von 1966 aus Gründen der nationalen Sicherheit verfügt werden.

Rechtsgeschäfte im Außenwirtschaftsverkehr können ferner beschränkt werden, um die Erfüllung von Verpflichtungen aus zwischenstaatlichen Vereinbarungen zu ermöglichen.

11. Wie wird bei Waren verfahren, die nicht liberalisiert sind?

Waren, die nicht liberalisiert sind, werden im Rahmen bestimmter Kontingente durch Ausschreibungen zur Einfuhr freigegeben. Die Ausschreibungen werden von der Außenhandelsstelle für Erzeugnisse der Ernährung und Landwirtschaft oder bei gewerblichen Waren vom Bundesamt für gewerbliche Wirtschaft im Bundesanzeiger veröffentlicht. Der Importeur muß vor Abschluß des Kaufvertrages eine Einfuhrbewilligung beantragen und darf nur die ihm zugeteilte Warenmenge importieren.

12. Wie wird bei liberalisierter Einfuhr verfahren?

Bei liberalisierter Einfuhr muß der Importeur innerhalb von 14 Tagen nach Abschluß des Kaufvertrages aber noch vor der Einfuhr der Ware eine Einfuhrerklärung in zweifacher Ausfertigung der zuständigen Landeszentralbank zum Abstempeln einreichen. Die erste Ausfertigung ist zur Zollabfertigung bestimmt, während die zweite für das Bundesamt für gewerbliche Wirtschaft bzw. für die Außenhandelsstelle für Erzeugnisse der Ernährung und Landwirtschaft bestimmt ist. Für die Einfuhr wie die Zahlung sind Einfuhrerklärung und gegebenenfalls die Einfuhrbewilligung erforderlich. Zusätzlich wird ein statistischer Anmeldeschein gefordert.

13. Wie wird bei der Ausfuhr verfahren?

Die Ausfuhr unterliegt der Kontrolle durch den Zoll und der Deutschen Bundesbank. Dem deutschen Zollamt ist eine Ausfuhrerklärung mit Ausfuhrmeldung seitens des Exporteurs vorzulegen. Zwei Exemplare der Ausfuhrerklärung werden an der Grenze vom dortigen Zoll an die Bundesbank und an das Statistische Bundesamt gesandt. Die Grenzzollstelle bestätigt den Ausgang. Vereinfachungen bestehen für Exporte bis zu einem Wert von 1000 DM.

14. Was sind Zölle?

Unter Zöllen versteht man Abgaben, die im grenzüberschreitenden Warenverkehr erhoben werden. Rechtsgrundlage ist das Zollgesetz in der Fassung von 1970, das Zolltarifgesetz von 1960, die allgemeine Zollordnung von 1970 und die Wertzollordnung von 1961. Die deutsche Gesetzgebungsbefugnis auf dem Gebiet des Zollrechts wird jedoch in starkem Maße durch internationale Verpflichtungen eingeschränkt. So hat der gemeinsame Zolltarif der EG aufgrund der Verordnung Nr. 950 von 1968 für Deutschland unmittelbare Geltung, und das Zollwertrecht beruht auf der EG-Verordnung Nr. 800 von 1968.

15. Welche Zölle sind heute üblich?

Wertzölle sind in Prozenten des Zollwertes ausgedrückt. In der Regel gilt der Rechnungspreis frei Zollgrenze (cif-Preis) als Zollwert. In der Praxis haben die Wertzölle die größte Bedeutung.

Spezifische Zölle werden nach Gewicht, Stückzahl oder Maß erhoben. Der Zoll wird jeweils auf das Zollnettogewicht erhoben.;

Mischzölle bestehen aus einem Wertzollsatz und einem Gewichtszollsatz als Mindestzollsatz.

16. Wann tritt der Gefahrenübergang ein?

Der Übergang der Schadenshaftung für die zufällige Verschlechterung oder Zerstörung einer gekauften oder zur Herstellung bestellten Sache auf den Käufer bzw. Besteller tritt ein mit der Übergabe der gekauften Sache beim Kauf und der Abnahme des bestellten Werks beim Werkvertrag, bei der Versendung der gekauften oder bestellten Sache, bzw. bei Auslieferung an den Spediteur, Frachtführer, Post oder Bahn oder auch bei Annahmeverzug. Diesen Risiken kann durch Abschluß einer Transportversicherung begegnet werden.

2.6.5 Absatzkontrolle

01. Was ist die Aufgabe der Absatzkontrolle?

Die Absatzkontrolle hat insbesondere die folgenden Aufgaben:

- Die Überprüfung der Planziele und gegebenenfalls die Feststellung, welche Ziele nicht erreicht und welche Maßnahmen anders als ursprünglich geplant vorgenommen wurden bzw. welche Schwachstellen bestehen,

- Soll-Ist-Vergleich des Umsatzes, aufgegliedert nach Produktgruppen, Kundenkreisen, Filialen, Verkaufsbezirken, usw.,

- Analyse der Entwicklung der Kosten im Soll-Ist-Vergleich einschließlich der Feststellung der Deckungsbeiträge der einzelnen Produktgruppen,

- Kontrolle des Ablaufs der Betriebsorganisation.

02. Wann sollte die Kontrolle durchgeführt werden?

Zweckmäßigerweise sollte eine Kontrolle der Sollzahlen mit den Istzahlen monatlich erfolgen, weil dann schnell auf Abweichungen reagiert werden kann.

03. Wie kann der Werbeerfolg ermittelt werden?

- Der Verkaufserfolg aufgrund von Werbemaßnahmen läßt sich feststellen, indem man bei Werbebriefen die Anfragen von Interessenten und insbesondere die Kaufabschlüsse aufgrund solcher Werbemaßnahmen auswertet;

- bei Anzeigen die Rücksendung von Coupons erbittet;

- bei Preisausschreiben die Zahl und evtl. die Zusammensetzung der Einsender analysiert;

- Testmärkte insofern schafft, als man auf einem bestimmten Teilmarkt, etwa einem Verkaufsbezirk in regionalen Zeitungen wirbt und einem anderen, in etwa identischen Markt Werbemaßnahmen unterläßt und dann die Ergebnisse miteinander vergleicht;

- einen Vergleich des Verkaufserfolges auf zwei vergleichbaren Märkten mit unterschiedlichen Werbemaßnahmen und/oder Werbeaufwendungen durchführt.

04. In welchem Zusammenhang ist die Absatzkontrolle zu sehen?

Die Absatzkontrolle darf sich nicht nur auf eine Analyse des eigenen Bereichs, d.h. auf die verschiedenen Produktgruppen, Absatzbezirke, Käuferschichten und Filialen erstrecken, sondern ist auch auf Betriebsvergleiche mit Zahlen aus den Vorjahren, vergleichbare andere Betriebe, den Branchendurchschnitt oder die Gesamtwirtschaft zu beziehen.

05. Welche Kontrollmöglichkeiten bestehen im Hinblick auf den Umsatz?

Der Umsatz kann nach A-, B- und C-Artikeln aufgegliedert werden, um festzustellen, ob sich durch eine andere Sortimentsgliederung eine Erhöhung des Umsatzes, eine Senkung der Kosten oder eine Erhöhung der Deckungsbeiträge bzw. des Gewinns erzielen läßt.

06. Welche modernen Kontrollmethoden bestehen mit Hilfe der Datenverarbeitung?

Die Absatzkontrolle läßt sich mit Hilfe von Datenkassen und Scannern optimal steuern.

07. Was bewirken Datenkassen?

Der Handel kann durch Einschaltung der EDV mittels Datenkassen die zügige Abwicklung am "Verkaufspunkt" (= Point of sales = POS) ermitteln. Eine Datenkasse kann Daten über einen längeren Zeitraum sammeln und an einen Computer über eine Leitung oder durch Austausch von Datenträgern weiterreichen. Datenkassen ermöglichen häufig auch einen - begrenzten - Preisabruf. Dabei werden

2.6.5 Absatzkontrolle

bestimmte Artikelnummern mit den zugehörigen Preisen in der Kasse oder im Computer gespeichert und bei der Eingabe der Artikelnummer automatisch eingewiesen. Auf diese Weise können Preise kurzfristig verändert bzw. es kann ermittelt werden, wie sich Preisänderungen auf Umsatz und Ertrag auswirken.

08. Welcher Voraussetzungen bedürfen Datenkassen?

Die Daten müssen in einer für Maschinen lesbaren Form auf der Ware oder dem Etikett aufgedruckt sein. Im Nahrungsmittelbereich hat sich inzwischen der schwarz-weiße Strichcode in Form der EAN-Codierung (Europäische Artikel-Nummer) durchgesetzt, während man in anderen Bereichen und in der Kreditwirtschaft mit der sog. OCR-Schrift arbeitet, die auch im Original lesbar ist. Gelesen werden diese codierten Daten von Lesestiften, Lesepistolen oder von Handscannern, die mittels Kabel mit der Datenkasse verbunden sind oder von stationären Scannern, die in die Kassen eingebaut sind.

09. Wie lassen sich Datenkassen zu einem Warenwirtschaftssystem ausbauen?

Die von den Datenkassen ermittelten Daten über den Warenausgang und Verkauf führen über gespeicherte Mindestbestände und Lieferantenkonditionen automatisch zu optimalen Bestellvorschlägen oder Bestellungen. Aufgrund der beim Wareneingang betätigten oder berichtigten Daten verändert der Computer den Bestand. Dieses Verfahren wird permanent angewandt und ermöglicht dem Betrieb auf diese Weise einen sofortigen Überblick über den Umsatz, die Kosten und Gewinn oder Verlust sowie den Warenbestand.

10. Wie arbeiten Scanner?

Ein Scanner liest die gespeicherten Daten und wandelt sie mit Hilfe eines Laserstrahls in eine computergerechte Form um. Er ist darüber hinaus mit einem Mikrocomputer verbunden. Scanner bewirken eine Beschleunigung des Kassiervorganges, eine größere Genauigkeit bei der Warenauszeichnung und eine genaue Erfassung und Kontrolle der einzelnen Warengruppen.

2.7 Kosten- und Leistungsrechnung

2.7.1 Grundlagen

01. Welche Hauptaufgabe hat die Kostenrechnung?

Aufgabe der Kostenrechnung ist die Erfassung, Verteilung und Zurechnung der Kosten und die kurzfristige Ermittlung des Betriebsergebnisses mit dem Ziel, durch Ermittlung der voraussichtlich anfallenden Kosten eine Grundlage für die betrieblichen Dispositionen zu erhalten und einen Vergleich der tatsächlichen mit den geplanten Kosten durchzuführen. Ferner dient sie der laufenden Kontrolle der Kostenentwicklung eines Betriebes.

02. Aus welchen Teilgebieten besteht die Kostenrechnung?

Die Kostenrechnung besteht aus der Betriebsabrechnung und der Selbstkostenrechnung (Kalkulation).

03. Was versteht man unter Betriebsabrechnung?

Die Betriebsabrechnung ist eine Periodenrechnung. Sie ermittelt als Kostenartenrechnung, welche Arten von Kosten angefallen sind und verteilt als Kostenstellenrechnung die Kostenarten auf die einzelnen Kostenbereiche mit dem Ziel, festzustellen, wo die Kosten entstanden sind, um eine genaue Zurechnung der Kosten auf die Leistungen der Periode zu erreichen. Die Kostenträgerrechnung wird auch als Kalkulation bezeichnet.

04. Was sind Kosten?

Kosten sind wertmäßiger Verzehr von Gütern und Leistungen zum Zwecke der betrieblichen Leistungserstellung.

05. Was versteht man unter Aufwand und Ertrag?

Aufwand ist jeder Verbrauch an Gütern und Diensten in einer bestimmten Periode, unabhängig davon, ob der Aufwand zur Leistungserstellung führt. Ertrag ist jeder Wertzuwachs. Er kann auf betrieblichen Leistungen beruhen oder davon unabhängig sein.

06. Was versteht man unter Ausgaben und Einnahmen?

Ausgaben und Einnahmen sind Zahlungen im Rahmen des Kassen- und Giroverkehrs, unabhängig davon, ob es sich um eigene oder um fremde Mittel handelt.

2.7.1 Grundlagen

07. Welche Arten von Aufwand werden unterschieden?

Der Gesamtaufwand einer Periode wird in den betrieblichen Zweckaufwand und in den zweckfremden Aufwand der Periode unterteilt. Der betriebliche Zweckaufwand wiederum wird in den außerordentlichen Zweckaufwand und den ordentlichen betrieblichen Zweckaufwand gegliedert. Der außerordentliche Zweckaufwand kann außergewöhnlich oder periodenfremd sein. Ein außergewöhnlicher Zweckaufwand läge z.B. bei einer Explosion einer nicht genügend hoch versicherten Anlage vor, während ein periodenfremder Zweckaufwand eine Steuernachzahlung sein kann. Der ordentliche betriebliche Zweckaufwand der Periode wird als Kosten der Periode bezeichnet. Der zweckfremde Aufwand und der außerordentliche betriebliche Zweckaufwand bilden zusammen den neutralen Aufwand.

08. Warum bezeichnet man einen Teil des Aufwandes als neutralen Aufwand?

Um den Werteverzehr im Unternehmen klar erfassen und abgrenzen zu können, der nicht betriebsbedingt ist, d.h. in keinem Zusammenhang mit der Leistungserstellung steht, wurde der Begriff des neutralen Aufwandes eingeführt.

09. Was versteht man unter Kosten und Leistungen?

Unter Kosten versteht man den bewerteten Verzehr von Gütern und Dienstleistungen zur Erstellung betrieblicher Leistungen. Ein Werteverzehr bedeutet mithin, daß ein ursprünglich vorhandener Wert nicht mehr oder nicht mehr im vollen Umfang vorhanden ist. Unter Leistungen versteht man den durch die betriebliche Tätigkeit entstandenen Ertrag.

10. Wie werden die Gesamtkosten einer Periode ermittelt?

Die Gesamtkosten einer Abrechnungsperiode errechnen sich aus der Summe des ordentlichen betrieblichen Zweckaufwandes und der Zusatzkosten, die auch kalkulatorische Kosten genannt werden.

11. Welche Arten von kalkulatorischen Kosten werden unterschieden?

Man unterscheidet den kalkulatorischen Unternehmerlohn, die kalkulatorische Eigenkapitalverzinsung, die kalkulatorischen Wagnisse, die kalkulatorischen Abschreibungen und die kalkulatorische Miete.

12. Wie werden die Kosten vom Aufwand unterschieden?

Während die Kosten leistungsbedingter Güter- und Diensteverzehr sind, ist der Aufwand der im Rahmen der Erfolgsrechnung erfaßte gesamte Verbrauch an Gütern und Dienstleistungen einschließlich des nicht leistungsbedingten Verzehrs, d.h. des neutralen Aufwands.

13. Wie unterscheiden sich die Kosten von den Ausgaben?

Es sind mehrere Fälle denkbar:

- Ausgaben werden niemals zu Kosten. Beispiel: Es werden Ausgaben zu spekulativen Zwecken getätigt. Dabei entsteht lediglich Aufwand.

- Ausgaben werden später zu Kosten. Beispiel: Es wurden Waren gekauft, bezahlt und auf Lager genommen, aber erst in einer späteren Periode verwandt.

- Ausgaben werden gleichzeitig zu Kosten. Beispiel: Zahlung von Löhnen.

- Ausgaben folgen den Kosten zu einem späteren Zeitpunkt. Beispiel: Es müssen nachträglich Mieten für ein betrieblich genutztes Gebäude gezahlt werden.

- Kosten werden niemals zu Ausgaben. Beispiel: Kalkulatorische Eigenkapitalzinsen.

14. Wie werden Ausgaben und Aufwand abgegrenzt?

Die Gesamtausgaben einer Abrechnungsperiode setzen sich zusammen

- aus Ausgaben, die nie zu Aufwand werden (Beispiel: Die Rückzahlung eines in Anspruch genommenen Kredits, Ausgaben für die Beschaffung nicht abnutzbarer Vermögensgegenstände);

- aus Ausgaben der Abrechnungsperiode, bei denen der Aufwand früher oder später entsteht (Beispiel: Es werden Maschinen beschafft, die einmalige Ausgaben verursachen, jedoch über mehrere Perioden genutzt werden und deren Aufwendungen in einer Periode nur in der Höhe der Wertminderungen auftreten); es entstehen die sog. Posten der Rechnungsabgrenzung, d.h. Ausgaben, die erst in der nächsten Periode zu Aufwand werden wie z.B. die Vorauszahlung von Löhnen und Ausgaben, denen in der Vorperiode ein Aufwand gegenüberstand, wie z.B. die nachträgliche Zahlung einer Miete;

- aus Ausgaben der Periode, die dem Aufwand der Abrechnungsperiode entsprechen.

Es gibt ferner Aufwand, der früher oder später Ausgaben hervorruft (Beispiel: Wertminderung einer früher gekauften Maschine) und einen Aufwand, der nicht mit Ausgaben verbunden ist (Beispiel: Nutzung einer geschenkten Maschine).

15. Wie werden Einnahmen und Erträge abgegrenzt?

Man unterscheidet Einnahmen, die nie einen Ertragscharakter aufweisen, wie z.B. die Aufnahme eines Kredits, der Verkauf eines unbebauten Grundstücks und Einnahmen, bei denen der Ertrag früher (Beispiel: Verkauf von in der Vorperiode hergestellten oder bezogenen Waren) oder später (Beispiel: Kundenvorauszahlungen) vorliegt.

2.7.1 Grundlagen

Man unterscheidet ferner Erträge, denen früher oder später Einnahmen gegenüberstehen (Beispiele: Kundenvorauszahlungen oder Produktion auf Lager) und Erträge, die nie zu Einnahmen führen (Beispiel: Herstellung von Produkten, die im eigenen Betrieb verbraucht werden).

16. Welche Bereiche fallen unter die Erträge?

Die Umsatzerträge, Erträge aus Erhöhungen der Bestände, aktivierte Eigenleistungen, betriebliche Nebenleistungen.

17. Welche Arten von Erträgen werden unterschieden?

Man unterscheidet den betrieblichen Zweckertrag und den zweckfremden Ertrag. Der betriebliche Zweckertrag ist entweder ordentlicher betrieblicher oder außerordentlicher Zweckertrag. Der außerordentliche Zweckertrag ist entweder außergewöhnlich (Beispiel: Verkauf einer Erfindung) oder periodenfremd, etwa durch eine Steuerrückzahlung. Der zweckfremde Ertrag und der außerordentliche betriebliche Zweckertrag bilden den neutralen Ertrag.

18. Warum verwendet man den Begriff neutrale Erträge?

Um die betriebsfremden und die außerordentlichen Erträge von dem ordentlichen Zweckertrag abgrenzen zu können, wurde der Begriff neutraler Ertrag gewählt, der in einem Zusammenhang mit dem neutralen Aufwand steht.

19. Wie werden Ertrag und Leistung abgegrenzt?

Der ordentliche betriebliche Zweckertrag stellt die Gesamtleistung der Abrechnungsperiode dar. Diese Gesamtleistung umfaßt sowohl die aktivierten Leistungen, d.h. den Zugang an Beständen und Eigenleistungen als auch die Marktleistungen, d.h. den Verkaufswert der in der laufenden Periode hergestellten bzw. abgesetzten Waren und den Wert der in dieser Periode abgesetzten, aber früher hergestellten bzw. bezogenen Waren.

20. Welche Bedeutung haben die Begriffspaare Ausgaben - Einnahmen, Aufwand - Ertrag und Kosten - Leistung?

Ausgaben und Einnahmen schlagen sich in der Liquidität nieder und erfordern eine Deckung aller Ausgaben der Abrechnungsperiode durch entsprechende Einnahmen. Die Differenz von Aufwand und Ertrag drückt den Unternehmenserfolg und die Differenz von Leistung und Kosten drückt den Betriebserfolg aus.

21. Was sind die einzelnen Aufgaben der Kostenrechnung?

a) Die Erfassung, Verteilung und Zurechnung der Kosten, die bei der betrieblichen Leistungserstellung entstehen,
b) die Feststellung des Erfolges,

c) die Kontrolle der Wirtschaftlichkeit als Grundlage für betriebliche Dispositionen,
d) die Kalkulation.

22. Nach welchen Kriterien können die Kosten eingeteilt werden?

Haupt- und Nebenkosten,	Gesamt- und Sonderkosten,
einmalige und laufende Kosten,	direkte und indirekte Kosten,
Grund- und Zuschlagskosten,	Einzel- und Gemeinkosten,
Soll- und Istkosten,	Durchschnitts- und Grenzkosten,
fixe und variable Kosten,	Standard-, Normal- und Plankosten.

23. Welche Kriterien sind im Rahmen der Kostenrechnung von besonderer Bedeutung?

a) Die Unterscheidung nach fixen und variablen Kosten,
b) die Unterscheidung nach Einzel- und Gemeinkosten,
c) die Unterscheidung nach Kostenarten.

24. Was versteht man unter fixen und variablen Kosten?

Fixe Kosten sind Kosten, die unabhängig von der Höhe der Ausbringung und des Beschäftigungsgrades anfallen. Sie fallen auch an, wenn der Betrieb nur wenig ausgelastet oder sogar stillgelegt ist. Ändert sich der Ausnutzungsgrad, so ändert sich in Intervallen die Fixkostenstruktur. Man spricht von sprungfixen Kosten.

Variable Kosten sind solche, die sich mit der Höhe der Ausbringung verändern, und zwar können sie entweder im gleichen Verhältnis sich ändern, sie können schneller wachsen als die Ausbringung (dann handelt es sich um progressive Kosten) und sie können langsamer wachsen als die Ausbringung (dann handelt es sich um degressive Kosten).

25. Worin liegt das Problem der Zuordnung der Kosten in fixe oder variable Kosten?

Es gibt kaum Kosten, die eindeutig ihrem Wesen nach fixe oder variable Kosten sind. Sie werden vielmehr erst durch die Art der Verrechnung zu fixen oder zu variablen Kosten. Abschreibungen sind z.B. dann fixe Kosten, wenn sie unabhängig von der Produktion verrechnet werden, sie sind variable Kosten, wenn sie auf das Stück bezogen werden. Einzelkosten sind in der Regel variable Kosten, da sie nicht entstanden wären, wenn dieses Stück nicht hergestellt worden wäre.

26. Wie werden Einzel- und Gemeinkosten zugeordnet?

Einzelkosten werden den Kostenträgern unmittelbar, d.h. ohne eine vorherige Verrechnung über die Kostenstellen den Kostenträgern zugerechnet. Hingegen

2.7.1 Grundlagen

lassen sich die Gemeinkosten nicht direkt auf die Leistung zurechnen, da sie für alle oder mehrere Leistungen des entsprechenden Kostenbereichs entstanden sind. Die Verrechnung der Gemeinkosten muß mit Hilfe von Zuschlägen über Schlüssel erfolgen.

27. Welche Kostenarten fallen im Handel an?

In einem Handelsbetrieb fallen, wie in anderen Bereichen auch, Personalkosten, Kapitalkosten, Kosten für Dienstleistungen Dritter und Kosten für Steuern, Gebühren und Beiträge an. Die in anderen Bereichen, etwa der Industrie, anfallenden Materialkosten haben im Handel weniger Bedeutung. Im Handel unterscheidet man daher Warenkosten und die Handlungskosten.

28. Was versteht man unter den Warenkosten?

Unter die Warenkosten fallen die Einkaufspreise der Waren sowie diejenigen Kosten, die direkt auf die einzelnen Waren entfallen oder die mit ihrer Preisbildung zusammenhängen.

29. Was versteht man unter den Handlungskosten?

Handlungskosten sind die verbleibenden Kosten des Handelsbetriebes, die durch die Ausübung des Betriebsprozesses im Handel entstehen.

30. Welche Kostenarten werden im Großhandel bei den Handlungskosten unterschieden?

Personalkosten ohne Unternehmerlohn und Provision
+ Unternehmerlohn
+ Provisionen
= Personalkosten insgesamt,

Raumkosten,
Werbe- und Reisekosten,
Transport- und Verpackungskosten,
Kosten des Fuhr- und Wagenparks,
Zinsen für Fremdkapital,
Zinsen für Eigenkapital,
Abschreibungen,
Allgemeine Verwaltungs- und sonstige Kosten.

31. Was versteht man unter Grenzkosten?

Als Grenzkosten bezeichnet man diejenigen Kosten, die zusätzlich anfallen, wenn die bisherige Menge um ein Stück erhöht wird.

2.7.2 Kostenrechnungsverfahren

01. Welche Besonderheiten weist die Kostenrechnung im Handel auf?

Der Handel weist im Bereich der Kosten- und Leistungsrechnung im Vergleich zur Industrie eine Reihe von Besonderheiten auf, die durch folgende betriebliche Merkmale bedingt sind:

a) Im Handel wird die Ware lediglich manipuliert und anschließend veräußert. Die Artikelzahl ist jedoch in der Regel größer als die in einem Industriebetrieb hergestellte Zahl der Produkte;

b) wegen der Vielzahl der geführten Artikel ist es schwierig, die einzelnen Kosten auf die verschiedenen Artikel oder Artikelgruppen einwandfrei zuzuordnen;

c) im Handel ersetzt häufig der Betriebsvergleich die Kosten- und Leistungsrechnung, indem etwa der Umsatz je beschäftigte Person oder der Umsatz je m² Verkaufsfläche ermittelt werden;

d) es wird das Prinzip der Mischkalkulation bevorzugt;

e) es besteht eine sog. Erlösverbundenheit der Artikel;

f) Leistungserstellung und Absatz sind im Handel kaum voneinander zu trennen;

g) die Leistungen des Handelsbetriebes müssen permanent angeboten werden.

02. Wie lassen sich die Kostenrechnungsverfahren unterteilen?

a) Die Kostenartenrechnung, deren Aufgabe es ist, die gesamten Kosten eines Betriebes in einzelne, voneinander verschiedene Kostenarten zu zerlegen und für jede Kostenart den jeweiligen Kostenbetrag innerhalb einer Abrechnungsperiode zu ermitteln,

b) die Kostenstellenrechnung, die die Entstehung der Kosten analysiert und die Gemeinkosten den Orten der Kostenentstehung, d.h. der Kostenstelle, zuordnet,

c) die Kostenträgerrechnung, die die Frage beantwortet: wofür sind die Kosten entstanden?

Die Kostenträgerrechnung ist in zwei Formen möglich:

(1) In der Kostenträgerzeitrechnung, auch kurzfristige Erfolgsrechnung genannt, wobei durch Gegenüberstellung der in einer Kostenrechnungsperiode, - in der Regel auf einen Monat bezogen - die für einen Kostenträger ermittelten Kosten und erzielten Erlöse als eine nach Kostenträgern gegliederte kurzfristige Er-

gebnisrechnung durchgeführt werden;
(2) in der Kostenträgerstückrechnung, die auch als Kalkulation bezeichnet wird, und die die Selbstkosten pro Produkt ermittelt.

03. Was versteht man unter einer Vollkostenrechnung?

Man spricht von einer Vollkostenrechnung, wenn alle anfallenden Kosten auf die einzelnen Kostenträger verteilt werden.

04. In welcher Form ist eine Vollkostenrechnung möglich?

Die Vollkostenrechnung ist möglich in der Form der Istkostenrechnung, der Normalkostenrechnung und der Plankostenrechnung.

05. Was versteht man unter der Teilkostenrechnung?

Unter der Teilkostenrechnung versteht man Kostenrechnungssysteme, die nicht alle, sondern nur die variablen Kosten auf die Kostenträger verteilen und die gesamten fixen Kosten, den sog. Fixkostenblock, von der Verteilung ausschließen. Im übrigen ist es erforderlich, einen sog. Deckungsbeitrag zur Deckung der fixen Kosten für jedes Produkt zu ermitteln.

06. Welche Probleme müssen mit Hilfe der Kostenartenrechnung im Handel gelöst werden?

Es kommt entscheidend darauf an, die Kosten nach den verschiedenen Kostenarten zu erfassen und aufzuteilen, wobei beachtet werden muß, daß Überschneidungen möglich sind. So können die Personalkosten gesondert erfaßt werden, sie sind aber auch gleichzeitig ein Teil der Handlungskosten. Es bedarf daher sorgfältiger Überlegungen bei der Gruppierung der Kostenarten.

07. Wie arbeitet die Selbstkostenrechnung?

Die Selbstkostenrechnung baut auf der Kostenarten- und Kostenstellenrechnung sowie der Kostenträgerzeitrechnung auf und führt als Kostenträger-Stückrechnung die Zurechnung der Kosten auf die einzelne Leistung durch. Sie ist mithin die Grundlage für die Kalkulation. Wird sie vor der Erstellung der Leistung durchgeführt, handelt es sich um eine Vorkalkulation, bei der geplante Kosten verwendet werden; erfolgt sie nach Abschluß der Leistung, so handelt es sich um die Nachkalkulation, die die tatsächlich ermittelten Kosten berücksichtigt.

08. Wie wird die Kostenstellenrechnung gegliedert?

Die Kostenstellen der Kostenstellenrechnung werden in Hauptkostenstellen, Hilfskostenstellen und allgemeine Kostenstellen unterteilt.

09. Nach welchen Gesichtspunkten werden im Handel Hauptkostenstellen gebildet?

Die Bildung von Hauptkostenstellen kann nach betrieblichen Funktionen, nach Verantwortungsbereichen wie z.b. Verkaufsabteilungen oder Filialen, nach räumlichen Gesichtspunkten wie z.b. Absatzgebieten oder nach Warengruppen vorgenommen werden.

10. Was versteht man im Handel unter Hilfskostenstellen?

Hilfskostenstellen sind z.b. der Fuhrpark oder die Dekorationsabteilung. Sie erbringen ihre Leistungen nicht unmittelbar für den Markt, sondern für andere Kostenstellen.

11. Was versteht man im Handel unter allgemeinen Kostenstellen?

Allgemeine Kostenstellen erbringen ihre Leistungen für den Gesamtbetrieb, wie z.B. die Geschäftsführung.

12. Wie werden die Kosten der Hilfskostenstellen und der allgemeinen Kostenstellen verrechnet?

Mit Hilfe der Kostenstellenrechnung soll u.a. eine genauere Zurechnung der Gemeinkosten auf die Kostenträger ermöglicht werden. Dabei ist es notwendig, die Kosten der Hilfskostenstellen und der allgemeinen Kostenstellen auf die Hauptkostenstellen umzulegen. Zur Verrechnung der innerbetrieblichen Leistungen sind mehrere Verfahren entwickelt worden: das nur in Ausnahmefällen anwendbare Kostenartenverfahren, welches voraussetzt, daß die innerbetrieblichen Leistungen in Hauptkostenstellen anfallen und ferner nur möglich ist, wenn es sich um sehr niedrige Gemeinkostenanteile handelt, das Stufenleiterverfahren (Kostenstellenumlageverfahren) und das Kostenstellenausgleichsverfahren.

13. Wie wird das Stufenleiterverfahren angewandt?

Die Umlage der bei der Erstellung innerbetrieblicher Leistungen entstandenen Kosten auf die Hauptkostenstellen erfolgt entweder nach der Zahl der in Anspruch genommenen Leistungseinheiten oder durch Verteilung der Gesamtkosten einer leistenden Stelle mit Hilfe summarischer Schlüssel. Bei diesem Verfahren werden zunächst die Kosten der ersten allgemeinen Kostenstelle oder Hilfskostenstelle auf die nachfolgenden Stellen verteilt. Danach erfolgt die Umlage der Kosten der zweiten Stelle auf die folgenden usw. Dies geschieht so lange, bis alle Kosten auf Hauptkostenstellen umgelegt sind.

14. Wie wird das Kostenstellenausgleichsverfahren angewandt?

Das Kostenstellenausgleichsverfahren setzt eine Verrechnung der Gemeinkosten zwischen den leistenden und den empfangenden Stellen voraus.

2.7.2 Kostenrechnungsverfahren

15. Wo findet die Kostenverrechnung ihren Niederschlag?

Die Kostenverrechnung erfolgt mit Hilfe des Betriebsabrechnungsbogens.

16. Wie werden die Kosten im Handel mit Hilfe eines Betriebsabrechnungsbogens verrechnet?

Es werden zunächst die Kosten nach Kostenarten gegliedert und in Einzel- und Gemeinkosten aufgeteilt. Die Einzelkosten werden dann den jeweiligen Kostenträgern zugeteilt, in einem weiteren Schritt werden die Gemeinkosten auf die Kostenstellen zugerechnet, wobei zwischen Stelleneinzelkosten und Stellengemeinkosten unterschieden werden muß. Anschließend wird die Summe der aus der Kostenartenrechnung übernommenen Gemeinkosten je Kostenstelle ermittelt. Danach werden die Kosten der Hilfskostenstellen und der allgemeinen Kostenstellen auf die Hauptkostenstellen nach einem der üblichen Verfahren verteilt und die Summe aller Kosten je Hauptkostenstelle ermittelt.

17. In welchen Formen ist die Kalkulation möglich?

Die Kalkulation erfolgt entweder in Form der Vor- oder der Nachkalkulation. Vorkalkulation ist die Selbstkostenrechnung mit geplanten Kosten, während die Nachkalkulation die Selbstkostenrechnung mit tatsächlich entstandenen Kosten ist.

18. Welche Formen der Teilkostenrechnung werden unterschieden?

Man unterscheidet das direct-costing, die Deckungsbeitragsrechnung auf Grenzkostenbasis und die Deckungsbeitragsrechnung auf Einzelkostenrechnungsbasis.

19. Was ist der Zweck der Erzielung eines sog. Deckungsbeitrages?

Geht man von der herkömmlichen Vollkostenrechnung aus, so bringt bei einer Produktion unter der Voraussetzung, daß der Erlös über den Selbstkosten liegt, bereits das erste verkaufte Stück einen Stückgewinn. Bei der Teilkostenrechnung wird die Differenz zwischen Erlös je Stück und variablen Kosten als Deckungsbeitrag bezeichnet. Mit diesem Beitrag trägt dieses Stück zur Deckung der unverteilten fixen Kosten bei. Ein Gewinn ist erst dann erzielt, wenn die Summe der Deckungsbeiträge höher als die fixen Kosten ist.

20. Was versteht man unter direct-costing?

Die Direktkostenrechnung geht von einer Trennung der Kosten in mengenabhängige und fixe, zeitabhängige Kosten aus und unterstellt, daß sich die variablen Kosten proportional zum Beschäftigungsgrad ändern. Die Direktkostenrechnung ist meist identisch mit der Grenzkostenrechnung.

Für das direct-costing ergibt sich folgendes Schema:

Netto-Verkaufserlös
./. variable Kosten
= Deckungsbeitrag
./. fixe Kosten des Gesamtunternehmens
= Gewinn

21. Was versteht man unter der Deckungsbeitragsrechnung auf Grenzkostenbasis?

Die Deckungsbeitragsrechnung auf Grenzkostenbasis berücksichtigt auch die Erlöse und wird im Handel nach folgendem Schema berechnet:

Nettoeinkaufspreis einer Ware
+ sämtliche Einzelkosten einer Ware
+ proportionale Gemeinkosten der Ware
= kalkulierte Teilkosten der Ware (Grenzkosten)

Der Deckungsbeitrag ergibt sich als Differenz zwischen dem Verkaufspreis der Ware und den kalkulierten Teilkosten.

22. Was versteht man unter der Deckungsbeitragsrechnung auf Einzelkostenrechnungsbasis?

Die Deckungsbeitragsrechnung auf Einzelkostenrechnungsbasis baut auf der direkten Kostenverteilung auf und rechnet alle Kosten dem Artikel, der Warengruppe, der Verkaufsabteilung und schließlich dem Betrieb als Einzelkosten direkt zu. Es ergibt sich der Deckungsbeitrag der Kostenstufe für den Artikel als Differenz zwischen den Artikelerlösen und ihren direkten variablen Kosten. Die gleiche Rechnung wird für Warengruppen, Verkaufsabteilungen und den ganzen Betrieb vorgenommen. Diese Form der Deckungsbeitragsrechnung arbeitet überdies mit der zeitlichen Bindung der Kosten und trennt zwischen ausgabenfernen und ausgabennahen Bestandteilen.

23. Worin liegt die Problematik der Teilkostenrechnungsverfahren?

Eine der wichtigsten Voraussetzungen für den Erfolg der Teilkostenrechnung ist eine möglichst genaue Kostenauflösung. Schwierigkeiten ergeben sich jedoch insbesondere dort, wo die Kosten teils fixen, teils variablen Charakter haben. Zwecks Vornahme der Kostentrennungen sind Verfahren der Kostenspaltung entwickelt worden, und zwar das buchtechnische Verfahren, das graphische Verfahren und das mathematische Verfahren.

2.7.3 Kalkulation im Handelsbetrieb

01. Welche Aspekte betrieblicher Preispolitik sind zu berücksichtigen?

Handelsbetriebe sind in ihrer Preispolitik in der Regel am Gesamtsortiment und weniger an einzelnen Artikeln orientiert. Dieses Prinzip führt zur Mischkalkulation.

02. Was bedeutet das Prinzip der Kostentragfähigkeit?

Im Handel herrscht eine starke Konkurrenz in Verbindung mit einer hohen Markttransparenz der Käufer. Dies bedeutet, daß häufig das Prinzip der Kostenverursachung zurückgestellt werden muß und an seine Stelle das Prinzip der Kostentragfähigkeit tritt. Die Frage lautet dann: In welcher Höhe können Kosten bei einem gegebenen Preis von einem Produkt getragen werden?

03. Was bedeutet das Prinzip der Durchschnittskosten?

Der Handel bietet vielfach allen Abnehmern die einzelnen Produkte zu gleichen Preisen an, obwohl die von den Kunden verursachten Kosten unterschiedlich hoch sein können. So fallen z.B. bei der Warenanlieferung bei den Kunden je nach der Entfernung unterschiedliche Kosten an, die unberücksichtigt bleiben.

04. Wie ist ein kalkulatorischer Ausgleich zu erzielen?

Obwohl es vielfach im Handel schwierig ist, eine kostengerechte Kalkulation durchzuführen, kann nicht auf eine kostenorientierte Kalkulation verzichtet werden. Bestimmte Verlustartikel müssen in Kenntnis der Verlustsituation allein deshalb im Sortiment behalten werden, weil eine Verbundenheit der Artikel besteht und bei einer Streichung dieser Artikel aus dem Sortiment auch andere Artikel betroffen sind. Es kommt daher darauf an, einen kalkulatorischen Ausgleich zu erzielen, indem sog. Ausgleichsnehmer, das sind Verlustartikel, deren Handelsspanne die durchschnittliche Handelsspanne nicht erreicht, durch Ausgleichsträger ausgeglichen werden.

05. Welche Artikel eignen sich als Ausgleichsträger?

Als Ausgleichsträger eignen sich in erster Linie Artikel, die keinem scharfen Preiswettbewerb ausgesetzt sind, insbesondere Artikel, die der Befriedigung eines individuellen Bedarfes dienen, aber trotzdem in großer Zahl verkauft werden können.

06. Was ist bei der Anwendung der Ausgleichskalkulation zu beachten?

Wird mit der Vollkostenrechnung gearbeitet, so ist in jedem Fall ein Ausgleich zwischen Ausgleichsnehmern und Ausgleichsträgern anzustreben. Wird mit der Teilkostenrechnung gearbeitet, so ist ein Verlust durch den Verkauf einzelner

Artikel solange zu verkraften, wie das Bruttoergebnis, d.h. der Deckungsbeitrag, positiv ist.

07. Welche Möglichkeiten bestehen für besonders niedrig kalkulierte Angebote?

Es kann ein besonderer Aktionsfonds gebildet werden, aus dem Verluste aus bewußt zu niedrig bemessenen Spannen getragen werden.

08. Wie lassen sich Fehlentscheidungen aus der Kostenrechnung vermeiden?

Während die Vollkostenrechnung vor dem Problem einer richtigen Kostenaufschlüsselung steht, kann die Teilkostenrechnung kurzfristig zwar richtig sein, mittel- und langfristig aber erhebliche Nachteile haben, wenn nämlich die Deckungsbeiträge falsch festgesetzt wurden. Im Rahmen der Teilkostenrechnung wirken sich Fehlentscheidungen um so stärker aus, je höher die Deckungsbeiträge, d.h. die nicht zurechenbaren Kosten sind.

09. Worin liegen die Schwierigkeiten einer kostengerechten Kalkulation im Handel?

Die Schwierigkeiten einer kostengerechten Kalkulation im Handel sind darin begründet, daß ein großer Teil der Handlungskosten aus Fixkosten besteht, die den Handelsleistungen nur schwierig zurechenbar sind. Die Zurechnung der fixen Kosten im Rahmen der Vollkostenrechnung führt zu einer Kostenverteilung und weniger zu einer exakten Kostenverrechnung. Daher gibt es auch im Handel kein Kalkulationsverfahren, das den Anspruch erheben könnte, bei Vorliegen bestimmter Voraussetzungen zu optimalen Ergebnissen zu führen, wie dies in der Industrie der Fall ist.

10. Welche Kalkulationsverfahren sind im Handel üblich?

Im Handel ist - wie in der Industrie auch - zunächst die Divisions- und die Zuschlagskalkulation anwendbar. Darüber hinaus kennt man im Handel noch die Abteilungskalkulation und die Teilkostenkalkulation.

11. Wie wird mit dem Verfahren der Divisionskalkulation gearbeitet?

Bei der Anwendung der Divisionskalkulation werden zunächst die Wareneinstandskosten, d.h. die Einkaufspreise zuzüglich der Verpackungskosten, Transportkosten und Finanzkosten sowie abzüglich der Rabatte und Skonti von den Handlungskosten getrennt. Die Wareneinstandskosten werden den Artikeln direkt zugeordnet. Die Handlungskosten werden in Beziehung zu den Wareneinstandskosten gesetzt und führen zu einer Kalkulationsquote:

$$\frac{\text{Handlungskosten der Periode}}{\text{Wareneinstandskosten der Periode}} \cdot 100$$

2.7.3 Kalkulation im Handelsbetrieb

Die Verkaufspreise werden auf der Basis der ermittelten einheitlichen Kalkulationsquote ermittelt:

    Wareneinstandskosten pro Artikel
+ <u>Handlungskostenaufschlag</u>
= Selbstkosten
+ <u>Gewinnaufschlag</u>
= Verkaufspreis

Es ist aber auch möglich, sowohl den Gewinnaufschlag als auch den Handlungskostenaufschlag auf den Wareneinstand zu beziehen und somit für die Handelsspanne einen einheitlichen Kalkulationsaufschlagssatz festzusetzen.

12. Was sind die Nachteile einer Divisionskalkulation?

Die Verteilung der Handlungskosten mit Hilfe eines einheitlichen Satzes wird der unterschiedlichen Warenstruktur nicht gerecht und unterschiedliche Kosten können den verursachenden Artikeln nicht angelastet werden. Die Nachteile der Divisionskalkulation lassen sich durch Äquivalenzziffern vermindern.

13. Wie wird mit dem Verfahren der Zuschlagskalkulation gearbeitet?

Bei der Anwendung der Zuschlagskalkulation wird der Block der Handlungskosten aufgeteilt und stufenweise direkt oder mit Hilfe von Zuschlagssätzen verrechnet. Dabei wird die Zuschlagskalkulation aufgeteilt in eine Bezugs- oder Beschaffungskalkulation und in eine Absatzkalkulation. Sowohl die Beschaffungs- als auch die Absatzkalkulation kann in drei Arten durchgeführt werden, und zwar

a) progressiv, d.h. vom Einkaufspreis zum Verkaufspreis,
b) retrograd, d.h. vom Verkaufspreis zum Einkaufspreis,
c) als Differenzkalkulation.

14. Wie wird nach dem progressiven Verfahren bei der Zuschlagskalkulation als Bezugskalkulation verfahren?

Die Einstandskosten werden durch Addition des Einkaufspreises und der Beschaffungskosten ermittelt, wobei die gewährten Rabatte und Skonti abgezogen und zusätzliche Kosten hinzugerechnet werden.

15. Wie wird nach dem retrograden Verfahren bei der Zuschlagskalkulation als Bezugskalkulation verfahren?

Beim retrograden Verfahren wird von den Einstandskosten rückwärts bis zum Listenpreis nach der Im-Hundert Rechnung ermittelt.

16. Wie wird nach dem progressiven Verfahren bei der Zuschlagskalkulation als Absatzkalkulation verfahren?

Mit Hilfe der progressiven Absatzkalkulation soll auf der Grundlage der Einstandskosten der Absatzpreis errechnet werden. Die Handlungskosten werden dabei nicht einheitlich für den gesamten Betrieb errechnet, sondern auf der Grundlage des Betriebsabrechnungsbogens ermittelt und im Rahmen der Vollkostenrechnung berücksichtigt.

17. Wie wird bei dem retrograden Verfahren bei der Zuschlagskalkulation als Absatzkalkulation verfahren?

Die Rückwärtskalkulation geht davon aus, daß der Verkaufspreis feststeht, insbesondere durch Maßnahmen der Konkurrenz. Es soll der Einstandspreis ermittelt werden, um festzustellen, ob zu diesem Preis ein Absatz vertretbar ist. Vom Verkaufspreis werden sämtliche Positionen abgezogen.

18. Wie wird nach der Differenzkalkulation verfahren?

Die Differenzkalkulation ist eine Kombination der progressiven mit der retrograden Zuschlagskalkulation. Wenn sowohl der Einkaufs- als auch der Verkaufspreis feststehen, kann mit Hilfe der Differenzkalkulation ermittelt werden, ob ein angemessener Gewinn verbleibt. Mit Hilfe der progressiven Methode wird zunächst der Selbstkostenpreis und vom Bruttoverkaufspreis aus retrograd der Verkaufspreis ermittelt. Die Differenz zwischen dem Selbstkostenpreis und Verkaufspreis ist der Gewinn.

19. Wie wird nach der Abteilungskalkulation verfahren?

Die Abteilungskalkulation erfordert eine umfassende Betriebsabrechnung mit Kostenstellen- und Kostenartenrechnung. Es ist das Bestreben, einen großen Teil der Handlungskosten direkt zurechenbar zu machen und möglichst viele Gemeinkosten als Einzelkosten zu ermitteln. Hierzu werden als Maßstäbe die Verkaufsfläche, der Umsatz und die Lagerdauer der einzelnen Warengruppen jeder Abteilung ermittelt.

20. Wie wird nach der Teilkostenkalkulation verfahren?

Die Teilkostenkalkulation ist ein Verfahren der Teilkostenrechnung und arbeitet nach den Verfahren der Plankalkulation mit Grenzkosten oder der Kalkulation als stufenweise Fixkostenrechnung bzw. als Einzelkostenkalkulation.

2.7.4 Kurzfristige Erfolgsrechnung

01. Was ist der Zweck der kurzfristigen Erfolgsrechnung?

Die kurzfristige Erfolgsrechnung wird monatlich oder vierteljährlich durchgeführt und will die nur jährlich zu erstellende Gewinn- und Verlustrechnung ergänzen, und zwar einmal deshalb, weil der Zeitraum von einem Jahr zu lang für eine Vielzahl betrieblicher Entscheidungen ist und zum anderen, weil der Gewinn in der G. u. V.-Rechnung aus steuerlichen Gründen nicht die für das Betriebsgeschehen notwendigen Entscheidungen erlaubt. Auch umfaßt die G. u. V.-Rechnung neutrale Aufwendungen und Erträge, die im vorliegenden Fall unberücksichtigt bleiben müssen.

02. Wie wird die kurzfristige Erfolgsrechnung durchgeführt?

Die kurzfristige Erfolgsrechnung wird durch Gegenüberstellung der in einer Kostenrechnungsperiode - in der Regel einem Monat - für einen Kostenträger ermittelten Kosten und erzielten Erlöse durchgeführt. Die Ermittlung der Werte kann dabei entweder im Rahmen des Gesamtkostenverfahrens erfolgen, bei dem die gesamten entstehenden Kosten einer Periode den Umsatzerlösen unter Berücksichtigung der Bestandsveränderungen gegenübergestellt werden, oder im Rahmen des Umsatzkostenverfahrens durchgeführt werden, bei dem nur die Kosten der tatsächlich umgesetzten Produkte erfaßt und den Erlösen gegenübergestellt werden. Die kurzfristige Erfolgsrechnung ist sowohl auf Vollkostenbasis als auch auf Teilkostenbasis möglich. Anders als bei restloser Kostenverteilung in der Ergebnisrechnung auf Vollkostenbasis ergibt sich der Periodenerfolg in der Teilkostenrechnung aus einer zweistufigen Differenzbildung: Von den Erlösen der abgesetzten Leistungen werden zunächst die diesen zugerechneten Teilkosten subtrahiert. Die jeweilige Differenz aus diesen beiden Größen stellt den Bruttogewinn der Leistungen dar. In einem zweiten Schritt erfolgt dann die Differenzbildung zwischen der Summe der Bruttogewinne aller angesetzten Leistungen und den unverteilten Kosten. Der sich daraus ergebende Differenzbetrag ist der Reingewinn oder Reinverlust der Periode.

03. Worauf beruht die Ermittlung der Kosten im Rahmen der kurzfristigen Erfolgsrechnung?

Die kurzfristige Erfolgsrechnung beruht auf der Kostenträgererfolgsrechnung. Sie setzt voraus:

a) Eine Einzelkostenabrechnung, um die den Waren oder Warengruppen direkt zurechenbaren Kosten erfassen zu können,

b) den Betriebsabrechnungsbogen, um die den Kostenträgern nicht direkt zurechenbaren Kosten über deren Zuordnung über Kostenstellen indirekt zurechnen zu können,

c) eine Bestandsabrechnung, um die Unterschiede zwischen Einkauf und Verkauf zu erfassen.

Die kurzfristige Erfolgsrechnung ist mithin eine auf die Ware oder Warengruppe bezogene Gesamtrechnung, die versucht, den Erfolg der einzelnen Kostenträger kurzfristig in Anlehnung an einen kurzen Zeitraum, jedoch ohne Bezug auf die Jahresrechnung zu ermitteln.

04. Welche Feststellungen lassen sich im Handel mit Hilfe der kurzfristigen Erfolgsrechnung treffen?

Es ist eine Kontrolle der Warengruppen im Hinblick auf folgende Faktoren möglich: Umsatz, Wareneingang nach Einstands- und Verkaufswert, Lagerbestand nach Einstands- und Verkaufswert, Lagerumschlagsgeschwindigkeit, Kalkulation, Preisänderungen.

05. Welche Verfahren der kurzfristigen Erfolgsrechnung sind im Handel üblich?

Üblich sind das Einkaufswertverfahren und das Verkaufswertverfahren.

06. Wie wird die kurzfristige Erfolgsrechnung im Einstandswertverfahren angewandt?

Das Einstandswertverfahren eignet sich insbesondere dann, wenn infolge von Staffelpreisen oder Mengenrabatten nicht mit festen Verkaufspreisen gearbeitet werden kann. Berechnungsgrundlage sind die in der letzten Periode erzielten Handelsspannen je Warengruppe.

07. Wie wird die kurzfristige Erfolgsrechnung im Verkaufswertverfahren durchgeführt?

Es wird zunächst eine Aufteilung der Waren in Warengruppen vorgenommen. Sodann wird der Warenbestand aufgenommen, und zwar bei Einführung des Systems sowohl nach den Einstandspreisen als auch nach den Verkaufspreisen, während in späteren Perioden nur noch die Verkaufspreise festgehalten zu werden brauchen. Es wird nun jeweils der Umsatz und der Wareneingang zu Verkaufspreisen erfaßt. Zu berücksichtigen sind jedoch die Preisänderungen, die auf Preisumzeichnungen, d.h. Herauf- und Herabsetzungen, und auf Preisnachlässen beruhen können. Berücksichtigt man den Einstandswert und den Bestand, so erhält man die tatsächlich erreichte Handelsspanne je Warengruppe für die gewählte Periode.

2.7.5 Statistik und Betriebsvergleich

01. Was versteht man unter einem Betriebsvergleich?

Unter einem Betriebsvergleich versteht man das systematische, zweckbewußte Inbeziehungsetzen von wirtschaftlichen Größen einer oder mehrerer Leistungsbereiche oder Betriebe zwecks Messung und Beurteilung wirtschaftlicher Leistungsfaktoren.

02. Welche Arten von Betriebsvergleichen werden unterschieden?

Man unterscheidet den Zeitvergleich, d.h. den Vergleich effektiver Zahlen eines Betriebes aus verschiedenen Zeitpunkten bzw. Zeiträumen und den Soll-Ist-Vergleich, d.h. den Vergleich effektiver Zahlen eines Betriebes mit betrieblichen Sollzahlen.

03. Welche Bereiche eignen sich relativ gut für einen Betriebsvergleich?

Für einen Betriebsvergleich eignen sich relativ gut die Bereiche Einkauf, Lager, Absatz, Personal, und die Entwicklung der Kosten.

04. Welche Voraussetzungen müssen für einen fundierten Betriebsvergleich vorliegen?

Die Angaben müssen exakt ermittelt werden und die Vergleichsmaßstäbe müssen übereinstimmen. Dabei ist zu bedenken, daß jeder Betrieb seine individuellen Merkmale hat, die eine Vergleichbarkeit des Zahlenmaterials beeinträchtigen könnten.

05. Worauf ist bei Einkaufsstatistiken zu achten?

Einkaufsstatistiken müssen zunächst Preisschwankungen am Beschaffungsmarkt berücksichtigen und diese durch Indexrechnung oder durch Verwendung von Festpreisen eliminieren.

06. Wie kann die Einkaufsstatistik unterteilt werden?

Sie kann einmal die Daten des Beschaffungsmarktes erfassen, d.h. Preise und Anbieter, sie kann eine Bestellstatistik sein und die erteilten Aufträge mengen- und wertmäßig erfassen oder sie kann eine Einkaufsstatistik sein, in der die bezogenen Waren nach Preisen, Mengen, Wert, Qualität, Warengruppen und Abteilungen erfaßt werden.

07. Wie wird die Lagerstatistik geführt?

Die lagernden Waren werden nach dem Warenwert, der Warenart, dem Lagerbestand, der Umschlagshäufigkeit und der Lagerdauer erfaßt und in Beziehung zu den Werten des Vorjahres bzw. zu den Werten vergleichbarer anderer Betriebe gesetzt.

08. Worauf erstreckt sich die Absatzstatistik?

Die Absatzstatistik hat einmal bestimmte Werte - wie den Umsatz pro Kopf der Beschäftigten, pro m2-Verkaufsfläche, pro Abteilung Umsatz je Kunde usw. - zu ermitteln und in Beziehung zu vergleichbaren anderen Betrieben zu setzen und zum anderen nach Warengruppen, Kundenkreisen, Verkaufsgrößenklassen zu erfassen. Auch diese Werte können mit den Werten des Vorjahres oder mit den Werten anderer Betriebe in Beziehung gesetzt werden.

09. Wie lassen sich Kostenstatistiken erstellen?

Kostenstatistiken können im Betriebsvergleich Kostenartenvergleiche, Kostenstellenvergleiche oder Vergleiche für jede Kostenart je Kostenstelle, jede Kostenart je Kostenträger und jede Kostenstelle je Kostenträger sein. Diese Angaben können auch auf den Kopf der Mitarbeiter bezogen sein.

10. Welche Probleme ergeben sich beim Vergleich der Kosten?

Im Bereich der Kosten und des gesamten Rechnungswesens dürften zwischenbetriebliche Vergleiche nur schwer durchführbar sein, da die individuellen Verschiedenheiten der einzelnen Betriebe zu groß sind und sich die Regeln für die Aufstellung von Verrechnungssätzen im Kostenwesen nur schwer verallgemeinern lassen, so daß sich im Bereich des Kostenwesens exakte Angaben eigentlich nur aus dem Bereich des eigenen Unternehmens im Zeitvergleich machen lassen.

11. Was ist die Istkostenrechnung?

Eine Istkostenrechnung liegt vor, wenn die tatsächlich anfallenden Kosten verrechnet werden. Die Istkostenrechnung ist immer eine Vergangenheitsrechnung.

12. Was ist die Normalkostenrechnung?

Eine Normalkostenrechnung liegt vor, wenn bestimmte Kosten nicht mit ihren tatsächlichen, sondern mit durchschnittlichen Mengen und Preisen verrechnet werden. Die Normalkostenrechnung unterstellt die in der Vergangenheit errechneten Werte als richtig.

13. Was ist die Plankostenrechnung?

Plankostenrechnung liegt dann vor, wenn die Kosten aufgrund detaillierter Berechnungen unter Einbeziehung zukünftiger Erwartungen vorgeplant und die Kosten für die einzelnen Kostenstellen und Kostenträger vorgegeben werden.

2.7.5 Statistik und Betriebsvergleich

14. Was ist das Prinzip der Kostenartenrechnung?

Die Kostenartenrechnung dient der systematischen Erfassung aller Kosten, die bei der Erstellung von Leistungen entstehen, und gruppiert sie ihrer Art nach.

15. Wie können die Kostenarten eingeteilt werden?

Die Kostenarten können einmal nach der Art der verbrauchten Produktionsfaktoren und zum anderen nach den betrieblichen Funktionen eingeteilt werden.

16. Welche Kostenarten lassen sich nach der Art der verbrauchten Produktionsfaktoren unterteilen?

Man unterscheidet Personalkosten, Sachkosten wie Roh-, Hilfs- und Betriebsstoffe, Abschreibungen, Kapitalkosten, Kosten für Dienstleistungen Dritter, Kosten für Steuern, Gebühren und Beiträge.

17. Welche Kostenarten lassen sich nach den betrieblichen Funktionen unterscheiden?

Kosten der Beschaffung, Kosten der Lagerhaltung, Kosten der Fertigung, Kosten der Verwaltung, Kosten des Verkaufs.

18. Wie lassen sich die Kosten nach der Art ihrer Verrechnung unterteilen?

Nach der Art der Verrechnung der Kosten lassen sich Einzel- und Gemeinkosten unterscheiden. Die Einzelkosten können pro Kostenträger genau erfaßt werden und werden ihnen daher unmittelbar, d.h. ohne vorherige Verrechnung über die Kostenstellen zugeordnet. Die Gemeinkosten lassen sich nicht direkt auf die Leistung zurechnen, da sie für mehrere oder alle Leistungen der Kostenbereiche entstanden sind. Mithin kann man bei ihnen die Verursachung in der Regel nicht als Verteilungsprinzip anwenden.

19. Was ist die Aufgabe der Kostenstellenrechnung?

Die Kostenstellenrechnung baut auf der Kostenartenrechnung auf und gibt Aufschluß darüber, wo die Kosten im Betrieb angefallen sind. Sie soll einmal eine genaue Zurechnung der Gemeinkosten auf die Kostenträger ermöglichen und zum anderen der Überwachung und Kontrolle der Wirtschaftlichkeit dienen.

20. Wie werden Kostenstellen gebildet?

Kostenstellen können nach betrieblichen Funktionen, nach Verantwortungsbereichen, nach räumlichen und nach rechentechnischen Gesichtspunkten vorgenommen werden.

21. Welche Kostenarten fallen im Handelsunternehmen an?

Im Handelsunternehmen werden die Warenkosten den einzelnen Waren, den Artikel- bzw. Warengruppen oder auch der Abteilung als Kostenträger zugeordnet. Darüber hinaus sind folgende Kostenarten zu berücksichtigen: Personalkosten + Unternehmerlohn oder Personalkosten einschl. Unternehmerlohn, Miete oder Mietwert, Sachkosten für Geschäftsräume, Kosten für Werbung, Gewerbesteuer, Kraftfahrzeugkosten, Zinsen für Fremdkapital, Zinsen für Eigenkapital, Abschreibungen, sonstige Kosten.

22. Welche Kostenstellen fallen im Handelsbetrieb an?

Unter Kostenstellen im Handelsbetrieb sind organisatorisch, arbeits- und kostenmäßig abgrenzbare Teile des Handelsbetriebes zu verstehen. Da die Kostenstellen in Haupt-, Neben- und Hilfskostenstellen unterteilt werden, können im Handelsbetrieb sowohl die Abteilungen als auch die Warengruppen Hauptkostenstellen sein. Nebenkostenstellen könnten mithin das Lager, und Hilfskostenstellen z.B. die Verwaltung, der Strom, der Fuhrpark sein.

23. Was ist ein Betriebsabrechnungsbogen?

Die Kostenstellenrechnung wird entweder kontenmäßig oder aber tabellarisch durch Verwendung eines Betriebsabrechnungsbogens vorgenommen. Auf einem Betriebsabrechnungsbogen werden die einzelnen Kostenarten vertikal und die Kostenstellen horizontal aufgenommen.

24. Was ist die Aufgabe eines Betriebsabrechnungsbogens?

Der Betriebsabrechnungsbogen hat die Aufgabe:

a) Die Kosten, die nicht direkt dem Kostenträger zurechenbar sind, d.h. also die Gemeinkosten, nach dem Verursachungsprinzip auf die Kostenstellen zu verteilen;

b) die Kosten der Hilfskostenstellen auf die Hauptkostenstellen umzulegen;

c) Kalkulationssätze für jede Kostenstelle durch Gegenüberstellung von Einzel- und Gemeinkosten für die Vor- und die Nachkalkulation zu ermitteln und

d) die Berechnung von Kennzahlen zur Kontrolle der Wirtschaftlichkeit der einzelnen Kostenstellen zu ermöglichen.

25. Welches Kalkulationsverfahren findet im Handel Anwendung?

Im Handel wird das Zuschlagsverfahren angewendet. Es unterscheidet sich im Aufbau von dem Zuschlagsverfahren der Industrie. Im Industriebetrieb stehen die produktionstechnischen Vorgänge, im Handelsbetrieb die Einkaufs- und Verkaufstätigkeiten im Vordergrund. Darüber hinaus treten aber auch im Industriebetrieb Einkaufs- und Verkaufsprozesse und im Handelsbetrieb Manipulationsvorgänge, die der Handelsware eine konsumgerechte Form geben sollen, auf. Das

2.7.5 Statistik und Betriebsvergleich

Ziel der Handelskalkulation ist die Erfassung des Güterverbrauchs, der durch den Leistungsprozeß der Handelsbetriebe entsteht und der Ermittlung der besonderen Einkaufs- und Verkaufskosten. Im Vordergrund stehen daher drei Bereiche: die Beschaffungskalkulation, die Leistungskalkulation und die Absatzkalkulation.

26. Was ist die besondere Aufgabe der Kalkulation im Handel?

Es müssen folgende Fragestellungen geklärt werden:

a) Die Ermittlung der Einstandskosten als Preisobergrenze für die Einkäufe,

b) Ermittlung des Brutto-Verkaufspreises als Preisuntergrenze für den Vergleich, ob der Markterlös die kalkulierten Kosten und die veranschlagte Gewinnspanne deckt,

c) Bewertung der Bestände für die Inventur,

d) Errechnung der Differenz zwischen Selbstkosten und Nettoerlös, um festzustellen, ob die Gewinnspanne bei solchen Waren ausreichend ist, bei denen die Preise durch die Konkurrenz bestimmt sind,

e) Durchführung von Kostenvergleichen als innerbetrieblicher Ist-Vergleich oder als Vergleich mit Branchen-Kennziffern.

27. Wie ist die Zuschlagskalkulation im Handel aufgebaut?

Das Schema der Zuschlagskalkulation im Handel lautet:

    Einkaufspreis der Ware
+ <u>Bezugskosten</u>
= Einstandspreis
+ <u>Handlungskosten (Betriebskosten)</u>
= Selbstkosten der Ware
+ <u>Gewinn</u>
= Nettoverkaufspreis der Ware
+ <u>Mehrwertsteuer</u>
= Bruttoverkaufspreis der Ware

28. Was ist der Ausgangspunkt für die Kalkulation im Handel?

Ausgangspunkt für die Kalkulation im Handel ist der Einstandspreis der Ware. Hinzuzurechnen sind die Bezugskosten und abzuziehen sind Rabatte und Skonti. Als Bezugskosten fallen in der Regel Verpackungskosten, Fracht, Rollgelder und Porti an. Die Mehrwertsteuer bleibt unberücksichtigt, da sie nur durchlaufender Posten ist und die Kalkulationsbasis nicht berührt.

29. Was versteht man unter der Handelsspanne?

Unter der Handelsspanne versteht man die Differenz zwischen dem Einstands- und dem Verkaufspreis einer Ware, ausgedrückt in Prozente des Verkaufspreises.

30. Wie kann man die Handelsspannen unterteilen:

Man unterscheidet folgende Arten von Handelsspannen:
Einzelhandels- und Großhandelsspannen, Stückspannen, Warengruppenspannen, Betriebsspannen, Branchenspannen, Handelskettenspannen, Totalspannen, oder nach dem Berechnungszeitpunkt: Sollspannen (Vorkalkulation) und Istspannen (Nachkalkulation). Weitere Möglichkeiten sind: Festspannen, Toleranzspannen (Höchst- und Mindestspannen), individuelle Spannen und kollektive Spannen.

31. Wie werden die Handelsspannen ermittelt?

Man kann die Spannen nach folgenden Methoden ermitteln:

a) Die Preise werden nach dem Kostenprinzip, bzw. nach kalkulierten Spannen gebildet,

b) die Preisbildung vollzieht sich nach dem Erlösprinzip bzw. nach der Konkurrenzlage (Marktspanne),

c) die Preisbildung erfolgt unter Berücksichtigung des Kosten- und Erlösprinzips nach betriebs- oder branchenüblichen Erfahrungssätzen,

d) es bestehen gebundene Spannen.

32. Wie wird der Kalkulationsaufschlag berechnet?

Bezieht man die Betragsspanne in DM auf den Einstandspreis, so erhält man den Kalkulationsaufschlag in Prozenten des Wareneinstandspreises.

$$\text{Kalkulationsaufschlag} = \frac{\text{Handelsspanne} \times 100}{100 - \text{Handelsspanne}}$$

Umgekehrt wird die Handelsspanne wie folgt berechnet:

$$\text{Handelsspanne} = \frac{\text{Kalkulationsaufschlag} \times 100}{100 + \text{Kalkulationsaufschlag}}$$

33. Was versteht man unter dem progressiven Verfahren bei der Kalkulation?

Sofern der Verkaufspreis als Endgröße der Kalkulation ermittelt werden soll, spricht man vom progressiven Verfahren, weil die Kostensätze in Prozenten in progressiver Folge in das Kalkulationsschema aufgenommen werden.

34. Was versteht man unter dem retrograden Verfahren bei der Kalkulation?

Oftmals müssen Einstandskosten errechnet werden, um festzustellen, ob aufgrund eines gegebenen Verkaufspreises die Aufnahme eines Artikels lohnend ist. In diesem Fall knüpft die Rechnung an den Verkaufswert an und ermittelt die vorausgehenden Zwischenwerte in umgekehrter retrograder Folge.

35. Welche Kalkulationsverfahren sind im industriellen Bereich üblich?

Im industriellen Bereich werden die Divisionskalkulation und die Zuschlagskalkulation angewandt. Beide Verfahren sind in mehrfacher Hinsicht in der praktischen Anwendung verfeinert worden.

2.8 Betriebliches Finanz- und Rechnungswesen

2.8.1 Gliederung der Bilanz und der Gewinn- und Verlustrechnung

01. Wie wird das Rechnungswesen unterteilt?

Das Rechnungswesen wird seit der 1937 vom damaligen Reichswirtschaftsminister in einem Erlaß festgelegten Unterteilung in Buchhaltung und Bilanz (als Zeitrechnung); in Selbstkostenrechnung oder Kalkulation (als Stückrechnung), in Planung (als Vorausschau von Zahlen, in denen sich Entscheidungen und Maßnahmen der Unternehmungen niederschlagen) und in Statistik (als Vergleichsrechnung) aufgeteilt.

02. Welche Aufgaben sind dem Rechnungswesen einer Unternehmung gestellt?

Das Rechnungswesen einer Unternehmung soll ein Abbild des Wirtschaftsgeschehens dieses Unternehmens geben. Anhand der wirtschaftlichen Vorgänge soll das Rechnungswesen diejenigen Tatbestände herausstellen, die sich rechnerisch darstellen lassen und geeignet sind, die Wirklichkeit inhaltsgetreu wiederzugeben. Der Zweck des Rechnungswesens ist aber auch die Erfüllung einer gesetzlich vorgeschriebenen, im Interesse der Eigentümer liegenden und für weitere Dispositionen notwendigen Informationsaufgabe.

03. Welche Bedeutung hat der Jahresabschluß aufgrund rechtlicher Vorschriften?

Das deutsche Recht muß aufgrund des EG-Vertrages zwingend europäischen Rechtsvereinheitlichungen angepaßt werden. Zu diesem Zweck erläßt die EG Richtlinien, die in nationales Recht umgesetzt werden. Der Erlaß der sog. 4., 7. und 8. Richtlinien des Rates der EG zur Koordinierung des Gesellschaftsrechts hat zur Änderung von 39 deutschen Gesetzen und zum Erlaß des Bilanzrichtliniengesetzes geführt, das am 1.1.1986 in Kraft getreten ist. Gleichzeitig ist ein neues drittes Buch des HGB geschaffen worden. Der Begriff der Kapitalgesellschaft wird bereits in der Überschrift des zweiten Abschnittes des dritten Buches des HGB abgegrenzt; es werden als Kapitalgesellschaften die Aktiengesellschaft, die Kommanditgesellschaft auf Aktien und die Gesellschaft mit beschränkter Haftung aufgezählt.

04. Was ist die Aufgabe der Buchführung?

Die Buchführung hat vielfältige Aufgaben zu erfüllen. Sie muß

a) den gesetzlichen Anforderungen genügen und die Verpflichtungen erfüllen, die der Gesetzgeber an die Gewerbetreibenden stellt,

b) dem Betrieb selbst jederzeit einen lückenlosen und wahrheitsgemäßen Stand des Vermögens, der Schulden und der Geschäftsvorfälle gestatten,

2.8.1 Gliederung der Bilanz und der Gewinn- und Verlustrechnung 221

c) die Höhe des im Betrieb arbeitenden Kapitals ausweisen,

d) die Herkunft und die Veränderungen der Vermögens- und Schuldenwerte aufzeichnen,

e) den Erfolg des Betriebs ermitteln.

05. Warum muß die Buchführung korrekt und jederzeit auf dem laufenden sein?

Kein Betrieb kann für sich allein existieren. Zulieferer und Abnehmer erwarten, daß sie es mit einem Unternehmer zu tun haben, der seine Verpflichtungen aus laufenden Verträgen erfüllt. Das setzt voraus, daß die Geschäftsvorfälle vollständig und richtig erfaßt werden. Schließlich hat das Unternehmen Verpflichtungen gegenüber dem Staat und der Gemeinde, die erwarten, daß das Unternehmen seine Steuern aufgrund korrekter Angaben pünktlich zahlt.

06. Warum ist eine laufende Buchführung erforderlich?

Durch die Vielfalt der täglichen Geschäftsvorfälle, wie Einkauf und Verkauf von Waren, ändern sich die geschäftliche Situation und der Stand des Vermögens und der Schulden ständig. Damit die Übersicht nicht verlorengeht, ist eine laufende Verbuchung aller Geschäftsvorfälle dringend geboten.

07. Welche konkreten Aufgaben muß die Buchhaltung erfüllen?

a) Die Ermittlung des Vermögens und der Schulden in regelmäßigen Abständen, mindestens jedoch zum Ende eines Wirtschaftsjahres, sicherstellen,

b) Art, Ursache und Höhe der Veränderungen durch die einzelnen Geschäftsvorfälle im Laufe einer Rechnungsperiode festhalten,

c) die Feststellung des betrieblichen Erfolges, d.h. des Gewinns oder Verlustes durch Aufzeichnung aller Aufwendungen und Erträge gestatten,

d) Kosten und Leistungen zum Zwecke der Kalkulation erfassen,

e) Grundlage für Vergleichs- und Meßzahlen im Hinblick auf eine statistische Auswertung der Ergebnisse und für die Planungen der Zukunft sein,

f) Auskünfte der Gläubiger, Kreditinstitute und Geschäftspartner gestatten,

g) dem Finanzamt die Überprüfung der Unterlagen zum Zwecke der Besteuerung gestatten.

08. Was ist die Aufgabe der Kostenrechnung?

Die Kostenrechnung ist eine Leistungs- und Stückrechnung, d.h. sie verwendet die Zahlen der Buchführung für die Kalkulation.

09. Welche Aufgabe hat die Statistik?

Die Statistik dient als Vergleichsrechnung, indem sie die Betriebsergebnisse der einzelnen Bereiche verschiedener Jahre gegenüberstellt.

10. Was ist die Aufgabe der Planung?

Die Planung ist eine Vorausschau, die aus den Zahlen der Buchhaltung, der Statistik und der Kostenrechnung die künftige Entwicklung abzuschätzen und durch entsprechende Dispositionen zu beeinflussen sucht.

11. Welche konkreten Angaben kann man mit Hilfe der Buchführung erhalten?

Den Stand der Forderungen gegenüber den Kunden, die Höhe der Lieferantenschulden, den Wert des Warenlagers, die Umsatzentwicklung, die Höhe der Personalkosten, den betrieblichen Erfolg und die Veränderung des Kapitals.

12. Welche Funktionen muß die Buchführung erfüllen?

Das Sammeln und Sortieren von Belegen, das Buchen der Belege auf den vorgeschriebenen Konten, das Erstellen einer Bilanz als Übersicht der Geschäftsentwicklung eines bestimmten Zeitraumes.

13. Wer ist gesetzlich zur Buchführung verpflichtet?

Nach dem Handelsrecht sind alle Vollkaufleute verpflichtet, Bücher zu führen und regelmäßig Abschlüsse aufgrund jährlicher Bestandsaufnahmen zu machen. Für Zwecke der Besteuerung unterliegen nach § 141 der Abgabenordnung alle Unternehmer und Unternehmen über die Mindestbuchführungspflicht hinaus einer besonderen Buchführungspflicht, die nach den bei der letzten Veranlagung getroffenen Feststellungen eine der folgenden Bedingungen erfüllen:

a) einen Gesamtumsatz von mehr als 500.000,- DM im Kalenderjahr,

b) ein Betriebsvermögen von mehr als 125.000,- DM,

c) einen Gewinn aus Gewerbebetrieb von mehr als 36.000,- DM im Wirtschaftsjahr oder

d) einen Gewinn aus Land- und Forstwirtschaft von mehr als 36.000,- DM im Kalenderjahr.

14. Was ist der Unterschied zwischen der einfachen und der doppelten Buchführung?

Die einfache Buchführung erfaßt alle Geschäftsvorfälle nur in chronologischer Reihenfolge. Sie hält lediglich die Kassenvorgänge und den Kunden- und Lieferantenverkehr sowie den Wareneinkauf und -verkauf fest. Sie verzichtet auf eine gesonderte Erfassung der Aufwendungen und der Erträge. Sie ist daher in weiten Bereichen unvollständig. Sie macht jedoch die Aufstellung einer Bilanz zur Pflicht, dagegen fehlt die Gewinn- und Verlustrechnung.

Eine sinnvolle kaufmännische Buchführung kann mithin nur mittels der doppelten Buchführung durchgeführt werden. Doppelte Buchführung bedeutet, daß jeder Geschäftsvorfall doppelt, d.h. auf zwei verschiedenen Konten und Seiten verbucht wird. Mit Hilfe der doppelten Buchführung ist es u.a. möglich, die Kosten exakt zu erfassen und eine einwandfreie Gewinn- und Verlustrechnung zu erstellen.

15. Welche Vorschriften gelten im Hinblick auf die Mindestbuchführung?

Es müssen geführt werden:

a) das Geschäftstagebuch, das in zeitlicher Reihenfolge alle Geschäftsvorfälle enthält und täglich laufend und lückenlos geführt werden muß. Erfaßt werden Einnahmen und Ausgaben aus der Kasse nach dem Kassenbericht, Postgiro und Banken, getrennt nach Betriebskosten, Privatentnahmen, Wareneinkäufen und -verkäufen und die sonstigen Geschäftsvorfälle;

b) das Wareneingangsbuch. Es soll eine verläßliche Grundlage für die Kalkulation bilden: Einstandspreise, getrennte Erfassung der Warennebenkosten, der Rabatte und Retouren;

c) der Kassenbericht, der alle täglichen Kassengeschäfte (Einnahmen und Ausgaben) erfaßt;

d) fortlaufende Aufzeichnungen der Debitoren und Kreditoren;

e) ein Inventarbuch und die Bilanzen.

16. Was bezeichnet man als Grundsätze ordnungsgemäßer Buchführung?

Jede Buchführung muß den Grundsätzen ordnungsmäßiger kaufmännischer Gepflogenheiten entsprechen. Die Buchungen und sonstigen Aufzeichnungen müssen richtig, zeitgerecht, vollständig, geordnet und in den Schriftzeichen einer lebenden Sprache abgefaßt sein. Alle Bücher müssen gebunden und die Blätter oder Seiten mit fortlaufenden Zahlen versehen sein.

17. Welche Aufbewahrungspflichten bestehen?

Nach dem neuen § 257 HGB ist jeder Kaufmann verpflichtet, folgende Unterlagen geordnet aufzubewahren: Handelsbücher, Inventare, Eröffnungsbilanzen, Jahresabschlüsse, Lageberichte, Konzernabschlüsse, Konzernlageberichte, empfangene Handelsbriefe, Wiedergaben abgesandter Handelsbriefe und Buchungsbelege. Mit Ausnahme der Bilanzen können die Unterlagen auch auf Datenträgern aufbewahrt werden.

Nach § 147 HGB müssen Bücher und Aufzeichnungen, Inventare und Bilanzen 10 Jahre, alle Buchungsbelege, empfangene und die Durchschriften abgesandter Geschäftsbriefe sowie sonstige für die Besteuerung wichtige Unterlagen 6 Jahre aufbewahrt werden, um die Möglichkeit einer Nachprüfung zu haben. Die Aufbewahrungsfrist beginnt mit dem Ablauf des Kalenderjahres, in dem die letzte Eintragung getätigt worden ist. Die Aufbewahrungspflicht läuft jedoch nicht ab, soweit und solange die Unterlagen für Steuern von Bedeutung sind, für welche die Festsetzungsfrist noch nicht abgelaufen ist.

18. Welche Folgen treten bei Verstößen gegen eine ordnungsgemäße Buchführung ein?

Im Falle der Unvollständigkeit oder formellen bzw. sachlichen Unrichtigkeit der Bücher und Aufzeichnungen kann die Buchführung vom Finanzamt verworfen werden. Das Finanzamt kann dann die Besteuerungsgrundlagen schätzen. Die Verletzung der Buchführungspflicht ist nach dem Strafgesetzbuch strafbar. Für die Inanspruchnahme der verschiedensten Steuervergünstigungen hat der Gesetzgeber neuerdings auf das Erfordernis einer ordnungsgemäßen Buchführung verzichtet.

19. Was sind Inventur und Inventar?

Die Inventur ist die körperliche Bestandsaufnahme aller betrieblichen Vermögensgegenstände. Sie findet ihren Niederschlag zu Beginn eines Handelsgewerbes und am Schluß eines jeden Geschäftsjahres. Das Inventar ist ein Bestands- und Vermögensverzeichnis, das neben den durch die Inventur ermittelten Werten auch die Forderungen und Schulden enthält.

20. Welche Verpflichtungen bestehen im Hinblick auf die Inventur?

Die Inventur wird mengenmäßig (körperlich) durch Zählen, Messen, Wiegen und evtl. Schätzen und wertmäßig aus den Geschäftsbüchern durchgeführt und soll feststellen, ob die in den Geschäftsbüchern enthaltenen Werte tatsächlich vorhanden sind.

Die gesetzliche Verpflichtung, zum Ende eines Wirtschaftsjahres eine Inventur durchzuführen ergibt sich nach Einführung des Bilanzrichtliniengesetzes nach dem Handelsrecht aus den §§ 240 ff, 246 ff, 252 ff und 278 ff HGB sowie nach dem Steuerrecht aus § 141 der Abgabenordnung.

21. Wie wird die Inventur durchgeführt?

Die Durchführung der Inventur erfordert große Sorgfalt. Für die Inventur ist eine genaue Aufnahmezeit festzulegen. Zu achten ist auf eine besondere Behandlung von Kommissionswaren und sonstigen fremden Eigentums. Ferner müssen Doppelzählungen vermieden und der Betriebsablauf darf nicht über Gebühr beeinträchtigt werden. Die Inventurlisten müssen von den aufnehmenden und an der Erfassung beteiligten Personen unterschrieben werden.

22. Welche Arten von Inventuren kennt man?

Man unterscheidet die Stichtagsinventur, die permanente Inventur und die zeitlich verlegte Inventur.

2.8.1 Gliederung der Bilanz und der Gewinn- und Verlustrechnung

23. Was ist eine Bilanz und wie ist sie aufzustellen?

Eine Bilanz ist ein Abschluß, der die Aktiva (links) und die Passiva (rechts) gegenüberstellt und eine selbständige Übersicht über das Verhältnis beider gewährt. Diese Vermögensaufstellung enthält auf der Aktivseite die vorhandenen Vermögenswerte und auf der Passivseite die Schulden (das Fremdkapital) sowie das Eigenkapital, das in dem Betrieb vorhanden ist.

Die Bilanz ist gemäß § 266 HGB in Kontoform aufzustellen. Für alle Kapitalgesellschaften ist eine verbindliche Gliederung vorgeschrieben, die für große und mittelgroße Gesellschaften noch im einzelnen genau untergliedert ist.

24. Wie wird das Vermögen in der Bilanz gegliedert?

Das Vermögen wird in Anlage- und in Umlaufvermögen gegliedert.

25. Was versteht man unter Anlagevermögen?

Zum Anlagevermögen gehören die Wirtschaftsgüter, die dazu bestimmt sind, dauernd dem Betrieb zu dienen. Es handelt sich um Anlagegüter, die nicht der Abnutzung unterliegen (z.B. Grund und Boden) und abnutzbare Anlagegüter (z.B. Gebäude, Maschinen).

26. Wie ist das Anlagevermögen gemäß § 267 HGB gegliedert?

Nach § 267 HGB erstreckt sich die Mindestgliederung des Anlagevermögens auf folgende Positionen: I. Immaterielle Vermögensgegenstände (das sind 1. Konzessionen, gewerbliche Schutzrechte und ähnliche Rechte und Werte sowie Lizenzen aus solchen Rechten und Werten, 2. der Geschäfts- oder Firmenwert, 3. geleistete Anzahlungen). II. Sachanlagen (d.h. 1. Grundstücke, grundstücksgleiche Rechte und Bauten einschließlich der Bauten auf fremden Grundstücken, 2. technische Anlagen und Maschinen, 3. andere Anlagen, Betriebs- und Geschäftsausstattung, 4. geleistete Anzahlungen und Anlagen im Bau). III. Finanzanlagen (dazu gehören: 1. Anteile an verbundenen Unternehmen, 2. Ausleihungen an verbundene Unternehmen, 3. Beteiligungen, 4. Ausleihungen an Unternehmen, mit denen ein Beteiligungsverhältnis besteht, 5. Wertpapiere des Anlagevermögens, 6. sonstige Ausleihungen).

27. Wovon ist die Zusammensetzung des Anlagevermögens abhängig?

Die Zusammensetzung des Anlagevermögens ist abhängig von der Branche, dem Produktions- oder Dienstleistungsprogramm, dem Sortiment und der Investitionspolitik.

28. Was ist das Umlaufvermögen?

Das Umlaufvermögen ist der eigentliche Gewinnträger und unterliegt im Geschäftsablauf ständigen Veränderungen.

29. Wie wird das Umlaufvermögen gemäß § 267 HGB gegliedert?

I. Vorräte (1. Roh-, Hilfs- und Betriebsstoffe, 2. unfertige Erzeugnisse, unfertige Leistungen, 3. fertige Erzeugnisse und Waren, 4. geleistete Anzahlungen).
II. Forderungen und sonstige Vermögensgegenstände (1. Forderungen aus Lieferungen und Leistungen, 2. Forderungen gegen verbundene Unternehmen, 3. Forderungen gegen Unternehmen, mit denen ein Beteiligungsverhältnis besteht, 4. sonstige Vermögensgegenstände). III. Wertpapiere (Anteile aus verbundenen Unternehmen, eigene Anteile, sonstige Wertpapiere). IV. Schecks, Kassenbestand, Bundesbank- und Postgiroguthaben, Guthaben bei Kreditinstituten.

30. Wie werden Kapital und Verbindlichkeiten in der Bilanz gegliedert?

A: Eigenkapital: I. gezeichnetes Kapital, II. Kapitalrücklage, III. Gewinnrücklage, IV. Gewinnvortrag/Verlustvortrag, V. Jahresüberschuß/Jahresfehlbetrag. B: Rückstellungen (für Pensionen, Steuerrückstellungen, sonstige Rückstellungen). C: Verbindlichkeiten (Anleihen, Verbindlichkeiten gegenüber Kreditinstituten, erhaltene Anzahlungen auf Bestellungen, Verbindlichkeiten aus Lieferungen und Leistungen, Wechselverbindlichkeiten, Verbindlichkeiten gegenüber verbundenen Unternehmen und aus Beteiligungsverhältnissen, sonstige Verbindlichkeiten.

31. Wie wird das Reinvermögen errechnet?

Sind die Aktiva größer als die Schulden (Fremdkapital), ist Reinvermögen vorhanden.

32. Welche Verpflichtungen hat der Kaufmann im Hinblick auf die Bilanz?

Nach § 242 HGB hat der Kaufmann zu Beginn seines Handelsgewerbes und für den Schluß eines jeden Geschäftsjahres einen das Verhältnis seines Vermögens und seiner Schulden darstellenden Abschluß (Bilanz) aufzustellen. Er hat ferner für den Schluß eines jeden Geschäftsjahres eine Gegenüberstellung der Aufwendungen und Erträge des Geschäftsjahres (Gewinn- und Verlustrechnung) aufzustellen. Bilanz und Gewinn- und Verlustrechnung bilden den Jahresabschluß. Der Jahresabschluß ist nach den Grundsätzen ordnungsgemäßer Buchführung aufzustellen; er muß klar und übersichtlich sein und ist in deutscher Sprache und in Deutscher Mark aufzustellen. Der Jahresabschluß ist vom Kaufmann unter Angabe des Datums zu unterzeichnen. Sind mehrere persönlich haftende Gesellschafter vorhanden, so haben sie alle zu unterzeichnen.

33. Welche Grundsätze gelten für die Aufstellung einer Bilanz?

Die Prinzipien der Bilanzwahrheit, der Bilanzklarheit und der Bilanzkontinuität.

34. Was versteht man unter der Bilanzwahrheit?

Das Prinzip der Bilanzwahrheit besagt, daß die tatsächlichen Werte eingesetzt werden. Die Bilanz muß sachlich richtig sein.

2.8.1 Gliederung der Bilanz und der Gewinn- und Verlustrechnung

35. Was versteht man unter der Bilanzklarheit?

Die einzelnen Positionen müssen klar und übersichtlich gegliedert sein. Es ist kein Saldieren von Forderungen und Schulden gestattet (keine Sammelposten!).

36. Was versteht man unter der Bilanzkontinuität?

Die Bilanzkontinuität muß sowohl formal als auch materiell gegeben sein. Die formale Bilanzkontinuität besagt, daß die Schlußbilanz des abgelaufenen Jahres mit der Eröffnungsbilanz des folgenden Jahres übereinstimmen muß. Die materielle Bilanzkontinuität besagt, daß eine gleichmäßige Bewertung der Vermögens- und Schuldenwerte von Jahr zu Jahr zum Zwecke der Vergleichbarkeit und der richtigen Beurteilung der Entwicklung der gesamten Vermögens- und Kapitalstruktur gegeben sein muß.

37. Was ist der Unterschied zwischen der Handelsbilanz und der Steuerbilanz?

Die Steuerbilanz wird aus der Handelsbilanz abgeleitet und hat das Ziel einer Ermittlung des tatsächlichen Gewinns als Grundlage der Besteuerung (EStG). Hingegen ist in der Handelsbilanz der Gewinn vorsichtiger berechnet (Grundsatz der vorsichtigen Bewertung). So kann der Gewinn absichtlich zugunsten offener oder stiller Reserven gekürzt sein (weitgehende Bewertungsfreiheit).

38. Welche Sonderbilanzen werden unterschieden?

Im Gegensatz zu den periodischen Bilanzen, d.h. den Jahresbilanzen (Handelsbilanz und Steuerbilanz) ist bei den Sonderbilanzen nicht der Ablauf einer Periode der Erstellungsgrund, sondern ein sachlicher Anlaß im Unternehmen. Man unterscheidet:

- Gründungsbilanzen: Sie sind bei der Gründung eines Unternehmens zu erstellen.

- Umwandlungsbilanzen: Sie werden erstellt, wenn ein Unternehmen von einer Rechtsform in eine andere umgewandelt wird.

- Auseinandersetzungsbilanzen: Sie sind zu erstellen, wenn Gesellschafter bei Personengesellschaften oder GmbH´s ausscheiden.

- Fusionsbilanzen: Sie sind zu erstellen, wenn mehrere rechtlich selbständige Unternehmen zu einer neuen Gesellschaftsform verschmolzen werden.

- Sanierungsbilanzen: Sie sind zu erstellen, wenn sich ein Unternehmen in finanziellen Schwierigkeiten befindet und durch Sanierungsmaßnahmen überbrücken will, wie z.B. durch Kapitalherabsetzung, Zuzahlungen der Gesellschafter, Zahlungsaufschub durch die Gläubiger, Teilverzicht durch die Gläubiger.

- Liquidationsbilanzen: Sie sind zu erstellen, wenn ein Unternehmen aufgelöst wird.

- Konkursbilanzen: Sie sind zu erstellen, wenn ein Unternehmen aufgrund von Zahlungsschwierigkeiten bzw. Überschuldung zwangsweise aufgelöst wird.

- Vergleichsbilanzen: Sie sind zu erstellen, wenn ein Unternehmen, das sich in finanziellen Schwierigkeiten befindet, auf Kosten und mit Zustimmung der Gläubiger seine Tätigkeit aufrecht erhält, um einen Konkurs zu vermeiden.

39. Wie werden Kapitalgesellschaften unterteilt?

§ 267 HGB differenziert die Kapitalgesellschaft in kleine, mittelgroße und große Kapitalgesellschaften. Die Bedeutung der Differenzierung beruht darauf, daß für kleine und mittelgroße Kapitalgesellschaften im Vergleich zu großen Kapitalgesellschaften unterschiedliche Erleichterungen eingeräumt sind. Kriterien für die Unterscheidung sind die Bilanzsumme, die Umsatzerlöse und die Zahl der Beschäftigten. Es müssen jeweils 2 der drei großen Kriterien erfüllt sein.

	Bilanzsumme	Umsatzerlöse	Beschäftigte
Kleine Kapitalgesellschaft § 267 Abs. 1 HGB	< 3,9 Mio	< 8 Mio	< 50
mittelgroße Kapitalgesell. § 267 Abs. 2 HGB	> 3,9-15,5	> 8-32 Mio	51-250
große Kapitalgesell. § 267 Abs. 3 HGB	> 15,5 Mio	> 32 Mio	> 250

Der gemäß § 264 HGB aufzustellende Jahresabschluß ist in den ersten 3 Monaten des Geschäftsjahres für das vergangene Geschäftsjahr aufzustellen. Kleine Kapitalgesellschaften dürfen den Jahresabschluß innerhalb von 6 Monaten aufstellen, wenn dies einem ordnungsgemäßen Geschäftsgang entspricht.

40. Welche Vorschriften gelten für die Gewinn- und Verlustrechnung?

Die Gewinn- und Verlustrechnung ist nach 275 HGB in Staffelform nach dem Gesamtkostenverfahren oder dem Umsatzkostenverfahren aufzustellen. Wird das *Gesamtkostenverfahren* angewandt, so sind auszuweisen: 1. die Umsatzerlöse, 2. Erhöhung oder Verminderung des Bestandes an fertigen oder unfertigen Erzeugnissen, 3. andere aktivierte Eigenleistungen, 4. sonstige betriebliche Erträge, 5. Materialaufwand, 6. Personalaufwand, 7. Abschreibungen, 8. sonstige betriebliche Aufwendungen, 9. Erträge aus Beteiligungen, 10. Erträge aus Wertpapieren, 11. Zinserträge, 12. Abschreibungen, 13. Zinsaufwendungen, 14. Ergebnis der gewöhnlichen Geschäftstätigkeiten, 15. außerordentliche Erträge, 16. außerordentliche Aufwendungen, 17. außerordentliche Ergebnisse, 18. Steuern vom Einkommen und vom Ertrag, 19. sonstige Steuern, 20. Jahresüberschuß/Jahresfehlbetrag.

Bei Anwendung des *Umsatzkostenverfahrens* sind auszuweisen: 1. Umsatzerlöse, 2. Herstellungskosten, 3. Bruttoergebnis vom Umsatz, 4. Vertriebskosten, 5. allgemeine Verwaltungskosten, 6. sonstige betriebliche Erträge, 7. sonstige betriebliche Aufwendungen, 8. Erträge aus Beteiligungen, 9. Erträge aus Wertpapieren, 10. Zinserträge, 11. Abschreibungen, 12. Zinsaufwendungen, 13. Ergebnis der ge-

2.8.1 Gliederung der Bilanz und der Gewinn- und Verlustrechnung 229

wöhnlichen Geschäftstätigkeit, 14. außergewöhnliche Erträge, 15. außergewöhnliche Aufwendungen, 16. außerordentliches Ergebnis, 17. Steuern vom Einkommen und Ertrag, 18. sonstige Steuern, 19. Jahresüberschuß/Jahresfehlbetrag.

41. Warum ist eine kurzfristige Erfolgsrechnung notwendig?

Die für jeweils ein Wirtschaftsjahr durchgeführte Gewinn- und Verlustrechnung steht zu spät zur Verfügung, um dem Unternehmer als Instrument einer aktiven Beeinflussung des Geschäftsablaufs dienen zu können. Das Unternehmen braucht jedoch kurzfristige Übersichten über den betrieblichen Erfolg, um sich in seiner Absatzpolitik auf veränderte Gegebenheiten einstellen zu können. Diesem Ziel dient die kurzfristige Erfolgsrechnung.

42. Welche Schritte müssen bei der Einführung der kurzfristigen Erfolgsrechnung beachtet werden?

Zunächst muß ein Warengruppenplan aufgestellt werden. Anschließend sind der Umsatz, der Wareneingang, Preisänderungen und der Warenbestand zu ermitteln.

43. Was ist Deckungsbeitrag und was bezweckt die Deckungsbeitragsrechnung?

Deckungsbeitrag ist die Differenz zwischen den Erlösen eines Betriebes und den variablen Kosten der gleichen Geschäftsperiode. Aus dem Deckungsbeitrag sind alle fixen Kosten zu decken, bevor ein Gewinn entsteht. Die Deckungsbeitragsrechnung geht einen Schritt weiter als die oben genannten Verfahren, bei denen nur Wareneinstandskosten, nicht aber die übrigen fixen und variablen Kosten berücksichtigt werden. Die Deckungsbeitragsrechnung als kurzfristige Erfolgsrechnung ist in zwei Formen möglich:

1. als Teilkostenrechnung auf Grenzkostenbasis (direct costing) und
2. auf der Basis einer Einzelkostenrechnung.

44. Welche Verfahren sind im Rahmen der kurzfristigen Erfolgsrechnung üblich?

Im Handel ist die Bruttoertragsrechnung üblich, bei der den Kostenträgern, d.h. den Warengruppen, die Wareneinstandskosten als Einzelkosten direkt zugeordnet werden. Dies geschieht entweder im Wege des Verkaufswertverfahrens oder des Einstandswertverfahrens. Es ist aber auch die sog. Deckungsbeitragsrechnung möglich.

45. Was versteht man unter einem Betriebsvergleich?

Unter einem Betriebsvergleich versteht man den zahlenmäßigen Vergleich betrieblicher Vorgänge, Entwicklungen und Zustände entweder innerhalb eines Betriebes zu verschiedenen Zeiten (innerbetrieblicher Vergleich) oder in verschiedenen Bereichen eines Wirtschaftszweiges (zwischenbetrieblicher Vergleich).

46. Wie kann der innerbetriebliche Vergleich durchgeführt werden?

Der innerbetriebliche Vergleich kann auf drei Arten durchgeführt werden: als Zeitvergleich, als Soll-Ist-Vergleich und als Verfahrensvergleich.

47. Wie wird der Zeitvergleich durchgeführt?

Beim Zeitvergleich werden bestimmte betriebliche Größen, wie z.B. der Umsatz, die Zahl der Beschäftigten, die Kosten oder die Ergebnislage des eigenen Betriebes an verschiedenen Zeitpunkten bzw. innerhalb verschiedener Zeiträume untersucht.

48. Wie wird der Soll-Ist-Vergleich durchgeführt?

Beim Soll-Ist-Vergleich werden die gleichen betrieblichen Bereiche zum gleichen Zeitpunkt oder für gleiche Zeiträume gegenübergestellt, und zwar mit den Wertansätzen der Sollwerte, z.B. den Plankosten einer Kostenstelle und den geplanten Umsätzen, die in Beziehung zu den ermittelten Ist-Werten gesetzt werden.

49. Wie wird der Verfahrensvergleich durchgeführt?

Beim Verfahrensvergleich werden verschiedene betriebliche Verfahren im gleichen Zeitpunkt oder für gleiche Zeiträume miteinander verglichen.

50. Wie kann der zwischenbetriebliche Vergleich durchgeführt werden?

Der zwischenbetriebliche Vergleich kann als Vergleich von Betrieben desselben Wirtschaftszweiges, von Betrieben verschiedener Wirtschaftszweige und als Richtzahlenvergleich durchgeführt werden.

51. Wie wird der Vergleich von Betrieben desselben Wirtschaftszweiges durchgeführt?

Beim Vergleich von Betrieben desselben Wirtschaftszweiges werden gleiche Faktoren verschiedener Betriebe zum gleichen Zeitpunkt oder in einem gleichen Zeitraum einander gegenübergestellt, so z.B. die Umsatzentwicklung im gesamten Lebensmitteleinzelhandel. Insbesondere im Handel wird z.B. der Umsatz je beschäftigter Person oder je m2 Verkaufsfläche zum Vergleichsmaßstab genommen.

52. Wie wird der Vergleich von Betrieben verschiedener Wirtschaftszweige durchgeführt?

Bei dieser Vergleichsform werden die Daten der Branche mit den gleichen Faktoren anderer Branchen zu einem bestimmten Zeitpunkt verglichen.

53. Wie wird der Richtzahlenvergleich durchgeführt?

Beim Richtzahlenvergleich werden betriebseigene Kennzahlen mit den Branchendurchschnittszahlen verglichen.

54. Welche Voraussetzungen müssen gegeben sein, um einen Betriebsvergleich durchführen zu können?

Voraussetzung für jeden Betriebsvergleich ist, daß die betrieblichen Zahlen, mit denen man arbeiten will, auch tatsächlich vergleichbar sind. In vielen Fällen bedeutet dies, daß die Zeiträume verändert werden müssen, oder daß das Rechnungswesen verändert und den zu vergleichenden Daten angepaßt werden muß.

55. Wie läßt sich eine Vergleichbarkeit herstellen?

Um beim Betriebsvergleich zu aussagefähigen Zahlen zu kommen, müssen verschiedene Probleme gelöst werden, z.B. müssen Preisschwankungen und inflationäre Entwicklungen berücksichtigt werden. Dies kann geschehen, indem man entweder Indexrechnungen einführt oder feste Verrechnungspreise verwendet.

2.8.2 Bilanzierungs- und Bewertungsgrundsätze von Wirtschaftsgütern

01. Was ist der Zweck der Bewertung?

Da nur wenige Werte, etwa die Bankguthaben, den Geschäftsbüchern entnommen werden können, ist eine Bewertung der Bilanzpositionen erforderlich.

02. Welche Prinzipien müssen bei der Bewertung grundsätzlich beachtet werden?

Bei der Bewertung gelten folgende grundsätzliche Prinzipien:
Die Bewertungsstetigkeit, die Wertfortführung und die Maßgeblichkeit handelsrechtlicher vor steuerrechtlichen Bewertungsvorschriften.

03. Was besagt das Prinzip der Bewertungsstetigkeit?

Das einmal eingeführte Bewertungsverfahren kann nicht ohne weiteres geändert werden, sondern nur dann, wenn wichtige wirtschaftliche Gründe vorliegen. Auf diese Weise soll die Vergleichbarkeit der Ergebnisse verschiedener Jahre gewährleistet werden.

04. Was besagt das Prinzip der Wertfortführung?

Dieses Prinzip besagt, daß einmal ausgewiesene Werte später nicht erhöht werden dürfen.

05. Was besagt das Prinzip der Maßgeblichkeit handelsrechtlicher vor steuerrechtlichen Bewertungsvorschriften?

Dieses Prinzip besagt, daß trotz unterschiedlicher handels- und steuerrechtlicher Bewertungsvorschriften die handelsrechtlichen Bewertungsvorschriften immer richtungsweisend sind.

06. Welche Bedeutung hat die Warenbewertung im Handelsbetrieb?

Die Betriebshandelsspanne wird über die Bewertung des Warenlagers direkt beeinflußt. Da der Wareneinsatz nach der Regel "Anfangsbestand + Wareneingang ./. Endbestand = Wareneinsatz" einer Periode berechnet wird, erhöht sich der Wareneinsatz im Falle einer zu niedrigen Bewertung und umgekehrt.

07. Welche Kosten unterscheidet man bei der Bewertung?

Man unterscheidet die Anschaffungs- und die Herstellungskosten.

08. Was versteht man unter den Anschaffungskosten?

Unter die Anschaffungskosten fallen alle Kosten, die bei der Beschaffung von Sachanlagen und Vorräten einschließlich aller Nebenkosten wie Fracht, Verpackung, Zoll, Montage anfallen. Die Anschaffungskosten werden gemindert durch Nachlässe, wie z.B. Rabatte.

09. Was versteht man unter den Herstellungskosten?

Herstellungskosten sind alle Kosten, die bei der Fertigung im eigenen Betrieb anfallen, wie Produktionskosten, Fertigungsmaterial, Lohn, Sondereinzelkosten, Energiekosten. Nicht zu den Herstellkosten zählen die Vertriebskosten und die produktionsbezogenen Verwaltungskosten.

10. Was versteht man unter dem Börsen- oder Marktwert?

Der Börsen- oder Marktwert ist der Wert oder Preis, den das Gut am Stichtag am Markt oder an der Börse erzielt.

11. Was versteht man unter dem Tages- oder Zeitwert?

Sofern ein Börsen- oder Marktwert für ein Wirtschaftsgut nicht festzustellen ist, tritt an seine Stelle der Tages- oder Zeitwert, der den Kosten der Wiederbeschaffung bzw. der Wiederherstellung für das betreffende Wirtschaftsgut am Tag der Bewertung entspricht.

12. Was versteht man unter dem Niederstwertprinzip?

Als Höchstgrenze für die Bewertung gelten die Anschaffungs- oder Herstellungskosten, die beim Anlagevermögen um die Abschreibungen zu berichtigen sind. Beim Umlaufvermögen sowie bei Beteiligungen ist hingegen der Börsen- oder Marktpreis dann anzusetzen, wenn er unter dem Anschaffungswert liegt.

13. Was versteht man unter dem Prinzip der Bilanzvorsicht?

Das Vermögen soll eher zu niedrig als zu hoch bewertet werden, um der Unberechenbarkeit der wirtschaftlichen Entwicklung vorzubeugen.

14. Welche Bewertungsverfahren beim Vorratsvermögen kennt man?

Nach § 155 AktG kennt man die lifo-Methode, die fifo-Methode, die hifo-Methode.

15. Was besagt die lifo-Methode?

Lifo bedeutet last in, first out und besagt, daß die zuletzt bezogenen oder hergestellten Vorräte zuerst verkauft oder verbraucht worden sind und daß die zuerst gekauften Waren als Endbestand verbleiben. Die lifo-Methode ist bei steigenden Preisen zweckmäßig.

16. Was besagt die fifo-Methode?

Fifo bedeutet first in, first out und besagt, daß die zuerst angeschafften oder hergestellten Vorräte auch zuerst verkauft oder verbraucht worden sind. Fifo-Methode wird zweckmäßigerweise bei sinkenden Preisen angewendet.

17. Was besagt die hifo-Methode?

Die hifo-Methode besagt highest in, first out, wonach die Gegenstände mit den höchsten Anschaffungs- oder Herstellungskosten zuerst verkauft oder verbraucht worden sind. Dieses Bewertungsverfahren empfiehlt sich dann, wenn die Kosten starken Schwankungen unterliegen.

18. Was ist der Zweck dieser drei Bewertungsverfahren?

Der Zweck dieser Bewertungsverfahren besteht darin, Preissteigerungsgewinne zu verhindern, die dann entstehen, wenn die Wiederbeschaffungskosten über den Anschaffungskosten der bereits umgesetzten Waren liegen.

19. Was ist ein Konto?

Das Konto ist eine Verrechnungsstelle für jeden Geschäftsvorfall und ermöglicht auf zwei gegenüberliegenden getrennten Seiten die gesonderte Erfassung der Zunahmen und Abnahmen und weist beim Vergleich der beiden Seiten den Saldo als Unterschied oder Bestand aus. Die linke Seite des Kontos trägt die Bezeichnung Soll, die rechte die Bezeichnung Haben.

20. Auf welche Weise wird die Auflösung der Bilanz in Konten vorgenommen?

Die Auflösung einer Bilanz in Konten erfolgt in der Weise, daß der Anfangsbestand der Aktiv- oder der Passivseite auf den einzelnen Konten verbucht wird. Dabei gelten folgende Regeln: Die Aktivkonten nehmen den Anfangsbestand und die Zugänge auf der Sollseite und die Abgänge auf der Habenseite auf, während bei den Passivkonten umgekehrt verfahren wird. Hier werden der Anfangsbestand und die Zugänge auf der Habenseite und die Abgänge auf der Sollseite verbucht.

21. Was versteht man unter Bestandskonten?

Bestandskonten weisen tatsächlich vorhandene, rechnerisch ermittelte Bestände (Vermögenswerte oder Verbindlichkeiten) aus.

22. Was sind Erfolgskonten?

Die Bestandskonten können nicht alle Geschäftsvorfälle aufnehmen, da ein Betrieb auch Aufwendungen hat und Erträge erzielt. Solche Aufwendungen, wie z.B. das Bezahlen einer Fernsprechrechnung oder Erträge, wie das Erzielen von Mieteinnahmen, werden auf besonderen Erfolgskonten gesammelt. Erfolgskonten sind mithin Konten, die keine Bestände ausweisen, sondern nur die Werte für entstandene Aufwendungen und erzielte Erträge enthalten.

23. Wie werden Erfolgskonten aufgegliedert?

Erfolgskonten werden in Aufwands- und Ertragskonten unterteilt. Typische Aufwandskonten sind Personalkosten, Steuern, Mietzahlungen und Zinsaufwendungen. Typische Ertragskonten sind Boni von Lieferanten gewährt, Mieteinnahmen und Zinserträge. Aufwendungen und Erträge müssen jeweils auf getrennten Konten verbucht werden.

24. Wie wird auf den Erfolgskonten gebucht?

Aufwandskonten nehmen die einzelnen Aufwendungen im Soll und die Rückbuchungen sowie den Saldo im Haben auf. Die Ertragskonten nehmen die einzelnen Erträge im Haben und die Rückbuchungen sowie den Saldo im Soll auf.

25. Aufgrund welcher Unterlagen erfolgt eine Buchung?

Buchungen dürfen grundsätzlich nur aufgrund von Belegen vorgenommen werden.

26. Was ist ein Beleg?

Unter einem Beleg wird die schriftliche Aufzeichnung über einen Geschäftsvorfall verstanden. Ist aus irgendwelchen Gründen kein Beleg vorhanden, so muß ein solcher geschaffen werden, z.B. durch Ausfertigen besonderer Quittungen. Man

2.8.2 Bilanzierungs- und Bewertungsgrundsätze von Wirtschaftsgütern

spricht in diesen Fällen von Ersatzbelegen. Ersatzbelege werden gelegentlich auch verwendet, obwohl die Originalbelege vorhanden sind. Das ist etwa bei den sog. Sammelbelegen der Fall, die dann angefertigt werden, wenn die Erfassung und Verbuchung von Einzelbelegen zu aufwendig wäre.

27. Was eignet sich als Buchungsbeleg?

Als Buchungsbelege kommen in Frage: Quittungen, ein- und ausgehende Rechnungen, Schecks, Wechsel, Bankauszüge, Mängelrügen. Da viele Geschäftsvorfälle mehrere Belege bewirken, z.B. fallen bei der Ausgabe von Waren Lieferscheine, Lagerbestands- bzw. Ausgabebelege und Rechnungen an, können Doppelbuchungen entstehen, sofern nicht eindeutig festgelegt wird, welche Belege als Grundlage für die Buchungen verwendet werden sollen.

28. Wie muß ein Beleg verbucht werden?

Jeder Beleg muß numeriert werden und einen Buchungsvermerk tragen sowie den zugrundeliegenden Geschäftsvorfall eindeutig bezeichnen.

29. Was ist ein Kontenrahmen?

Mit Hilfe eines Kontenrahmens wird die gleichartige Aufgliederung der Konten sämtlicher Betriebe eines Wirtschaftsbereiches bezweckt. Es ist den Betrieben mithin nicht mehr (wie früher) gestattet, die Konten nach eigenem Belieben zu gliedern.

30. Für welche Bereiche bestehen eigene Kontenrahmen?

Für die verschiedenen Wirtschaftszweige wie die Industrie, den Großhandel, den Einzelhandel oder die Banken bestehen jeweils gesonderte Kontenrahmen, die auf die jeweiligen Belange zugeschnitten sind.

31. Wie ist ein Kontenrahmen aufgebaut?

Der Kontenrahmen ist nach dem Dezimalsystem aufgebaut. Er ist in Kontenklassen, Kontengruppen, Kontenarten und in einzelne Konten untergliedert. Jeder Kontenrahmen besteht grundsätzlich aus 10 Kontenklassen mit den Ziffern 0 - 9. Diese wiederum sind in 10 Kontengruppen und diese in 10 Kontenarten unterteilt. Während die Betriebe verpflichtet sind, die vorgeschriebenen Kontenklassen und Kontengruppen einzuhalten, sind sie in der Untergliederung der Kontengruppen in Kontenarten weitgehend frei.

32. Wie verfährt der Betrieb bei der Gestaltung des Kontenrahmens?

Der Betrieb stellt anhand des Kontenrahmens den auf seine Belange zugeschnittenen Kontenplan auf. Dieser ist ein Teil des auf die speziellen Bedürfnisse abgestellten Organisationsplanes des Betriebes.

33. Wie ist der Kontenrahmen des Großhandels gegliedert?

Kontenklasse	0	Anlage- und Kapitalkonten
Kontenklasse	1	Finanzkonten
Kontenklasse	2	Abgrenzungskonten
Kontenklasse	3	Wareneinkaufskonten
Kontenklasse	4	Konten der Kostenarten
Kontenklasse	5	Konten der Kostenstellen
Kontenklasse	6	Konten für Umsatzkostenverfahren
Kontenklasse	7	frei
Kontenklasse	8	Warenverkaufskonten
Kontenklasse	9	Abschlußkonten

34. Wie ist der Kontenrahmen des Einzelhandels gegliedert?

Der Einzelhandels-Kontenrahmen entspricht im wesentlichen dem des Großhandels. Die Klassen 5 - 7 bleiben jedoch frei.

35. Was versteht man unter neutralem Aufwand?

Unter neutralem Aufwand versteht man einen Werteverzehr, der nicht betriebsbedingt ist und deshalb nicht zu den Kosten zählt.

36. Wie wird der neutrale Aufwand unterteilt?

Der neutrale Aufwand wird unterteilt in betriebsfremden und in außerordentlichen Aufwand. Ein betriebsfremder Aufwand entsteht nicht zum Zwecke der Leistungserstellung, sondern z. B. durch Verluste aufgrund von Wechselkursänderungen, Reparaturen für ein dem Unternehmen gehörendes, aber nicht betrieblich genutztes Gebäude. Ein außerordentlicher Aufwand wird zwar durch den Betrieb hervorgerufen, entspricht aber nicht dem normalen Betriebsablauf, z.B. durch Schadensfälle, Diebstahl, Zahlungsunfähigkeit eines Schuldners.

37. Was versteht man unter neutralen Erträgen?

Neutrale Erträge sind solche, die nicht betriebsbedingt sind. Hierzu zählen betriebsfremde Erträge, wie z.B. Spekulationsgewinne, Erträge aus Wechselkursänderungen, Mieterträge aus nicht betrieblich genutzten Gebäuden und außerordentliche Erträge, wie z.B. der Verkauf von Gegenständen des Anlagevermögens, soweit der Verkaufswert den Buchwert übersteigt. Es handelt sich also um Erträge, denen keine kostenverursachenden Leistungen zugrunde liegen.

38. Was versteht man unter Rückstellungen?

Rückstellungen sind besonders ausgewiesene Posten, die für mögliche Verbindlichkeiten gebildet werden, die dem Grunde nach bekannt, in ihrer Höhe und ihrem Zahlungstermin noch ungewiß sind.

2.8.2 Bilanzierungs- und Bewertungsgrundsätze von Wirtschaftsgütern

39. Wie werden Vorgänge auf dem Warenkonto gebucht?

Das Warenkonto wird in ein Wareneinkaufskonto und in ein Warenverkaufskonto aufgeteilt. Das Wareneinkaufskonto wird als Bestandskonto, das Warenverkaufskonto als Erfolgskonto geführt.

40. Wie wird auf dem Wareneinkaufskonto gebucht?

Das Wareneinkaufskonto (Bestandskonto) enthält im Soll den Anfangsbestand und die Zugänge, im Haben die Rücksendungen an Lieferanten und die Preisnachlässe von Lieferanten. Es enthält also die Einstandspreise und den Geschäftsverkehr mit den Lieferanten.

41. Was wird auf dem Warenverkaufskonto gebucht?

Das Warenverkaufskonto (Erfolgskonto) enthält im Soll die Rücksendungen von Kunden und die Preisnachlässe an Kunden, im Haben die Erlöse aus Verkäufen an Kunden. Es enthält mithin die Verkaufspreise und den Geschäftsverkehr mit Kunden.

42. Was versteht man unter dem Wareneinsatz?

Darunter versteht man die verkauften Waren zu Einstandspreisen.

43. Wie wird der Wareneinsatz ermittelt?

Die Berechnung geschieht nach der Formel:

Anfangsbestand + Zugänge ./. Rücksendungen an Lieferanten ./. Preisnachlässe der Lieferanten + Endbestand = Wareneinsatz. Der Warenendbestand wird in der Regel durch die Inventur ermittelt, da es infolge der Vielzahl der Verkaufsgeschäfte zu aufwendig wäre, jeden einzelnen Warenabgang zu Einstandspreisen auf dem Wareneingangskonto zu verbuchen.

44. Wie wird der Rohgewinn ermittelt?

Der Rohgewinn wird durch Berechnung des Saldos des Warenverkaufskontos ermittelt. Dieser entsteht durch die Ermittlung des Unterschieds zwischen Wareneinkauf zu Einstandspreisen und dem Warenverkauf zu Verkaufspreisen.

45. Wie wird der Warenbestand verbucht?

Der Warenbestand ist der Saldo des Wareneinkaufskontos, d.h. die Differenz zwischen Anfangsbestand + Zugängen ./. Wareneinsatz. Er wird auf dem Schlußbilanzkonto gegengebucht und in die Schlußbilanz übernommen.

46. Was versteht man unter Nettoabschluß?

Wird der Rohgewinn beim Abschluß in die Gewinn- und Verlustrechnung übernommen, spricht man von einem Nettoabschluß.

47. Was versteht man unter einem Bruttoabschluß?

Wird der Umsatz in die Gewinn- und Verlustrechnung übernommen, handelt es sich um einen Bruttoabschluß. In diesem Fall ist der Wareneinsatz auf der Sollseite der Gewinn- und Verlustrechnung zu buchen.

48. Was ist das Ziel der Abschreibung?

Da der Wert von Wirtschaftsgütern des Anlagevermögens, deren Nutzung zeitlich begrenzt ist, Veränderungen durch technische Abnutzung, wirtschaftliche Entwertung oder steigenden Preisen unterliegt, müssen diese durch Abschreibungen, d.h. durch Minderung des Anschaffungs- oder Herstellungswertes berücksichtigt werden. Die Abschreibung dient mithin der richtigen Darstellung der Vermögens- und der Ertragslage.

49. Welche Abschreibungsarten werden unterschieden?

Man unterscheidet die lineare und die degressive Abschreibung.

50. Was ist das Prinzip der linearen Abschreibung?

Bei der linearen Abschreibung werden die Anschaffungs- oder Herstellungskosten in gleichen Beträgen auf die Jahre der betriebsgewöhnlichen Nutzung verteilt.

51. Was ist das Prinzip der degressiven Abschreibung?

Bei der degressiven Abschreibung wird während der Nutzungszeit mit einem unveränderten Abschreibungsprozentsatz vom jeweiligen Buchwert des Anlagegutes abgeschrieben.

52. Wie werden Löhne und Gehälter gebucht?

Es sind mehrere Buchungen notwendig, da den Arbeitnehmern das vereinbarte Entgelt nicht voll ausgezahlt werden darf. Der Arbeitgeber muß aufgrund der Vorschriften des Einkommensteuergesetzes und der Lohnsteuerdurchführungsverordnung verschiedene Abgaben, wie Lohnsteuer, Kirchensteuer und Sozialabgaben abziehen. Der Auszahlungsbetrag wird auf einem Finanzkonto gebucht. Der Unterschied zu den Entgelten, d.h. die Abzüge, sind bis zur Überweisung an das Finanzamt oder an die Sozialversicherungsträger als "sonstige Verbindlichkeiten" auszuweisen. Sie können auch als "noch abzuführende Abgaben" geführt und in dieser Form für jeden einzelnen Bereich noch weiter unterteilt werden.

2.8.2 Bilanzierungs- und Bewertungsgrundsätze von Wirtschaftsgütern

53. Welche Bewertungsvorschriften bestehen für die Bewertung der im Jahresabschluß ausgewiesenen Vermögensgegenstände und Schulden gemäß § 252 HGB?

1. Die Wertansätze in der Eröffnungsbilanz des Geschäftsjahres müssen mit denen der Schlußbilanz des vorhergehenden Geschäftsjahres übereinstimmen.

2. Bei der Bewertung ist von der Fortführung der Unternehmenstätigkeit auszugehen, sofern dem nicht tatsächliche oder rechtliche Gegebenheiten entgegenstehen.

3. Die Vermögensgegenstände und Schulden sind zum Abschlußstichtag einzeln zu bewerten.

4. Es ist vorsichtig zu bewerten, namentlich sind alle vorhersehbaren Risiken und Verluste, die bis zum Abschlußstichtag entstanden sind, zu berücksichtigen, selbst wenn diese erst zwischen dem Abschlußstichtag und dem Tag der Aufstellung des Jahresabschlusses bekanntgeworden sind; Gewinne sind nur zu berücksichtigen, wenn sie am Abschlußstichtag realisiert sind.

5. Aufwendungen und Erträge des Geschäftsjahres sind unabhängig von den Zeitpunkten der entsprechenden Zahlungen im Jahresabschluß zu berücksichtigen.

6. Die auf den vorhergehenden Jahresabschluß angewandten Bewertungsmethoden sollen beibehalten werden.

54. Welche Wertansätze bestehen gemäß § 253 HGB für Vermögensgegenstände und Schulden?

1. Vermögensgegenstände sind höchstens mit den Anschaffungs- oder Herstellungskosten, vermindert um Abschreibungen nach den Absätzen 2 und 3 anzusetzen. Verbindlichkeiten sind zu ihrem Rückzahlungsbetrag, Rentenverpflichtungen, für die eine Gegenleistung nicht mehr zu erwarten ist, zu ihrem Barwert und Rückstellungen nur in Höhe des Betrags anzusetzen, der nach vernünftiger kaufmännischer Beurteilung notwendig ist.

2. Bei Vermögensgegenständen des Anlagevermögens, deren Nutzung zeitlich begrenzt ist, sind die Anschaffungs- oder Herstellungskosten um planmäßige Abschreibungen zu vermindern. Der Plan muß die Anschaffungs- oder Herstellungskosten auf die Geschäftsjahre verteilen, in denen der Vermögensgegenstand voraussichtlich genutzt werden kann. Ohne Rücksicht darauf, ob ihre Nutzung zeitlich begrenzt ist, können bei Vermögensgegenständen des Anlagevermögens außerplanmäßige Abschreibungen vorgenommen werden, um die Vermögensgegenstände mit dem niedrigeren Wert anzusetzen, der ihnen am Abschlußstichtag beizulegen ist; sie sind vorzunehmen bei einer voraussichtlich dauernden Wertminderung.

3. Bei Vermögensgegenständen des Umlaufvermögens sind Abschreibungen vorzunehmen, um diese mit einem niedrigeren Wert anzusetzen, der sich aus einem Börsen- oder Marktpreis am Abschlußstichtag ergibt. Ist ein Börsen- oder Marktpreis nicht festzustellen und übersteigen die Anschaffungs- oder Herstellungskosten den Wert, der den Vermögensgegenständen am Abschlußstichtag beizulegen ist, so ist auf diesen Wert abzuschreiben. Außerdem dürfen Abschreibungen vorgenommen werden, soweit diese nach vernünftiger kaufmännischer Beurteilung notwendig sind, um zu verhindern, daß in der nächsten Zukunft der Wertansatz dieser Vermögensgegenstände auf Grund von Wertschwankungen geändert werden muß.

4. Abschreibungen sind außerdem im Rahmen vernünftiger kaufmännischer Beurteilung zulässig.

55. Welche steuerrechtlichen Abschreibungen bestehen?

Gemäß § 254 HGB können Abschreibungen auch vorgenommen werden, um Vermögensgegenstände des Anlage- oder Umlaufvermögens mit dem niedrigeren Wert anzusetzen, der auf einer nur steuerrechtlich zulässigen Abschreibung beruht. § 253 Abs. 5 ist entsprechend anzuwenden.

56. Was versteht § 255 HGB unter Anschaffungs- und Herstellungskosten?

1. Anschaffungskosten sind die Aufwendungen, die geleistet werden, um einen Vermögensgegenstand zu erwerben und ihn in einen betriebsbereiten Zustand zu versetzen, soweit sie dem Vermögensgegenstand einzeln zugeordnet werden können. Zu den Anschaffungskosten gehören auch die Nebenkosten sowie die nachträglichen Anschaffungskosten. Anschaffungspreisminderungen sind abzusetzen.

2. Herstellungskosten sind die Aufwendungen, die durch den Verbrauch von Gütern und die Inanspruchnahme von Diensten für die Herstellung eines Vermögensgegenstands, seine Erweiterung oder für eine über seinen ursprünglichen Zustand hinausgehende wesentliche Verbesserung entstehen. Dazu gehören die Materialkosten, die Fertigungskosten und die Sonderkosten der Fertigung. Bei der Berechnung der Herstellungskosten dürfen auch angemessene Teile der notwendigen Materialgemeinkosten, der notwendigen Fertigungsgemeinkosten und des Wertverzehrs des Anlagevermögens, soweit er durch die Fertigung veranlaßt ist, eingerechnet werden. Kosten der allgemeinen Verwaltung sowie Aufwendungen für soziale Einrichtungen des Betriebes, für freiwillige soziale Leistungen und für betriebliche Altersversorgung brauchen nicht eingerechnet zu werden. Aufwendungen im Sinne der Sätze 3 und 4 dürfen nur insoweit berücksichtigt werden, als sie auf den Zeitraum der Herstellung entfallen. Vertriebskosten dürfen nicht in die Herstellungskosten einbezogen werden.

3. Zinsen für Fremdkapital gehören nicht zu den Herstellungskosten. Zinsen für Fremdkapital, das zur Finanzierung der Herstellung eines Vermögensgegenstands verwendet wird, dürfen angesetzt werden, soweit sie auf den Zeitraum der Herstellung entfallen; in diesem Falle gelten sie als Herstellungskosten des Vermögensgegenstandes.

4. Als Geschäfts- oder Firmenwert darf der Unterschiedsbetrag angesetzt werden, um den die für die Übernahme eines Unternehmens bewirkte Gegenleistung den Wert der einzelnen Vermögensgegenstände des Unternehmens abzüglich der Schulden im Zeitpunkt der Übernahme übersteigt. Der Betrag ist in jedem folgenden Geschäftsjahr zu mindestens einem Viertel durch Abschreibungen zu tilgen. Die Abschreibung des Geschäfts- oder Firmenwerts kann aber auch planmäßig auf die Geschäftsjahre verteilt werden, in denen er voraussichtlich genutzt wird.

57. Welche Vorschriften bestehen für die Prüfung des Jahresabschlusses?

Im HGB ist die Pflicht zur Prüfung des Jahresabschlusses für alle Kapitalgesellschaften niedergelegt mit Ausnahme der kleinen Kapitalgesellschaften. Prüfungsgegenstand sind die Buchführung, d.h. der Jahresabschluß bestehend aus: Bilanz, Gewinn- und Verlustrechnung, Anhang und der Lagebericht gemäß § 317 HGB. Hierbei stehen den Mehrkosten durch die Prüfung des Jahresabschlusses zum einen die größere Zuverlässigkeit und die bessere Aussagefähigkeit des durch einen Abschlußprüfer bestätigten Jahresabschlusses gegenüber; zum anderen bringt die Prüfung auch Hinweise und Anregungen für Verbesserungen im Bereich des gesamten Rechnungswesens.

2.8.3 Das finanzielle Zielsystem der Unternehmung

01. Was versteht man unter betrieblicher Finanzwirtschaft?

Gegenstand der betrieblichen Finanzwirtschaft sind alle finanziellen Maßnahmen zur Beschaffung (Einzahlungsströme) und Auszahlung (Auszahlungsströme) finanzieller Mittel. Sofern diese zur Vorbereitung, Durchführung und Veräußerung von Unternehmensleistungen notwendig sind oder der Kapitalverwendung (Investition) oder Kapitaltilgung dienen. Die betriebliche Finanzwirtschaft gliedert sich in:

- die Kapitalbeschaffung = Finanzierung
- die Kapitalverwendung = Investition
- die Kapitaldisposition = Zahlungsverkehrssteuerung, Finanzdisposition, Liquiditätssicherung.

02. Was versteht man unter einem Zahlungsstrom?

Ein Zahlungsstrom ist die Summe aller mit der betrieblichen Tätigkeit verbundenen Zahlungen im Hinblick auf die Herstellung eines Produktes, die Bereitstellung einer Dienstleistung, die wirtschaftliche Lebensdauer eines Investitionsgutes, aber auch auf die gesamte Lebensdauer einer Unternehmung oder auf eine Rechenperiode.

03. Was sind Finanzierungsziele?

Darunter versteht man die finanzwirtschaftliche Zielsetzung einer optimalen bzw. befriedigenden Kapitalstruktur und eines kurz- bzw. langfristigen finanziellen Gleichgewichts. Das oberste Finanzierungsziel ist immer der Ausgleich von Kapitalbedarf und -deckung.

04. Welche Einzelziele werden im Rahmen des finanzwirtschaftlichen Zielsystems angestrebt?

1. Der Ausgleich von Kapitalbedarf und Deckung. Dieses Ziel ist erreicht, wenn eine Unternehmung ihren finanziellen Verpflichtungen jederzeit uneingeschränkt (in der richtigen Menge zum richtigen Zeitpunkt am richtigen Ort) nachkommen kann.

2. Berücksichtigung der Rentabilität, d.h. den Kapitalbedarf möglichst günstig zu decken (d.h. Kosten des Eigen- und des Fremdkapitals möglichst niedrig zu halten).

3. Das Sicherheitsstreben, wobei als Ursachen des Risikos unsichere Erwartungen hinsichtlich Höhe und Zeitpunkt künftiger Einnahmen und Ausgaben sind. Hierzu zählen das Insolvenzrisiko von Schuldnern, das Liquiditätsrisiko, das Sicherungsrisiko, das Zinsänderungsrisiko, das Inflationsrisiko und das Kursänderungsrisiko (bei Auslandsgeschäften).

05. Welche Probleme entstehen bei der Realisierung der Finanzierungsziele?

Bei der Abstimmung zwischen Kapitalbedarf und Kapitaldeckung ist die Gesamtzielsetzung der Unternehmung zu berücksichtigen. Das Rentabilitätsstreben führt dazu, den Kapitalbedarf möglichst kostengünstig zu decken, d.h. möglichst niedrige Kapitalkosten zu erreichen. Die Unabhängigkeit des Unternehmens wird dann beeinträchtigt, wenn Kapitalgeber bei der Kapitalhingabe Mitbestimmung- Mitgestaltungs- und Mitentscheidungsrecht geltend machen. Das Sicherheitsstreben veranlaßt die Kapitalnehmer zu möglichst geringem Risiko. Hingegen vermindert ein hoher Anteil des Eigenkapitals das Risiko bei Verlusten und verleiht eine hohe Flexibilität. Bei der Fremdfinanzierung wiederum spielen die Ertragskraft und die Stellung von Sicherheiten eine entscheidende Rolle.

06. Was versteht man unter Joint Ventures?

Als Joint Ventures bezeichnet man eine Gemeinschaftsunternehmung, die als Kapitalbeteiligung zwischen zwei oder mehr Partnern mit dem Ziel gebildet wird, Geschäftsführung und Risiko zwischen den Parteien aufzuteilen. Diese Form kann sowohl im nationalen Rahmen als auch für grenzüberschreitende Kooperationen gewählt werden. Bei Kooperationen mit dem Ausland ist das im Anlageland gültige Gesellschaftsrecht verbindlich.

2.8.4 Finanzierungsregeln

01. Was versteht man unter Finanzierungsregeln?

Finanzierungsregeln sind normierte Mindestanforderungen an die aus der Bilanz ersichtliche Kapitalstruktur der Unternehmung. Dabei unterscheidet man zwischen horizontalen und vertikalen Finanzierungsregeln.

Horizontale Finanzierungsregeln erlauben Aussagen über die Kapitalverwendung; es sind Grundsätze, wie das Vermögen zu finanzieren ist. Sie betreffen das Verhältnis zwischen Kapital und Vermögen.

Vertikale Finanzierungsregeln gestatten eine Aussage über das Verhältnis der Kapitalquellen zueinander. Sie betreffen nur die Kapitalseite.

02. Welche Finanzierungsregeln sollten beachtet werden?

Für die Finanzierung eines Unternehmens gelten einige Regeln, die immer beachtet werden sollten:

Der Finanzbedarf ist durch diejenige Finanzierungsart zu decken, die den geringst möglichen Aufwand verursacht. Kurzfristige Mittel sollten nur für kurzfristige Verbindlichkeiten und langfristiges Fremdkapital nur für langfristige Verbindlichkeiten verwandt werden. Langfristiges Fremdkapital soll nicht länger als bis zu seinem Rückzahlungstermin investiert werden. Das Anlagevermögen soll durch Eigenkapital bzw. durch langfristiges Fremdkapital und das Umlaufvermögen durch kurzfristiges Fremdkapital gedeckt sein (sog. goldene Bankregel).

03. Welche vertikalen Finanzierungsregeln bestehen im einzelnen?

Der Verschuldungsgrad drückt die Relation Fremdkapital zu Eigenkapital aus.

$$V = \frac{Fremdkapital}{Eigenkapital}$$

In früheren Jahren hat man seitens der Banken ein Verhältnis 1 : 1 zwischen Eigenkapital undFremdkapital gefordert. Dabei wurde unterstellt, daß bei auftretenden Verlusten nur das Eigenkapital, jedoch nicht das Fremdkapital beeinflußt wurde. Das Sicherheitsstreben der Gläubiger wird aber auch durch unternehmens- oder branchenspezifische Risikofaktoren beeinflußt. Das Gläubigerrisiko wächst jedoch mit steigendem Fremdkapitalanteil; auch wird in solchen Situationen das Liquiditätsziel der Unternehmung bei schlechter Ertragslage beeinträchtigt.

04. Welche horizontalen Finanzierungsregeln bestehen im einzelnen?

- die goldene Finanzierungsregel,
- die goldene Bilanzregel,
- die Liquidität 2. Grades (acid fest),
- die Liquidität 3. Grades (current ratio).

05. Was besagt die goldene Finanzierungsregel?

Nach dieser Regel ist die Liquidität einer Unternehmung bei gleichzeitig reibungslos ablaufendem Unternehmensprozeß unter der Voraussetzung gesichert, daß die Kapitalüberlassungs- und die Kapitalbindungsdauern übereinstimmen. Diese Regel unterstellt, daß die gebundenen Kapitalien vollständig und zeitlich wie geplant wieder freigesetzt werden. Es wird mithin die problemlose Anschlußfinanzierung fälliger Kapitalien unterstellt. Dies kann durch Prolongation bestehender Vertragsverhältnisse oder durch den Ersatz des zu tilgenden Kapitals durch andere Kapitalien geschehen.

06. Was besagt die goldene Bilanzregel?

Sie verlangt die absolute Finanzierung des Anlagevermögens mit Eigenkapital

$$\frac{\text{Anlagevermögen}}{\text{Eigenkapital}} \geq 1$$

In abgewandelter Form besagt die Regel:

$$\frac{\text{Anlagevermögen}}{\text{Eigenkapital} + \text{langfristiges Fremdkapital}} \geq 1$$

Diese Regel ist jedoch problematisch, als aus diesen der Bilanz entnommenen Angaben nicht die effektiven Fälligkeiten der Passiven ersichtlich sind.

07. Was besagt die Liquidität 2. Grades?

Sie besagt: $\quad \dfrac{\text{monetäres Umlaufvermögen}}{\text{kurzfristige Verbindlichkeiten}} \geq 1$

08. Was besagt die Liquidität 3. Grades?

Sie besagt: $\dfrac{\text{Umlaufvermögen}}{\text{kurzfristige Verbindlichkeiten}} \geq 1$

09. Was versteht man unter cash-flow?

Der cash-flow ist eine erfolgswirtschaftliche bzw. finanzwirtschaftliche Kennzahl mit der Zielsetzung, die tatsächliche Ertragskraft bzw. das Finanzierungsvolumen eines Unternehmens zu ermitteln.

Der cash-flow wird errechnet:

    Betriebseinzahlungen der Periode
- Betriebsauszahlungen der Periode
= cash-flow als Finanzüberschuß der Periode

Aus dem Jahresabschluß wird der cash-flow nach folgendem Schema ermittelt:

    Jahresabschluß nach Steuern und Eigenkapitaldienst
+ finanzwirksame Aufwendungen (AfA)
- finanzwirksame Erträge
+ Bestandsveränderungen mit Einzahlungswirkung
- Bestandsveränderung mit Auszahlungswirkung.
= cash-flow

Wie wird die finanzielle Leistungsfähigkeit als Kennzahl in bezug auf Investitionsvolumen und Verbindlichkeiten ermittelt?

$$\text{Investitionsfähigkeit} = \dfrac{\text{cash flow}}{\text{Nettoinvestitionen}} \times 100$$

Es wird also gefragt, zu wieviel Prozent kann das Unternehmen seine Nettoinvestitionen aus Innenfinanzierung während einer Periode bezahlen. Je höher dieser Prozentsatz ist, desto größer ist die Unabhängigkeit von Fremdmitteln.

2.8.5 Finanzierungsarten

01. Was versteht man unter Finanzierung?

Unter Finanzierung versteht man die Beschaffung, Verwendung und Rückzahlung von Kapital für die Zwecke einer Unternehmung.

02. Welche Finanzierungsanlässe werden unterschieden?

Man unterscheidet die Finanzierung im Hinblick auf:
a) den zeitlichen Ablauf,
b) nach der Häufigkeit des Finanzierungsanfalls,
c) nach der Fristigkeit des beschafften Kapitals,
d) nach den Finanzierungsquellen.

03. Wie wird die Finanzierung nach dem zeitlichen Ablauf unterteilt?

Man unterscheidet:
a) die Erst- oder Gründungsfinanzierung,
b) Folgefinanzierungen in Form von Erweiterungsfinanzierungen und Umfinanzierungen zum Zwecke von Umwandlungen, Fusionen oder Sanierungen.

04. Wie wird die Finanzierung nach der Häufigkeit des Finanzierungsanfalls unterschieden?

Man unterscheidet die laufende Finanzierung und die einmalige oder gelegentliche Finanzierung.

05. Wie wird die Finanzierung im Hinblick auf die Fristigkeit unterteilt?

Man unterscheidet die kurzfristige, die mittelfristige und die langfristige Finanzierung.

06. Welche Finanzierungsquellen unterscheidet man?

Man unterscheidet die externe Finanzierung und die interne Finanzierung (Außen- und Innenfinanzierung).

07. Auf welche Weise ist die Beschaffung von Kapital möglich?

Die Finanzierung des Kapitalbedarfs kann auf dem Wege der Eigenfinanzierung, der Fremdfinanzierung und der Selbstfinanzierung erfolgen.

08. Was versteht man unter der Eigenfinanzierung (Finanzierung mittels Eigenkapital)?

Bei der Eigenfinanzierung handelt es sich um die Finanzierung durch Beteiligung oder Einlagen. In diesen Fällen erhält das Unternehmen das Eigenkapital von den Eigentümern zugeführt. Bei der Eigenfinanzierung handelt es sich meist um nichtkündbares Kapital, das der Gesellschaft langfristig zur Verfügung steht. Es bildet die Basis für die Kreditwürdigkeit der Unternehmung und kann für alle Zwecke, selbst für risikoreiche, eingesetzt werden. Mit der Aufnahme dieser finanziellen Mittel entstehen keine laufenden festen Ausgaben und Aufwendungen. Ein schlechtes Geschäftsergebnis wirkt sich über eine geringer werdende

Vergütung an die Kapitaleigner aus. Hingegen wären im Falle einer Fremdfinanzierung Zinsen ohne Rücksicht auf die Ertragslage zu zahlen. Dennoch ist zu berücksichtigen, daß die Eigenfinanzierung vergleichsweise teuer ist, weil der auszuschüttende Gewinn versteuert werden muß.

09. Was sind die Vor- und die Nachteile der Fremdfinanzierung?

Die Fremdfinanzierung wird üblicherweise in eine kurzfristige mit einer Dauer bis zu 6 Monaten, eine mittelfristige mit einer Dauer bis zu vier Jahren und einer langfristigen mit einer Dauer von mehr als vier Jahren eingeteilt. Wobei das kurzfristige Fremdkapital im Umlaufvermögen als Umsatzkredit verwandt wird und das langfristige Fremdvermögen im Anlagevermögen niedergelegt werden soll, d.h. zur Finanzierung von Investitionen dient.

Die Aufnahme von Fremdkapital ist dann von Vorteil, wenn die Liquidität durch den Zinsen- und Tilgungsdienst nicht zu stark belastet ist und die Gläubiger keinen Einfluß auf die Geschäftspolitik ausüben, weil die zu zahlenden Zinsen steuerlich abzugsfähige Betriebsausgaben sind. Andererseits muß ein Unternehmen bis zu einem gewissen Teil aus Eigenmitteln finanziert sein, weil sonst die Aufnahme von Fremdkapital scheitert. Ein Nachteil in der Fremdfinanzierung liegt darin begründet, daß die Zinsen auch in Verlustjahren bezahlt werden müssen und die Gläubiger bei Zahlungsschwierigkeiten die Unternehmung in den Konkurs treiben können. Die Aufnahme von Fremdkapital ist von der Größe und der Rechtsform des Unternehmens, von den zu stellenden Sicherheiten der allgemeinen Konjunkturlage, dem Ansehen und der besonderen wirtschaftlichen Situation des kreditsuchenden Unternehmens abhängig.

10. Wie können Großunternehmen langfristiges Fremdkapital aufnehmen?

Großunternehmen können die langfristige Fremdfinanzierung auf dem Wege der Ausgabe von Schuldverschreibungen bzw. Obligationen vornehmen.

11. Was versteht man unter Schuldverschreibung?

Schuldverschreibungen sind Wertpapiere, in denen verzinsliche Forderungsrechte verbrieft sind. Es handelt sich dabei in der Regel um sog. Teilschuldverschreibungen, die den Gesamtbetrag der Anleihe in kleine Beträge (Stücke) in Höhe von DM 100,-, 200,-, 500,-, 1.000,- und 5.000,- unterteilen. Die Urkunden bestehen aus der eigentlichen Obligation, auch Mantel genannt, und den Zinsscheinbogen mit den einzelnen Zinsscheinen. Schuldverschreibungen dürfen nach §§ 795 und 808a BGB nur mit Genehmigung des Wirtschaftsministeriums ausgegeben werden. Ihre Marktgängigkeit ist davon abhängig, ob sie zum Handel an der Börse zugelassen sind. Die Zulassung zur Börse ist von der Kapitalhöhe abhängig. Die Laufzeit einer Obligation beträgt in der Regel 15 - 20 Jahre.

12. Wie werden Obligationen gesichert?

Obligationen werden in der Regel durch Belastung von Grundstücken des Unternehmens in Form der Eintragung einer Hypothek oder einer Grundschuld gesichert.

13. Was versteht man unter einer Gewinnobligation?

Die Gewinnobligation ist eine Schuldverschreibung, bei der außer einem festen Zins zusätzlich noch eine bestimmte, nach oben oder unten begrenzte Gewinnbeteiligung gewährt wird. Sie bedarf ministerieller Genehmigung.

14. Was versteht man unter einer Wandelschuldverschreibung?

Die Wandelschuldverschreibung ist eine Schuldverschreibung von Aktiengesellschaften, die das Recht auf Umtausch der Obligation in Aktien einräumt. Nach Ablauf einer bestimmten Zeit kann der Inhaber der Obligation von seinem Umtauschrecht Gebrauch machen und wird dadurch zum Aktionär. In diesem Falle muß eine sog. bedingte Kapitalerhöhung vorgenommen werden.

15. Was versteht man unter einer Optionsanleihe?

Bei einer Optionsanleihe beinhaltet die Schuldverschreibung ein Bezugsrecht auf Aktien. Innerhalb einer bestimmten Frist hat der Gläubiger die Möglichkeit, sein Bezugsrecht zu einem bestimmten Kurs auszuüben.

16. Was versteht man unter Finanzierung mit Schuldscheindarlehen?

Unter Schuldscheindarlehen versteht man Kredite, die in erster Linie vom privaten Versicherungsunternehmen, von Trägern der Sozialversicherung und anderen Kapitalsammelstellen, die nicht Kreditinstitute sind, an private Unternehmen, aber auch an Körperschaften des öffentlichen Rechts vergeben werden.

17. Wie werden Schuldscheindarlehen übertragen?

Die rechtliche Übertragung der Forderungen aus einem Schuldschein geschieht durch privatrechtliche Abtretung.

18. Welche Möglichkeiten einer langfristigen Fremdfinanzierung bestehen für Klein- und Mittelbetriebe?

Klein- und Mittelbetriebe haben bei der Beschaffung von langfristigem Fremdkapital deshalb Schwierigkeiten, weil ihnen der Kapitalmarkt verschlossen ist, d.h. sie können weder Aktien ausgeben, noch Obligationen vergeben oder Schuldscheindarlehen aufnehmen. Sie sind deshalb auf die Hypothekarkredite der Realkreditinstitute angewiesen.

2.8.5 Finanzierungsarten

19. Was versteht man unter Factoring?

Ein Unternehmen, das seine Abnehmer mit Waren beliefert, muß oft geraume Zeit auf den Zahlungseingang warten, so daß es zu kritischen Liquiditätsengpässen kommen kann. Abhilfe dagegen verspricht das Factoring, eine Finanzdienstleistung, die auch in der Bundesrepublik zunehmend Verbreitung findet. Grundlage des Factoring-Geschäfts ist ein Vertrag, nach dem der Factor, ein Finanzierungsinstitut, die aus Warenlieferungen oder sonstigen Leistungen herrührenden offenen Forderungen eines Unternehmens gegenüber seinen Kunden erwirbt und darauf einen Vorschuß (etwa in Höhe von 80 - 95 % der geforderten Beträge) leistet. Der Factor übernimmt üblicherweise auch das Risiko des Forderungsausfalls und bietet eine Reihe weiterer Dienstleistungen an: So spart das Unternehmen eigenen Verwaltungsaufwand, indem die Debitorenbuchhaltung, die Prüfung der Kreditwürdigkeit, das Mahnwesen und das Inkasso auf die Factoring-Gesellschaft übergehen. Dafür hat das Unternehmen neben einer umsatzbezogenen Factoring-Gebühr die Zinsen auf den vom Factor vorfinanzierten Forderungsbestand zu tragen.

20. Welche Möglichkeiten der kurzfristigen Fremdfinanzierung bestehen?

Lieferantenkredite, Kundenkredite, kurzfristige Bankkredite, wie Kontokorrentkredit, Diskontkredit, Akzeptkredit, Lombardkredit und Avalkredit.

21. Was versteht man unter einem Lieferantenkredit?

Bei einem Lieferantenkredit räumt der Lieferant seinem Abnehmer ein bestimmtes Zahlungsziel ein. Ein Lieferantenkredit ist jedoch in vielen Fällen sehr teuer, weil man auf den für Barzahlung eingeräumten Skonto verzichten muß. Deshalb sind Bankkredite oftmals billiger.

22. Was versteht man unter einem Kundenkredit?

Unter einem Kundenkredit versteht man eine Anzahlung auf die zu liefernden Waren, die in der Regel sofort nach Vertragsabschluß zu zahlen ist.

23. Was versteht man unter einem Kontokorrentkredit?

Unter einem Kontokorrentkredit versteht man einen kurzfristigen Buchkredit von drei bis sechs Monaten, der während der Laufzeit in wechselnder Höhe in Anspruch genommen werden kann (Überziehung des Bankkontos).

24. Was versteht man unter einem Diskontkredit?

Unter einem Diskontkredit versteht man einen kurzfristigen Wechselkredit, bei dem die kreditgebende Bank Wechsel vor ihrer Fälligkeit ankauft und dem Kreditnehmer den Wechselbetrag unter Abzug von Wechselzinsen (Diskont) gutschreibt.

25. Was versteht man unter einem Akzeptkredit?

Unter einem Akzeptkredit versteht man einen kurzfristigen Wechselkredit, bei dem eine Bank einen von ihrem Kunden auf sie bezogenen Wechsel unter der Bedingung akzeptiert, daß der Kunde die Wechselsumme vor Fälligkeit des Wechsels bereitstellt.

26. Was versteht man unter einem Avalkredit?

Bei einem Avalkredit übernimmt das Kreditinstitut eine Bürgschaft oder Garantie zugunsten des Kunden.

27. Was versteht man unter Selbstfinanzierung?

Unter Selbstfinanzierung versteht man die Finanzierung aus einbehaltenem Gewinn. Diese Form setzt voraus, daß zunächst einmal Gewinn erwirtschaftet worden ist. Bei Kapitalgesellschaften erfolgt die Selbstfinanzierung durch die Bildung von Rücklagen, wobei zwischen offenen, stillen und versteckten Rücklagen unterschieden werden muß.

28. Was versteht man unter Finanzierung aus Abschreibungserlösen?

Bei der Finanzierung aus Abschreibungen werden die über den Verkauf der Waren hereinkommenden Abschreibungserlöse, die für die Ersatzbeschaffung vorgesehen sind, aufgespart. Sie werden erst später zu effektiven Ausgaben, da zum Zeitpunkt des Eingangs der Abschreibungserlöse die Anlagen noch nicht erneuert werden müssen.

29. Welche Möglichkeiten einer Kreditsicherung bestehen?

Bürgschaft, Verpfändung von Wertpapieren, Waren und sonstigen Vermögenswerten, Sicherungsübereignung von beweglichen Sachen, Abtretung von Forderungen und Rechten, Grundschuld und Hypothek.

30. Was versteht man unter einer Bürgschaft?

Die Bürgschaft ist ein einseitig verpflichtender Vertrag, durch den sich der Bürge dem Gläubiger eines Dritten gegenüber verpflichtet, für die Erfüllung der Verbindlichkeiten des Dritten einzustehen. Der Zweck der Bürgschft ist mithin die Sicherung des Gläubigers bei Zahlungsunfähigkeit des Schuldners. Der Umfang der Haftung des Bürgen bestimmt sich nach der jeweiligen Höhe des Kredits, für den sich der Bürge verbürgt hat. Wird die Forderung des Gläubigers gegen den Hauptschuldner durch den Bürgen befriedigt, so geht sie kraft Gesetzes auf den Bürgen über.

2.8.5 Finanzierungsarten

31. Was versteht man unter dem Pfandrecht?

Das Pfandrecht ist ein dingliches, zur Sicherung einer Forderung dienendes, gegen jedermann wirkendes Recht an fremden beweglichen Sachen oder Rechten, kraft dessen der Gläubiger berechtigt ist, sich aus dem belasteten Gegenstand zu befriedigen.

32. Was versteht man unter der Sicherungsübereignung?

Die Sicherungsübereignung ist das durch die Übereignung einer beweglichen Sache seitens des Sicherungsgebers an den Sicherungsnehmer begründete und zur Sicherung einer Forderung bestimmte Eigentum an einer Sache, die der Erwerber zu verwerten berechtigt ist, um aus dem Erlös die gesicherte Forderung tilgen zu können.

33. Was versteht man unter bargeldlosem Zahlungsverkehr?

Unter bargeldlosem Zahlungsverkehr wird die Bewegung von Buchgeld verstanden. Der bargeldlose Zahlungsverkehr setzt voraus, daß sowohl der Zahlende als auch der Zahlungsempfänger über ein Konto - das ein Kontokorrent-, ein Scheck- ein Giro- oder ein Depositenkonto sein kann - bei einem Kreditinstitut oder über ein Postgirokonto bei einem Postgiroamt verfügen.

34. Was ist eine Überweisung?

Eine Überweisung ist der Auftrag eines Kunden an seine Bank, zu Lasten seines Kontos einem begünstigten Dritten eine bestimmte Geldsumme zu übermitteln. Rechtlich handelt es sich dabei um einen sog. Geschäftsbesorgungsvertrag gemäß § 675 BGB.

35. Wie wird eine Überweisung durch die Banken erledigt?

Sofern der begünstigte Dritte - der Empfänger - bei der Bank des Auftraggebers kein Konto unterhält, muß die Gutschriftanzeige über die bestehenden Gironetze bzw. den Abrechnungsverkehr der Landeszentralbanken der Bank des Zahlungsempfängers zugeleitet werden. Der Zahlungsvorgang ist mit der Gutschrift des Überweisungsbetrages auf dem Konto des Begünstigten abgeschlossen.

36. Was ist ein Scheck?

Der Scheck ist die Anweisung des Ausstellers an sein Kreditinstitut oder sein Postgiroamt, aus seinem Guthaben bzw. aufgrund eines zugesagten Kredits an einen Dritten die im Scheck genannte Geldsumme bei Sicht zu zahlen. Rechtlich gesehen ist der Scheck ein Wertpapier.

37. Welche Bestandteile muß ein Scheck enthalten?

Ein Scheck muß, um als solcher zu gelten, folgende wesentliche, gesetzliche Bestandteile enthalten:

a) Die Bezeichnung "Scheck" im Text der Urkunde, und zwar in der Sprache, in der sie ausgestellt ist,
b) die unbedingte Anweisung, eine bestimmte Geldsumme zu zahlen,
c) den Namen dessen, der zahlen soll (Bezogener),
d) die Angabe des Zahlungsortes,
e) die Angabe des Tages und Ortes der Ausstellung,
f) die Unterschrift des Ausstellers.

38. Wer haftet für einen Scheck?

Für einen Scheck haftet der Aussteller.

39. Welche Arten von Schecks gibt es?

Man unterscheidet:

a) Inhaberscheck (Klausel oder "Überbringer"). Die Übertragung erfolgt durch Einigung und einfache Übergabe.
b) Orderscheck. Ein Orderscheck liegt vor, wenn ein Scheck lediglich zugunsten einer bestimmten Person mit oder ohne ausdrücklichen Vermerk "an Order" ausgestellt ist.
c) Rektascheck. Enthält der auf eine bestimmte Person ausgestellte Scheck den Vermerk "nicht an Order", so wird er als Rektascheck bezeichnet. Dieser kann nur im Wege der bürgerlich-rechtlichen Abtretung (Zession) weitergegeben werden. Die Auszahlung bzw. Gutschrift erfolgt grundsätzlich an die im Text der Urkunde genannte Person.

40. Welche Scheckarten werden im Hinblick auf die Einlösung unterschieden?

Im Hinblick auf die Einlösung unterscheidet man den Barscheck, der für den Aussteller bei Verlust die Gefahr einer mißbräuchlichen Verwendung mit sich bringt, und den Verrechnungsscheck, der durch den quer über die Vorderseite des Schecks gesetzten Vermerk "nur zur Verrechnung" entsteht. Der Verrechnungsscheck berechtigt die Kreditinstitute nur, den Scheck im Wege der Gutschrift einzuziehen.

41. Wann sind Schecks einzulösen?

Schecks sind grundsätzlich bei Sicht zahlbar. Ein vordatierter Scheck ist am Tage der Vorlegung zahlbar. Die gesetzliche Vorlegungsfrist, innerhalb der der Scheck dem bezogenen Kreditinstitut zur Einlösung vorzulegen ist, beträgt bei Inlandschecks 8 Tage ab Ausstellungstag, bei Schecks auf das europäische Ausland und

2.8.5 Finanzierungsarten

die außereuropäischen Mittelmeerländer 20 Tage und bei Schecks auf sonstige Länder anderer Erdteile 70 Tage.

42. Was ist ein Wechsel?

Ein Wechsel ist eine Urkunde, die die unbedingte Anweisung enthält, eine bestimmte Geldsumme zu einem bestimmten Termin an eine im Wechsel genannte Person zu zahlen. Die Urkunde muß im Text als Wechsel bezeichnet sein und gilt kraft Gesetzes als geborenes Orderpapier und abstraktes Forderungspapier.

43. Wer kann die im Wechsel liegenden Rechte geltend machen?

Da der Wechsel ein Wertpapier ist, welches eine selbständige Zahlungsverpflichtung enthält, können alle im Wechsel verkörperten Rechte nur von demjenigen geltend gemacht werden, der sein Eigentumsrecht am Papier nachweist.

44. Welche Formen des Wechsels werden unterschieden?

Man unterscheidet den gezogenen Wechsel (Tratte) und den eigenen Wechsel (Solawechsel).

45. Welche gesetzlichen Bestandteile enthält der gezogene Wechsel?

a) Die Bezeichnung "Wechsel" im Text der Urkunde, und zwar in der Sprache, in der sie ausgestellt ist,
b) die unbedingte Anweisung, eine bestimmte Geldsumme zu zahlen,
c) der Name dessen, der zahlen soll (Bezogener),
d) die Angabe der Verfallzeit,
e) die Angabe des Zahlungsortes,
f) der Name dessen, an den oder an dessen Order gezahlt werden soll (Wechselnehmer),
g) die Angabe des Ausstellungstages und -ortes,
h) die Unterschrift des Ausstellers (Trassanten).

46. Was ist bei der Angabe des Zahlungsortes zu beachten?

Wechselschulden sind Holschulden, d.h. der Wechsel muß bei Fälligkeit grundsätzlich beim Bezogenen eingezogen werden. Er kann aber auch bei einem Dritten (z.B. einem Kreditinstitut) und an einem anderen Ort zahlbar gestellt werden (Domizilwechsel). Fehlt die Angabe eines Zahlungsortes, so gilt der bei dem Namen des Bezogenen angegebene Ort als Zahlungsort.

47. Welche Bedeutung hat der eigene Wechsel (Solawechsel)?

Im Gegensatz zum gezogenen Wechsel (Tratte) enthält der eigene Wechsel das Versprechen des Ausstellers, an den genannten Wechselnehmer oder an dessen Order zu einem genau festgelegten Termin eine bestimmte Geldsumme zu zahlen.

Hinsichtlich der gesetzlichen Wechselbestandteile unterscheidet sich der eigene Wechsel vom gezogenen Wechsel dadurch, daß die Angabe eines Bezogenen entfällt und in der Urkunde keine Anweisung, sondern ein unbedingtes Zahlungsversprechen gegeben wird.

48. Welche Arten von Wechseln sind im Geschäftsleben üblich?

Man kennt in der kaufmännischen Praxis folgende Wechselarten:

a) Waren- oder Handelswechsel. Sie dienen der Finanzierung eines Waren- oder Dienstleistungsgeschäfts,
b) Finanzwechsel, die der Geldbeschaffung dienen,
c) Bankakzepte. In diesem Fall läßt sich die Bank einen Wechsel ausstellen.

49. Welche Funktionen hat der Wechsel zu erfüllen?

Der Wechsel erfüllt neben der Zahlungsmittelfunktion vor allem eine Kreditfunktion. Diese Funktion ist besonders wichtig, denn die Bezahlung einer Verbindlichkeit wird durch die Ausstellung eines Wechsels um die Laufzeit hinausgeschoben. Ferner sind die Refinanzierungsfunktion, die Sicherungsfunktion, die Geldanlagefunktion (für die Banken) zu nennen.

50. Wer darf einen Wechsel zur Annahme an den Bezogenen vorlegen?

Jeder Wechselinhaber ist berechtigt, einen Wechsel bis zum Verfalltag dem Bezogenen an seinem Wohnort zur Annahme vorzulegen.

51. Wie wird ein Wechsel weitergegeben?

Die Weitergabe des Wechsels erfolgt durch eine Übertragungserklärung auf der Rückseite, die als Indossament bezeichnet wird.

52. Wie wird ein Wechsel eingelöst?

Der Inhaber eines Wechels hat den Wechsel am Verfalltag oder an einem der beiden folgenden Werktage zur Zahlung vorzulegen. Mit dem Versäumen der Vorlegungsfrist verliert der Inhaber seine Rückgriffsansprüche gegenüber den Indossanten, dem Aussteller und allen anderen Wechselverpflichteten mit Ausnahme des Bezogenen.

53. Was geschieht bei Nichteinlösung des Wechsels?

Wird der Wechsel vom Bezogenen nicht eingelöst, so kann der Inhaber gegen seine Vormänner Rückgriff nehmen. Der Rückgriff ist mangels Annahme, mangels Sicherheit und mangels Zahlung gestattet.

2.8.5 Finanzierungsarten

54. Was versteht man unter einem Wechselprotest?

Der Protest ist eine öffentliche Urkunde, durch die allen Wechselbeteiligten bewiesen wird, daß vom Bezogenen die Zahlung nicht oder nur zum Teil zu erlangen war und daß der Wechsel ferner innerhalb der gesetzlich vorgesehenen Frist zur Zahlung vorgelegt wurde.

55. Was ist im Falle eines Wechselprotests zu tun?

Ist ein Wechsel zu Protest gegangen, so hat der Inhaber seinen unmittelbaren Vormann und den Aussteller innerhalb von vier Werktagen nach der Protesterhebung davon zu unterrichten. Ferner muß jeder Indossant seinen unmittelbaren Vormann innerhalb von zwei Werktagen benachrichtigen.

56. Was bewirkt der Regreß?

Alle Personen, die einen Wechsel ausgestellt, angenommen, indossiert oder mit einer Wechselbürgschaft versehen haben, haften dem jeweiligen Inhaber als Gesamtschuldner, d.h. der Inhaber kann jeden einzelnen oder, mehrere oder alle zusammen in Anspruch nehmen, ohne an die Reihenfolge gebunden zu sein. Greift der Rückgriffsberechtigte auf seinen unmittelbaren Vormann zurück, so spricht man von einem Reihenregreß, überspringt er einen oder mehrere rückgriffsverpflichtete Vormänner, so handelt es sich um einen Sprungregreß.

57. Was versteht man unter einer Wechselprolongation?

Die Wechselprolongation dient der Vermeidung des Protests und besteht darin, daß der Aussteller dem zum Zeitpunkt der Fälligkeit des Wechsels zahlungsunfähigen Bezogenen einen Zahlungsaufschub gewährt.

58. Wie sind Wechselklage und Wechselmahnbescheid vorzunehmen?

Jeder Wechselgläubiger kann seine wechselrechtlichen Ansprüche in einem besonderen Wechselverfahren geltend machen. Für den Wechselprozeß gelten die Vorschriften der Zivilprozeßordnung über den Urkundenprozeß entsprechend.

59. Was versteht man unter einer Abtretung?

Die Abtretung, die grundsätzlich formlos gültig ist, bedeutet, daß ein schuldrechtlicher Anspruch, d.h. eine Forderung gemäß § 398 BGB vom bisherigen Gläubiger, dem Zedenten, durch Vertrag auf einen neuen Gläubiger (Zessionär) übertragen werden kann. Die Forderung muß bestimmt oder doch bestimmbar sein. Eine Forderung kann nur abgetreten werden, soweit sie auch pfändbar ist. Sie kann nicht abgetreten werden, wenn sich der Inhalt der Leistung durch die Abtretung ändern würde, etwa durch eine persönliche Dienstleistung oder wenn die Abtretung durch Vereinbarung mit dem Schuldner ausgeschlossen wurde. Die Abtretung bewirkt, daß der neue Gläubiger an die Stelle des bisherigen Gläubigers tritt; zugleich gehen die Nebenrechte (z.B. Pfandrechte und Hypotheken) auf ihn über.

60. Was ist eine Hypothek?

Die Hypothek ist nach § 1113 BGB die Belastung eines Grundstücks in der Weise, daß an den Berechtigten eine bestimmte Geldsumme zur Befriedigung wegen einer ihm zustehenden Forderung aus dem Grundstück zu zahlen ist. Mithin setzt eine Hypothek das Vorliegen einer Forderung des Gläubigers gegen den Grundstückseigentümer voraus. Die Hypothek ist akzessorisch, d.h. vom Bestand der Forderung abhängig. Zur Entstehung einer Hypothek ist Einigung und Eintragung im Grundbuch erforderlich. Die Einigung muß zwischen dem Gläubiger der Forderung und dem Grundstückseigentümer abgeschlossen werden. Bei der Eintragung der Hypothek müssen der Gläubiger, der Geldbetrag der Forderung, der Zinssatz, und wenn andere Nebenleistungen zu entrichten sind, der Geldbetrag, im Grundbuch angegeben werden.

61. Welche Arten von Hypotheken werden unterschieden?

Wird über die Hypothek ein Hypothekenbrief erteilt, spricht man von einer Briefhypothek, ansonsten von einer Buchhypothek. Der Hypothekenbrief ist eine vom Grundbuchamt über die Hypopthek ausgestellte öffentliche Urkunde. Der Brief vermittelt den Erwerb und die Übertragung der Hypothek. Bei der Buchhypothek ist das Grundbuch die alleinige Grundlage.

Die Eigentumshypothek ist eine Hypothek, die dem Eigentümer an seinem eigenen Grundstück zusteht. Sie entsteht, wenn die Forderung, für welche die Hypothek bestellt ist, nicht zur Entstehung gelangt, erlischt, oder der Gläubiger auf die Hypothek verzichtet.

Die Gesamthypothek besteht für eine Forderung einer Hypothek an mehreren Grundstücken (Gesamthypothek), so haftet jedes Grundstück für die ganze Forderung.

Die Sicherungshypothek ist eine Hypothek, bei der sich das Recht des Gläubigers nur nach der Forderung bestimmt. Der Gläubiger muß den Beweis des Bestehens einer Forderung erbringen.

Die Höchstbetragshypothek: Bei ihrer Bestellung wird nur der Höchstbetrag bestimmt, bis zu dem das Grundstück haften soll. Sie wird vor allem zur Sicherung von Forderungen aus laufenden Rechnungen (Kontokorrentverkehr) verwendet.

62. Was ist eine Grundschuld?

Die Grundschuld ist eine Grundstücksbelastung des Inhalts, daß an den Berechtigten eine bestimmte Summe aus dem Grundstück zu zahlen ist (§ 1191 BGB).

Während die Hypothek abhängig von der zu sichernden Forderung ist, ist die Grundschuld abstrakt, d.h. das Bestehen der Grundschuld ist von dem Bestehen der persönlichen Forderung vollständig unabhängig. Für die Grundschuld gelten die meisten Vorschriften über die Hypothek.

63. Was ist eine Rentenschuld?

Die Rentenschuld ist eine Grundschuld mit der Maßgabe, daß in regelmäßig wiederkehrenden Terminen eine bestimmte Geldsumme aus dem Grundstück zu zahlen ist.

2.8.6 Grundbegriffe des Steuerrechts

01. Auf welchen Rechtsgrundlagen basiert das Steuerrecht?

Rechtsgrundlagen des Steuerrechts sind Gesetze, Rechtsverordnungen und Verwaltungsvorschriften oder Richtlinien, die den Ermessensspielraum der Verwaltungsbehörden regeln. Außerdem ergeben sich Hinweise aus der Rechtsprechung des Bundesfinanzhofes und der Finanzgerichte.

02. Was sind Steuern?

Steuern sind gem. § 3 AO Geldleistungen, die nicht eine Gegenleistung für eine besondere Leistung darstellen und von einem öffentlich-rechtlichen Gemeinwesen - Bund, Ländern und Gemeinden - zur Erzielung von Einkünften allen auferlegt werden, bei denen der Tatbestand zutrifft, an den das Gesetz die Leistungspflicht knüpft.

03. Wer ist Steuerpflichtiger?

Wer eine Steuer schuldet, für eine Steuer haftet, eine Steuer für Rechnung eines Dritten einzubehalten und abzuführen hat, wer eine Steuererklärung abzugeben hat, Sicherheit zu leisten, Bücher und Aufzeichnungen zu führen oder andere ihm durch die Steuergesetze auferlegte Verpflichtungen zu erfüllen hat (§ 33 Abs. 1 AO).

04. Was ist der Steuergegenstand?

Gegenstand der Besteuerung oder das Steuerobjekt ist der Tatbestand, dessen Vorhandensein den Anlaß zur Steuererhebung bildet.

05. Was ist die Steuerbemessungsgrundlage?

Die Steuerbemessungsgrundlage ist der in Geld, Gewichts- oder sonstigen Maßeinheiten ausgedrückte Sachverhalt, nach dem der Steuerbetrag errechnet wird.

06. Was versteht man unter der Steuerüberwälzung?

Steuerüberwälzung bedeutet, daß ein Steuerzahler die ihm auferlegte Steuer nicht tatsächlich trägt, sondern über den Preis auf einen anderen Teilnehmer am Wirtschaftsleben überwälzt.

07. Was ist der Steuersatz?

Unter dem Steuersatz versteht man den in der Regel in Prozenten ausgedrückten Anteil der Steuerbemessungsgrundlage, der als Steuer abgeführt wird.

08. Wie ist die Finanzverwaltung aufgebaut?

Der Aufbau der Finanzverwaltung ist im Finanzverwaltungsgesetz (FVG) niedergelegt. Danach gliedert sich die Finanzverwaltung in örtliche Behörden, Mittelbehörde und oberste Leitung. Zu den örtlichen Behörden zählen als Landesbehörden die Finanzämter und als Bundesbehörden die Hauptzollämter. Die Finanzämter sind für die Verwaltung der den Ländern zustehenden Steuern und die ihnen sonst übertragenen Aufgaben zuständig. Die Hauptzollämter verwalten die Zölle und die Verbrauchsteuern. Als Mittelbehörden sind die Oberfinanzdirektionen gleichzeitig Bundesbehörde und Landesbehörde, je nachdem, ob es sich um Bundes- oder um Landessteuern handelt. Die Oberfinanzdirektion überwacht die Gleichmäßigkeit der Gesetzesanwendung und beaufsichtigt die Geschäftsführung der nachgeordneten Dienststellen. Die oberste Leitung der Bundesfinanzbehörde liegt in der Hand des Bundesministers der Finanzen, die oberste Leitung der Landesfinanzbehörden obliegt dem jeweiligen Landesfinanzminister.

09. Wie werden die Steuern unterteilt?

Die Steuern können nach den verschiedensten Gesichtspunkten unterteilt werden. Am gebräuchlichsten sind die Unterscheidungen in direkte und indirekte Steuern sowie in Personen- und Realsteuern, ferner in ordentliche und außerordentliche Steuern, in Besitz-, Verkehr-, Verbrauchsteuern und Zölle sowie in Bundes-, Landes- und Gemeindesteuern.

10. Was versteht man unter direkten und indirekten Steuern?

Direkte Steuern sind solche, bei denen Steuerzahler und Steuerträger identisch sind. Indirekte Steuern sind solche, bei denen der Gesetzgeber eine Überwälzung beabsichtigt, z.B. vom Produzenten bzw. Händler, der die Steuer an den Fiskus abführt, auf den Verbraucher, der sie tatsächlich trägt.

11. Was versteht man unter Personen- bzw. Realsteuern?

Personensteuern knüpfen an die individuelle Leistungsfähigkeit einer Person an und berücksichtigen die individuellen Verhältnisse, wie Familienstand, Kinderzahl, Alter, Krankheit, Höhe des Gesamteinkommens usw. Die Realsteuern be-

2.8.6 Grundbegriffe des Steuerrechts

messen die Steuerlast nur nach bestimmten äußeren Merkmalen des Steuerobjekts, z.B. der Größe des Grundstücks.

12. Was sind Besitzsteuern?

Besitzsteuern sind Steuern auf Vermögen und Vermögenszuwachs. Dazu gehören die Erbschaftsteuer, Einkommensteuer und die Ertragsteuern wie die Grund- und die Gewerbesteuer.

13. Was sind Verkehrsteuern?

Verkehrsteuern knüpfen an bestimmte Vorgänge des rechtlichen und wirtschaftlichen Verkehrs an. Dazu zählen die Umsatzsteuer, die Grunderwerbsteuer, die Wechselsteuer (wird 1992 abgeschafft) und die Kapitalverkehrsteuer.

14. Was sind Verbrauchsteuern?

Verbrauchsteuern belasten den Verbrauch, wie z.B. die Steuern auf Nahrungs- und Genußmittel.

15. Was ist die Einkommensteuer?

Die Einkommensteuer ist die Steuer auf das Einkommen natürlicher Personen unter besonderer Berücksichtigung ihrer steuerlichen Leistungsfähigkeit. Ihr unterliegen alle natürlichen Personen, und zwar unbeschränkt, wenn sie ihren Wohnsitz im Inland haben. Besteuerungsgrundlage ist das während eines Kalenderjahres bezogene Einkommen aus den im Einkommensteuergesetz genannten Einkunftsarten.

16. Welche Einkunftsarten kennt das Einkommensteuergesetz?

Das Einkommensteuergesetz unterscheidet Einkünfte aus Land- und Forstwirtschaft, aus Gewerbebetrieb, aus selbständiger Arbeit, aus nichtselbständiger Arbeit, aus Kapitalvermögen, aus Vermietung und Verpachtung sowie sonstige Einkünfte.

17. Was sind Betriebsausgaben?

Betriebsausgaben sind die Aufwendungen, die durch den Betrieb veranlaßt sind. Sie mindern den Gewinn, kommen also nur bei den Gewinneinkunftsarten, d.h. bei den Einkünften aus Land- und Forstwirtschaft, Gewerbebetrieb und selbständiger Arbeit vor.

18. Was ist die Lohnsteuer?

Die Lohnsteuer ist eine besondere Erhebungsform der Einkommensteuer bei Einkünften aus nichtselbständiger Arbeit. Im Rahmen des Lohnsteuerabzugsverfahrens ist der Arbeitgeber verpflichtet, unter Anwendung der Lohnsteuertabelle die Lohnsteuer von den Bruttobezügen einzubehalten. Obwohl der Arbeitnehmer Steuerschuldner ist, haftet der Arbeitgeber für die Abführung der Lohnsteuer an das Finanzamt.

19. Was ist die Körperschaftsteuer?

Die Körperschaftsteuer ist die Einkommensteuer der juristischen Personen, d.h. der Kapitalgesellschaften, der Erwerbs- und Wirtschaftsgenossenschaften, Anstalten, Stiftungen und Betriebe der Körperschaften des öffentlichen Rechts, wie Gas-, Wasser- und Elektrizitätswerke. Steuergegenstand ist das nach dem Einkommensteuergesetz ermittelte Einkommen, soweit nicht durch das Körperschaftsteuergesetz besondere Regelungen getroffen sind.

20. Was ist die Vermögensteuer?

Die Vermögensteuer will im Gegensatz zu der Besteuerung des Einkommens das Reinvermögen, d.h. das Vermögen nach Abzug der Schulden und der Freibeträge, besteuern. Vermögensteuerpflichtig sind alle natürlichen und juristischen Personen, sofern bestimmte Vermögenswerte erreicht werden.

21. Was ist die Erbschaftsteuer?

Der Erbschaftsteuer unterliegen der unentgeltliche Vermögensübergang von Todes wegen oder unter Lebenden und die Zweckzuwendungen. Steuerpflichtig sind der Erbe, der Vermächtnisnehmer bzw. der Beschenkte. Die Höhe des Erbschaftsteuersatzes richtet sich nach dem Verwandtschaftsverhältnis, das der Erwerber zum Erblasser oder Schenker einnimmt und nach der jeweiligen Höhe des vermachten Vermögens.

22. Was ist die Grundsteuer?

Die Grundsteuer ist eine Real- und Gemeindesteuer, die auf den im Gemeindegebiet gelegenen Grundbesitz erhoben wird. Das Finanzamt bestimmt auf Grund von Einheitswerten den Steuermeßbetrag. Die Gemeinde setzt den Hebesatz (Hundertsatz) fest und erläßt den Grundsteuerbescheid.

23. Was ist die Gewerbesteuer?

Die Gewerbesteuer ist eine bundeseinheitlich geregelte Steuer auf Gewerbebetriebe, die den Gemeinden zufließt und für die Gemeinden die wichtigste Einnahmequelle darstellt. Steuerpflichtig ist der Inhaber eines inländischen Gewerbebetriebes. Dabei wird unter Gewerbe die fortgesetzte, auf Gewinnerzielung gerichtete selbständige Tätigkeit verstanden, die sich als Beteiligung am allgemeinen wirtschaftlichen Verkehr darstellt. Man unterscheidet zwei verschiedene Bemessungsgrundlagen: den Gewerbeertrag und das Gewerbekapital. Als Gewerbeertrag gilt der einkommen- oder körperschaftsteuerliche Gewinn aus dem Gewerbebetrieb,

2.8.6 Grundbegriffe des Steuerrechts

vermehrt um bestimmte Hinzurechnungen und vermindert um bestimmte Kürzungen. Als Gewerbekapital gilt der Einheitswert des Gewerbebetriebes im Sinne des Bewertungsgesetzes mit bestimmten Hinzurechnungen und Kürzungen. Die Gewerbesteuer wird nach einem von den Gemeinden jährlich neu festzusetzenden Hebesatz auf der Grundlage des einheitlichen Steuermeßbetrages aus Gewerbeertrag und Gewerbekapital erhoben.

24. Was ist die Umsatzsteuer?

Die Umsatzsteuer ist eine Steuer auf den Umsatz von Gütern und Leistungen. Sie erfaßt jedoch nicht den gesamten Bruttoumsatz jeder Produktionsstufe, sondern immer nur den Bestandteil des Verkaufserlöses eines Produkts, der noch nicht auf der Vorstufe der Produktion besteuert worden ist, d.h., der Umsatzsteuer (Mehrwertsteuer) unterliegt nur die Wertschöpfung jeder Produktions- oder Dienstleistungsstufe der einzelnen Unternehmung. Der Unternehmer kann von seiner Steuer die sog. Vorsteuer abziehen. Auf diese Weise wird nur die Wertschöpfung auf der einzelnen Wirtschaftsstufe besteuert.

25. Was unterliegt der Umsatzsteuer im einzelnen?

Der Umsatzsteuer unterliegen Lieferungen und sonstige Leistungen, die ein Unternehmen im Inland gegen Entgelt im Rahmen seines Unternehmens ausführt, ferner der Eigenverbrauch und die Einfuhr von Gegenständen in das Zollgebiet. Die Einfuhrumsatzsteuer ist als Vorsteuer absetzbar.

26. Wie wird die Umsatzsteuer berechnet?

Bei der Errechnung der Umsatzsteuer geht man von der Summe der Umsätze aus, die um die steuerfreien Umsätze vermindert werden. Maßgebend ist die Ausführung der Leistung und nicht etwa der Zeitpunkt der Rechnungserstellung oder des Zahlungseingangs, d.h. es gilt die sog. Sollbesteuerung. Auf den so ermittelten Betrag werden die Steuersätze angewandt, die dann die Traglast ergeben. Nach Abzug der anrechenbaren Vorsteuern des gleichen Zeitraumes ergibt sich die zu zahlende Steuer (Zahllast).

27. Welche Vorschriften bestehen im Hinblick auf die Bewertung?

Alle Wirtschaftsgüter, die in den Bilanzen ausgewiesen sind, müssen bewertet werden. Dabei wird zwischen Gütern des Anlagevermögens und des Umlaufvermögens unterschieden. Alle Wirtschaftsgüter gehen in die Buchführung zunächst mit den Anschaffungs- oder Herstellungskosten ein. Soweit Wirtschaftsgüter der Abnutzung unterliegen, sind sie mit dem um die Absetzungen für Abnutzung gekürzten Anschaffungs- oder Herstellungskosten anzusetzen. Sinkt der Wert eines Wirtschaftsgutes infolge besonderer Umstände, so kann er mit dem niedrigeren Teilwert (Mindestgrenze), regelmäßig den Wiederbeschaffungskosten, in die Bilanz eingesetzt werden.

28. Was ist die Abgabenordnung?

Die Abgabenordnung (AO) ist das Verwaltungsverfahrensgesetz. In der Abgabenordnung vom 16.3.1976, die die 45 Jahre alte Reichsabgabenordnung abgelöst hat, sind u.a. geregelt: Die steuerlichen Begriffsbestimmungen, die Zuständigkeit der Finanzbehörden, das sog. Steuerschuldrecht (Steuerpflichtiger, Steuerschuldverhältnis, steuerbegünstigte Zwecke, Haftung), allgemeine Verfahrensvorschriften, die Durchführung der Besteuerung, das Erhebungsverfahren, die Vollstreckung, das außergerichtliche Rechtsbehelfsverfahren sowie Straf- und Bußgeldverfahren.

29. Welches Finanzamt ist zuständig?

Nach den §§ 16 ff. AO ist das Finanzamt zuständig, in dessen Bezirk sich die Geschäftsleitung, oder sofern eine solche im Geltungsbereich dieses Gesetzes nicht vorhanden ist, sich eine Betriebsstätte, oder bei mehreren Betriebsstätten, die wirtschaftlich bedeutendste befindet.

30. Was ist der Anwendungsbereich der AO?

Die Abgabenordnung gilt für alle Steuern, einschließlich der Steuervergütung, die durch Bundesrecht oder Recht der Europäischen Gemeinschaften geregelt sind, soweit sie durch Bundesfinanzbehörden oder durch Landesfinanzbehörden verwaltet werden (§ 1 Abs. 1 AO).

31. Was versteht die AO unter einem Steuerschuldverhältnis?

Ansprüche aus dem Steuerschuldverhältnis sind der Steueranspruch, der Steuervergütungsanspruch, der Haftungsanspruch, der Anspruch auf eine steuerliche Nebenleistung, der Erstattungsanspruch sowie die in Einzelsteuergesetzen geregelten Steuererstattungsansprüche (§ 37 AO).

32. Wann entstehen Ansprüche aus dem Steuerschuldverhältnis?

Ansprüche aus dem Steuerschuldverhältnis entstehen, sobald der Tatbestand verwirklicht ist, an den das Gesetz die Leistungspflicht knüpft (§ 38 AO).

33. Wie werden Steuern festgesetzt?

Steuern werden von der Finanzbehörde durch Steuerbescheid festgesetzt. Der Steuerbescheid ist ein Verwaltungsakt (§ 155 AO).

34. Wann werden Ansprüche aus einem Steuerschuldverhältnis fällig?

Die Fälligkeit von Ansprüchen aus dem Steuerschuldverhältnis richtet sich nach den Vorschriften der Steuergesetze. Fehlt es an einer besonderen gesetzlichen Regelung über die Fälligkeit, so wird der Anspruch mit seiner Entstehung fällig.

2.8.6 Grundbegriffe des Steuerrechts

35. Was versteht die AO unter einer Außenprüfung?

Der Begriff Außenprüfung ersetzt den bisherigen Begriff Betriebsprüfung. Unter die Außenprüfungen fallen die Betriebsprüfungen, die Lohnsteueraußenprüfungen und die Umsatzsteueraußenprüfungen. Eine Außenprüfung ist zulässig bei Steuerpflichtigen, die einen gewerblichen oder land- oder forstwirtschaftlichen Betrieb unterhalten oder die freiberuflich tätig sind (§ 193 AO).

36. Auf welche Sachverhalte erstreckt sich eine Außenprüfung?

Die Außenprüfung dient der Ermittlung der steuerlichen Verhältnisse des Steuerpflichtigen. Sie kann eine oder mehrere Steuerarten bzw. einen oder mehrere Besteuerungszeiträume umfassen oder sich auf bestimmte Sachverhalte beschränken (§ 194 AO).

37. Wie wird der Umfang der Außenprüfung festgelegt?

Der Umfang der Außenprüfung wird in einer schriftlich zu erteilenden Prüfungsanordnung von der Finanzbehörde festgelegt (§ 196 AO).

38. Welche Prüfungsgrundsätze gelten?

Der Prüfer hat die tatsächlichen und rechtlichen Verhältnisse, die für die Steuerpflicht und für die Bemessung der Steuer maßgebend sind, zugunsten wie zuungunsten des Steuerpflichtigen zu prüfen. Dabei ist der Steuerpflichtige über die Sachverhalte und die möglichen steuerlichen Auswirkungen während der Prüfung zu unterrichten (§ 199 AO).

39. Wonach richtet sich der Prüfungszeitraum?

Der Prüfungszeitraum bei einer Prüfung von Handelsbetrieben richtet sich nach folgenden Größenklassen: Großbetriebe: Umsatz über 5,15 Mio. DM oder Gewinn über 258.000,- DM, Mittelbetriebe: Umsatz über 515.000,- DM oder Gewinn über 68.000,- DM, Kleinbetriebe: Umsatz über 190.000,- DM oder Gewinn über 36.000,- DM.

40. Was ist eine verbindliche Zusage im Sinne der AO?

Gemäß § 204 AO kann die Finanzbehörde dem Steuerpflichtigen im Anschluß an eine Außenprüfung auf Antrag verbindlich zusagen, wie ein für die Vergangenheit geprüfter und im Prüfbericht dargestellter Sachverhalt in Zukunft steuerrechtlich behandelt wird, wenn die Kenntnis der künftigen steuerrechtlichen Behandlung für die geschäftlichen Maßnahmen des Steuerpflichtigen von Bedeutung ist.

41. Wie wird die Steuergesetzgebung in der Bundesrepublik Deutschland geregelt?

Die Steuergesetzgebung in der Bundesrepublik hat ihre Grundlage im Art. 105 GG; dieser unterscheidet dem föderalistischen Aufbau der Bundesrepublik entsprechend

eine ausschließliche und
eine konkurrierende Gesetzgebung.

In Abschnitt X (Das Finanzwesen) Art 105 GG ist geregelt:

Abs. 1: "Der Bund hat die ausschließliche Gesetzgebung über die Zölle und Finanzmonopole.

Abs. 2: Der Bund hat die konkurrierende Gesetzgebung über die übrigen Steuern, wenn ihm das Aufkommen dieser Steuern ganz oder zum Teil zusteht oder die Voraussetzungen des Artikels 72 Abs. 2 vorliegen.

Abs. 2a: Die Länder haben die Befugnis zur Gesetzgebung über die örtlichen Verbrauch- und Aufwandsteuern, solange und soweit sie nicht bundesgesetzlich geregelten Steuern gleichartig sind.

Abs. 3: Bundesgesetze über Steuern, deren Aufkommen den Ländern oder den Gemeinden (Gemeindeverbänden) ganz oder zum Teil zufließt, bedürfen der Zustimmung des Bundesrates."

In diesem Zusammenhang ist also auch Art. 72 GG von Bedeutung:

Abs. 1: "Im Bereich der konkurrierenden Gesetzgebung haben die Länder die Befugnis zur Gesetzgebung, solange und soweit der Bund von seinem Gesetzgebungsrecht keinen Gebrauch macht.

Abs. 2: Der Bund hat in diesem Bereich das Gesetzgebungsrecht, soweit ein Bedürfnis nach bundesgesetzlicher Regelung besteht, weil
1. eine Angelegenheit durch die Gesetzgebung einzelner Länder nicht wirksam geregelt werden kann oder
2. die Regelung einer Angelegenheit durch ein Landesgesetz die Interessen anderer Länder oder der Gesamtheit beeinträchtigen könnte oder
3. die Wahrung der Rechts- und Wirtschaftseinheit, insbesondere die Wahrung der Einheitlichkeit der Lebensverhältnisse über das Gebiet eines Landes hinaus sie erfordert."

2.8.7 Unternehmensbezogene Steuern: Einkommensteuer, Körperschaftsteuer, Gewerbesteuer, Vermögensteuer, Umsatzsteuer

01. Wer unterliegt der Steuerpflicht nach dem Einkommensteuergesetz?

Das Einkommensteuergesetz unterscheidet eine unbeschränkte und beschränkte Steuerpflicht.

- Unbeschränkt steuerpflichtig sind alle natürlichen Personen, die im Geltungsbereich des Einkommensteuergesetzes (Bundesgebiet) einen Wohnsitz haben oder sich hier gewöhnlich aufhalten (§ 1 Abs. 1 EStG, Abschn. 1 Abs. 1-3 EStR). Die Steuerpflicht erstreckt sich grundsätzlich auch auf die im Ausland bezogenen Einkünfte, wenn auch diese im Ausland zur Einkommensteuer herangezogen worden sind (= Welteinkommen; Universalprinzip). Weitergehende unbeschränkte Einkommensteuerpflicht siehe § 1 Abs. 2 EStG.

- Beschränkt steuerpflichtig (§ 1 Abs. 3 EStG, Abschn. 1 Abs. 4 EStR) sind Personen, die im Inland weder ihren Wohnsitz noch ihren gewöhnlichen Aufenthalt haben, soweit inländische Einkommen erzielt worden sind.

Der Umfang der Steuerpflicht richtet sich also im Regelfall nach dem Wohnsitz oder gewöhnlichen Aufenthalt.

Einen Wohnsitz (§ 8 AO) hat jemand dort, wo er eine Wohnung unter Umständen innehat, die darauf schließen lassen, daß er die Wohnung beibehalten oder benutzen wird.

Den gewöhnlichen Aufenthalt (§ 9 AO) hat jemand dort, wo er sich unter Umständen aufhält, was darauf schließen läßt, daß er an diesem Ort oder in diesem Gebiet nicht nur vorübergehend verweilt. Bei der Beurteilung, ob ein gewöhnlicher Aufenthalt vorliegt, ist ein zeitlich zusammenhängender Aufenthalt von mehr als sechs Monaten Dauer anzusehen; kurzfristige Unterbrechungen bleiben unberücksichtigt.

02. Wie wird das zu versteuernde Einkommen ermittelt?

Das zu versteuernde Einkommen (§ 2 Abs. 5 EStG) wird nach der auf Seite 266 abgedruckten Tabelle ermittelt (vgl. auch Abschn. 3 Abs. 1 EStR):

1		Summe der Einkünfte aus den Einkunftsarten
2	+	nachzuversteuernder Betrag (§ 10a EStG)
3	./.	Verlustausgleichsbetrag (§ 2 Abs. 1 Satz 1 Auslandsinvestitionsgesetz)
4	+	Hinzurechnungsbetrag (§ 2 Abs. 1 Satz 3 Auslandsinvestitionsgesetz)
5	=	Summe der Einkünfte
6	./.	Altersentlastungsbetrag (§ 24a EStG)
7	./.	Ausbildungsplatz-Abzugsbetrag (§ 24b EStG)
8	./.	Freibetrag für Land- und Forstwirte (§ 13 Abs. 3 EStG)
9	./.	ausländische Steuern vom Einkommen (§ 34c Abs. 2, 3 und 6 EStG)
10	=	Gesamtbetrag der Einkünfte (§ 2 Abs. 3 EStG)
11	./.	Sonderausgaben (§§ 10, 10b, 10c EStG)
12	=	Zwischensumme
13	./.	steuerbegünstigter nicht entnommener Gewinn (§ 10a EStG)
14	./.	Freibetrag für freie Berufe (§ 18 Abs. 4 EStG) - entfällt ab VZ 1990
15	./.	außergewöhnliche Belastungen (§§ 33 bis 33c EStG, § 33 a EStG 1953 i.V. mit § 52 Abs. 22 EStG)
16		Steuerbegünstigung der zu eigenen Wohnzwecken genutzten Wohnung im eigenen Haus (§ 10e EStG)
17	./.	Verlustabzug (§ 10d EStG, § 2a Abs. 3 Satz 2 EStG, § 2 Abs. 1 Satz 2 Auslandsinvestitionsgesetz
18	=	Einkommen (§ 2 Abs. 4 EStG)
19	./.	Altersfreibetrag (§ 32 Abs. 2 EStG)
20	./.	Kinderfreibetrag (§ 32 Abs. 6 EStG)
21	./.	Haushaltsfreibetrag (§ 32 Abs. 7 EStG)
22	./.	freibleibender Betrag nach § 46 Abs. 3 EStG, § 70 EStDV
23	=	zu versteuerndes Einkommen (§ 2 Abs. 5 EStG)

03. Welche Einkunftsarten werden unterschieden?

1. Einkünfte aus Land- und Forstwirtschaft
2. Einkünfte aus Gewerbebetrieb
3. Einkünfte aus selbständiger Arbeit
4. Einkünfte aus nichtselbständiger Arbeit
5. Einkünfte aus Kapitalvermögen
6. Einkünfte aus Vermietung und Verpachtung
7. sonstige Einkünfte im Sinne des § 22 EStG.

04. Was ist im steuerlichen Sinne ein Gewerbebetrieb?

Eine selbständige nachhaltige Betätigung, die mit Gewinnabsicht unternommen wird und sich als Beteiligung am allgemeinen wirtschaftlichen Verkehr darstellt,

2.8.7 Unternehmensbezogene Steuern

ist ein Gewerbebetrieb, wenn die Betätigung weder als Ausübung von Land- und Forstwirtschaft noch als Ausübung eines freien Berufs noch als eine andere selbständige Arbeit im Sinne des Einkommensteuerrechts anzusehen ist. Die Gewinnabsicht (das Streben nach Gewinn) braucht nicht der Hauptzweck der Betätigung zu sein. Ein Gewerbebetrieb liegt, wenn seine Voraussetzungen im übrigen gegeben sind, auch dann vor, wenn das Streben nach Gewinn (die Gewinnabsicht) nur ein Nebenzweck ist.

05. Was ist Arbeitslohn?

Arbeitslohn sind alle Einnahmen, die dem Arbeitnehmer aus Anlaß oder Ausfluß des Dienstverhältnisses (Arbeitsergebnis) zufließen, soweit es sich nicht um steuerfrei gestellte Einnahmen handelt (§ 2 Abs. 1 LStDV).

Arbeitslohn kann in Geld oder in Geldeswert (Sachleistungen) gewährt werden. Es ist gleichgültig, ob es sich um einmalige oder laufende Einnahmen handelt.

06. Was unterliegt der Körperschaftsteuer?

Der Körperschaftsteuer unterliegt der Gewinn als das Einkommen juristischer Personen.

07. Wer unterliegt im einzelnen der Steuerpflicht der Körperschaftsteuer?

Der Körperschaftsteuer unterliegen nach § 1 des KStG: Kapitalgesellschaften, Erwerbs- und Wirtschaftsgenossenschaften, Versicherungsvereine auf Gegenseitigkeit, sonstige juristische Personen des privaten Rechts, nichtrechtsfähige Vereine, Anstalten, Stiftungen und andere Zweckvermögen des privaten Rechts; Betriebe gewerblicher Art von juristischen Personen des öffentlichen Rechts.

Diese Körperschaften sind unbeschränkt steuerpflichtig, wenn sie ihre Geschäftsleitung oder ihren Sitz im Inland haben.

08. Wer ist von der Körperschaftsteuer befreit?

- Die Deutsche Bundespost, die Deutsche Bundesbahn, die Monopolverwaltungen des Bundes und die staatlichen Lotterieunternehmen,

- gesamtwirtschaftlich wichtige Banken mit öffentlichen Aufgaben, wie die Deutsche Bundesbank, die Kreditanstalt für Wiederaufbau, die Lastenausgleichsbank, die Deutsche Siedlungs- und Landesrentenbank u.a.,

- Körperschaften, Personenvereinigungen und Vermögensmassen, die ausschließlich und unmittelbar gemeinnützigen, mildtätigen oder kirchlichen Zwecken dienen, sozialen Belangen und der Wohlfahrt dienende Einrichtungen, Selbsthilfeorganisationen, wie Berufsverbände ohne öffentlich-rechtlichen Charakter, deren Zweck nicht auf einen wirtschaftlichen Geschäftsbetrieb gerichtet ist, und solche, die deren Vermögensverwaltung zum Gegenstand haben,

- bestimmte Versicherungs- und Versorgungseinrichtungen von Berufsgruppen mit Zwangsmitgliedschaft.

09. Was ist Bemessungsgrundlage der Vermögensteuer?

Das Vermögen bildet die Bemessungsgrundlage für die Vermögensteuer. Der Vermögensteuer unterliegt nach § 4 Abs. 1 Nr. 1 VStG

- Bei unbeschränkt Steuerpflichtigen das Gesamtvermögen (§§ 114 bis 120 BewG). Zum Gesamtvermögen gehören nicht die Wirtschaftsgüter, die nach den Vorschriften des VStG oder anderer Gesetze von der Vermögensteuer befreit sind.

- Bei beschränkt Steuerpflichtigen das Inlandsvermögen (§ 4 Abs. 1 Nr. 2 VStG, § 121 BewG).

Der Wert des Gesamtvermögens bzw. des Inlandvermögens wird auf volle 1.000 DM nach unten abgerundet.

Das Vermögen setzt sich zusammen (§ 18 BewG) aus

- dem land- und forstwirtschaftlichen Vermögen
- dem Grundvermögen
- dem Betriebsvermögen
- dem sonstigen Vermögen.

10. Wer ist gewerbesteuerpflichtig?

Steuergegenstand ist der Gewerbebetrieb als Objekt. Ist dieses Objekt existent, beginnt die sachliche Steuerpflicht. Je nach der Rechtsform der Unternehmung sind zu unterscheiden (Abschn. 21 GewStR):

1. Bei Einzelgewerbetreibenden und bei Personengesellschaften i.S. des § 2 Abs. 2 Nr. 1 GewStG beginnt die Steuerpflicht in dem Zeitpunkt, in dem die maßgebliche Tätigkeit aufgenommen wird.

    Vorbereitungshandlungen (z.B. Anmietung eines Geschäftslokals, Errichtung eines Fabrikgebäudes) begründen die Gewerbesteuerpflicht noch nicht. Die Eintragung ins Handelsregister ist hier ohne Bedeutung.

2. Bei Gewerbetreibenden kraft Rechtsform gem. § 2 Abs. 2 Nr. 2 GewStG beginnt die Steuerpflicht

2.8.7 Unternehmensbezogene Steuern

- bei Kapitalgesellschaften mit der Eintragung ins Handelsregister,

- bei Erwerbs- und Wirtschaftsgenossenschaften mit der Eintragung in das Genossenschaftsregister,

- bei Versicherungsvereinen auf Gegenseitigkeit mit der aufsichtsbehördlichen Erlaubnis zum Geschäftsbetrieb,

- bei den sonstigen juristischen Personen des privaten Rechts und den nichtrechtsfähigen Vereinen, wenn alle anderen Voraussetzungen mit der Aufnahme eines wirtschaftlichen Geschäftsbetriebes vorliegen,

- bei Unternehmen, für die der Grund für die Befreiung von der Gewerbesteuer wegfällt, im Zeitpunkt des Wegfalls des Befreiungsgrundes.

11. Wie wird die Gewerbesteuer berechnet?

Die Steuermeßbeträge, die sich nach dem Gewerbeertrag und dem Gewerbekapital ergeben, werden zusammengerechnet und ergeben den einheitlichen Steuermeßbetrag (§ 14 GewStG).

Der einheitliche Steuermeßbetrag wird für den Erhebungszeitraum (= Kalenderjahr) nach dessen Ablauf vom Betriebsfinanzamt festgesetzt.

Fällt die Steuerpflicht im Laufe des Erhebungszeitraumes weg, so kann der einheitliche Steuermeßbetrag sofort festgesetzt werden.

Die Gewerbesteuer wird aufgrund des einheitlichen Steuermeßbetrags mit einem Hundertsatz (Hebesatz) festgesetzt und erhoben (§ 16 GewStG).

Dieser Hebesatz wird von der hebeberechtigten Gemeinde für ein Kalenderjahr oder mehrere Kalenderjahre festgesetzt; er muß für alle in der Gemeinde vorhandenen Unternehmen der gleiche sein.

12. Was bedeutet Steuerzerlegung?

Bei Hebeberechtigung mehrerer Gemeinden bezogen auf denselben Gewerbebetrieb ist der einheitliche Steuermeßbetrag auf die einzelnen Gemeinden zu zerlegen (§ 28 GewStG).

Mehrere Gemeinden sind hebeberechtigt, wenn

- ein Unternehmen im Erhebungszeitraum zur Ausübung des Gewerbes in mehreren Gemeinden Betriebsstätten unterhalten hat,

- sich die Betriebsstätte eines Gewerbebetriebs über mehrere Gemeinden erstreckt,

- eine Betriebsstätte innerhalb eines Erhebungszeitraumes von einer Gemeinde in eine andere Gemeinde verlegt worden ist.

Der allgemeine Zerlegungsmaßstab (§ 29 GewStG, Abschn. 115 GewStR) bezieht sich entweder

(1) auf das Verhältnis der Betriebseinnahmen, die in den Betriebsstätten der einzelnen Gemeinden (tatsächlich) erzielt worden sind, zu der Summe der in allen Betriebsstätten erzielten Betriebseinnahmen oder

(2) auf das Verhältnis der Arbeitslöhne, die an die bei den Betriebsstätten der einzelnen Gemeinden beschäftigten Arbeitnehmer gezahlt worden sind, zu der Summe der Arbeitslöhne, die an die bei allen Betriebsstätten beschäftigten Arbeitnehmer gezahlt worden sind. Dieses Verfahren gilt als Normalregelung für alle Arten von Unternehmungen mit Ausnahme der Wareneinzelhandelsunternehmen.

Bei Wareneinzelhandelsunternehmen wird ein kombinierter Zerlegungsmaßstab benutzt; zur Hälfte ist das Verhältnis der Betriebseinnahmen (Verfahren (1)) und zur anderen Hälfte das Verhältnis der Arbeitslöhne (Verfahren (2)) anzuwenden.

Für die Ermittlung der Verhältniszahlen sind die Betriebseinnahmen oder Arbeitslöhne auf volle 1.000 DM abzurunden.

Erstreckt sich die Betriebsstätte auf mehrere Gemeinden - § 30 GewStG - (mehrgemeindliche Betriebsstätte), so ist der einheitliche Steuermeßbetrag oder Zerlegungsanteil auf die Gemeinden zu zerlegen, auf die sich die Betriebsstätte erstreckt.

Hierbei soll die Zerlegung nach Lage der örtlichen Verhältnisse unter Berücksichtigung der durch die Betriebsstätte verursachten Gemeindelasten erfolgen.

13. Was ist der Gegenstand der Umsatzsteuer?

Das Umsatzsteuergesetz bietet keine Definition des Umsatzbegriffs; vielmehr werden in § 1 UStG die Tatbestandsmerkmale aufgezählt, die das Gesetz unter "Umsatz" versteht (= steuerbare Umsätze).

Danach sind steuerbare Umsätze

- die Lieferungen und sonstigen Leistungen, die ein Unternehmen im Erhebungsgebiet gegen Entgelt im Rahmen seines Unternehmens ausführt (§ 1 Abs. 1 Nr. 1 UStG);

- Lieferungen und sonstige Leistungen, die im Erhebungsgebiet ein Unternehmer an seine Arbeitnehmer (§ 1 Abs. 1 Nr. 1b UStG) bzw. Körperschaften oder Personenvereinigungen an ihre Gesellschafter oder Mitglieder (§ 1 Abs. 1 Nr. 3) ohne besonders berechnetes Entgelt erbringen;

2.8.7 Unternehmensbezogene Steuern

Eigenverbrauch,
- wenn ein Unternehmer im Erhebungsgebiet Gegenstände aus seinem Unternehmen für Zwecke entnimmt, die außerhalb des Unternehmens liegen (§ 1 Abs. 2 Nr. 2a),
- soweit ein Unternehmer im Erhebungsgebiet sonstige Leistungen der in § 3 Abs. 9 bezeichneten Art für Zwecke erbringt, die außerhalb des Unternehmens liegen (§ 1 Abs. 1 Nr. 2b)
- soweit ein Unternehmer im Erhebungsgebiet Aufwendungen tätigt, die nach § 4 Abs. 5 Nr. 1-7 und Abs. 6 EStG bei der Gewinnermittlung ausscheiden, das gilt nicht für Geldgeschenke (§ 1 Abs. 1 Nr. 2c);

die Einfuhr von Gegenständen in das Zollgebiet (§ 1 Abs. 1 Nr. 4).

Steuerbar ist also der einzelne Umsatz, bei dem alle Tatbestandsmerkmale des § 1 Abs. 1 UStG erfüllt sind.

2.9 Unternehmensführung

2.9.1 Management-Techniken

01. Was versteht man unter Management?

Management bedeutet zielorientierte Unternehmensführung. Diese beruht auf durchdachter Planung, ihrer Verwirklichung in Verbindung mit der Auswahl und der Ausbildung von Mitarbeitern, die zur Ausübung ihrer Aufgaben befähigt sind, der Entwicklung einer dem Unternehmen angepaßten Organisation und einem laufenden Vergleich der erreichten Ergebnisse mit der Planung. Das Management ist mithin das Organ des Betriebes, das Ziele setzt sowie die Leistungen des Betriebes nicht nur plant und organisiert, sondern auch koordiniert und überwacht.

02. Was ist die Aufgabe der Unternehmensführung?

Unternehmensführung ist der Inbegriff aller leitenden, anleitenden und disponierenden Tätigkeiten von der obersten Unternehmensleitung bis hin zur Ebene der Meister und Vorarbeiter und der kaufmännischen Abteilungsleiter.

03. Welche Verantwortung trägt das Management?

Die Verantwortungsbereiche der Unternehmensführung erstrecken sich auf

a) die Verantwortung für die Ziele des Unternehmens und die Aktionen, die unternommen werden müssen, um sie zu verwirklichen,

b) Verantwortung im sozialen Bereich des Unternehmens,

c) Verantwortung gegenüber der menschlichen Gesellschaft.

04. Wie wird das Management eingeteilt?

Das Management wird eingeteilt nach den Stufen der Entscheidung und nach der funktionalen Gliederung.

05. Welche Einteilung ergibt sich nach der Gliederung nach den Stufen der Entscheidung?

Man unterscheidet:

a) Die Unternehmensleitung als Träger der unternehmenspolitischen Entschlüsse und der letzten Verantwortung für die Durchführung. Sie hat außerdem die Aufgabe, die Führungskräfte zu koordinieren, Entscheidungen über außergewöhnliche Tagesfragen und über die zukünftige Entwicklung des Unternehmens aufgrund ihrer Kenntnisse über das eigene Unternehmen, die Konkurrenz, Wissenschaft, Technik, Wirtschaft und Politik zu treffen.

2.9.1 Management-Techniken

b) **Obere Führungskräfte.** Sie sind Träger allgemeiner Aufgaben in der Durchführung der festgesetzten Unternehmenspolitik und unterstehen unmittelbar der Unternehmensleitung.

c) **Mittlere Führungskräfte.** Sie sind Träger spezieller Aufgaben mit umfassendem Verantwortungsbereich, Träger der Verantwortung für die Durchführung des speziellen Auftrages durch nachgeordnete Führungskräfte (Linie) oder Bearbeiter von Spezialaufgaben als ständige Funktion ohne wesentliche Exekutive (Stab).

d) **Untere Führungskräfte.** Sie sind Träger von Aufgaben mit begrenztem Verantwortungsbereich, in der Regel ohne Untergebene mit Führungsaufgaben. Ihre Aufgabe ist der Einsatz, die Anleitung und Überwachung des Personenkreises, der lediglich ausführend arbeitet.

06. Welche Einteilung ergibt sich nach der funktionalen Gliederung des Managements?

Man unterscheidet das Management der Fertigung, das Management des Verkaufs, das Finanzmanagement, das Technische Management und das Personalmanagement.

07. Welche grundsätzlichen Entscheidungen hat das Management zu treffen?

a) Die Festlegung der Unternehmenspolitik auf lange Sicht,

b) die Koordinierung der großen betrieblichen Teilbereiche,

c) die Beseitigung von Störungen im laufenden Betriebsprozeß,

d) geschäftliche Maßnahmen von außergewöhnlicher betrieblicher Bedeutung,

e) die Besetzung von Führungsstellen im Betrieb.

08. Welche unternehmenspolitischen Ziele sind denkbar?

Ein Unternehmen muß in der Regel das Gewinnstreben in den Vordergrund seiner Überlegungen stellen. Für viele Unternehmungen ist aber Gewinnstreben nicht das alleinige Kriterium ihres Handelns. Hinzutreten können das Umsatzstreben, das Streben nach Prestige und Macht, das Streben nach Unabhängigkeit, das Streben nach Vergrößerung von Marktanteilen oder das Streben nach Schaffung oder Erhaltung von Arbeitsplätzen.

09. Nach welchen Organisationssystemen kann die Unternehmensführung arbeiten?

Man unterscheidet das Direktorial- und das Kollegialsystem. Beide Systeme ermöglichen es, die Aufgaben eines Unternehmens auf mehrere Personen zu übertragen und beschlußfähig zu lösen.

10. Was versteht man unter dem Direktorialsystem?

Das Direktorialsystem bedeutet, daß eine Gruppe von Personen berechtigt ist, Entscheidungen für das Unternehmen zu treffen und das Unternehmen nach außen zu repräsentieren, daß aber eine Person in Zweifelsfällen und bei Meinungsverschiedenheiten allein entscheidet.

11. Was bedeutet das Kollegialsystem?

Bei der Organisation nach dem Kollegialsystem können die Beschlüsse einstimmig oder mit Mehrheit gefaßt werden, wobei im Falle einstimmiger Beschlüsse jedes Mitglied der Geschäftsführung ein Einspruchsrecht geltend machen kann. Im Falle der Beschlußfassung nach dem Mehrheitsgrundsatz entscheidet die Anzahl der abgegebenen Stimmen, ob eine Entscheidung gebilligt wird oder nicht. Im Rahmen des Kollegialsystems ist es denkbar, daß ein Mitglied der Führungsgruppe bei Stimmengleichheit zu entscheiden hat.

12. Welche Techniken der Unternehmensführung sind gegenwärtig üblich?

Obwohl sich eine Vielzahl von Techniken der Unternehmensführung herausgebildet hat, sind die folgend aufgeführten am bedeutungsvollsten:

Management by Objectives,
Management by Exception,
Management by Results,
Management by System,
Management by Motivation,
Management by Control and Direction,
Management by Decision Rules,
Management by Communication and Participation,
Management by Delegation.

13. Was versteht man unter Management by Objectives?

Management by Objectives bedeutet Unternehmensführung durch Zielvorgabe. Jeder Bereich und jeder Mitarbeiter erhalten bestimmte Zielvorgaben für ihren eigenen Verantwortungsbereich, die sie im Laufe einer Planungsperiode verwirklichen sollen. Dieses System setzt mithin eine umfassende Unternehmensplanung, eine Anpassung der Führungsorganisation und eine Festlegung der Einzelziele einschließlich einer Erfolgskontrolle voraus.

14. Was versteht man unter Management by Exception?

Management by Exception heißt Führung durch Ausnahmeregelung. Die Vorgesetzten greifen nur dann ein, wenn die im vorhinein festgelegten Ausnahmetatbestände eingetreten sind, während die Normal- und Routinefälle von den Mitarbeitern im Rahmen ihrer eigenen Entscheidungsbefugnis geregelt werden.

2.9.1 Management-Techniken

15. Was versteht man unter Management by Results?

Management by Results ist ein System mit Ergebnisvorgabe bei dezentraler Führungsorganisation. Man bezeichnet dieses System auch als Unternehmensführung mit Gewinnzentren. Dieses System setzt nicht nur eine Ergebnisvorgabe, sondern auch eine Ergebnismessung voraus.

16. Was versteht man unter Management by System?

Management by System bezeichnet Unternehmensführung mittels Verfahrensordnungen, die notwendig sind, um die verschiedenen Vorgänge im Unternehmen zu systematisieren, zu vereinfachen und auf bestimmte Ziele auszurichten. Im umfassendsten Sinne beruht das System des Management by System auf einem über Computer gesteuerten Managementinformationssystem.

17. Was versteht man unter Management by Motivation?

Management by Motivation berücksichtigt die Ergebnisse der Motivations- und Verhaltensforschung zur Steuerung des individuellen Leistungsverhaltens. Es sollen die Bedürfnisse, Interessen und persönlichen Ziele der Mitarbeiter mit den Unternehmenszielen kombiniert werden mit dem Ziel, daß die Mitarbeiter die Ziele des Unternehmens zu ihren eigenen machen.

18. Was versteht man unter Management by Control and Direction?

Unter der Bezeichnung Management by Control and Direction wird das früher allgemein übliche autoritäre Führungsprinzip verstanden, in dessen Rahmen die Arbeit nur verteilt und die Arbeitsausführung überwacht wird. Ein solches System wird auch heute noch in bestimmten Fällen, nämlich bei eindeutig festliegenden Tätigkeiten notwendig sein.

19. Was versteht man unter Management by Decision Rules?

Management by Decision Rules bedeutet, daß den Mitarbeitern in der Regel Aufgaben, Kompetenzen und Verantwortung übertragen wird, daß ihnen aber Entscheidungsregeln vorgegeben werden, innerhalb deren sie nach eigenem Ermessen tätig werden können.

20. Was versteht man unter dem System Management by Communication and Participation?

Dieses System beteiligt die Mitarbeiter an Entscheidungen, die sie selbst berühren. Den Mitarbeitern muß dazu der notwendige Spielraum zur persönlichen Entfaltung übertragen werden.

21. Was versteht man unter dem Management by Delegation?

Management by Delegation oder Delegation von Verantwortung ist eine Konzeption, bei der die Aufgaben soweit als möglich auf die Instanzen und Mitarbeiter übertragen werden. Diese haben auch die Befugnisse und die Verantwortung für ihren Bereich zu tragen. Voraussetzung ist jedoch, daß die einzelnen Verantwortungsbereiche klar voneinander abgegrenzt sind. Jeder muß wissen, was er selbst zu erledigen hat und welche Aufgaben den Vorgesetzten obliegen.

22. Was versteht man unter einem Bewertungssystem?

Bewertungssysteme sind Maßstäbe, mit denen sich eine Arbeit genau messen und in Zahlen ausdrücken läßt. So kann zahlenmäßig ermittelt werden, ob sich die gesetzten Ziele verwirklichen lassen.

23. Welche Anforderungen müssen an die Unternehmensführung gestellt werden?

Unternehmensführung erfordert immer eine klare Zielkonzeption. Sie ist die Voraussetzung von Einzelzielen, die von den einzelnen Instanzen und Mitarbeitern erreicht werden sollen und auf denen die Planung im einzelnen aufbaut.

24. Welche Faktoren beeinflussen die Zielsetzung und Planung?

Die Festlegung von Zielen und Plänen erfordert das Treffen von Entscheidungen. Dabei ist zu beachten, daß das Treffen von Entscheidungen in den meisten Fällen nur möglich ist, wenn im Hinblick auf bestimmte Bereiche Annahmen zugrunde gelegt werden, etwa im Hinblick auf die zukünftige Entwicklung der Märkte, Preise, Kosten, usw. Man spricht daher im Wirtschaftsleben von Entscheidungen unter Unsicherheit, die dadurch charakterisiert sind, daß das Ergebnis einer Maßnahme je nach der tatsächlichen, aber noch nicht vorhersehbaren Situation verschieden ist.

25. Welche Methoden der Entscheidungsfindung werden angewandt?

Man kennt folgende Methoden der Entscheidungsfindung: Operations research, lineares Programmieren, Spieltheorie, Warteschlangentheorie, Monte-Carlo-Theorie.

26. Was versteht man unter Operations research?

Operations research oder auch Unternehmensforschung ist eine während des zweiten Weltkrieges in England und den USA entwickelte Methode zur Beschaffung und Auswertung quantitativer Unterlagen für militärische Entscheidungen. Das Charakteristische der Operations research ist der Versuch, möglichst alle Entscheidungen von weitreichender Bedeutung durch eine exakte analytische und numerische Berechnung der Folgen der verschiedenen alternativen Möglichkeiten vorzubereiten. Mit Hilfe der Operations research läßt sich z.B. die optimale Lagergröße gut bestimmen.

27. Was versteht man unter dem linearen Programmieren?

Mit Hilfe des linearen Programmierens können optimale Verhaltensweisen festgelegt werden, um unter Verwendung begrenzter Hilfsmittel ein gewünschtes Ziel zu erreichen. Solche Ziele sind niedrigste Kosten oder höchste Gewinne bei begrenzten Finanzmitteln.

28. Was ist das Ziel der Spieltheorie?

Während das lineare Programmieren von gegebenen Voraussetzungen ausgeht und die Bedingungen zur Erreichung eines Optimums festzustellen sucht, nimmt die Spieltheorie die Erreichung eines bestimmten Zieles, z.B. des höchsten Gewinns, als gegeben an und untersucht die variablen Voraussetzungen zur Erreichung dieses Zieles auf ihre optimale Kombination. Solche Fälle sind in der betrieblichen Praxis sehr häufig, weil jede Unternehmensleitung bei bestimmten Maßnahmen mit Gegenmaßnahmen ihrer Konkurrenz rechnen muß. Derartige Situationen sind mit einem Spiel vergleichbar, dessen Regeln genau fixiert sind, da bei einem Spiel wie in der Wirklichkeit jeder der Beteiligten zur Erreichung eines bestimmten, genau definierten Zieles die besten strategischen Maßnahmen zu ergreifen versucht.

29. Was ist das Ziel der Warteschlangentheorie?

Die Warteschlangentheorie analysiert die Beziehungen, die sich beim Warten in einer Reihe ergeben, wie z.B. bei Kunden, die auf Bedienung warten.

30. Was ist das Ziel der Monte-Carlo-Methode?

Mit Hilfe der Monte-Carlo-Methode wird versucht, durch Simulation wirkliche Vorgänge im Modell nachzubilden. Man geht von der Annahme aus, daß in ihrer Zahl unbestimmte Aufträge auf Erledigung warten, die unregelmäßig anfallen, aber schnellstens erledigt werden müssen, um eine Verärgerung der Kunden oder sogar ihr Abspringen zu vermeiden. Die Monte-Carlo-Methode besteht nun darin, mit Hilfe von Zufallszahlen die wahrscheinlichen Auftragseingänge eines Unternehmens ebenso wie die Möglichkeit ihrer Ausführung zu berechnen. Die Streuung der Zufallszahlen soll dabei die im Wirtschaftsablauf tatsächlich zu erwartende Streuung widerspiegeln. Das Verfahren versucht also theoretisch diejenigen Gegebenheiten zu schaffen, die mit großer Wahrscheinlichkeit in der Praxis anzutreffen sind.

31. Welche Anforderungen müssen an Management-Techniken gestellt werden?

Management-Techniken müssen die Arbeit erleichtern, sie dürfen nicht ausschließlich starre Anweisungen enthalten. Außerdem müssen sie wirtschaftlich sein.

32. Warum ist eine Kontrolle notwendig?

Jedes Wirtschaften bedarf der Kontrolle, um feststellen zu können, ob die gesetzten Ziele eingehalten wurden. Bei der Kontrolle wird unterschieden, ob es sich um eine laufende Überwachung, die als eigentliche Kontrolle bezeichnet wird, oder um eine zu einem bestimmten Zeitpunkt durchgeführte Überprüfung handelt. Für die nicht laufende Kontrolle hat sich der Begriff Revision eingebürgert.

33. Was ist Gegenstand der Kontrolle?

Die Kontrolle erstreckt sich auf die Aufgabenverteilung, den Arbeitsablauf, den Auftragsbestand, den Soll-Ist-Vergleich der Einzelpläne, die Finanzen, die Liquidität.

2.9.2 Planungstechniken

01. Was versteht man unter Planung?

Unter Planung versteht man konkrete Zielsetzung für die Tätigkeit in künftigen Wirtschaftsperioden.

02. Was wird in einem Unternehmen geplant?

In einem Unternehmen werden die Solldaten geplant, d.h. die Ziele, bezogen auf DM, kg, Stück, allgemein gesagt DM-Umsätze, Preise und Mengen, die erreicht werden sollen.

03. Welche Anforderungen müssen an eine Planung gestellt werden?

Eine Planung muß vollständig, genau, kontinuierlich, flexibel und wirtschaftlich sein.

04. Welche Voraussetzungen für die Planung müssen erfüllt sein?

Es müssen Ziele gesetzt werden, wobei man unter einem Ziel einen bestimmten, in der Zukunft angestrebten Zustand versteht. Bei der Verwirklichung von Zielen muß allerdings beachtet werden, daß Ziele mit anderen Zielen konkurrieren, so daß mithin Zielkonflikte entstehen können.

05. Welche Entscheidungen sind im Hinblick auf die Planung zu treffen?

Es muß entschieden werden, wer planen soll, was geplant werden soll und wann geplant werden soll.

06. Aus welchen Stufen besteht der Planungsprozeß?

Planung steht in einem engen Zusammenhang mit der Kontrolle und der Unternehmenspolitik. Dies ergibt sich aus folgendem Planungsprozeß:

a) Klärung der allgemeinen Zwecksetzung, z.B. Gewinnmaximierung oder Kostendeckung oder anderer konkreter Planziele, wie z.B. die Aufnahme neuer Sortimente in das Verkaufsprogramm, die Einführung neuer Vertriebsformen,

b) die Datenermittlung, Datenauswahl und Datenanalyse,

c) die Aufstellung von Alternativplänen,

d) die Abstimmung aller Teilpläne,

e) Ausarbeitung des endgültigen Sollplanes,

f) Kontrolle und Korrektur der Planung.

07. Welche Pläne werden in einem Unternehmen aufgestellt?

Im einzelnen werden folgende Pläne aufgestellt: Produkt-, Verkaufs- und Werbeplan, Produktionsplan, Lagerplan, Personalplan, Beschaffungsplan, Absatzplan, Investitionsplan, Finanzplan, Kosten- und Budgetplan.

08. Was sind die Bereiche der Planung?

Die betriebliche Planung erstreckt sich auf die Bereiche Menge, Wert und Zeit, d.h. auf eine Mengenplanung des künftigen Absatzes, auf den Wert der erzeugten oder abgesetzten Menge und auf die Zeit, in der diese Mengen und Werte zu erzeugen bzw. abzusetzen sind.

09. Welche Arten von Planungen können unterschieden werden?

a) Nach dem Umfang unterscheidet man Teilplanungen, die nach betrieblichen Funktionen gegliedert sind, und Gesamtplanungen.

b) Nach dem Gegenstand der Planung gliedert man in Strukturplanung (wie z.B. Organisationspläne), Standortplanung, Ablauf (z.B. Ablauf der Verkaufsmaßnahmen), Ergebnisplanung.

c) Nach der Ausführungsart unterscheidet man Grob- und Feinplanung.

d) Nach der Zeitdauer unterscheidet man:
langfristige Planung (Zeiträume über 10 Jahre),
mittelfristige Pläne (Zeiträume 2 - 10 Jahre) und
kurzfristige Pläne (1 - 2 Jahre).

Die kurzfristigen Pläne können aber auch noch in Quartals- und in Monatspläne weiter unterteilt werden.

e) Man unterscheidet ferner, ob es sich um einmalige oder um laufende Planungen handelt. Einmalige Planungen erstrecken sich auf die Gründung, Umwandlung, Fusion, Sanierung, Liquidation eines Unternehmens. Die laufende Planung erfaßt alle Planungen einzelner Bereiche oder des Gesamtunternehmens, d.h. Bereiche wie Einkauf, Verkauf, Lagerhaltung und gesamtunternehmensbezogene Teilplanungen, wie Organisation, Personal, Kosten, Finanzwesen, Aufwand und Ertrag, Bilanzen.

10. Welche Vorteile können mit Hilfe einer fundierten Planung erzielt werden?

a) Eine klare Aufgabenstellung,
b) eine gründliche Analyse außer- und innerbetrieblicher Vorgänge,
c) eine methodische Aufstellung von Prognosen,
d) eine bessere Koordination betrieblicher Teilaufgaben,
e) zweckgerichtete Maßnahmen auf längere Dauer,
f) Entlastung der Führungskräfte von Routineaufgaben,
g) eine wirksame Kontrolle.

11. Worauf ist bei der Aufstellung von Teilplänen zu achten?

Alle Teilpläne hängen gegenseitig voneinader ab und müssen aufeinander abgestimmt sein, wenn der beabsichtigte Erfolg eintreten soll.

12. Wie arbeitet die Verkaufsplanung?

Im Rahmen der Verkaufsplanung werden die erzielten Umsätze der letzten Jahre festgehalten. Ihnen werden die Sollwerte für die nächsten Jahre gegenübergestellt, die naturgemäß für die kommenden Jahre nur Schätzwerte sein können, sich aber für das folgende Jahr quartalsweise bzw. für Monate, Wochen oder sogar Tage in absolute Sollwerte aufschlüsseln lassen. Diese Verkaufsplanung muß einhergehen mit der Planung der Preispolitik, der Werbung, der Lagerhaltung, des Personals und der Kosten. Im Falle stärkerer Abweichungen zwischen Soll- und Istumsätzen muß entweder das absatzpolitische Instrumentarium verändert, oder die Planzahlen müssen revidiert werden. Revidierte Planzahlen im Verkaufsbereich müssen aber auch veränderte Werte etwa im Bereich des Personalwesens, der Kosten, der Werbung und der Lagerhaltung zur Folge haben.

13. Welche Unterlagen stehen für die Planung des Verkaufs zur Verfügung?

Die Planung des Verkaufs kann sich auf folgende Informationen stützen: Absatzstatistik mit Mengenziffern, Umsätzen, DM-Erlösen und Deckungsbeiträgen; Untersuchungsergebnisse von Marktforschungsinstituten und Forschungsinstituten des Handels über Betriebsvergleiche; beim Großhandel außerdem durch eine

2.9.2 Planungstechniken

Analyse der Kunden, Auswertung der Angebote der Konkurrenz, der Berichte der Reisenden und Vertreter sowie von Regionalstatistiken usw.

14. Wie können Pläne organisatorisch bearbeitet werden?

Pläne werden entweder zentral oder dezentral aufgestellt. Zentrale Planaufstellung hat den Vorteil, daß sich die Mitarbeiter auf ihre planerische Arbeit konzentrieren und daß Pläne reibungslos koordiniert werden können. Sie haben aber den Nachteil, daß die Führungskräfte der Linie nur unzureichend an den Plänen mitwirken und außerdem für Mittelbetriebe hohe Kosten durch eine eigene Planungsabteilung entstehen. Bei dezentraler Planung kann die Linie besser an der Planung beteiligt werden. Allerdings sind die verschiedenen an der Planung beteiligten Mitarbeiter unterschiedlich für Planungsarbeiten qualifiziert, so daß von dieser Seite her im Ergebnis eine unterschiedliche Qualität der Planung eintreten kann. Außerdem können Schwierigkeiten bei der Koordination der Planung zwischen den einzelnen Abteilungen eintreten. Solche Nachteile können und müssen durch Abstimmungsgremien im Rahmen der Geschäftsführung beseitigt werden.

15. Was ist im Hinblick auf die Organisation des Planungsablaufs zu beachten?

Es müssen Richtlinien für Art und Ablauf der Planaufstellungs-Verabschiedung und -auswertung bestehen, in denen festgelegt wird:

a) Innerhalb welcher Zeiträume in den einzelnen Bereichen die Teilplanungen aufzustellen sind,

b) wann und in welcher Zusammensetzung die Abstimmung der verschiedenen Teilplanungen erfolgen muß,

c) für welche Zeiträume Pläne aufzustellen sind,

d) welchen verbindlichen Charakter die einzelnen Teilplanungen mindestens haben müssen,

e) wann, in welchen Fällen und in welchem Umfang Istzahlen, Abweichungen und Planänderungen zu melden sind.

16. Welche Hilfsmittel stehen für die Planung zur Verfügung?

Für die Durchführung der Planung eignen sich Standardformulare und für ihre Auswertung tabellarische und graphische Darstellungen. Außerdem stellt die elektronische Datenverarbeitung Möglichkeiten der computergesteuerten Auswertung zur Verfügung.

2.9.3. Marketing als marktorientierte Unternehmenskonzeption

01. Was ist der Zweck des Marketing?

Zweck des Marketing ist die Schaffung neuer Märkte und Absatzmöglichkeiten für vorhandene Produkte. Es genügt nicht, Produkte zu erzeugen, vielmehr ist es wichtiger, den Wünschen der Verbraucher entgegenzukommen und das zu produzieren, was absetzbar ist. Die Verbraucherwünsche erstrecken sich dabei jedoch nicht nur auf das Produkt selbst, sondern vor allem auch auf sein Aussehen, seine Funktionen, den Preis, die Haltbarkeit, usw. Das Marketingdenken erfordert daher eine absatzorientierte Unternehmensführung im Gegensatz zu früher, als mehr das produktionsorientierte Denken im Vordergrund stand.

02. Wie läßt sich mit Hilfe des Marketing der Absatz steuern?

Das Marketing läßt sich einsetzen im Rahmen des Vertriebs, der Konkurrenzpolitik und der auf die Kunden gerichteten Maßnahmen.

03. Wie orientiert sich die Vertriebspolitik am Marketingdenken?

Es gilt in erster Linie, Nachfrage für die eigenen Erzeugnisse zu wecken, d.h. so für die eigenen Erzeugnisse zu werben, daß die Kunden den eigenen Erzeugnissen gegenüber aufgeschlossener als gegenüber den Konkurrenzerzeugnissen sind. Wobei zu bedenken ist, daß die Kunden bei fast allen Produkten zwischen mehreren gleichartigen Erzeugnissen wählen können, die sich kaum voneinander unterscheiden, bzw. es den Kunden schwerfällt, die Unterscheidungen zu erkennen oder als wesentlich anzusehen. Es kommt daher darauf an, die eigenen Erzeugnisse in irgendeiner Weise für die Abnehmer begehrenswert zu machen.

04. Wie orientiert sich die Konkurrenzpolitik am Marketing?

Jedes Unternehmen kann auf drei verschiedene Arten der Konkurrenz begegnen:
- Die erste Möglichkeit besteht darin, der Konkurrenz auszuweichen, indem man entweder andere Sortimente führt - teurere oder billigere Produkte, ausländische statt deutsche wählt, andere Formen als die bisherigen Anbieter bevorzugt wählt, eine andere Bedienungsart wählt oder einen anderen Standort nimmt als die Konkurrenz. Man kann
- den Kampf mit der Konkurrenz aufnehmen und sich in einen harten Preiskampf einlassen oder auch
- versuchen, die Konkurrenz auszuschalten.

05. Wie kann man am besten auf die Konkurrenz reagieren?

Am ehesten sind die Maßnahmen geeignet, bei denen man sich deutlich von seinen Mitbewerbern unterscheidet, d.h. indem man andere Waren, eine andere Bedienungsart oder einen anderen Standort wählt. Auch kann die Art der Warenpräsentation eine andere sein, man kann sich zu Bezugsgenossenschaften zusammenschließen und dadurch Vorteile im Großeinkauf geltend machen. Außerdem läßt

2.9.3 Marketing als marktorientierte Unternehmenskonzeption

sich unter Umständen dieser gemeinsame Bezug als Gütezeichen werblich besonders herausstellen, etwa in der Art, daß in jeder Stadt nur ein Unternehmen besteht, welches diesem Verband angehört. Man kann einen zusätzlichen Kundendienst anbieten oder besondere Investitionen vornehmen, um den Einkauf attraktiv zu gestalten.

06. Wie orientiert sich die Kundenpolitik am Marketing?

Jedes Handelsunternehmen sollte, wenn es nicht von der sog. Laufkundschaft leben kann, Wert auf die Bildung eines festen Kundenstammes legen. Hierzu eignen sich die Kundenberatung, die sofortige Auftragserledigung, falls die gewünschte Ware nicht vorhanden ist und erst bestellt werden muß, die Art und Weise, wie Reklamationen erledigt werden, usw. Dabei ist zu bedenken, daß schlechte Verkäufer, schlechte Kundenbedienung und schlechte Ware die Wirkung einer Kundenausschaltung haben, d.h. die Kunden fühlen sich benachteiligt und wenden sich anderen Anbietern zu. Kundenförderung kann man betreiben, indem ein bestimmter Kundenkreis, an dem man interessiert ist, durch besondere Werbebriefe auf günstige Angebote, neue Warenlieferungen, neue Sortimente, usw. hingewiesen wird.

07. Was versteht man unter Marketing-Mix?

Unter Marketing-Mix versteht man die Koordinierung und optimale Kombination aller Marketinginstrumente. Dies ist eine Aufgabe der Unternehmensleitung. Mit Hilfe des Marketing-Mix sollen die Marketingziele der Unternehmung erreicht werden. Marketing-Mix geht also über die reinen Absatzfunktionen hinaus.

08. Worauf beruhen Marketingmaßnahmen?

Marketingmaßnahmen erfordern Prognosen der künftigen Markt- und Absatzentwicklung. Dabei sind folgende Begriffe zu unterscheiden: Das Marktpotential, das die Gesamtheit aller zu erwartenden Umsätze eines Produktes für alle Anbieter in einem bestimmten Absatzgebiet für eine bestimmte Periode umfaßt. Das Absatzpotential bezeichnet einmal den Anteil des eigenen Unternehmens am Marktpotential, den es maximal erreichen kann und zum anderen den Anteil, den es mit Hilfe seiner Marketingmaßnahmen im Verlauf der geplanten Zeiträume erreichen will; denn den maximalen Anteil kann man möglicherweise infolge fehlender und nicht kurzfristig zu schaffender Voraussetzungen nicht ohne weiteres erreichen.

09. Welche Analysen sind dem Marketing zugrundezulegen?

Das Marketing muß Analysen des Käufer- und Konkurrenzverhaltens berücksichtigen und darauf in Form des Marketing-Mix seine Konzeption aufbauen.

10. Welche Probleme sind im Rahmen einer Analyse des Käuferverhaltens zu untersuchen?

Folgende Fragen sind zu klären: Wer, d.h. welche Käufergruppe, kauft
- was,

- wofür (d.h. für welche Verwendung, welchen Zweck in welcher Menge),

- wie oft, d.h. Einkaufshäufigkeit und -intensität,

- wann, d.h. zu welchem Zeitpunkt,

- wo, d.h. in welchem Geschäftstyp,

- warum, d.h. es müssen die Bestimmungsgründe des Kaufs unter Einschluß der Motive der Käufer ermittelt werden.

2.9.4 Standort und Betriebsgröße

01. Welche Bedeutung hat der Standort für das Unternehmen?

Die Standortwahl ist für das Unternehmen und seinen Gewinn von entscheidender Bedeutung. In vielen Fällen ist eine einmal getroffene Standortwahl endgültig und nicht mehr korrigierbar. In anderen Fällen ist eine falsche Standortwahl mit hohen Kosten verbunden und kann unter Umständen zur Aufgabe des Unternehmens führen, wenn die Kosten die Erlöse übersteigen oder wenn die erwarteten Absatzziele als Folge einer falschen Standortwahl nicht erreicht werden können.

02. Welche Arten von Standorten werden unterschieden?

Man unterscheidet:
- Rohstofforientierte Standorte,
- transportkostenorientierte Standorte,
- arbeitskraftorientierte Standorte,
- bedarfsorientierte Standorte,
- traditionsorientierte Standorte,
- beschaffungsorientierte Standorte.

03. Was versteht man unter einem freien und was unter einem gebundenen Standort?

Kann der Standort dort gewählt werden, wo die günstigste Absatz- und Kostenstruktur vermutet wird, spricht man von freier Standortwahl. Von gebundener Standortwahl spricht man, wenn geographische, wirtschaftliche oder traditionelle Gründe dazu zwingen, einen bestimmten Standort beizubehalten oder zu wählen.

2.9.4 Standort und Betriebsgröße

04. Welche Standortfaktoren sind im Handel bestimmend?

Zunächst einmal spielen die Grundstückspreise bzw. Mietkosten eine Rolle. In vielen Fällen, insbesondere dann, wenn ein kurzfristiger, wiederkehrender Bedarf festzustellen ist, überwiegt die Absatzorientierung. Voraussetzung für die Existenz eines Handelsbetriebes an seinem Standort ist, daß der erforderliche Mindestumsatz erreicht werden kann. Gegenstände des gehobenen Bedarfs sind weniger stark ortsgebunden als solche des täglichen Bedarfs.

05. Welchen Einfluß hat die Konkurrenz auf die Standortwahl?

Man spricht von Konkurrenzausschluß, wenn man sich möglichst weit entfernt von seinem Konkurrenten niederläßt und von Konkurrenzagglomeration, wenn man sich in der Nähe seiner Konkurrenten niederläßt. Ein solches Verhalten erhöht den Wettbewerb bei gleichzeitigem Anzug der Kaufinteressenten, die sich in kurzer Zeit einen Überblick über das gesamte Angebot der Branche machen können. So können neu hinzukommende Betriebe die Anziehungskraft des Branchenzentrums erhöhen, obwohl sie naturgemäß für die bestehenden Betriebe eine Konkurrenz darstellen und möglicherweise zu einer neuen Absatzstrategie zwingen.

06. Wie wird die Wahl eines Standortes getroffen?

Vor jeder Standortwahl ist eine eingehende Analyse der zu berücksichtigenden Standortfaktoren notwendig. Hierzu zählen: Die Trends in der Nachfrageentwicklung, die Bevölkerungsentwicklung, die Einkommensentwicklung und die Einkommensverteilung im Einzugsbereich der Konsumenten, Verbraucherdaten, die Marktanteile im Einzelhandel, die Konkurrenzsituation, die Lagermöglichkeiten, der Bestand an Arbeitskräften und die Möglichkeiten der Personalwerbung, die Lage im Hinblick auf die Verkehrsmittel, die Höhe der Gemeindesteuern, Möglichkeiten der Inanspruchnahme öffentlicher Wirtschaftsförderung, Möglichkeiten zur Bebauung des Grundstücks einschließlich notwendiger Erweiterungen, Parkmöglichkeiten, rechtliche Schwierigkeiten beim Erwerb von Grundstücken, Grundstückspreise, der Werbewert des geplanten Standortes.

07. Was ist im Falle mehrerer Alternativen zu tun, um eine klare Standortwahl treffen zu können?

Stehen mehrere Projekte zur Wahl, so muß versucht werden, die Kosten der einzelnen Projekte exakt zu erfassen und einander gegenüberzustellen. Für andere Faktoren, die sich einer genauen Kostenerfassung entziehen, ist es möglich, durch ein Punktbewertungssystem der einzelnen Faktoren eine Entscheidungsfindung zu erleichtern.

08. Welche Bedeutung haben die Steuern für die Standortwahl?

Da die Gemeinden sowohl bei der Wahl der zu erhebenden Steuern als auch in der Höhe der Steuersätze bei der Gewerbe- und bei der Grundsteuer gewisse Variationsmöglichkeiten haben und die Gemeinden teilweise Steuervergünstigungen aufgrund unterschiedlicher Gesetze gewähren können, spielt die Besteuerung für die Wahl des Standortes eine entscheidende Rolle.

2.9.5 Statistik als unternehmenspolitisches Instrument

01. Welche Bedeutung hat die Statistik im Rahmen unternehmenspolitischer Entscheidungen?

Die betriebliche Statistik hat die Aufgabe, betriebliche Erscheinungen und Zusammenhänge so darzustellen, daß die notwendigen Schlüsse für unternehmenspolitische Entscheidungen getroffen werden können. Die Betriebsstatistik muß im Zusammenhang mit der Buchführung, der Kostenrechnung und der Planungsrechnung, insbesondere Wirtschaftlichkeit, Gewinn und Rentabilität, sicherstellen.

02. Welche statistischen Werte benötigt die Unternehmensleitung?

Die Unternehmensleitung benötigt keine Zahlenfriedhöfe und keine veralteten Zahlen. Sie benötigt aber, und zwar schnellstens am Ende eines Monats, bestimmte Daten, die über die wesentlichen Faktoren Aufschluß geben. Dazu gehören die Umsätze im Soll-Ist-Vergleich und im Vergleich zu den Vorjahren, (absolut und in Prozenten), die Deckungsbeiträge der einzelnen Warengruppen, die Liquidität, die Außenstände, die Schulden, den Lagerumschlag, den Warenbestand und die wichtigsten Kosten.

03. Welche Konsequenzen müssen aus der Statistik gezogen werden?

Die jeweils erarbeiteten Zahlen müssen daraufhin überprüft werden, ob sie mit den vorgegebenen Werten übereinstimmen. Abweichungen erfordern eine eingehende Untersuchung und entsprechende Maßnahmen, etwa im Bereich der Werbung, die Umstellung der Sortimente, der Preispolitik, des Einkaufs und möglicherweise eine Revision der vorgegebenen Plandaten.

04. Welchen Aussagewert hat die betriebliche Statistik?

Die betriebliche Statistik dient zunächst nur der Kontrolle, ob die erreichten Daten mit den Plandaten übereinstimmen. Sie kann aber auch in Verbindung mit den betrieblichen Kennzahlen und den Werten der Branche bzw. der gesamten Volkswirtschaft Aufschluß darüber geben, wie das Unternehmen insgesamt zu beurteilen ist. Steigen überall die Personalkosten über das geschätzte Maß hinaus oder sind die Lagervorräte bei allen Betrieben überdurchschnittlich hoch, so liegt der Schluß nahe, daß man sich aufgrund nicht vorhersehbarer Faktoren verschätzt hat. Anders wäre die Situation, wenn man im Vergleich zur Branche wesentlich ungünstigere Ergebnisse erzielt hätte.

05. Welche Gefahren bestehen im Rahmen statistischer Erhebungen?

Werden eigene Statistiker mit der Erhebung von Daten beauftragt, so ist zwar die methodische Seite der Erhebung sichergestellt, es besteht aber die Gefahr, daß zu viele Daten erhoben werden, daß weiter die in die Datenerfassung eingeschalteten Kräfte anderer Abteilungen den Sinn der erhobenen Daten nicht einsehen und deshalb vielleicht unvollständig arbeiten. Die Statistik gerät in die Gefahr, daß eine Vielzahl von Daten zur Verfügung steht, die für die benötigten Aussagen nicht aufschlußreich genug ist, während andererseits die benötigten Zahlen nicht beschafft worden sind.

06. Wie kann der Gefahr falscher Daten begegnet werden?

Die Unternehmensleitung muß klare Ziele über die benötigten Daten setzen, die notwendigen Fristen setzen und die aus den Zahlen zu ziehenden Schlüsse unverzüglich in Entscheidungen umsetzen.

2.10 Recht

2.10.1 Allgemeines Recht, bürgerliches Recht

01. Was versteht man unter Rechtsordnung?

Unter Rechtsordnung wird eine objektive Ordnung für das gesellschaftliche Leben verstanden, die sich an den allgemein gültigen sittlichen Bewertungsmaßstäben orientiert und an Recht und Gesetz gebunden ist. In der Bundesrepublik Deutschland ist gemäß Artikel 20 des Grundgesetzes die Bindung der rechtsprechenden und der vollziehenden Gewalt an Recht und Gesetz ausdrücklich verankert.

02. Was ist eine Verfassung?

Die Verfassung ist die politische Grundordnung eines Staates, die über allen Gesetzen steht. Sie enthält die rechtlichen Grundlagen für den Aufbau und die Gliederung eines Staates und regelt die Ausübung der Staatsgewalt sowie Bestimmungen über die Wahl des Parlaments und der Regierung. Sie grenzt ferner das Verhältnis des Staates zu seinen Bürgern ab und bestimmt deren Rechte und Pflichten.

03. Welche Bedeutung hat das Grundgesetz?

Grundgesetz (GG) heißt die Verfassung der Bundesrepublik Deutschland. Das Grundgesetz ist der Maßstab für alle anderen Rechtsgrundlagen und Rechtshandlungen im Staat. Bestimmungen, die nicht mit dem Grundgesetz in Einklang stehen, sind nichtig.

04. Was ist der wesentliche Inhalt des Grundgesetzes?

Das Grundgesetz gewährt allen Deutschen eine Reihe von Grundrechten, die auch die Gesetzgebung binden, legt die Rechte des Bundes und der Länder fest, grenzt die gegenseitigen Kompetenzen ab und enthält Vorschriften darüber, wie ein Gesetz zustande kommt.

05. Welche Grundrechte gewährt das Grundgesetz allen Deutschen?

Das Grundgesetz führt in den Artikeln 1-15 folgende Grundrechte auf: 1. Schutz der Menschenwürde, 2. Freiheit der Person, 3. Gleichheit aller vor dem Gesetz, 4. Gleichberechtigung von Mann und Frau, 5. Glaubens- und Gewissensfreiheit, 6. Verweigerung von Kriegsdienst und Waffe, 7. Freiheit der Meinungsäußerung, 8. Informationsfreiheit, 9. Freiheit von Kunst, Wissenschaft, Lehre, 10. Schutz von Ehe und Familie, 11. Vereinigungsfreiheit, 12. Versammlungsfreiheit, 13. Brief-, Post-, Fernmeldegeheimnis, 14. Freizügigkeit, freie Wahl von Beruf und Arbeitsplatz, 15. Unverletzlichkeit der Wohnung, 16. Recht auf Eigentum und Erbe, 17. Recht auf deutsche Staatsangehörigkeit und Asyl, 18. Petitionsrecht, 19. Recht auf Gemeineigentum.

06. Was versteht man unter Gewaltenteilung?

Kennzeichen eines demokratischen Staates ist es, daß Gesetzgebung, Regierung und Verwaltung sowie Rechtsprechung nicht in einer Hand liegen. Man unterscheidet deshalb 1. Gesetzgebung oder Legislative (Parlament), 2. die vollziehende Gewalt oder Exekutive (Regierung und Verwaltung), 3. die Rechtsprechung oder Judikative (Gerichte).

07. Wie wird das Recht eingeteilt?

Man unterscheidet folgende Rechtsbereiche:

a) Privates Recht: Bürgerliches Recht, Handelsrecht, Gesellschaftsrecht, Wettbewerbsrecht, Urheber- und Patentrecht (Rechtsweg: Zivilprozeß, freiwillige Gerichtsbarkeit); Teile des Wirtschafts- und Arbeitsrechts; (Rechtsweg: Arbeitsgericht); Teile des Sozialrechts (Rechtsweg: Sozialgericht);

b) Öffentliches Recht: Völkerrecht (Rechtsweg: Internationaler Gerichtshof); Verfassungsrecht (Rechtsweg: Bundesverfassungsgericht); Kirchenrecht; Verwaltungsrecht (Rechtsweg: Verwaltungsgericht); Steuerrecht (Rechtsweg: Finanzgericht); Strafrecht (Rechtsweg: Amts- oder Landgericht).

Das Recht kann aber auch in materielles und formelles Recht eingeteilt werden. Das materielle Recht regelt die Frage, wann ein Anspruch besteht, das formelle Recht, wie er geltend gemacht wird. Bürgerliches Recht und Handelsrecht sowie das Strafrecht sind z.B. materielles Recht; hingegen das in der Zivilprozeßordnung niedergelegte Zivilprozeßrecht und das in der Strafprozeßordnung niedergelegte Strafprozeßrecht formelles Recht.

08. Was ist der Unterschied zwischen privatem und öffentlichem Recht?

Das Privatrecht ordnet die Beziehungen der Individuen untereinander (typisches Beispiel ist der Vertrag, den die Parteien weitgehend nach eigenem Willen gestalten können), während das öffentliche Recht die Beziehungen zwischen Parteien - z.B. zwischen dem Bürger und der Stadtverwaltung aus Anlaß eines Bauantrages - behandelt, die einander über- bzw. untergeordnet sind. Neuere Rechtsgebiete, wie z.B. das Arbeitsrecht, haben die Grenzen zwischen privatem und öffentlichem Recht fließend werden lassen.

09. Welche Rechtsgrundlagen werden unterschieden?

Man unterscheidet:

a) das gesetzte oder geschriebene Recht. Hierzu zählen die förmlichen Gesetze, die von den Parlamenten beschlossen werden; die Rechtsverordnungen, die von Ministerien erlassen werden, weil die Parlamente überfordert wären, wenn sie bestimmte Regelungen, wie z.B. Ausfuhrbestimmungen, auf dem Wege über förmliche Gesetze regeln müßten; sowie die Satzungen, die von juristischen Personen des öffentlichen Rechts aufgrund deren Autonomie zur Regelung der in ihren Aufgabenbereich fallenden Angelegenheiten erlassen werden.

b) **Gewohnheitsrecht und Richterrecht.** Das Gewohnheitsrecht entwickelt sich dort, wo fehlende gesetzliche Bestimmungen durch die Rechtspraxis ersetzt werden. Das Richterrecht entsteht durch die Rechtsprechung der höchsten Bundesgerichte, indem diese bestimmte Gesetze oder Sachverhalte interpretieren, an die sich die unteren Instanzen halten können, aber nicht halten müssen. Aus Gründen der Praktikabilität werden jedoch Entscheidungen der höchsten Gerichte von den unteren Instanzen häufig übernommen.

c) **Vereinbartes Recht.** Zwischen gleichgeordneten Partnern können jederzeit Vereinbarungen aller Art wie z.B. Kauf- oder Mietverträge geschlossen werden, die gültig sind, sofern sie nicht gegen gesetzliche Regelungen oder die guten Sitten verstoßen.

10. Was ist ein Gesetz?

Gesetz im formellen Sinn ist ein nach den Regeln der Verfassung von den zur Gesetzgebung berufenen Organen (Bundestag, Bundesrat, Landtage) in der verfassungsmäßig vorgeschriebenen Weise beschlossener Rechtssatz.

Gesetz im materiellen Sinne ist ein allgemeiner Rechtssatz, der Tatbestand und Rechtsfolge für eine bestimmte Anzahl von Fällen regelt. Zu den Gesetzen im materiellen Sinne zählen auch die Rechtsverordnungen.

11. Wie verhalten sich Gesetzgebung und Verwaltung zueinander?

Die Gesetzgebung, die den Parlamenten zugewiesen und den Verwaltungsinstanzen entzogen ist, setzt das Recht, das die Grundsätze für die Ordnung der einzelnen Lebensbereiche enthält. Die Verwaltung, die der Gesetzgebung untergeordnet ist, überträgt diese Rechtssätze im Rahmen ihres jeweiligen Aufgabenbereiches in die Wirklichkeit. Eine Verwaltungsmaßnahme darf aber Recht und Gesetz nicht widersprechen. Allerdings enthalten alle Verwaltungsmaßnahmen einen gewissen Spielraum, innerhalb dessen die Verwaltungen nach reinen Zweckmäßigkeitserwägungen, dem sogenannten Ermessensspielraum, vorgehen können. Auch die Nachprüfbarkeit der Verwaltungstätigkeit durch die Verwaltungsgerichte ist an die Feststellung der Ermessensüberschreitung oder des Ermessensmißbrauchs gebunden.

12. Was ist ein Verwaltungsakt?

Unter einem Verwaltungsakt versteht man eine hoheitliche Handlung, die von einer Verwaltungsbehörde auf dem Gebiet des öffentlichen Rechts zur Regelung eines Einzelfalles mit unmittelbarer rechtlicher Wirkung nach außen vorgenommen wird. Verwaltungsakte sind z.B. Steuerbescheide, Gewerbegenehmigungen und die Ernennung von Beamten. Nach dem Inhalt unterscheidet man die Verfügung, die Entscheidung, die Beurkundung und Beglaubigung sowie die Erklärungsentgegennahme, wie z.B. die Eheschließungserklärung vor dem Standesbeamten.

13. Was versteht man unter freiwilliger Gerichtsbarkeit?

Unter der freiwilligen Gerichtsbarkeit wird die gesamte Tätigkeit der Gerichte und Notare auf dem Gebiet des bürgerlichen Rechts, die sich außerhalb der grundsätzlich streitigen Angelegenheiten vollzieht, verstanden. Zur freiwilligen Gerichtsbarkeit gehören insbesondere die Tätigkeit des Vormundschafts- und Nachlaßgerichts, die Beurkundung und die Beglaubigung von Rechtsgeschäften, Verträgen und Unterschriften, das Bearbeiten von Registerangelegenheiten (Güterrechtsregister, Vereinsregister, Handelsregister, Genossenschaftsregister, Geschmacksmusterregister) und die Tätigkeit der Grundbuchämter.

2.10.2 Zivilrecht

01. Wie ist die Durchsetzung der nach BGB und HGB zustehenden Rechte geregelt?

Die Durchsetzung erfolgt auf dem Wege des Zivilprozesses. Das Verfahren ist in der Zivilprozeßordnung geregelt und erfordert die Einleitung eines Verfahrens durch die Klage. Träger der Vollstreckungsgewalt ist der Staat. Gerichtsvollzieher und Amtsgericht sind berufen, auf dem Wege der Zwangsvollstreckung den Anspruch des Gläubigers auf seinen Antrag hin zu verwirklichen, wenn die Rechte trotz eines obsiegenden Urteils nicht wahrgenommen werden können. Die Zwangsvollstreckung setzt daher immer einen vollstreckbaren Titel voraus.

02. Was ist Rechtsfähigkeit?

Rechtsfähigkeit ist die Fähigkeit, Träger von Rechten und Pflichten zu sein. Sie beginnt mit Vollendung der Geburt (§ 1 BGB) und endet mit dem Tode oder der Todeserklärung.

03. Was ist Deliktsfähigkeit?

Unter der Deliktsfähigkeit wird die zivilrechtliche Verantwortung für unerlaubte Handlungen gemäß §§ 827, 828 BGB verstanden. Unbeschränkt deliktsfähig sind Personen über 18 Jahren. Kinder unter 7 Jahren und Geisteskranke sind deliktsunfähig, während Personen zwischen 7 und 18 Jahren sowie Taubstumme bedingt deliktsfähig sind. Strafunmündig sind Kinder unter 14 Jahren, während Jugendliche zwischen 14 und 18 Jahren sowie vermindert Zurechungsfähige nur bedingt strafmündig sind. Hingegen besitzt jeder Mensch die Parteifähigkeit, d.h. die Fähigkeit, Kläger oder Beklagter in einem Zivilprozeß zu sein.

04. Was versteht man unter Geschäftsfähigkeit?

Geschäftsfähigkeit ist die Fähigkeit, Rechtsgeschäfte selbständig vollwirksam vorzunehmen. Das BGB geht davon aus, daß grundsätzlich jeder Mensch geschäftsfähig ist, also durch eigene Willenserklärungen Rechte und Pflichten erwerben kann. Es regelt daher in den §§ 104, 106 und 114 nur die Ausnahmen. So sind Kinder bis zur Vollendung des 7. Lebensjahres und Geisteskranke geschäftsunfähig. Ihre Willenserklärungen sind rechtlich unwirksam. Beschränkt geschäftsfähig sind Minderjährige, die zwar das 7. aber noch nicht das 18. Lebensjahr vollendet haben, ferner die wegen Geistesschwäche, Verschwendung oder Trunksucht Entmündigten sowie die unter vorläufiger Vormundschaft stehenden Personen. Von ihnen ohne Einwilligung des gesetzlichen Vertreters abgegebene Willenserklärungen sind schwebend unwirksam. Sie können jedoch durch nachträgliche Genehmigung wirksam werden. Rechtsgeschäfte beschränkt Geschäftsfähiger sind ohne vorherige Zustimmung wirksam, wenn durch sie lediglich ein rechtlicher Vorteil erlangt wird oder der beschränkt Geschäftsfähige sie mit eigenem Taschengeld erfüllen kann.

05. Welche Bedeutung haben Rechts- und Geschäftsfähigkeit?

Die Rechtsfähigkeit ist die Voraussetzung für die Parteifähigkeit, die Geschäftsfähigkeit ist Erfordernis für die Prozeßfähigkeit.

06. Was versteht man unter der Parteifähigkeit?

Parteifähigkeit ist die Fähigkeit, Kläger oder Beklagter in einem Zivilprozeß zu sein.

07. Was sind Rechtsgeschäfte?

Rechtsgeschäfte sind Willenserklärungen, die einen rechtlichen Erfolg bewirken sollen.

08. Wer kann Rechtsgeschäfte schließen?

Nach der geltenden Rechtsordnung kann jeder, der geschäftsfähig ist, ein Rechtsgeschäft tätigen und dadurch ein Rechtsverhältnis nach seinem Willen begründen und gestalten. Rechtsgeschäfte spielen daher im Alltag eines jeden eine Rolle und sind nicht nur im Geschäfts- oder Wirtschaftsleben bedeutsam.

09. Wie werden die Rechtsgeschäfte eingeteilt?

Man unterscheidet zwischen einseitigen und mehrseitigen Rechtsgeschäften.

10. Wie sind einseitige Rechtsgeschäfte zu charakterisieren?

Einseitige Rechtsgeschäfte kommen durch eine Willenserklärung zustande, die schon bei der Abgabe rechtswirksam sein kann, wie z.B. beim Testament, oder erst nach dem Zugang die rechtliche Wirkung auslöst, wie z.B. bei der Kündigung.

11. Wie sind mehrseitige Rechtsgeschäfte zu charakterisieren?

Mehrseitige Rechtsgeschäfte kommen durch übereinstimmende Willenserklärungen von zwei oder mehreren Personen zustande, z.B. durch Angebot und Annahme, und begründen in der Regel beiderseitige Verpflichtungen, wie z.B. beim Kaufvertrag.

12. Welche anderen Rechtsgeschäfte bestehen außerdem gemäß BGB?

Das BGB unterscheidet noch zwischen dinglichen Rechtsgeschäften (Verfügungen) und obligatorischen Rechtsgeschäften (Verpflichtungsgeschäften). Verfügungen ändern unmittelbar das Recht an einer Sache (z.B. Eigentumsübertragungen), während Verpflichtungsgeschäfte nur die Pflicht auferlegen, einen rechtswirksamen Erfolg durch eine Verfügung herbeizuführen.

13. Was versteht man unter entgeltlichen und was unter unentgeltlichen Rechtsgeschäften?

Die Geschäfte eines Kaufmannes sind grundsätzlich entgeltlich. Bei einem entgeltlichen Rechtsgeschäft wird dem Erwerber ein Vorteil gewährt, doch eine Gegenleistung (z.B. der Kaufpreis) gefordert. Hingegen wird bei einem unentgeltlichen Rechtsgeschäft dem einen ein Vorteil auf Kosten des anderen verschafft, z.B. bei einer Schenkung.

14. Welche Bestimmungen bestehen im Hinblick auf die Form von Rechtsgeschäften?

Grundsätzlich sind Rechtsgeschäfte formfrei. Gesetzlich sind jedoch in bestimmten Fällen besondere Formvorschriften vorgeschrieben, z.B. bei Bürgschaftsversprechen, Testamenten, Mietverträgen über Grundstücke. Den Parteien ist es jedoch überlassen, bei grundsätzlich formfreien Verträgen die Schriftform zu vereinbaren. Bei Nichtbeachtung gesetzlicher Formvorschriften ist das Rechtsgeschäft in der Regel nichtig.

15. Welche zwingenden Formvorschriften schreibt das Gesetz vor?

Gesetzlich vorgeschrieben sind die Schriftform, die öffentliche Beglaubigung und die notarielle Beurkundung.

16. Wann ist die Schriftform vorgeschrieben?

Die Schriftform ist dort vorgeschrieben, wo ein Schutz gegen unbedachte Erklärungen geschaffen werden soll oder wo man sich im Verkehrsinteresse nicht mit mündlichen Erklärungen begnügen kann.

17. Wie ist die öffentliche Beglaubigung zu charakterisieren?

Bei der öffentlichen Beglaubigung muß das Schriftstück handschriftlich unterschrieben und die Unterschrift des Erklärenden von einem Notar beglaubigt sein. Die Richtigkeit des Inhalts des Schriftstücks wird damit nicht bestätigt.

18. Wie ist die notarielle Beurkundung zu charakterisieren?

Bei der notariellen Beurkundung wird sowohl die Richtigkeit des Inhalts als auch die Echtheit der Unterschrift durch den Notar bestätigt. Eine notarielle Beurkundung ersetzt sowohl die einfache und die qualifizierte Schriftform als auch die öffentliche Beglaubigung. Z.B. müssen Grundstücksverträge notariell beurkundet sein.

19. Welche Voraussetzungen müssen vorliegen, damit ein Rechtsgeschäft gültig ist?

Zur Gültigkeit eines Rechtsgeschäfts müssen folgende Erfordernisse vorliegen: Geschäftsfähigkeit des Handelnden, erlaubter Inhalt des Rechtsgeschäftes, wirksamer und mangelfreier Wille des Handelnden, Erklärung des Willens des Handelnden, Beachtung von Formvorschriften. Fehlt eine dieser Voraussetzungen, ist das Rechtsgeschäft fehlerhaft. Als Folge können Nichtigkeit, Anfechtbarkeit oder schwebende Unwirksamkeit eintreten.

20. Was ist die Folge der Nichtigkeit eines Rechtsgeschäftes?

Bei der Nichtigkeit ist ein Rechtsgeschäft von Anfang an unwirksam und braucht daher nicht angefochten zu werden.

21. Welche Rechtsgeschäfte sind nichtig?

Ein Rechtsgeschäft ist von Anfang an nichtig (rechtlich unwirksam),
a) wenn es gegen ein gesetzliches Verbot oder
b) gegen eine gesetzliche Formvorschrift oder
c) gegen die guten Sitten verstößt;
d) wenn es sich um Wucher handelt;
e) wenn ein Geschäftsunfähiger eine Willenserklärung oder
f) wenn jemand eine Willenserklärung im Zustand der Bewußtlosigkeit oder vorübergehenden Störung der Geistesfähigkeit abgibt;
g) wenn es nur zum Schein oder
h) zum Scherz abgeschlossen wurde.

22. Was sagt das BGB über die Anfechtung?

Anfechtbare Rechtsgeschäfte sind solange gültig, bis sie rechtswirksam angefochten werden. Aufgrund einer wirksamen Anfechtung ist ein Rechtsgeschäft von Anfang an nichtig. Zur Anfechtung berechtigen Irrtum, arglistige Täuschung oder widerrechtliche Drohung bei Abschluß des Rechtsgeschäfts. Wegen Irrtums kann jedoch ein Rechtsgeschäft nur angefochten werden, wenn ein Partner eine Erklärung dieses Inhalts überhaupt nicht abgeben wollte. Keine Anfechtungsmöglichkeit besteht jedoch wegen Irrtums über die Beweggründe, weil hier Wille und Erklärung übereinstimmen und nur der erhoffte Erfolg nicht eintritt (z.B. beim Kauf von Aktien in der Hoffnung, daß die Kurse steigen).

23. Was ist ein Vertrag?

Ein Vertrag ist ein mehrseitiges Rechtsgeschäft, das als Willensübereinstimmung mindestens zweier Personen auf die Herbeiführung eines bestimmten Erfolges gerichtet ist. Es kommt durch Angebot (Antrag) und Annahme zustandekommt.

24. Welche wichtigen Verträge sind im Wirtschaftsleben bedeutsam?

Im Wirtschaftsleben spielen folgende Verträge eine wichtige Rolle: Kaufverträge, Miete, Pacht, Leihe, Darlehen, Dienstverträge, Werkverträge, Werklieferungsverträge, Maklerverträge, Tausch, Beförderungsverträge, Verwahrungsverträge, Gesellschaftsverträge.

25. Was sind Personen?

Personen sind die Träger von Rechten und Pflichten. Neben den natürlichen Personen (alle Menschen) kennt das Gesetz die juristischen Personen des öffentlichen und privaten Rechts, wie den eingetragenen Verein, die Stiftung, die Aktiengesellschaft und die GmbH. Diese juristischen Personen sind ebenso wie die natürlichen Personen rechtsfähig, also Träger von Rechten und Pflichten. Sie handeln durch ihre Organe.

26. Was sind Sachen?

Sachen sind gemäß § 90 BGB räumlich begrenzte, körperliche Gegenstände. Man unterscheidet bewegliche und unbewegliche Sachen (Immobilien). Diese Unterscheidung ist vor allem für die Art, in der Rechte an Sachen begründet oder übertragen werden von Bedeutung. Vertretbare Sachen, das sind solche, die nach Maß, Zahl oder Gewicht bestimmt sind, werden von den nicht vertretbaren (z.B. den Sonderanfertigungen) unterschieden. Rechtlich bedeutsam ist diese Unterscheidung dafür, ob auf einen Werklieferungsvertrag die Bestimmungen über den Kauf oder den Werkvertrag anzuwenden sind. Eine weitere Unterscheidung gliedert in verbrauchbare und unverbrauchbare Sachen. Sachen, die nicht voneinander getrennt werden können, ohne daß der eine oder der andere Teil zerstört wird (wesentliche Bestandteile), können nicht Gegenstand besonderer Rechte (z.B. unterschiedliche Eigentumsverhältnisse) sein. Da das BGB mit Grund und Boden fest und nicht nur vorübergehend verbundene Sachen ausdrücklich zu den wesentlichen Bestandteilen des Grundstücks zählt, gehören diese Sachen stets dem Grundstückseigentümer.

27. Was versteht man unter Vertretung?

Vertretung liegt vor, wenn jemand im Namen eines anderen rechtsgeschäftlich handelt. Damit die Rechtsgeschäfte unmittelbar für und gegen den Vertretenden wirken, muß der Vertreter die Befugnis zur Vertretung besitzen. Die Vertretungsmacht kann auf einer gesetzlichen Bestimmung beruhen, wie z.B. die Vertretungsmacht der Eltern gegenüber ihren ehelichen Kindern, sie kann aber auch durch Rechtsgeschäft begründet werden und heißt dann Vollmacht.

28. Wie wird eine Vollmacht erteilt?

Eine Vollmacht wird in der Regel durch Erklärung gegenüber dem zu Bevollmächtigenden, z.B. dem Rechtsanwalt, erteilt. Die Vollmachtserteilung, die bis auf wenige Ausnahmen formfrei ist, kann durch Erklärung gegenüber dem Dritten, dem gegenüber die Vertretung stattfinden soll, oder durch öffentliche Bekanntmachung erfolgen.

29. Was ist die Wirkung einer Vertretung?

Handelt ein Vertreter ohne Vertretungsmacht oder überschreitet er deren Grenzen, dann wird der angeblich Vertretene hierdurch nicht gebunden. Das Rechtsgeschäft ist schwebend unwirksam. Genehmigt jedoch der unberechtigt Vertretene den abgeschlossenen Vertrag, so wird dieser ihm gegenüber wirksam. Verweigert er dagegen die Genehmigung, dann haftet der vollmachtlose Vertreter dem Vertragspartner selbst. Bei einseitigen Rechtsgeschäften ist eine Vertretung ohne Vertretungsvollmacht grundsätzlich unzulässig. Von der unmittelbaren oder direkten Stellvertretung ist die sog. mittelbare Stellvertretung zu unterscheiden. Sie liegt vor, wenn die Stellvertretung nach außen hin nicht in Erscheinung tritt, sondern der Stellvertreter im eigenen Namen aber für fremde Rechnung handelt. Mittelbare Stellvertreter sind z.B. Treuhänder oder Kommissionsagenten. Die Organe juristischer Personen (z.B. der Vorstand einer AG) und die amtlichen Vertreter von Sondervermögen (Konkursverwalter, Nachlaßpfleger) haben die Stellung eines gesetzlichen Vertreters.

30. Was versteht man unter Fristen und Terminen?

Unter Frist wird ein abgegrenzter Zeitraum, unter Termin ein bestimmter Zeitpunkt verstanden. Beginnt eine Frist während eines Tages, so wird dieser Tag bei der Berechnung der Frist nicht mitgezählt. Mitgezählt wird dagegen der erste Tag, wenn die Frist mit dem Beginn des Tages zu laufen anfängt. Eine nach Tagen bestimmte Frist endet mit dem Ablauf des letzten Tages der Frist. Eine nach Wochen oder Monaten bestimmte Frist endet, sofern die Frist während des Tages beginnt, mit dem Ablauf des Tages der letzten Woche oder des letzten Monats, welcher durch seine Benennung dem Tag entspricht, in dessen Verlauf die Frist begonnen hat. Wird der erste Tag bei der Berechnung der Frist mitgezählt, so endet die Frist mit dem Ablauf des vorhergehenden Tages. Wenn an einem bestimmten Tag oder innerhalb einer bestimmten Frist eine Willenserklärung abzugeben oder eine Leistung zu bewirken ist und dieser Tag oder der letzte Tag der Frist ein Samstag, Sonntag oder allgemeiner Feiertag ist, so tritt an die Stelle dieses Tages der nächstfolgende Werktag.

31. Was ist ein Anspruch?

Ein Anspruch ist das Recht des Gläubigers, von einem Schuldner ein Tun (Zahlung des Kaufpreises) oder ein Unterlassen (Unterlassen von Wettbewerb) zu fordern.

2.10.2 Zivilrecht

32. Was ist Verjährung?

Unter Verjährung versteht man die Möglichkeit, eine Leistungsverpflichtung nach Ablauf einer bestimmten Frist (Verjährungsfrist) zu verweigern. Grundsätzlich verjährt jeder Anspruch. Die Verjährung hat keinen Untergang des Anspruchs zur Folge. Der Schuldner ist nur berechtigt, die Erfüllung des Anspruchs mit der Einrede der Verjährung zu verweigern. Erhebt er keine Einrede, dann darf das Gericht die Verjährung nicht von sich aus berücksichtigen. Auch kann der Schuldner, der eine bereits verjährte Forderung erfüllt hat, die Leistung nicht deshalb zurückfordern, weil er von der Verjährung nichts gewußt hat. Grundsätzlich beginnt der Lauf der Verjährungsfrist mit der Entstehung bzw. Fälligkeit des Anspruchs.

Eine Stundung hemmt die Verjährung, d.h. die alte Frist läuft erst weiter, wenn die Stundung fortfällt. Unterbrochen wird die Verjährung, wenn der Anspruch ausdrücklich oder z.B. durch Zahlung von Zinsen oder Raten anerkannt wird. Auch die Klageerhebung oder die Zustellung eines Mahnbescheids, nicht jedoch eine Mahnung, unterbrechen eine Verjährung.

33. Was sind allgemeine Geschäftsbedingungen?

Allgemeine Geschäftsbedingungen (AGB) sind vorformulierte Vertragsbedingungen, die frei ausgehandelt werden können, sofern sie nicht sittenwidrig sind, häufig aber von Verkäufern oder Einkäufern einseitig festgelegt und für die Vertragspartner verbindlich sind. Die Folge der Möglichkeit, allgemeine Geschäftsbedingungen für die Partner verbindlich festlegen zu wollen, besteht darin, daß sich die Vertragsbedingungen von Käufer und Verkäufer einander ausschließen. Das Gesetz zur Regelung des Rechts der Allgemeinen Geschäftsbedingungen (AGB-Gesetz) ist am 1.3.4.1977 in Kraft getreten. Es gilt insbesondere für die Rechtsbeziehungen zwischen Kaufleuten und Nichtkaufleuten, während die Allgemeinen Geschäftsbedingungen im Verkehr zwischen Kaufleuten frei ausgehandelt werden können.

34. Was ist der Zweck allgemeiner Geschäftsbedingungen?

Zweck der allgemeinen Geschäftsbedingungen ist es, alle Verträge gleich zu behandeln und allen Vertragspartnern gleiche Einkaufs- oder Verkaufsbedingungen zu bieten. Außerdem sollen die Haftung begrenzt und die Vertragsfolgen aufgezeigt werden. Da die allgemeinen Geschäftsbedingungen Bestandteil des Vertrages sind, müssen sie dem Vertragspartner bei Vertragsschluß bekanntgegeben sein. Ausreichend ist auch eine Auftragsbestätigung mit den allgemeinen Geschäftsbedingungen, sofern der Vertragspartner nicht widerspricht. Sind die allgemeinen Geschäftsbedingungen erst nach Vertragsschluß bekanntgegeben worden, z.B. durch die Rechnungserteilung, so sind sie im allgemeinen nicht Vertragsinhalt und damit unverbindlich, es sei denn, daß dieselben Bedingungen schon bei früheren Geschäften mit diesem Partner gegolten haben. Die allgemeinen Geschäftsbedingungen werden ohne weiteres verbindlich, wenn sie behördlich für allgemeinverbindlich erklärt oder durch ordnungsgemäße Veröffentlichung (z.B. der Banken oder Versorgungsbetriebe) allgemein bekanntgemacht worden sind, weil allgemein bekannt ist, daß derartige Unternehmungen immer allgemeine Geschäftsbedingungen herausgegeben und nur zu diesen Bedingungen Geschäfte tätigen.

35. Wie werden Geschäftsbedingungen zum Vertragsinhalt?

Verkäufer und Käufer können sich nur dann auf ihre Verkaufs- bzw. Einkaufsbedingungen berufen, wenn diese Vertragsinhalt geworden sind. Sie werden Vertragsinhalt, wenn sie Bestandteil des Angebots bzw. der Bestellung waren und vom Partner ausdrücklich oder durch Schweigen angenommen wurden. Voraussetzung ist jedoch, daß sie dem anderen ausreichend erkennbar sind.

36. Welche Bedeutung hat das Schweigen?

Stillschweigen gilt dann als Zustimmung, wenn für den Fall der Ablehnung eine entsprechende Erklärung erforderlich gewesen wäre. Schweigen gilt ebenfalls dort als Zustimmung, wo nach Lage des Einzelfalles entsprechend der Übung ordentlicher Kaufleute bei Ablehnung ausdrücklicher Widerspruch zu erwarten wäre.

37. Wann kommt kein Vertrag zustande?

Solange die Vertragspartner ohne Annahme oder Lieferung, also ohne schlüssiges Handeln, ihren gegenseitigen Geschäftsbedingungen widersprechen, kommt kein Vertrag zustande, weil dann die erforderliche Übereinstimmung fehlt.

38. Was ist das Merkmal eines Schuldverhältnisses?

Merkmal eines Schuldverhältnisses ist die Verpflichtung des Schuldners zu einer Leistung an den Gläubiger.

39. Was ist eine Stückschuld?

Eine Stückschuld liegt vor, wenn eine individuell bestimmte Sache geschuldet wird.

40. Was ist eine Gattungsschuld?

Eine Gattungsschuld liegt vor, wenn die geschuldete Leistung nur der Gattung nach bestimmt ist.

41. Wie ist bei einer Gattungsschuld zu liefern?

Bei einer Gattungsschuld ist eine Sache von mittlerer Art und Güte zu liefern.

42. Welche Bestimmungen bestehen im Hinblick auf Geldschulden?

Die Geldschuld ist keine Gattungschuld, sondern eine Wertschuld. Geldschulden sind durch Hingabe von gesetzlichen Zahlungsmitteln auszugleichen. Ist eine in ausländischer Währung ausgedrückte Geldschuld im Inland zu zahlen, so kann die Zahlung in deutscher Währung erfolgen, sofern nichts anderes vereinbart ist. Die Umrechnung hat nach dem Kurswert zu erfolgen, der zur Zeit der Zahlung für den Zahlungsort maßgeblich ist.

43. Welche Bestimmungen bestehen im Hinblick auf den Ort der Leistung?

Wird eine Leistung geschuldet, so muß feststehen, wo sie an den Gläubiger zu bewirken ist. Der Ort, an dem die Leistung zu erbringen ist, ist der Erfüllungsort.

Der Erfüllungsort wird festgelegt:

a) durch die Vereinbarung der Parteien;

b) durch gesetzliche Vorschriften, z.B. sind verwahrte Sachen am Aufbewahrungsort zurückzugeben;

c) durch die Umstände, insbesondere durch die Natur der Schuldverhältnisse, z.B. an einer Baustelle;

d) durch den Wohnsitz des Schuldners oder den Ort seiner gewerblichen Niederlassung zur Zeit der Entstehung des Schuldverhältnisses.

44. Welche Arten von Schulden werden unterschieden?

Man unterscheidet:

a) Holschulden, d.h. die am Wohnsitz des Schuldners zu erbringenden Schulden;

b) Bringschulden, d.h. die am Wohnsitz des Gläubigers zu erfüllenden Schulden;

c) Schickschulden, d.h. die am Wohnsitz des Schuldners zu erfüllenden Schulden, bei denen der Schuldner den Leistungsgegenstand nach dem Wohnsitz des Gläubigers (den Ablieferungsort) zu senden hat.

45. Was sind Geldschulden?

Geldschulden sind Schickschulden, d.h., Geld muß der Schuldner auf eigene Gefahr und Kosten dem Gläubiger an seinen Wohnsitz übermitteln.

46. Welche Bestimmungen bestehen im Hinblick auf die Zeit der Leistung?

Für die Fälligkeit der Leistung kann eine Zeit bestimmt sein. Fehlt es an einer Zeitbestimmung, so kann der Gläubiger die Leistung sofort verlangen und der Schuldner sie sofort bewirken. Ist dagegen eine Zeit bestimmt, so ist im Zweifel anzunehmen, daß der Gläubiger die Leistung nicht vor dieser Zeit verlangen, aber der Schuldner sie vorher bewirken kann.

47. Sind Teilleistungen rechtlich zulässig?

Die Leistung ist einheitlich zu bewirken, und zwar auch dann, wenn sie teilbar ist. Der Schuldner ist daher zu Teilleistungen nicht berechtigt und der Gläubiger zu ihrer Annahme auch nicht verpflichtet, so daß er eine Leistung, durch die die Schuld nur zum Teil erfüllt würde, zurückweisen darf, ohne deshalb in Annahmeverzug zu geraten.

Ausnahmen bestehen in folgenden Fällen:
Der Wechselgläubiger muß Teilzahlungen annehmen. Ebenfalls müssen in der Zwangsvollstreckung und im Konkursverfahren Teilleistungen angenommen werden. Nach Treu und Glauben muß der Gläubiger eine Teilleistung annehmen, wenn dann nur noch eine kleine Restschuld übrig bleibt. Schließlich kann in Form von Sukzessivlieferungsverträgen festgelegt werden, daß eine bestimmte Teilmenge geliefert wird, was meist auf Abruf des Gläubigers geschieht.

48. Wie erlöschen Schuldverhältnisse?

Schuldverhältnisse können erlöschen durch Erfüllung, Hinterlegung, Aufrechnung und Erlaß.

49. Was versteht man unter Erfüllung?

Das Schuldverhältnis erlischt, wenn die geschuldete Leistung an den Gläubiger bewirkt wird. Voraussetzung ist, daß die Leistung in vollen Umfang, am rechten Ort und zur rechten Zeit verwirkt wird.

50. Was versteht man unter Leistung an Erfüllungs Statt?

Das Schuldverhältnis erlischt auch, wenn der Gläubiger eine andere als die geschuldete Leistung an Erfüllungs Statt annimmt. Besteht diese Leistung aber in der Eingehung einer Verbindlichkeit, so wird diese im Zweifel nicht an Erfüllungs Statt angenommen, sondern nur erfüllungshalber, d.h., die alte Schuld bleibt bis zur Tilgung dieser neuen Schuld bestehen.

51. Was versteht man unter Hinterlegung?

Unter bestimmten Voraussetzungen kann der Schuldner seine Verbindlichkeit durch Hinterlegung erfüllen, anstatt die geschuldete Leistung an den Gläubiger unmittelbar zu erbringen.

52. Wann ist eine Hinterlegung möglich?

Der Schuldner kann Wertsachen beim Amtsgericht hinterlegen, wenn der Gläubiger in Annahmeverzug ist oder wenn der Schuldner über die Person des Empfangsberechtigten im unklaren ist. Nicht hinterlegungsfähige Sachen kann der Schuldner versteigern und den Erlös hinterlegen.

2.10.2 Zivilrecht

53. Was versteht man unter Aufrechnung?

Aufrechnung ist die Tilgung einer Forderung durch Ausgleichung mit einer Gegenforderung.

54. Unter welchen Voraussetzungen ist eine Aufrechnung möglich?

Die Aufrechnung setzt voraus, daß die beiden Forderungen gegenseitig, gleichartig, gültig und fällig sind. Im Konkurs kann jedoch auch mit einer ungleichartigen Gegenforderung aufgerechnet werden.

55. Was ist ein Erlaß einer Schuld?

Das Schuldverhältnis erlischt, wenn der Gläubiger dem Schuldner durch Vertrag die Schuld erläßt oder durch Vertrag dem Schuldner gegenüber anerkennt, daß das Schuldverhältnis nicht besteht.

56. Welche Wirkung hat ein Vertragsantrag?

Der Antrag ist eine empfangsbedürftige Willenserklärung und mithin erst wirksam, wenn er dem Angebotsempfänger zugegangen ist. Der Antrag muß alle wesentlichen Punkte des Vertrages so bestimmt erkennen lassen, daß der Vertrag durch eine einfache Erklärung, das Angebot sei angenommen, zustande kommt.

57. Welche Wirkung hat das Angebot eines Vertragsschlusses?

Wer einem anderen den Abschluß eines Vertrages anbietet, ist an den Antrag gebunden, sofern er nicht die Gebundenheit ausdrücklich ausschließt (z.B. durch die Formulierung „das Angebot ist freibleibend"). Der Antrag erlischt, wenn er abgelehnt wird oder nicht rechtzeitig angenommen wird.

58. Was ist ein Dissens?

Ein Dissens liegt vor, wenn sich die Erklärungen der Vertragschließenden nicht decken. Ein offener Dissens liegt vor, wenn nicht über alle Punkte, über die eine Vereinbarung getroffen werden sollte, eine Einigung erzielt wurde. In diesem Fall ist der Vertrag nicht zustandegekommen. Auch der Teil, über den man sich bereits geeinigt hat, ist im Zweifel ungültig. Ein versteckter Dissens liegt vor, wenn sich die Parteien nicht bewußt sind, daß keine Einigung erzielt worden ist. Auch hier ist der Vertrag nicht zustande gekommen.

59. Was versteht man unter der Einrede des nicht erfüllten Vertrages?

Wer aus einem gegenseitigen Vertrag verpflichtet ist, kann die ihm obliegende Leistung bis zur Bewirkung der Gegenleistung verweigern, es sei denn, daß er verpflichtet ist vorzuleisten.

60. Was versteht man unter einem Abzahlungsgeschäft?

Bei einem Abzahlungsgeschäft wird der Kaufpreis in Raten entrichtet.

61. In welchem Gesetz ist das Recht der Abzahlungsgeschäfte geregelt?

Das Recht der Abzahlungsgeschäfte ist durch das Gesetz betreffend die Abzahlungsgeschäfte in der Fassung vom 15.5.1974 geregelt, durch das die Vertragsfreiheit eingeschränkt wird. Im Gegensatz zum normalen Warenverkauf bedarf der Teilzahlungskaufvertrag der Schriftform, um rechtswirksam zu sein. Der Käufer hat ein befristetes Widerrufsrecht.

62. Wodurch unterscheiden sich Besitz und Eigentum?

Besitz bedeutet die tatsächliche, Eigentum die rechtliche Herrschaft über eine Sache. Besitz besteht also ohne Rücksicht darauf, ob dem Inhaber einer Sache auch ein Recht auf Besitz zusteht. Hingegen kann der Eigentümer mit seiner Sache nach Belieben verfahren und andere von jeder Einwirkung ausschließen, allerdings kann er von seinem Recht nicht Gebrauch machen, um anderen zu schaden. Der Herausgabeanspruch ist aber ausgeschlossen, wenn schuldrechtliche Rechte auf Besitz, z.B. durch Miete, Pacht oder Leihe gegenüber dem Eigentümer, bestehen.

63. Wie erfolgt der rechtsgeschäftliche Eigentumserwerb bei beweglichen Sachen?

Der rechtsgeschäftliche Eigentumserwerb setzt Einigung über den Eigentumsübergang und die Übergabe der Sache voraus.

64. Wie wird Besitz erworben?

Besitz wird durch Erlangen der tatsächlichen Gewalt über die Sache erworben.

65. Wie wird Eigentum erworben?

Eigentum kann durch Rechtsgeschäft, durch Ersitzung, Aneignung, kraft Gesetzes und durch Zuschlag in der Zwangsversteigerung erworben werden.

66. Was ist bei dem Erwerb von Grundeigentum zu beachten?

Für den rechtsgeschäftlichen Erwerb sind grundsätzlich die Einigung der Parteien über den Eigentumswechsel und die Eintragung der Rechtsänderung in das Grundbuch erforderlich. Grundstücksgeschäfte unterliegen strengen Formvorschriften. Nicht nur das schuldrechtliche Geschäft - der Kaufvertrag - bedarf der notariellen Beurkundung, sondern auch die zur Übertragung des Grundeigentums erforderliche dingliche Einigung zwischen Veräußerer und Erwerber - die sog. Auflassung - muß bei gleichzeitiger Anwesenheit beider Parteien vor dem Notar erklärt werden.

2.10.2 Zivilrecht

67. Welche Aufgabe hat das Grundbuch?

Die von den Amtsgerichten als Grundbuchämter geführten Grundbücher sind staatliche Register. In ihnen werden die Eigentümer sämtlicher Grundstücke sowie alle an einem Grundstück bestehenden dinglichen Rechte - z.B. die Grundpfandrechte, Hypotheken, Grundschulden, usw. - verzeichnet. Das Verfahren ist in der Grundbuchordnung festgelegt. Die Grundbucheintragung begründet die Vermutung, daß der Eingetragene auch der Berechtigte ist.

68. Wie erfolgt der Erwerb von Grundeigentum in anderen Fällen als durch Rechtsgeschäft?

Eine Ersitzung liegt vor, wenn jemand 30 Jahre als Eigentümer im Grundbuch eingetragen ist, ohne in Wahrheit Eigentum erlangt zu haben, sofern er es in dieser Zeit in Besitz hatte. War der Besitzer nicht in das Grundbuch eingetragen, kann er sich das Grundstück aufgrund eines gerichtlichen Ausschlußurteils aneignen. Erwerb von Grundeigentum kraft Gesetzes ist z.B. bei Eigentumsübergabe durch Erbfolge gegeben. Grundeigentum kann aber auch durch Zuschlag in der Zwangsversteigerung erworben werden.

69. Welche Lieferverträge sind im Wirtschaftsleben üblich?

Im Wirtschaftsleben haben im Bereich der Lieferverträge der Kaufvertrag, der Werkvertrag und der Werklieferungsvertrag die größte Bedeutung.

70. Wodurch unterscheiden sich Kaufvertrag, Werkvertrag und Werklieferungsvertrag voneinander?

Im Rahmen eines Kaufvertrages wird eine Sache oder ein Recht verkauft; beim Werkvertrag wird die Herstellung einer Sache, d.h. die Herstellung eines Arbeitserfolges vereinbart, wobei der Besteller das Material liefert. Liefert hingegen der Unternehmer bei Gegenständen, die erst hergestellt werden müssen, das Material, so liegt ein Werklieferungsvertrag vor.

71. Wie unterscheidet sich der Werkvertrag vom Dienstvertrag?

Beim Dienstvertrag handelt es sich um einen gegenseitigen Vertrag, durch den sich der eine Teil zur Leistung von Diensten, der andere zur Vergütung dieser Dienstleistungen verpflichtet. Wenn der Dienstverpflichtete durch den Vertrag in einen Betrieb eingegliedert wird und der Weisungsbefugnis des Arbeitgebers untersteht, liegt ein Arbeitsvertrag vor, für den die besonderen Regeln des Arbeitsrechts gelten und die dienstvertraglichen Vorschriften des BGB nur noch ergänzend Anwendung finden. Der Dienstverpflichtete muß in der Regel die versprochene Leistung selbst erbringen. Im Gegensatz zum Dienstvertrag, bei dem während einer bestimmten oder unbestimmten Zeit ein Tätigwerden schlechthin geschuldet wird, muß beim Werkvertrag ein Tätigkeitserfolg gegen Entgelt herbeigeführt werden. Der Dienstvertrag ist also zeitbestimmt, der Werkvertrag erfolgsbestimmt.

72. Was ist der Inhalt eines Kaufvertrages?

Durch den Kaufvertrag wird der Verkäufer einer Sache verpflichtet, dem Käufer die Sache zu übergeben und das Eigentum an der Sache zu verschaffen. Der Käufer ist verpflichtet, dem Verkäufer den vereinbarten Kaufpreis zu zahlen und die gekaufte Sache abzunehmen. Ist der Kaufgegenstand ein Recht, hat es der Verkäufer dem Käufer zu verschaffen und, sofern es zum Besitz einer Sache berechtigt, ihm diese zu übergeben.

73. Wie kommt ein Kaufvertrag zustande?

Ein Kaufvertrag kommt durch zwei übereinstimmende Willenserklärungen, den Antrag und der Annahme, zustande.

74. Wie ist der Kaufgegenstand beim Warenkauf bestimmt?

Der Kaufgegenstand ist entweder individuell oder gattungsmäßig bestimmt. Im ersten Fall liegt ein Stückkauf, im zweiten ein Gattungskauf vor, bei dem der Verkäufer nur die Lieferung von Sachen mittlerer Art und Güte schuldet.

75. Wie muß das Eigentum übertragen werden?

Der Verkäufer einer Ware ist verpflichtet, dem Käufer den verkauften Gegenstand frei von Rechten Dritter zu verschaffen.

76. Was bedeutet der Übergang der Gefahr?

Mit der Übergabe der gekauften Sache an den Käufer geht die Gefahr des zufälligen Untergangs und einer zufälligen Verschlechterung auf den Käufer über.

77. Wie ist der Erfüllungsort geregelt?

Als Erfüllungsort gilt gesetzlich nach § 269 BGB der Wohnsitz des Schuldners zur Zeit der Entstehung des Schuldverhältnisses. Der Erfüllungsort kann aber auch vertraglich frei vereinbart werden. Die Gefahr des Verlustes oder der Beschädigung geht am Erfüllungsort auf den Käufer über.

78. Was versteht man unter dem Versendungskauf?

Beim Versendungskauf hat der Verkäufer auf Verlangen des Käufers den Kaufgegenstand auf dessen Gefahr an einen anderen Ort als den Erfüllungsort zu senden. Der Käufer hat in der Regel die Versandkosten zu tragen.

79. Was sind besondere Arten des Kaufvertrages?

Besondere Arten des Kaufvertrages sind der Kauf unter Eigentumsvorbehalt, der Kauf zur Probe, der Kauf nach Probe, der Kauf auf Probe, der Wiederkauf und der Vorkauf.

2.10.2 Zivilrecht

80. Was versteht man unter dem Kauf unter Eigentumsvorbehalt?

Beim Kauf unter Eigentumsvorbehalt wird vereinbart, daß dem Verkäufer das Eigentum bis zur völligen Zahlung des Kaufpreises vorbehalten bleibt. Vorher darf der Käufer nicht ohne Zustimmung des Verkäufers über die Kaufsache verfügen und sie insbesondere weder verkaufen, verschenken, verpfänden oder zur Sicherung übereignen. Der Eigentumsvorbehalt muß vereinbart werden.

81. Was versteht man unter einem Vorkauf?

Das Vorkaufsrecht ist die vertraglich vereinbarte Befugnis, einen bestimmten Gegenstand vom Verkäufer zu kaufen, wenn dieser die Verkaufsabsicht hat. Der Vorkaufsberechtigte hat das Recht, eine Sache zu den gleichen Bedingungen zu kaufen, wie der Verkäufer sie an einen anderen verkaufen will. Der Verkäufer hat in diesem Fall dem Vorkaufsberechtigten unverzüglich Mitteilung zu machen. Innerhalb einer Woche - bei Grundstücken innerhalb von zwei Monaten - nach Erhalt der Mitteilung kann der Vorkaufsberechtigte erklären, daß er sein Vorkaufsrecht ausübt. Er wird Käufer. Das Vorkaufsrecht kommt insbesondere bei Grundstücken vor und wird in das Grundbuch eingetragen (dingliches Vorkaufsrecht).

82. Wann haftet der Verkäufer einer Sache?

Der Verkäufer haftet dem Käufer dafür, daß die verkaufte Sache zur Zeit des Gefahrenübergangs auf den Käufer nicht mit Fehlern oder Mängeln behaftet ist, die den Wert oder die Tauglichkeit zu dem gewöhnlichen oder nach dem Vertrag vorgesehenen Gebrauch aufheben oder mindern. Der Verkäufer haftet ferner dafür, daß die Sache zur Zeit des Gefahrenüberganges die zugesicherten Eigenschaften aufweist.

83. Was versteht man unter einem Lieferungsverzug?

Der Verkäufer gerät in Lieferungsverzug, wenn er nicht rechtzeitig liefert und unter Setzung einer angemessenen Nachfrist erfolglos gemahnt wurde.

84. In welchen Fällen ist eine Mahnung nicht erforderlich?

Beim Fixgeschäft ist eine Mahnung nicht erforderlich. Ebenso ist eine Nachfrist nicht erforderlich, wenn der Verkäufer erklärt, nicht zu liefern oder wenn den Umständen nach eine spätere Lieferung sinnlos ist.

85. Was versteht man unter einem Fixgeschäft?

Beim Fixgeschäft ist der Liefertermin kalendermäßig genau bestimmt, bzw. der Vertrag ist innerhalb einer festgesetzten Frist zu erfüllen.

86. Welche Rechte hat der Käufer bei Lieferungsverzug?

Der Käufer kann

a) auf Lieferung bestehen und bei entstandenem Schaden Schadensersatz wegen verspäteter Lieferung verlangen;
b) er kann vom Vertrag zurücktreten, muß aber dabei auf Schadensersatz verzichten;
c) er kann die verspätete Lieferung ablehnen und Schadensersatz wegen Nichterfüllung verlangen. Dies kommt bei den sog. Deckungskäufen vor, bei denen der Käufer die Ware an anderer Stelle teurer bezieht.

87. Welche Voraussetzungen müssen für einen Rücktritt vom Vertrag oder für eine Schadensersatzforderung vorliegen?

Voraussetzung für einen Rücktritt oder für die Schadensersatzforderung wegen Nichterfüllung ist mit Ausnahme des Fixkaufes und den Fällen, in denen keine Nachfrist gesetzt zu werden braucht, daß in der Mahnung ausdrücklich die Ablehnung der Lieferung nach einer bestimmten Frist angedroht wurde.

88. Welche Rechte hat der Käufer bei Mängel in der Sache?

Stellt der Käufer Mängel fest, die den Wert oder die Tauglichkeit der Sache zu dem gewöhnlichen oder dem nach dem Vertrag vorausgesetzten Gebrauch aufheben oder mindern, so muß der Käufer den Mangel unverzüglich, d.h. ohne schuldhaftes Zögern dem Verkäufer in Form einer Mängelrüge anzeigen. Ist der Mangel bei der Untersuchung der Ware nicht erkennbar, so ist er sofort nach dem Erkennen zu melden.

89. Welche Rechte hat der Käufer bei Mängel in der Sache?

Der Käufer hat folgende Rechte:

a) Wandlung, d.h. Rückgängigmachung des Vertrages oder
b) Minderung, d.h. die Gewährung eines Preisnachlasses oder
c) unter bestimmten Voraussetzungen zusätzlich einen Schadensersatzanspruch, und zwar dann, wenn der Verkäufer eine bestimmte Eigenschaft zugesichert hat, oder wenn der Mangel arglistig verschwiegen wurde oder
d) Umtausch, d.h. die Lieferung einer einwandfreien Ware. (Dies ist nur bei einem Gattungskauf möglich.)

90. Was versteht man unter Annahmeverzug?

Annahmeverzug liegt vor, wenn der Käufer die bestellte und ordnungsgemäß gelieferte Sache nicht abnimmt.

91. Welche Rechte hat der Verkäufer bei Annahmeverzug?

Bei Annahmeverzug kann der Verkäufer
- auf Abnahme bestehen,
- auf Abnahme klagen,
- die Ware aufbewahren bzw. lagern lassen und vom Käufer die Mehraufwendungen verlangen;
- er kann die Ware aber auch, falls die Ware zur Hinterlegung nicht geeignet ist, versteigern lassen und den Versteigerungserlös hinterlegen.

Mit dem Annahmeverzug geht die Gefahr des zufälligen Untergangs oder der Verschlechterung auf den Käufer über.

92. Welche Rolle hat der Verkäufer bei Zahlungsverzug?

Zahlungsverzug liegt vor, wenn der Käufer trotz Mahnung die Kaufsache nicht bezahlt. Einer Mahnung bedarf es jedoch rechtlich nicht, wenn der Zahlungstermin vertraglich genau vereinbart wurde oder wenn der Schuldner erklärt, nicht zu zahlen.

Im Falle des Zahlungsverzuges kann der Verkäufer neben dem Kaufpreis Verzugszinsen in Höhe von 4% jährlich (unter Kaufleuten 5 %), bei nachgewiesenem Schaden auch mehr, sowie die Mahnkosten verlangen und im übrigen seine Ansprüche im Mahn- oder Klagewesen geltend machen.

2.10.3 Handelsrecht

01. Wer ist Kaufmann?

Kaufmann im Sinne des Handelsgesetzbuches ist, wer ein Handelsgewerbe betreibt. Die Grundhandelsgewerbe sind im § 1 des Handelsgestzbuches aufgezählt.

02. Welche Bedeutung hat die Kaufmannseigenschaft?

Der Name eines Kaufmanns wird zur Firma, eine Firma muß in das Handelsregister eingetragen sein, es sei denn, der Gewerbebetrieb erfordert nach Art und Umfang keinen in kaufmännischer Weise eingerichteten Geschäftsbetrieb.

03. Was ist eine Firma?

Die Firma eines Kaufmanns ist der Name, unter dem er seine Geschäfte betreibt und seine Unterschrift abgibt. Ein Kaufmann kann unter seiner Firma klagen und verklagt werden.

04. Wer ist Minderkaufmann?

Gewerbetreibende, die zwar ein Handelsgewerbe ausüben, deren Betrieb aber einen in kaufmännischer Weise eingerichteten Betriebsumfang nicht erreicht, werden Minderkaufleute genannt und nicht ins Handelsregister eingetragen.

05. Was ist das Handelsregister?

Das Handelsregister ist ein öffentliches Verzeichnis aller Vollkaufleute. Es wird von den Amtsgerichten geführt und enthält alle wichtigen Angaben über die juristische und organisatorische Seite eines Unternehmens.

06. Welche Tatsachen sind insbesondere in das Handelsregister einzutragen?

In das Handelsregister sind insbesondere eintragungspflichtig: Name der Firma und Ort der Niederlassung, Firmenänderung, das Erlöschen der Firma, Gesellschaftsgründungen, Namen der Inhaber oder der Personen, die berechtigt sind, das Unternehmen zu vertreten, Kapitalanteile bei Gesellschaften, die Erteilung und der Widerruf von Prokuren.

07. Wo muß eine Firma in das Handelsregister eingetragen werden?

Jeder Kaufmann ist verpflichtet, seine Firma und den Ort seiner Niederlassung bei dem Amtsgericht, in dessen Bezirk sich die Niederlassung befindet, zur Eintragung in das Handelsregister anzumelden.

08. Was bedeutet der Grundsatz der Firmenwahrheit und der Firmenklarheit?

Der ursprüngliche Name einer neu gebildeten Firma muß wahr sein und sich von allen eingetragenen Firmen, die an demselben Ort bereits bestehen, deutlich unterscheiden. Überdies darf der Firma kein Zusatz beigefügt werden, der ein Gesellschaftsverhältnis andeutet oder sonst geeignet ist, eine Täuschung über die Art oder den Umfang des Geschäfts oder die Verhältnisse des Geschäftsinhabers herbeizuführen. Zusätze, die zur Unterscheidung der Person oder des Geschäfts dienen, sind gestattet.

09. Wie muß der Einzelkaufmann firmieren?

Der Einzelkaufmann muß eine Personenfirma wählen und in den Namen der Firma seinen Firmennamen mit mindestens einen ausgeschriebenen Vornamen aufnehmen.

10. Wie muß eine OHG firmieren?

Die Firma einer offenen Handelsgesellschaft hat die Namen aller Gesellschafter oder den Familiennamen eines Gesellschafters mit einem Gesellschaftszusatz, der die OHG erkennen läßt, zu enthalten.

11. Wie muß eine KG firmieren?

Die Firma einer Kommanditgesellschaft hat den Familiennamen wenigstens eines Vollhafters mit dem Gesellschaftszusatz zu enthalten. Die Namen der Kommanditisten dürfen in die Firma nicht aufgenommen werden.

12. Wie muß eine AG firmieren?

Die Firma einer Aktiengesellschaft soll eine Sachfirma sein und den Gegenstand des Unternehmens angeben.

13. Wie muß eine GmbH firmieren?

Die Gesellschaft mit beschränkter Haftung kann zwischen einer Personen- und einer Sachfirma wählen, muß aber einen das Vorhandensein eines Gesellschaftsverhältnisses andeutenden Zusatz enthalten. Die Namen anderer Personen als der Gesellschafter dürfen in die Firma nicht aufgenommen werden.

14. Wodurch ist eine Einzelunternehmung charakterisiert?

Die Einzelunternehmung ist dadurch charakterisiert, daß ein Kaufmann seinen Betrieb allein oder nur mit einem stillen Gesellschafter betreibt. Der Einzelunternehmer haftet für alle Verbindlichkeiten seines Unternehmens allein und unbeschränkt, d.h. auch mit seinem Privatvermögen. Die Gründung eines Einzelunternehmens ist an keine besonderen Formvorschriften gebunden.

15. Wie werden die Handelsgesellschaften unterteilt?

Man teilt die Handelsgesellschaften danach ein, ob die Person (der Inhaber, Gesellschafter) oder die Kapitalbeteiligung im Vordergrund stehen.

16. Welche Gesellschaften bezeichnet man als Personengesellschaften?

Personengesellschaften sind die offene Handelsgesellschaft, die Kommanditgesellschaft und die stille Gesellschaft.

17. Welche Gesellschaften bezeichnet man als Kapitalgesellschaften?

Kapitalgesellschaften sind die Aktiengesellschaft, die Gesellschaft mit beschränkter Haftung und die Kommanditgesellschaft auf Aktien.

18. Welche besonderen Gesellschaftsformen bestehen?

Man unterscheidet einmal die GmbH & Co KG und Gesellschaften mit besonderen wirtschaftlichen Aufgaben: die bergrechtliche Gewerkschaft für Betriebe des Bergbaus, die Reederei für Betriebe der Schiffahrt, die Genossenschaft für Betriebe, die die Förderung des Erwerbs und der Wirtschaft ihrer Mitglieder mittels gemeinschaftlichen Geschäftsbetriebes bezwecken, sowie der Versicherungsverein auf Gegenseitigkeit.

19. Was ist eine offene Handelsgesellschaft (OHG)?

Eine OHG ist eine Personengesellschaft, deren Zweck auf den Betrieb eines Handelsgewerbes unter gemeinschaftlicher Firma gerichtet ist und bei der jeder Gesellschafter den Gesellschaftsgläubigern gegenüber unbeschränkt mit seinem geschäftlichen und privaten Vermögen haftet.

20. Wie ist die Gewinnverteilung in einer OHG?

Jeder Gesellschafter erhält zunächst 4 % seines Kapitalanteils, der verbleibende Gewinn wird gleichmäßig nach Köpfen verteilt.

21. Was ist eine Kommanditgesellschaft (KG)?

Die KG ist eine Handelsgesellschaft, deren Gesellschafter teils unbeschränkt (Vollhafter, Komplementär), teils beschränkt (Teilhafter, Kommanditist) haften. Die Kommanditgesellschaft muß mindestens einen Komplementär und mindestens einen Kommanditisten, der nur mit seiner Kapitaleinlage haftet, haben.

22. Was sind die besonderen Merkmale einer KG?

a) Die Kommanditisten arbeiten in der Gesellschaft nicht mit. Sie haben nur ein Widerspruchsrecht bei außergewöhnlichen Geschäftsvorfällen,

b) die Geschäftsführung liegt allein in den Händen der Komplementäre.

23. Wie ist die Gewinnverteilung in der KG?

Für den Fall, daß keine besondere Vereinbarung getroffen worden ist, erhält jeder Gesellschafter 4 % seines Kapitalanteils, der Rest wird angemessen verteilt.

24. Was ist eine stille Gesellschaft?

Eine stille Gesellschaft ist nach außen nicht erkennbar. Sie entsteht, indem sich ein stiller Gesellschafter an dem Handelsgewerbe eines anderen mit einer Einlage beteiligt, die in das Vermögen des Inhabers des Handelsgewerbes übergeht. Der stille Gesellschafter wird nicht Miteigentümer am Vermögen des anderen.

25. Was ist das Wesen der stillen Gesellschaft?

Der stille Gesellschafter tritt nach außen nicht in Erscheinung. Seine Stellung ähnelt der eines Darlehensgebers mit dem Unterschied, daß die Einlage nicht verzinst wird. Der stille Gesellschafter erhält vielmehr vertraglich einen Anteil des Gewinns. Der stille Gesellschafter haftet jedoch nicht gegenüber den Gesell-

2.10.3 Handelsrecht

schaftsgläubigern. Der Vorteil der stillen Gesellschaft besteht für die Gläubiger darin, daß sich das Vermögen und damit die Haftungssumme vergrößert.

26. Was ist eine Aktiengesellschaft?

Die AG ist eine Kapitalgesellschaft mit eigener Rechtspersönlichkeit (juristische Person). Für die Verbindlichkeiten der Gesellschaft haftet den Gläubigern nur das Gesellschaftsvermögen. Die Aktiengesellschaft hat ein in Aktien zerlegtes Grundkapital.

27. Was versteht man unter dem Grundkapital?

Das Grundkapital ist das in der Satzung der AG ziffernmäßig festgelegte Geschäftskapital, das durch die Einlagen der Aktionäre aufgebracht wird. Der Mindestnennbetrag ist 100.000,- DM. Das Grundkapital wird in Aktien zerlegt, die mindestens einen Nennwert von 50,- DM haben müssen. Höhere Aktiennennbeträge müssen auf volle 100,- DM lauten.

28. Was sind die Organe einer AG?

Eine Aktiengesellschaft hat drei Organe: den Vorstand, d.h. die Unternehmensleitung, den Aufsichtsrat als Überwachungsorgan und die Hauptversammlung als die Vertretung des Kapitalbesitzes.

29. Was ist eine Kommanditgesellschaft auf Aktien?

Eine KGaA ist eine juristische Person, bei der mindestens ein Gesellschafter unbeschränkt haftet, während die übrigen, die Kommanditaktionäre, nur an dem in Aktien zerlegten Grundkapital beteiligt sind. Für die Kommanditgesellschaft auf Aktien gelten weitgehend die Vorschriften des Aktienrechts.

30. Was ist eine Gesellschaft mit beschränkter Haftung?

Die GmbH ist eine juristische Person, deren Gesellschafter mit Einlagen auf das Stammkapital beteiligt sind, ohne persönlich für die Verbindlichkeiten der Gesellschaft zu haften.

31. Was ist bei der Gründung einer GmbH zu beachten?

Eine GmbH kann auch durch eine einzige Person gegründet werden. Das Stammkapital beträgt mindestens 50.000,- DM. Sollen Sacheinlagen geleistet werden, so sind im Gesellschaftsvertrag der Gegenstand der Sacheinlage sowie der Betrag der Stammeinlage, auf die sich die Sacheinlage bezieht, festzustellen. Der Anmeldung zum Handelsregister müssen beigefügt sein: der Gesellschaftsvertrag, die Legitimation der Geschäftsführer, die Liste der Gesellschafter; falls Sacheinlagen geleistet werden, der Sachgründungsbericht und Unterlagen darüber, daß der Wert der Sacheinlagen den Wert der dafür übernommenen Stammeinlagen erreicht; Angaben über die Vertretungsbefugnis der Geschäftsführer.

32. Was sind die Organe der GmbH?

Organe der GmbH sind die Geschäftsführer als die gesetzlichen Vertreter der GmbH und die Gesamtheit der Gesellschafter (Gesellschafterversammlung). In einzelnen Fällen ist auch ein Aufsichtsrat vorgesehen, und zwar nach dem Betriebsverfassungsgesetz bei mehr als 500 Arbeitnehmern.

33. Wo liegen die Unterschiede zwischen einer AG und einer GmbH?

Im wesentlichen liegen folgende Unterschiede vor:

a) Die AG benötigt 5 Gründungsmitglieder, die GmbH nur ein Gründungsmitglied,

b) die Gründung einer GmbH ist auch nach den seit 01.01.1986 aufgrund der Vorschriften des Bilanzrichtlinien-Gesetzes geltenden schärferen Bestimmungen einfacher und billiger als die Gründung einer Aktiengesellschaft,

c) die GmbH-Anteile sind keine Wertpapiere wie die Aktien, ihre Übertragung ist erschwert, sie sind zum Börsenhandel nicht zugelassen,

d) die Gesellschafter einer GmbH können zu Nachschüssen herangezogen werden, während Aktionäre niemals zur Nachzahlung auf Aktien verpflichtet sind,

e) durch das Bilanzrichtlinien-Gesetz nähert sich die GmbH im Hinblick auf die Gliederung von Bilanz und Gewinn- und Verlust-Rechnung, die Prüfungspflicht für mittlere und große GmbHs sowie die Pflicht zur Veröffentlichung der Bilanz und des Lageberichts sehr stark den Vorschriften für die AG.

34. Was ist eine GmbH & Co KG?

Die GmbH & Co KG ist eine Rechtsform der Praxis. Rechtlich gesehen handelt es sich um eine Kommanditgesellschaft und mithin um eine Personengesellschaft. Der persönlich haftende Gesellschafter ist jedoch eine GmbH, die Kommanditisten sind meist natürliche Personen. Die GmbH ist zur Geschäftsführung innerhalb der KG berechtigt. Sowohl die GmbH als auch die Kommanditisten haften nur bis zur Höhe der Einlagen.

35. Was ist das Wesen einer Genossenschaft?

Genossenschaften (eG) sind keine Handelsgesellschaften, da sie keine Gewinne erzielen, sondern einem bestimmten Personenkreis wirtschaftliche Vorteile durch gemeinsames Handeln bringen wollen. Sie sind eine Einrichtung der wirtschaftlichen Selbsthilfe und beruhen auf einem freiwilligen Zusammenschluß insbesondere von Kaufleuten, Handwerkern, Landwirten, Mietern, Verbrauchern. Genossenschaften sind nicht im Handelsregister, sondern in einem besonderen Genossenschaftsregister eingetragen.

2.10.3 Handelsrecht

36. Welche Arten von Genossenschaften werden unterschieden?

Nach ihrer Zielsetzung unterscheidet man Erwerbs- und Wirtschaftsgenossenschaften. Nach ihren Funktionen unterscheidet man: Absatz-, Bezugs,- Kredit- Betriebs- und Baugenossenschaften.

37. Was versteht man unter Erwerbsgenossenschaften?

Erwerbsgenossenschaften wollen die gewerblichen oder landwirtschaftlichen Betriebe ihrer Genossen durch gemeinsame Produktion, Einkauf, Verkauf oder durch Kreditgewährung fördern. Typische Beispiele solcher Erwerbsgenossenschaften sind die Edeka als Einkaufsgenossenschaft. Die in ländlichen Gebieten anzutreffenden Hauptgenossenschaften übernehmen die gemeinsame Lagerhaltung und den gemeinsamen Verkauf in der Landwirtschaft, Winzergenossenschaften den gemeinsamen Kellereibetrieb und den Absatz im Weinbau. Die Volksbanken sind Kreditgenossenschaften, die ihren Mitgliedern Kredite zu günstigen Bedingungen gewähren.

38. Was sind Wirtschaftsgenossenschaften?

Die Wirtschaftsgenossenschaften wollen ihren Mitgliedern durch gemeinsamen Einkauf Vorteile verschaffen. Hierzu zählen u.a. die Konsumvereine und die Baugenossenschaften, die ihren Mitgliedern günstig zu Mietwohnungen oder Eigenheimen verhelfen wollen.

39. Wie erfolgt die Gründung einer Genossenschaft?

Zur Gründung einer Genossenschaft sind mindestens sieben Personen erforderlich, die zunächst das Statut (Satzung, Gesellschaftsvertrag) festzulegen haben, in dem u.a. geregelt wird, bis zu welcher Höhe sich die Genossen mit Einlagen als Geschäftsanteilen beteiligen können. Bei der Gründung sind der Vorstand und der Aufsichtsrat zu bestellen. Sodann muß die Genossenschaft zum Genossenschaftsregister beim Amtsgericht angemeldet werden.

40. Was versteht man unter Hilfspersonen des Kaufmanns?

Hilfspersonen des Kaufmanns sind einmal die unselbständigen Kräfte und zum anderen die selbständigen Hilfskräfte sowie die Auszubildenden (Lehrlinge).

41. Wer ist Handlungsgehilfe?

Handlungsgehilfe ist, wer in einem Handelsgewerbe zur Leistung kaufmännischer Dienste gegen Entgelt beschäftigt wird. Mithin sind etwa Buchhalter, Einkäufer und Verkäufer Handlungsgehilfen, nicht aber Monteure, technische Zeichner, Kellner in einem Restaurant oder Angestellte von Rechtsanwälten. Obwohl die Handlungsgehilfen mittels Einzelarbeitsvertrag angestellt werden, richten sich Entgelt, Urlaubsansprüche u. dgl. nach den Tarifverträgen und unterscheiden sich in der Regel nicht von den Regelungen für andere Beschäftigungsgruppen.

42. Welche Pflichten hat ein Handlungsgehilfe?

Der Handlungsgehilfe hat eine Arbeits- und eine Treuepflicht. Aus der Arbeitspflicht ergibt sich, daß der Handlungsgehilfe die Pflicht hat, die Anweisungen seines Arbeitgebers im Rahmen seines Arbeitsverhältnisses zu befolgen. Die Treuepflicht verlangt, daß er sich nach besten Kräften für das Unternehmen einsetzt und alles unterläßt, was dem Unternehmen schaden könnte. Hierzu gehören insbesondere der Verrat von Geschäftsgeheimnissen, die Annahme von Schmiergeldern, die Ausübung eines selbständigen Handelsgewerbes neben seiner Angestelltentätigkeit ohne Einwilligung seines Betriebsinhabers und das Verbot, in dem Handelsgewerbe seines Unternehmens für eigene oder fremde Rechnung Geschäfte zu machen oder sich an einem anderen Unternehmen als vollhaftender Gesellschafter zu beteiligen.

43. Welche Pflichten hat der Unternehmer gegenüber den Handlungsgehilfen?

Der Unternehmer hat die Fürsorgepflicht und die Gehaltzahlungspflicht.

44. Was ist ein Handelsmakler?

Ein Makler vermittelt oder erbringt den Nachweis für einen Geschäftsabschluß Dritter, ohne seinerseits selbst im eigenen oder fremden Namen den Abschluß vorzunehmen.

45. Welche Arten von Maklern werden unterschieden?

Man unterscheidet:
den öffentlich bestellten Makler zur Durchführung öffentlicher Versteigerungen, den Kursmakler, den Handelsmakler und den Zivilmakler.

Während der Handelsmakler gewerbsmäßig Gegenstände des Handelsverkehrs vermittelt, befaßt sich der Zivilmakler mit dem Nachweis oder der Vermittlung von Vertragsabschlüssen außerhalb von Gegenständen des Handels, etwa als Grundstücks- und Wohnungsmakler. Der Zivilmakler ist daher an sich kein Kaufmann, es sei denn, sein Geschäftsbetrieb geht nach Art und Umfang über den Rahmen des Kleingewerbes hinaus. Hingegen betreibt der Handelsmakler ein Grundhandelsgewerbe und ist mithin Vollkaufmann.

46. Welche Rechte hat der Handelsmakler?

Der Handelsmakler hat Anspruch auf eine Vergütung (Maklerlohn), wenn der Vertrag durch seine Vermittlung zustandegekommen ist. Diese Provision vom Umsatz ist ihm von jeder Partei zur Hälfte zu bezahlen und ist mit dem Vertragsabschluß fällig. Der Handelsmakler hat keinen Anspruch auf Auslagenersatz.

47. Welche Rechte hat der Zivilmakler?

Da der Zivilmakler regelmäßig nur gegenüber einer Partei in einem Vertragsverhältnis steht, hat er auch nur gegenüber dieser einen Lohnanspruch, den er sogar verwirkt, wenn er vertragswidrig auch für den anderen Geschäftspartner tätig geworden ist.

48. Warum sind im Geschäftsleben Vollmachten notwendig?

Kaum ein Kaufmann ist heute noch in der Lage, alle Geschäfte seines Unternehmens selbst zu erledigen. Er setzt hierfür Mitarbeiter ein, die für ihre Tätigkeit eine Vollmacht des Kaufmanns benötigen. Aufgrund der Bevollmächtigungen wirken die Geschäfte für und gegen den Kaufmann.

49. Wie erfolgt eine Vollmachterteilung?

Die Vollmachterteilung erfolgt durch Erklärung gegenüber dem Bevollmächtigten oder dem Geschäftspartner oder durch öffentliche Bekanntmachung. Inhalt und Umfang bestimmen sich nach dem zugrundeliegenden Vertragsverhältnis.

50. Welche Arten von Vollmachten werden unterschieden?

Man unterscheidet:

a) die Einzelvollmacht. Sie gilt nur für ein einziges Rechtsgeschäft,

b) die Artvollmacht. Sie gilt ständig für eine bestimmte Art von Geschäften,

c) die Generalvollmacht. Sie ist eine ständige Vollmacht für alle gewöhnlich vorkommenden Rechtsgeschäfte.

51. Was ist eine Prokura?

Die Prokura ist eine bestimmte Art einer Vollmacht, die nur von einem handelsgerichtlich eingetragenen Unternehmen mittels ausdrücklicher Erklärung erteilt werden kann und deren Umfang gesetzlich genau festgelegt ist.

52. Wie wird eine Prokura erteilt?

Die Prokura muß zur Wirksamkeit nach außen hin in das Handelsregister eingetragen werden.

53. Wie ist der Umfang der Prokura festgelegt?

Die Prokura bevollmächtigt zu allen Rechtshandlungen, die der Betrieb eines Handelsgewerbes mit sich bringen kann.

54. Welche Handlungen darf der Prokurist nicht vornehmen?

Nicht gestattet sind dem Prokuristen:

a) Die Veräußerung und Belastung von Grundstücken,

b) Handlungen, die nicht mit dem Betrieb des Handelsgewerbes im Zusammenhang stehen, insbesondere nicht das ganze Geschäft veräußern, den Betrieb einstellen, Handelsregistereintragungen vornehmen oder den Konkurs beantragen,

c) keine höchstpersönlichen Angelegenheiten des Geschäftsinhabers vornehmen, also keine Bilanz unterschreiben, keinen Prokuristen ernennen und keinen Eid für den Inhaber leisten.

55. Welche Arten von Prokuren werden unterschieden?

Man unterscheidet:

a) Die Einzelprokura, die in einem Unternehmen an verschiedene Mitarbeiter erteilt werden kann;

b) die Gesamtprokura. Hierbei können nur mehrere Prokuristen gemeinsam unterzeichnen;

c) die Filialprokura. In diesem Fall ist die Prokura auf den Betrieb einer Filiale beschränkt. Hierzu ist es erforderlich, daß die Hauptniederlassung und die Zweigniederlassung unter verschiedenen Namen firmieren.

56. Wie erlischt eine Prokura?

Die Prokura erlischt:

a) Durch den Tod des Prokuristen,
b) durch Ausscheiden des Prokuristen aus dem Betrieb,
c) durch Widerruf des Unternehmers,
d) mit der Auflösung des Unternehmens.

In allen Fällen muß die Prokura im Handelsregister gelöscht werden.

57. Was ist der Unterschied zwischen Prokura und Handlungsvollmacht?

Die Handlungsvollmacht ist in ihrer Wirkung nicht so umfangreich wie die Prokura. Sie wird nicht im Handelsregister eingetragen und erstreckt sich auf die gewöhnlich vorkommenden Geschäfte.

58. Was versteht man unter Handelsgeschäften?

Handelsgeschäfte sind alle Rechtsgeschäfte eines Kaufmanns, die zum Betrieb seines Handelsgewerbes gehören. Mithin gehören die Privatgeschäfte des Kaufmanns nicht zu den Handelsgeschäften.

59. Welche Arten von Handelsgeschäften werden unterschieden?

Man unterscheidet einseitige und zweiseitige Handelsgeschäfte.

60. Was versteht man unter einem einseitigen Handelsgeschäft?

Ein einseitiges Handelsgeschäft liegt vor, wenn bei einem Handelsgeschäft nur ein Vertragspartner Kaufmann ist. Bei Lieferungen an Privatkunden finden grundsätzlich die Vorschriften des HGB über Handelsgeschäfte für beide Teile Anwendung.

61. Was versteht man unter einem beiderseitigen Handelsgeschäft?

Zweiseitige Handelsgeschäfte sind solche, bei denen beide Partner Kaufleute sind.

62. Welche Bedeutung haben zweiseitige Handelsgeschäfte?

Grundsätzlich gehen die HGB-Bestimmungen bei Handelsgeschäften den BGB-Bestimmungen vor. Einige Vorschriften gelten jedoch nur für beiderseitige Handelsgeschäfte. Hierzu zählen die Bestimmungen über Handelsbräuche, Zinsen, unverzügliche Untersuchung und Rügepflicht bei Mängeln oder nur für den Teil der Kaufmann ist, wie z.B. die kaufmännische Sorgfaltspflicht oder nur für Vollkaufleute, wie z.B. die Formfreiheit für Bürgschaftsversprechen. Der Vollkaufmann kann ein geschäftliches Schuldversprechen oder eine Bürgschaftserklärung in gültiger Form auch mündlich abgeben, während das BGB für diese Erklärungen die Schriftform vorschreibt.

63. Was versteht man unter der Sorgfaltspflicht des Kaufmanns?

Kaufleute haben ihre Handelsgeschäfte mit der Sorgfalt eines ordentlichen Kaufmanns zu erledigen. Das bedeutet, daß sie bei Handelsgeschäften eine erhöhte Verantwortung tragen, die über die Sorgfaltspflicht eines Schuldners nach dem BGB hinausgeht.

64. Was versteht man unter Handelsbräuchen?

Nach § 346 HGB sind bei der Auslegung der Handelsgeschäfte die Handelsbräuche zu berücksichtigen. Man versteht darunter die kaufmännische Verkehrssitte, die unter Kaufleuten gilt, d.h., beide Seiten müssen Kaufleute sein, wenn man sich auf Handelsbräuche berufen will.

65. Wie entstehen Handelsbräuche?

Handelsbräuche entstehen aufgrund einer längeren tatsächlichen Praxis und ergänzen bzw. erläutern den Willen der Vertragsparteien. Beweispflichtig für einen bestrittenen Handelsbrauch ist die Partei, die sich auf einen Handelsbrauch beruft.

66. Was versteht man unter Handelsklauseln?

Handelsklauseln sind bestimmte Formeln, die dem Vertrag einen bestimmten Inhalt geben. Der Kaufmann muß diese Handelsklauseln kennen und sie gegen sich gelten lassen, wenn er sie akzeptiert hat.

67. Welche wichtigen Handelsklauseln sind üblich?

a) Die Arbitrageklausel: Sie unterwirft die Parteien bei Streitigkeiten aus Warenlieferungen der Entscheidung eines Schiedsgerichts;

b) circa: Diese Angabe bedeutet, daß der Käufer auch eine etwas größere oder etwas kleinere Menge abnehmen muß;

c) freibleibend, ohne Obligo: Diese Klausel schließt die Bindung an das Vertragsangebot aus, es besteht ein Widerrufsrecht bis zur Annahme des Antrags;

d) Kasse gegen Dokumente: Diese Klausel bedeutet Vorauszahlung, sobald die Verladedokumente vorliegen, in jedem Falle vor Lieferung der Ware;

e) Lieferung wie besehen, wie besichtigt: Hier ist eine nachträgliche Mängelrüge ausgeschlossen.

Ferner zählen die Trade Terms und die Incoterms zu den Handelsklauseln.

68. Was versteht man unter den Trade Terms?

Die Trade Terms wurden von der Internationalen Handelskammer erstmals 1936 veröffentlicht und 1953 in neuer Fassung vorgelegt. Man versteht darunter handelsübliche Vertragsklauseln, die international aufeinander abgestimmt wurden, so daß sich ihre Bedeutung von Land zu Land deckt.

69. Was versteht man unter den Incoterms?

Das Wort Incoterm ist eine Abkürzung für International Commercial Terms für internationale Regeln für die Auslegung bestimmter Vertragsformeln.

Ihre Anwendung ist insbesondere im Außenhandel üblich. Incoterms gelten im Gegensatz zu den Trade terms nur, wenn ihre Anwendung vereinbart wurde.

70. Welche sind die wichtigsten Incoterms?

Ab Werk: Der Käufer hat die Ware im Werk des Verkäufers spätestens zum vereinbarten Zeitpunkt abzunehmen und alle Beförderungs- und Versicherungskosten zu zahlen;

2.10.3 Handelsrecht

FOR: free on rail = frei Waggon des Abgangsortes;

FOB: free on board = Der Verkäufer hat alle Kosten bis zum Schiff des Verschiffungshafens zu tragen;

FAS: free alongside ship = Frei Längsseite Seeschiff, d.h., der Verkäufer hat seine Verpflichtungen erfüllt, wenn die Ware längsseits des Schiffes am Kai angeliefert ist;

Ex ship: ab Schiff = Der Verkäufer hat die Kosten bis zum vereinbarten Löschungshafen zu tragen;

Delivered at frontier = gelieferte Grenze, das bedeutet, daß der Verkäufer seine Verpflichtungen erfüllt hat, wenn er die Ware an der Grenze - allerdings vor der Zollgrenze des im Kaufvertrag vereinbarten Landes zur Verfügung gestellt hat;

Cost and freight: Der Verkäufer hat alle Verlade- und Frachtkosten bis zur Ankunft des Schiffes im Bestimmungshafen zu tragen;

C.I.F.: Cost, insurance, freight: Der Verkäufer hat sämtliche Verlade-, Versicherungs- und Frachtkosten bis zu Ankunft des Schiffes im Bestimmungshafen zu tragen.

71. Wer ist Kommissionär?

Kommissionär ist, wer es gewerbsmäßig übernimmt, Waren oder Wertpapiere für Rechnung eines anderen in eigenem Namen zu kaufen oder zu verkaufen. Der Kommissionär ist selbständiger Kaufmann und betreibt ein Grundhandelsgewerbe.

72. Welche Verpflichtungen hat der Kommissionär?

Der Kommissionär hat die übernommenen Geschäfte mit der Sorgfalt eines ordentlichen Kaufmanns auszuführen. Er muß den Weisungen des "anderen", des Kommittenten, folgen und von ihnen nur abweichen, wenn er den Umständen nach annehmen muß, daß der Kommittent bei Kenntnis der Sachlage damit einverstanden ist. Der Kommissionär muß dem Kommittenten die erforderlichen Nachrichten geben, von jedem Geschäftsabschluß sofort in Kenntnis setzen und insbesondere vereinnahmte Geldbeträge sofort überweisen.

73. Welche Rechte hat der Kommissionär?

Der Kommissionär hat Anspruch auf Provision, auf Zahlung der vereinbarten oder üblichen Vergütung für seine Tätigkeit, sobald das mit dem Dritten abgeschlossene Geschäft ausgeführt ist. Der Kommissionär hat jedoch seine Kosten selber zu tragen, lediglich die Aufwendungen, die zur Ausführung des Auftrages entstehen, werden ihm ersetzt.

Der Kommissionär hat zur Sicherung seiner Forderungen ein gesetzliches Pfandrecht an dem Kommissionsgut. Er ist deshalb berechtigt, das Kommissionsgut öffentlich versteigern zu lassen oder, wenn die Ware einen Börsen- oder Marktwert hat, freihändig zu verkaufen und sich aus dem Erlös seine Forderungen zu befriedigen, wenn diese auf andere Weise nicht erfüllt werden.

74. Wer ist Spediteur?

Spediteur ist, wer es gewerbsmäßig übernimmt, Güterversendungen durch Frachtführer für Rechnung eines anderen im eigenen Namen zu besorgen. Das Speditionsgeschäft ist mithin eine besondere Art des Kommissionsgeschäfts.

75. Welche Rechte hat der Spediteur?

Der Spediteur kann die vereinbarte oder übliche Provision verlangen, sobald er das Gut dem Frachtführer zur Beförderung übergeben hat. Er hat ein gesetzliches Pfandrecht an dem Speditionsgut.

76. Wer ist Frachtführer?

Frachtführer ist, wer es gewerbsmäßig übernimmt, die Beförderung von Gütern auszuführen. Der Frachtvertrag wird zwischen Absender und Frachtführer ohne Beteiligung des Empfängers abgeschlossen.

77. Was versteht man unter frachtrechtlichen Urkunden?

Frachtrechtliche Urkunden sind der Frachtbrief und der Ladeschein.

78. Was ist der Frachtbrief?

Der Frachtbrief dient als Beweisurkunde über den Abschluß und Inhalt des Frachtvertrages. Er begleitet das Frachtgut und gelangt mit dem Gut in die Hand des Empfängers.

79. Was ist der Ladeschein?

Der Ladeschein ist eine vom Frachtführer ausgestellte Urkunde über seine Pflicht zur Ablieferung des Gutes an den im Schein genannten Empfänger oder dessen Order. Der Ladeschein hat aber nur eine praktische Bedeutung im Binnenschiffahrtsverkehr. Der Ladeschein ist ein Übergabepapier. Seine Übergabe an den durch Indossament Bezeichneten ersetzt die Übergabe des Gutes.

80. Wer ist Lagerhalter?

Lagerhalter ist, wer gewerbsmäßig die Lagerung und Aufbewahrung von Gütern übernimmt.

2.10.3 Handelsrecht

81. Auf welche Details erstreckt sich das Lagergeschäft?

Das Lagergeschäft erstreckt sich nicht nur auf die Bereitstellung eines geeigneten Raumes für die Lagerung und Aufbewahrung, sondern auch auf die Obhut über die einzelnen Güter. Wird nämlich nur ein geeigneter Raum zur Verfügung gestellt, so handelt es sich nicht um ein Lagergeschäft, sondern um eine Raummiete.

82. Welche Ansprüche hat der Lagerhalter?

Der Lagerhalter hat Anspruch auf das vereinbarte oder übliche Lagergeld und auf Erstattung seiner besonderen Aufwendungen und Auslagen, wie z.B. für Fracht, Zölle, Versicherung. Wegen seiner Ansprüche hat der Lagerhalter ein gesetzliches Pfandrecht an dem eingelagerten Gut.

83. Was ist der Lagerschein?

Der Lagerhalter stellt über die Einlagerung einen Lagerschein aus, der auf den Namen, den Inhaber oder an Order lauten kann. Der Lagerschein ist ein Wertpapier, weil der berechtigte Inhaber die Herausgabe des Gutes verlangen kann. Der Orderlagerschein ist ein sog. Traditionspapier. Es berechtigt zur Übergabe des Eigentums in Verbindung mit einer Indossierung des Orderlagerscheines. Zur Ausstellung von Orderlagerscheinen sind allerdings nur staatliche besonders ermächtigte Lagerhäuser befugt.

84. Was versteht man unter unlauterem Wettbewerb?

Nach dem Gesetz gegen den unlauteren Wettbewerb (UWG) kann auf Unterlassung und Schadensersatz in Anspruch genommen werden, wer im geschäftlichen Verkehr zu Zwecken des Wettbewerbs Handlungen vornimmt, die gegen die guten Sitten verstoßen.

85. Was bezeichnet das UWG als unerlaubte Werbung?

Wer in öffentlichen Bekanntmachungen oder in Mitteilungen, die für einen größeren Kreis von Personen bestimmt sind, über geschäftliche Verhältnisse, insbesondere über die Beschaffenheit, den Ursprung, die Herstellungsart oder die Preisbemessung von Waren oder gewerblichen Leistungen, über die Art des Bezugs oder die Bezugsquellen von Waren, über den Besitz von Auszeichnungen, über den Anlaß oder den Zweck des Verkaufs oder über die Menge der Vorräte unrichtige Angaben macht, die geeignet sind, den Anschein eines besonders günstigen Angebots hervorzurufen, kann auf Unterlassung der unrichtigen Angaben in Anspruch genommen werden.

2.10.4 Gerichtsbarkeit, Zivilprozeß und Mahnverfahren

01. Wie ist die Gerichtsbarkeit gegliedert?

Vor die ordentlichen Gerichte, die in Amtsgerichte, Landesgerichte, Oberlandesgerichte und den Bundesgerichtshof gegliedert sind, gehören alle nicht besonderen Gerichten zugewiesenen Streitigkeiten sowie die Strafsachen und die Angelegenheiten der freiwilligen Gerichtsbarkeit.

Als besondere Gerichtsbarkeit sieht das Grundgesetz vor:
die Verwaltungsgerichtsbarkeit, die Arbeitsgerichtsbarkeit, die Sozialgerichtsbarkeit, die Finanzgerichtsbarkeit, die Patentgerichtsbarkeit, die Disziplinargerichtsbarkeit, die Verfassungsgerichtsbarkeit.

02. Wogegen richtet sich eine Klage?

Eine Klage kann sich richten auf:

a) Eine Verurteilung des Gegners zu einer Leistung oder Unterlassung (Leistungsklage);

b) die Feststellung eines Rechtsverhältnisses, der Echtheit oder Unechtheit einer Urkunde (Feststellungsklage);

c) die Begründung, Änderung oder Auflösung eines Rechtsverhältnisses (Gestaltungsklage). Sie ist möglich bei einer Leistungskonkretisierung, einer Ehescheidung, der Auflösung einer Handelsgesellschaft oder der Anfechtung.

03. Wie wird eine Klage erhoben?

Nach § 253 der Zivilprozeßordnung wird die Klage durch Zustellung eines Schriftsatzes, der Klageschrift, an den Beklagten erhoben. Diese ist mit sonstigen Anträgen und Parteierklärungen, die zugestellt werden sollen, nebst den erforderlichen Abschriften bei dem angerufenen Gericht einzureichen.

04. Was ist bei der Einreichung der Klage zu beachten?

In der Klageschrift müssen das Gericht, die Parteien, der Gegenstand und der Grund des erhobenen Anspruchs und der Antrag angegeben sein. Ferner soll der Wert des Streitgegenstandes, wenn die Zuständigkeit des Gerichts davon abhängt und nicht eine bestimmte Geldsumme eingeklagt wird, bezeichnet werden.

05. Welche Möglichkeiten hat der Beklagte?

Der Beklagte kann:

a) den geltend gemachten Anspruch anerkennen,

2.10.4 Gerichtsbarkeit, Zivilprozeß und Mahnverfahren

b) die tatsächlichen Behauptungen der Klage zugeben, aber Tatsachen geltend machen, die die vom Kläger behauptete Rechtsfolge ausschließen, z.B. argumentieren, daß der Kaufpreis, der eingeklagt wird, bereits bezahlt sei,

c) die behaupteten Tatsachen bestreiten,

d) bestreiten, daß die Klagetatsachen den Klageanspruch ausreichend begründen,

e) zugeben, aber seinerseits Gegenansprüche geltend machen (Aufrechnung, Wiederklage).

06. Wer ist beweispflichtig?

Grundsätzlich hat jede Partei gemäß § 282 der Zivilprozeßordnung unter Bezeichnung der Beweismittel für ihre tatsächlichen Behauptungen den Beweis anzutreten und sich über die von der Gegenpartei angegebenen Beweismittel zu erklären. Jede Partei muß die Tatsachen beweisen, aus denen sie Rechte herleitet. Läßt sich eine Behauptung durch die Beweisaufnahme nicht klären, so wird zuungunsten dessen entschieden, dem die Beweislast obliegt.

07. Was ist das Mahnverfahren?

Das Mahnverfahren soll als abgekürztes zivilprozessuales Verfahren dem Gläubiger baldmöglichst zu einem vollstreckbaren Titel verhelfen. Es ist nur noch zulässig wegen eines Anspruchs auf Zahlung einer bestimmten Geldsumme in inländischer Währung.

08. Wie wird das gerichtliche Mahnverfahren durchgeführt?

Der Antragsteller (Gläubiger) beantragt mittels eines Antragsvordrucks einen Mahnbescheid, den das für ihn zuständige Amtsgericht erläßt. In dem Mahnbescheid wird der Antragsgegner aufgefordert, innerhalb der im Mahnbescheid angegebenen Widerspruchsfrist von 2 Wochen bei Vermeidung der Zwangsvollstreckung entweder den Antragsteller zu befriedigen oder Widerspruch zu erheben.

09. Welche Schritte unternimmt das Gericht?

Das Amtsgericht stellt dem Antragsgegner den Mahnbescheid zu und gibt dem Antragsteller eine Benachrichtigung über den Zustellungstag.

Erhebt der Schuldner Widerspruch, so wird von Amts wegen vom zuständigen Gericht ein Termin zur mündlichen Verhandlung anberaumt.

Erhebt der Schuldner keinen Widerspruch, so erläßt das zuständige Gericht auf der Grundlage des Mahnbescheids den Vollstreckungsbescheid, der vorläufig vollstreckbar ist. Auch gegen den Vollstreckungsbescheid hat der Antragsgegner beginnend mit der Zustellung eine Einspruchsfrist von 2 Wochen.

10. Was versteht man unter der Zwangsvollstreckung?

Die Zwangsvollstreckung ist die mit staatlichen Machtmitteln erzwungene Befriedigung eines privatrechtlichen Anspruchs. Voraussetzung für die Durchführung der Zwangsvollstreckung ist, daß der Antragsteller gegen den Antragsgegner einen vollstreckbaren Titel erworben hat.

21. Was versteht man unter einem Vollstreckungstitel?

Vollstreckungstitel sind rechtskräftige Urteile, Prozeßvergleiche, Vollstreckungsbescheide im gerichtlichen Mahnverfahren.

12. Wie erfolgt die Zwangsvollstreckung in das unbewegliche Vermögen?

Sie erfolgt durch Eintragung einer Sicherungshypothek, durch Zwangsverwaltung des Grundbesitzes oder durch Zwangsversteigerung.

2.10.5 Verfahren zur Sicherung von Wechsel- und Scheckansprüchen

01. Was ist zu tun, um Scheckansprüche nicht zu verlieren?

In jedem Fall muß der Scheck innerhalb der gesetzlichen Vorlegungsfrist vorgelegt werden. Wird die Vorlegungsfrist versäumt, so erlischt der Rückgriffsanspruch des Scheckinhabers gegen den Aussteller und etwaige Indossanten oder Bürgen. Es besteht dann nur noch ein Anspruch gegen den Aussteller im Hinblick auf dessen ungerechtfertigte Bereicherung.

02. Wie werden Wechselansprüche geltend gemacht?

Wechselansprüche werden geltend gemacht, indem der Wechsel dem Bezogenen zur Einlösung vorgelegt wird. Eine Verweigerung der Zahlung muß durch Protest festgestellt werden, der von einem Notar, Gerichtsvollzieher oder Postbeamten aufzunehmen ist. Der Protest wird auf dem Wechsel vermerkt.

03. Warum werden Wechsel prolongiert?

Wechselprotest und Rückgriff schaden dem Ansehen des Bezogenen und des Ausstellers. Deshalb ist der Aussteller in vielen Fällen bereit, dem Bezogenen über den Verfalltag hinaus Kredit zu gewähren. Dies geschieht durch Ausstellung eines neuen Wechsels. Der Bezogene muß den neuen Wechsel akzeptieren und hat alle durch die Zahlungsverzögerung entstandenen Kosten wie Diskont, Spesen, Wechselsteuer zu tragen.

2.10.5 Verfahren zur Sicherung von Wechsel- und Scheckansprüchen

04. Was ist der Zweck einer Wechselklage und eines Wechselmahnbescheids?

Der Wechselprozeß dient dem Zweck, dem Wechselgläubiger möglichst schnell einen vollstreckbaren Titel gegenüber einem Wechselverpflichteten zu verschaffen.

05. Was ist ein Urkundenprozeß?

Der Urkunden- und Wechselprozeß ist ein abgekürztes Verfahren, das dem Gläubiger beschleunigt einen Vollstreckungstitel verschaffen soll.

06. Was ist die Besonderheit des Wechselprozesses?

Der Wechselprozeß ist eine Unterart des Urkundenprozesses. Mithin gelten gegenüber andern Prozeßarten folgende Besonderheiten:

Die Fristen sind äußerst kurz bemessen und liegen zwischen 24 Stunden, wenn der Beklagte am Sitz des Prozeßgerichts wohnt und 7 Tagen, wenn er außerhalb des Landgerichtsbezirks wohnt. Die Erklärung, daß der Anspruch auf dem Wege des Wechselprozesses geltend gemacht wird, muß ausdrücklich erfolgen. Die Wechselklage kann sowohl beim Gericht des Zahlungsortes als auch beim allgemeinen Gerichtsstand des Wechselschuldners erhoben werden. Dem Klageanspruch müssen die Urkunden, d.h. der Wechsel, die Protesturkunde und die Rückrechnung beigefügt sein.

07. Wie schließt ein Wechselverfahren ab?

Das Wechselverfahren schließt mit einem vorläufig vollstreckbaren Vorbehaltsurteil ab. Dem Beklagten bleibt die ausführliche Darstellung seiner Rechte im ordentlichen Verfahren vorbehalten. Deswegen sind Widerklagen im Urkunden- und Wechselprozeß unzulässig. Das unter Vorbehalt der Rechte ergangene Urteil ist für die Zwangsvollstreckung als Endurteil anzusehen. Die Verurteilung zur Zahlung der Wechselsumme kann nur gegen Herausgabe des Wechsels und der weiteren Urkunden erfolgen. Sie müssen dem Gerichtsvollzieher bei dem Zwangsvollstreckungsauftrag übergeben werden.

08. Wie verjähren wechselrechtliche Ansprüche?

Die wechselrechtlichen Ansprüche gegen den Akzeptanten verjähren in drei Jahren vom Verfalltage, die Ansprüche des letzten Inhabers gegen die Indossanten und den Aussteller in einem Jahr vom Tag des erhobenen Protests und die Ansprüche der Indossanten gegen ihre Vormänner und den Aussteller in sechs Monaten, gerechnet vom Tag der Einlösung an.

09. Was ist im Falle eines Wechselverlustes zu tun?

Ein abhanden gekommener oder vernichteter Wechsel kann im Wege des Aufgebotsverfahrens nach den Bestimmungen der ZPO für kraftlos erklärt werden.

2.10.6 Arbeitsrecht

01. Was ist Gegenstand des Arbeitsrechts?

Das Arbeitsrecht regelt die nichtselbständige Arbeit, die der Arbeitnehmer weisungsgebunden im Rahmen eines Arbeitsvertrages gegen Entgelt leistet. Zum Arbeitsrecht gehören aber nicht nur die Rechtsbeziehungen zwischen Arbeitnehmer und Arbeitgeber, sondern auch das Tarifrecht, das Arbeitskampfrecht sowie das Betriebsverfassungsrecht, die Arbeitsschutzgesetze und die Arbeitsgerichtsbarkeit.

02. Wer ist Arbeitnehmer?

Arbeitnehmer (Arbeiter und Angestellte) ist, wer auf privatrechtlicher Grundlage eines Arbeitsvertrages von einem anderen gegen die Zusage einer Gegenleistung (Entgelt) beschäftigt wird und zu diesem in einem persönlichen Abhängigkeitsverhältnis steht.

03. Wie werden Arbeitsverhältnisse begründet?

Arbeitsverhältnisse werden durch Abschluß eines Arbeitsvertrages begründet. Gesetzliche Bestimmungen über den Arbeitsvertrag finden sich u.a. in § 611 BGB, für kaufmännische Angestellte in den §§ 59 ff. HGB und für technische Angestellte und gewerbliche Arbeitnehmer in den §§ 105 ff. der Gewerbeordnung. Außerdem gelten Tarifverträge, Betriebsvereinbarungen und andere Gesetze, wie z.B. die Unfallverhütungsvorschriften der Berufsgenossenschaften. Der Abschluß eines Arbeitsvertrages ist grundsätzlich formfrei, jedoch in bestimmten Bereichen ist die Schriftform vorgeschrieben, z.B. bei Berufsausbildungsverträgen und bei der Vereinbarung eines Wettbewerbverbotes gemäß § 74 HGB.

04. Welche Pflichten hat der Arbeitnehmer im Rahmen eines Arbeitsverhältnisses?

Der Arbeitnehmer hat zunächst eine Arbeitspflicht, die er im Zweifel selbst zu leisten hat, d.h., er darf sich nicht vertreten lassen, wobei sich der Inhalt der Arbeitspflicht aus dem Arbeitsvertrag und der zeitliche Umfang aus dem Tarifvertrag oder auch aus dem Arbeitsvertrag ergeben. Ferner hat er eine Gehorsamspflicht, die den Arbeitnehmer verpflichtet, die Weisungen des Arbeitgebers zu befolgen und schließlich die Treuepflicht, die den Arbeitnehmer verpflichtet, alles zu unterlassen, was dem Arbeitgeber schaden könnte.

05. Welche Pflichten hat der Arbeitgeber gegenüber den Arbeitnehmern?

Der Arbeitgeber hat die Pflicht zur Entlohnung, die Fürsorgepflicht, d.h. insbesondere die Pflicht, Arbeitsräume und Arbeitsbedingungen so zu regeln, daß der Arbeitnehmer vor Gefahren für Leben und Gesundheit geschützt ist, soweit die Natur des Betriebes es gestattet. Verpflichtungen ergeben sich aber auch aus dem Betriebsverfassungsgesetz. Schließlich hat der Arbeitgeber die Pflicht zur Urlaubsgewährung.

2.10.6 Arbeitsrecht

06. Was ist in einem Tarifvertrag geregelt?

Der Tarifvertrag regelt die Rechte und Pflichten der Tarifvertragsparteien und enthält Rechtsnormen, die den Inhalt, den Abschluß und die Beendigung von Arbeitsverhältnissen sowie betriebliche und betriebsverfassungsrechtliche Fragen ordnen können.

07. Welche grundsätzlichen Probleme sind im Betriebsverfassungsgesetz geregelt?

Im Betriebsverfassungsgesetz ist die Errichtung von Betriebsräten, deren Aufgaben und Zusammensetzung einschließlich der Jugendvertretung sowie die Mitwirkung und Mitbestimmung der Arbeitnehmer geregelt.

08. Welche arbeitsrechtlichen Schutzbestimmungen bestehen?

Zum Schutz der menschlichen Arbeitskraft sind eine Reihe von Schutzbestimmungen erlassen worden, wie z.B. die Arbeitszeitordnung. Darüber hinaus gelten für bestimmte Personengruppen besondere Schutzbestimmungen, wie z.B. für werdende Mütter das Mutterschutzgesetz, für Jugendliche das Jugendarbeitsschutzgesetz, für Behinderte das Schwerbehindertengesetz.

09. Welche Vorschriften gelten nach dem Mutterschutzgesetz?

Werdende Mütter dürfen nicht beschäftigt werden, soweit nach ärztlichem Zeugnis Leben oder Gesundheit von Mutter und Kind bei Fortdauer der Beschäftigung gefährdet ist. Verboten ist auch die Beschäftigung mit schweren körperlichen Arbeiten und mit bestimmten gesundheitsgefährdenden Arbeiten sowie in Akkordarbeit. In den letzten 6 Wochen vor der Entbindung dürfen werdende Mütter nicht beschäftigt werden. Nach der Entbindung darf die Mutter bis zum Ablauf von 8 Wochen nicht beschäftigt werden, bei Früh- und Mehrlingsgeburten verlängert sich diese Frist auf 12 Wochen. Der Mutterschutz begründet ein absolutes Kündigungsverbot und bewirkt, daß die Kündigung während der Schwangerschaft und bis zum Ablauf von 4 Monaten nach der Entbindung unzulässig ist.

Der Mutterschaftsurlaub wird durch den im Bundeserziehungsgeldgesetz geregelten Erziehungsurlaub ergänzt. Dieser Erziehungsurlaub steht allen Müttern oder Vätern, die vor der Geburt ihres Kindes in einem Arbeitsverhältnis stehen für 18 Monate zu. Das Erziehungsgeld beträgt DM 600,- pro Monat; ab dem 7. Monat ist die Höhe des Erziehungsgeldes einkommensabhängig.

10. Welche Bestimmungen gelten nach dem Jugendarbeitsschutzgesetz für Jugendliche?

Nach dem am 21.10.1984 in Kraft getretenen Ersten Gesetz zur Änderung des Jugendarbeitsschutzgesetzes gelten folgende Vorschriften: Jugendliche dürfen nur an 5 Tagen in der Woche, nicht mehr als 8 Stunden täglich und nicht mehr als 40 Stunden wöchentlich beschäftigt werden. Wenn in Verbindung mit Feiertagen an Werktagen nicht gearbeitet wird, damit die Beschäftigten eine längere zusammenhängende Freizeit haben, so darf die ausgefallene Arbeitszeit auf andere Werktage verteilt werden. Die Verteilung ist innerhalb von fünf zusammenhängenden, die Ausfalltage einschließenden Wochen vorzunehmen. Dabei darf die Wochenarbeitszeit im Durchschnitt dieser 5 Wochen 40 Stunden, die tägliche Arbeitszeit 8 1/2 Stunden nicht überschreiten. Der Arbeitgeber hat den Jugendlichen für die Teilnahme am Berufsschulunterricht freizustellen. Er darf den Jugendlichen nicht beschäftigen:

1. vor einem vor 9 Uhr beginnenden Unterricht,

2. an einem Berufsschultag mit mehr als 5 Unterrichtsstunden von je mindestens 45 Minuten Unterricht einmal in der Woche,

3. in Berufsschulwochen mit einem planmäßigen Blockunterricht von mindestens 25 Stunden an mindestens 5 Tagen; zusätzliche betriebliche Ausbildungsveranstaltungen bis zu zwei Stunden wöchentlich sind zulässig.

Dem Jugendlichen ist bei einer Beschäftigungszeit von mehr als 4 1/2 bis 6 Stunden eine Pause von 30 Minuten, von mehr als 6 Stunden eine Pause von 60 Minuten zu gewähren. Die Pausen müssen jeweils 15 Minuten betragen und im voraus festgelegt sein. Jugendliche dürfen nur in der Zeit von 6 - 20 Uhr (mit Ausnahmen ab 5 Uhr und bis 22 Uhr für bestimmte Wirtschaftszweige) beschäftigt werden.

Der Urlaub beträgt jährlich mindestens 30 Werktage, wenn der Jugendliche zu Beginn des Kalenderjahres noch nicht 16 Jahre alt ist, mindestens 27 Werktage, wenn der Jugendliche zu Beginn des Kalenderjahres noch nicht 17 Jahre alt ist und mindestens 25 Werktage, wenn der Jugendliche zu Beginn des Kalenderjahres noch nicht 18 Jahre alt ist.

Ein Jugendlicher darf nur beschäftigt werden, wenn er innerhalb der letzten neun Monate von einem Arzt untersucht worden ist. Ein Jahr nach der Aufnahme der ersten Beschäftigung hat sich der Arbeitgeber die Bescheinigung eines Arztes darüber vorlegen zu lassen, daß der Jugendliche nachuntersucht worden ist. Arbeitgeber, die regelmäßig mindestens einen Jugendlichen beschäftigen, haben einen Abdruck des Jugendarbeitsschutzgesetzes im Betrieb zur Einsicht auszuhängen, und Betriebe, die regelmäßig mindestens drei Jugendliche beschäftigen, haben einen Aushang über Beginn und Ende der regelmäßigen Arbeitszeit und der Pausen an geeigneter Stelle im Betrieb anzubringen.

11. Welche Bestimmungen gelten zum Schutz der Schwerbeschädigten?

Nach dem Schwerbehindertengesetz sind schwerbehinderte Personen, die körperlich, geistig oder seelisch behindert und infolge ihrer Behinderung in ihrer Erwerbsfähigkeit um mehr als 50 % gemindert sind. Private und öffentliche Arbeitgeber, die über mindestens 16 Arbeitsplätze verfügen, haben auf wenigstens 6 % Arbeitsplätze Schwerbehinderte zu beschäftigen. Solange Arbeitgeber die vorgeschriebene Zahl Schwerbehinderter nicht beschäftigen, haben sie für jeden unbesetzten Pflichtplatz monatlich eine Ausgleichsabgabe zu zahlen. Schwerbeschädigten darf nur mit Zustimmung der Hauptfürsorgestelle gekündigt werden. Ohne deren Zustimmung ist die Kündigung nichtig.

2.10.6 Arbeitsrecht

12. Was versteht man unter dem Wettbewerbsverbot?

Arbeitgeber und Arbeitnehmer können ein Wettbewerbsverbot für die Zeit nach der Beendigung des Arbeitsverhältnisses vereinbaren. In diesem Fall darf der Arbeitnehmer eine bestimmte Zeit nach dem Ausscheiden aus dem Betrieb nicht in Konkurrenzbetrieben tätig sein. Nach den Bestimmungen der §§ 74, 74a und 74b HGB darf sich das Wettbewerbsverbot auf höchstens zwei Jahre erstrecken. Während dieser Zeit ist eine Entschädigung zu zahlen.

13. Wie ist der Urlaub geregelt?

Die Urlaubsansprüche werden meist im Tarifvertrag oder im Arbeitsvertrag geregelt. Sofern derartige Regelungen nicht bestehen, gilt für Jugendliche das Jugendarbeitsschutzgesetz und für Personen über 18 Jahre das Bundesurlaubsgesetz von 1963, dessen Vorschriften gesetzliche Mindestnormen sind. Nach dem Bundesurlaubsgesetz beträgt der Urlaub jährlich mindestens 18 Werktage.

14. Welche Vorschriften sind bei Auszubildenden zu beachten?

Für die Beschäftigung von Auszubildenden gelten grundsätzlich die Vorschriften des Berufsbildungsgesetzes von 1969.

15. Welche Verpflichtungen legt das Berufsbildungsgesetz den Betrieben auf?

Das Berufsbildungsgesetz verlangt vor Beginn der Ausbildung den Abschluß eines Berufsausbildungsvertrages, der bei der zuständigen Stelle, d.h. bei Berufen des Handels und der Industrie bei der Industrie- und Handelskammer, bei Handwerksberufen bei der Handwerkskammer zur Eintragung in das Verzeichnis der Berufsausbildungsverhältnisse vorzulegen ist. Die Berufsausbildung hat eine breit angelegte berufliche Grundbildung und die für die Ausübung einer qualifizierten beruflichen Tätigkeit erforderlichen fachlichen Fertigkeiten und Kenntnisse in einem geordneten Ausbildungsgang zu vermitteln und den Erwerb der notwendigen Berufspraxis zu gewährleisten.

16. Welche Bestimmungen bestehen im Hinblick auf die Probezeit?

Die Probezeit beträgt mindestens einen und höchstens drei Monate.

17. In welchen Berufen darf eine Ausbildung erfolgen?

Eine Ausbildung von Jugendlichen darf nur in anerkannten Ausbildungsberufen vorgenommen werden.

18. Welche Verpflichtungen hat der Auszubildende?

Der Auszubildende hat sich zu bemühen, die Fertigkeiten und Kenntnisse zu erwerben, die für das Ausbildungsziel erforderlich sind. Er hat insbesondere die Pflicht, die im Rahmen der Berufsausbildung aufgetragenen Verrichtungen sorgfältig auszuführen, den Berufsschulunterricht zu besuchen, den Weisungen zu folgen, die im Rahmen der Berufsausbildung von weisungsberechtigten Personen erteilt werden, Werkzeuge, Maschinen und sonstige Einrichtungen pfleglich zu behandeln und über Betriebs- und Geschäftsgeheimnisse Stillschweigen zu bewahren.

19. Was besagt die Arbeitszeitordnung?

Nach der Arbeitszeitordnung darf die regelmäßige werktägliche Arbeitszeit die Dauer von acht Stunden nicht übersteigen.

20. Welche Vorschriften bestehen im Hinblick auf den Unfall- und Gesundheitsschutz?

Nach § 120a der Gewerbeordnung sind die Betriebe verpflichtet, Arbeitsräume, Betriebseinrichtungen, Maschinen und Geräte so einzurichten, daß die Arbeitnehmer gegen Gefahren für Leben und Gesundheit geschützt sind.

21. Welche Vorschriften sind im Arbeitsrecht unter dem Gesichtspunkt des Arbeitsschutzes noch zu beachten?

Das Gesetz über Betriebsärzte, Sicherheitsingenieure und andere Fachkräfte für Arbeitssicherheit vom 12.12.1973 verpflichtet die Arbeitgeber zur Bestellung von Betriebsärzten und Fachkräften für Arbeitssicherheit. Damit soll erreicht werden, daß die dem Arbeitsschutz und der Unfallverhütung dienenden Vorschriften den besonderen Betriebsverhältnissen entsprechend angewandt werden und gesicherte arbeitsmedizinische und sicherheitstechnische Erkenntnisse zur Verbesserung des Arbeitsschutzes und der Unfallverhütung verwirklicht werden können.

Die Arbeitsstättenverordnung vom 28.3.1975 legt fest, was als Arbeitsstätte zählt und verpflichtet die Arbeitgeber, alle Arbeitsstätten entsprechend einzurichten. Dies erstreckt sich insbesondere auf Lüftung, Raumtemperaturen, Beleuchtung, den Schutz gegen Gas, Dämpfe, Nebel, Staub und gegen Lärm.

22. Unter welchen Voraussetzungen kann ein Ausbildungsverhältnis aufgelöst werden?

Vor dem vertragsmäßigen Ende der Ausbildungszeit bzw. dem Ablegen der Prüfung kann das Arbeitsverhältnis nur in folgenden Fällen aufgelöst werden:

a) während der Probezeit von beiden Seiten einseitig mit sofortiger Wirkung ohne Angabe von Gründen,

b) wenn der Auszubildende die Berufsausbildung aufgeben oder in einem anderen Beruf fortsetzen will. Diese Absicht muß dem Ausbildenden mit einer Kündigungsfrist von vier Wochen schriftlich mitgeteilt werden,

c) bei Vorliegen eines wichtigen Grundes. Eine fristlose Kündigung kann nur binnen 14 Tagen schriftlich unter Angabe dieses Grundes erfolgen. Bei minderjährigen Auszubildenden muß die Kündigung außerdem neben dem Auszubildenden gegenüber beiden Erziehungsberechtigten schriftlich erfolgen. Der Betriebsrat muß zwingend angehört werden. Bei Fehlen einer dieser Voraussetzungen ist die Kündigung unwirksam.

Im beiderseitigen Einvernehmen ist eine Auflösung eines Berufsausbildungsverhältnisses für beide Partner jederzeit möglich. Gründe hierfür können z.B. der Umzug der Eltern eines minderjährigen Auszubildenden an einen anderen Ort oder Zerwürfnisse zwischen den Vertragspartnern sein, die eine weitere Ausbildung als wenig sinnvoll erscheinen lassen.

2.10.7 Rechtsfragen im Handel

01. Was versteht man unter dem Kauf nach Probe?

Ein Kauf nach Probe oder nach Muster liegt gemäß § 494 BGB vor, wenn die Eigenschaften der Probe oder des Musters auch für Nachlieferungen als zugesichert gelten. Abweichungen von der Probe oder dem Muster begründen Gewährleistungsansprüche des Käufers. Allerdings sind in vielen Fällen geringfügige Abweichungen in Kauf zu nehmen. Der Zweck dieser Regelung besteht darin, daß sich der Besteller aufgrund des Musters oder der Probe zu einem Kauf entschließt und er auch die Gewähr hat, daß bei einem folgenden Kauf auch die zugesagten Eigenschaften des Musters oder der Probe vorhanden sind.

02. Was versteht man unter dem Kauf auf Probe?

Bei einem Kauf auf Probe oder auf Besicht gemäß § 495 BGB steht die Billigung des Kaufs im Belieben des Käufers. Er allein entscheidet, ob er die Ware endgültig behalten will. Die Billigung der Kaufsache kann allerdings nur innerhalb einer bestimmten Frist erklärt werden. Bei dem Kauf auf Probe handelt es sich um einen aufschiebend bedingten Kauf. Ist die gekaufte Sache dem Käufer übergeben worden, so gilt sein Schweigen als Zustimmung. Ist die Ware jedoch dem Käufer nicht übergeben worden, so gilt das Schweigen als Mißbilligung.

03. Was versteht man unter dem Wiederkauf?

Wiederkauf ist ein Kauf, bei dem sich der Verkäufer das Recht vorbehalten hat, die verkaufte Sache innerhalb einer bestimmten Frist zurückzukaufen. Der Wiederkauf kommt mit der Erklärung des Verkäufers zustande, daß er das Wiederkaufsrecht ausübe. Der Wiederkäufer hat grundsätzlich den Preis zu zahlen, zu dem er verkauft hatte. Der Verkäufer ist verpflichtet, den Gegenstand herauszugeben.

04. Was versteht man unter einem Vorkauf?

Unter dem Vorkauf wird die Berechtigung verstanden, einen bestimmten Gegenstand von dem Verpflichteten kaufen zu können, wenn dieser den Gegenstand an einen Dritten verkauft. Die Vereinbarung des Vorkaufsrechts setzt voraus, daß ein Verkauf an einen Dritten beabsichtigt ist und die Ausübung des Vorkaufsrechts ausgeübt wird. Der Verpflichtete hat den Inhalt des mit dem Dritten geschlossenen Vertrages dem Vorkaufsberechtigten unverzüglich mitzuteilen. Die Ausübung des Vorkaufsrechts erfolgt durch einseitige empfangsbedürftige Willenserklärung gegenüber dem Verkäufer, und zwar bei den Gegenständen innerhalb einer Woche und bei Grundstücken innerhalb von zwei Monaten nach dem Empfang der Mitteilung.

05. Was versteht man unter dem Kauf unter Eigentumsvorbehalt?

Unter dem Kauf unter Eigentumsvorbehalt wird die Vereinbarung verstanden, daß die verkaufte Sache bis zur vollständigen Bezahlung Eigentum des Verkäufers bleiben soll. Voraussetzung für die Wirksamkeit des Eigentumsvorbehalts ist, daß er bei Kaufabschluß besonders vereinbart worden ist oder daß der Eigentumsvorbehalt in den allgemeinen Lieferbedingungen enthalten ist und diesen nicht widersprochen wurde. Mit der Zahlung des Kaufpreises geht das Eigentum automatisch auf den Käufer über. Der Käufer kann sein Anwartschaftsrecht auf eine uneingeschränkte Eigentumsübertragung an einen Dritten übertragen und den Dritten in diese Rechtsposition eintreten lassen. Der Eigentumsvorbehalt endet u.a. im Falle der Verarbeitung, es sei denn, es ist etwas anderes vereinbart worden.

06. Was versteht man unter dem erweiterten Eigentumsvorbehalt?

Beim erweiterten Eigentumsvorbehalt besteht eine Vereinbarung zwischen dem Verkäufer und dem Käufer, daß der Käufer trotz des Eigentumsvorbehaltes des Verkäufers berechtigt ist, die Ware an Dritte weiterzuveräußern, allerdings mit der Verpflichtung, daß die Forderung des Kaufpreises dem Verkäufer zustehen soll. Die Forderung muß aber genügend bestimmt sein. Beim erweiterten Eigentumsvorbehalt geht also der Endabnehmer ein erhöhtes Risiko ein.

07. Was versteht man unter Preisklauseln?

Die Höhe des Kaufpreises wird von den Parteien im Kaufvertrag vereinbart. Sie muß in Geld bestimmt oder bestimmbar sein und bezieht sich meist auf eine Mengeneinheit. Gelegentlich wird aber auch ein Pauschalpreis für die gesamte Lieferung verschiedener Warengattungen oder Qualitäten vereinbart. Der Preis kann aber auch als freibleibend vereinbart werden. Eine Vereinbarung "Preise freibleibend" wird als Preisklausel oder Freizeichnungsklausel bezeichnet. Im Geschäftsleben sind aber auch noch andere Preisklauseln üblich.

08. Was sind die wichtigsten Preisklauseln?

Tagespreis, Marktpreis, Preisschwankungsklausel, brutto für netto, Börsenpreis, Selbstkosten-Preis, Kassenskonto, Bruttopreis, Nettopreis.

2.10.7 Rechtsfragen im Handel

09. Was bezeichnet die Klausel Tagespreis?

Die Formulierung zum Tagespreis bedeutet, daß der Preis zugrunde gelegt wird, der am Tage der Lieferung als Laden-, Listen- oder Marktpreis gilt.

10. Was versteht man unter dem Marktpreis?

Unter dem Marktpreis versteht man den Preis, der sich durch Angebot und Nachfrage auf dem Markt des betreffenden Gutes gebildet hat.

11. Was versteht man unter Preisschwankungsklauseln?

Preisschwankungsklauseln bezeichnen gleitende Preise, wobei sich der Preis entweder im gleichen Verhältnis mit der Veränderung bestimmter Kosten ändert, oder nach abweichenden Verhältniszahlen berechnet wird. Kann der Verkäufer eine Preisänderung verlangen, so bezeichnet man diese Regelung als Hausse-Klausel. Kann der Käufer diese Preisänderung verlangen, so liegt eine Baisse-Klausel vor. Preisschwankungsklauseln sind üblich bei größeren Geldschwankungen, bei langfristigen Lieferverträgen und an Märkten mit größeren, nicht vorhersehbaren Preisbewegungen.

12. Was versteht man unter dem Ankaufsrecht?

Unter einem Ankaufsrecht oder einer Option versteht man das Recht, unter Vereinbarung einer Gegenleistung, durch einseitige Erklärung einen Kaufvertrag einzugehen.

13. Was versteht man unter Zusendung unbestellter Ware?

Zusendung unbestellter Ware liegt vor, wenn der Verkäufer einem Dritten Waren zusendet, die dieser nicht bestellt hat. Zu unterscheiden ist dabei, ob es sich um eine Zusendung an Privatpersonen oder um fortlaufende Geschäftsverbindungen handelt. Im Falle der Zusendung unbestellter Ware an Private gilt die Regel, daß diese nicht verpflichtet sind, diese Sendungen abzunehmen oder zurückzusenden. Auch bei Schweigen auf eine Zusendung liegt keine Annahme vor. Handelt es sich hingegen um eine fortdauernde Geschäftsverbindung, so besteht die Verpflichtung, die Ablehnung mitzuteilen. Schweigen gilt in diesem Falle als Zustimmung.

14. Was bedeutet brutto für netto?

Die Preisklausel brutto für netto drückt aus, daß der Kaufpreis nach dem Gewicht der Ware einschließlich der Verpackung berechnet wird.

15. Was versteht man unter dem Börsenpreis?

Als Börsenpreis gilt der Preis oder Kurs, der an der zum Erfüllungsort nächstgelegenen Börse amtlich bekanntgegeben worden ist.

16. Was versteht man unter dem Selbskostenpreis?

Der Selbstkostenpreis bezeichnet den Einstandspreis einschließlich aller zusätzlicher Kosten jedoch ohne Gemeinkostenanteil.

17. Was bedeutet die Klausel Kassenskonto?

Diese Klausel besagt, daß der Käufer berechtigt ist, vom Rechnungsbetrag bei sofortiger Barzahlung einen Skonto in Höhe des eingeräumten Prozentsatzes einzubehalten. Sehr häufig ist jedoch eine Frist eingeräumt, innerhalb der der Skonto abgezogen werden kann.

18. Was bedeutet die Klausel Bruttopreis und was die Klausel Nettopreis?

Die Formulierung Bruttopreis bedeutet, daß die Mehrwertsteuer im Preis enthalten ist, während im Nettopreis die Mehrwertsteuer nicht enthalten ist.

19. Welche Regelungen gelten bei den Lieferungs- und Zahlungsbedingungen?

Bei den Lieferungs- und Zahlungsbedingungen ist zunächst einmal zu unterscheiden, ob es sich um Lieferungen an Endverbraucher handelt. Bei diesem Personenkreis gelten die gesetzlichen Bestimmungen, wie sie im Gesetz über die allgemeinen Geschäftsbedingungen vom 9.12.1976 niedergelegt sind und das mit Wirkung vom 1.4.1977 gilt. Beim Handelsverkehr zwischen Kaufleuten können grundsätzlich die Lieferungs- und Zahlungsbedingungen frei ausgehandelt werden.

20. Wann gilt das Gesetz über die allgemeinen Geschäftsbedingungen (AGB) auch für den Geschäftsverkehr zwischen Kaufleuten?

Das AGB enthält eine Generalklausel, die auch für die allgemeinen Geschäftsbedingungen zwischen Kaufleuten gilt. Danach sind Bestimmungen unwirksam, wenn sie den Vertragspartner entgegen den Geboten von Treu und Glauben unangemessen benachteiligen. Dies ist im Zweifel anzunehmen, wenn eine Bestimmung mit wesentlichen Grundgedanken der gesetzlichen Regelung, von der abgewichen wird, nicht zu vereinbaren ist oder wesentliche Rechte und Pflichten, die sich aus der Natur des Vertrages ergeben, so eingeschränkt werden, daß die Erreichung des Vertragszweckes gefährdet ist.

21. Was versteht das AGB-Gesetz unter allgemeinen Geschäftsbedingungen?

Allgemeine Geschäftsbedingungen sind vorformulierte Vertragsklauseln, die bei einer Vielzahl von Verträgen verwendet werden. Auch Formularverträge sind allgemeine Geschäftsbedingungen. Werden Klauseln oder Verträge im einzelnen ausgehandelt, findet das AGB-Gesetz keine Anwendung.

2.10.7 Rechtsfragen im Handel

22. Wie werden allgemeine Geschäftsbedingungen im Verkehr mit Endverbrauchern Vertragsbestandteil?

Allgemeine Geschäftsbedingungen werden gegenüber Endverbrauchern nicht automatisch Bestandteil eines Vertrages. Vielmehr muß der Kaufmann seine Kunden bei Vertragsschluß ausdrücklich auf seine allgemeinen Geschäftsbedingungen hinweisen. Der Kaufmann muß seinen Kunden die Möglichkeit geben, in zumutbarer Weise von dem Inhalt seiner allgemeinen Geschäftsbedingungen Kenntnis zu erhalten und der Kunde muß sein Einverständnis geben.

23. Welche Verbote von Regelungen im Geschäftsverkehr mit Endverbrauchern bestehen im einzelnen?

Unwirksam sind im wesentlichen die folgenden Regelungen:

- Bestimmungen, durch die sich der Kaufmann unangemessen lange oder nicht hinreichend bestimmte Fristen für die Annahme oder Ablehnung eines Angebots oder die Erbringung einer Leistung vorbehält;

- sich ohne sachlich gerechtfertigten Grund und ohne diesen im Vertrag zu nennen, von einer Leistungspflicht zu lösen;

- beim Rücktritt vom Vertrag einen unangemessen hohen Ersatz von Aufwendungen zu verlangen;

- Bestimmungen, welche die Erhöhung des Entgelts für Waren oder Dienstleistungen vorsehen, die innerhalb von vier Monaten nach Vertragsabschluß geliefert oder erbracht werden sollen;

- eine Bestimmung, durch die der Kaufmann von der gesetzlichen Obliegenheit freigestellt wird, den anderen Vertragspartner zu mahnen oder ihm eine Nachfrist zu setzen;

- Vertragsstrafen für den Fall der Nichtabnahme oder der verspäteten Abnahme einer Leistung;

- die Einschränkung des Rechts des anderen Vertragspartners, sich vom Vertrag zu lösen;

- die Beseitigung eines Mangels oder die Ersatzlieferung einer mangelfreien Sache von der vorherigen Zahlung des vollständigen Kaufpreises abhängig zu machen;

- Bestimmungen, durch die Schadensersatzansprüche gegen den Kaufmann wegen Fehlens zugesicherter Eigenschaften ausgeschlossen oder eingeschränkt werden;

- Bestimmungen, durch die Erklärungen gegenüber dem Kaufmann mehr als die Schriftform verlangen.

24. Wie können die Lieferungs- und Zahlungsbedingungen im Verkehr zwischen Kaufleuten gestaltet werden?

Im Geschäftsverkehr zwischen Kaufleuten können die Lieferungs- und Zahlungsbedingungen frei ausgehandelt und frei gestaltet werden, sofern es sich dabei um nachgiebiges Recht handelt und die ausgehandelten Bedingungen nicht gegen die guten Sitten oder gesetzliche Bestimmungen verstoßen. In der Regel wird der Einkäufer bestrebt sein, nur zu seinen Einkaufsbedingungen einzukaufen, während der Verkäufer bestrebt ist, nur zu seinen Verkaufsbedingungen verkaufen zu wollen.

25. Wie werden Lieferungs- und Zahlungsbedingungen Vertragsinhalt?

Grundsätzlich müssen die eigenen Lieferungs- und Zahlungsbedingungen Vertragsinhalt werden. Dies setzt voraus, daß sie ausdrücklich oder durch Schweigen angenommen werden. Es gilt mithin die Regel, daß Schweigen zu den Bedingungen des Partners als Annahme der Bedingungen gilt. Wer die Bedingungen des Partners nicht akzeptieren möchte, muß ihnen widersprechen und ausdrücklich zum Ausdruck bringen, zu welchen Bedingungen er kaufen möchte. Solange also die Vertragspartner ohne Annahme oder Lieferung ihrer gegenseitigen Geschäftsbedingungen widersprechen, kommt kein Vertrag zustande, weil es an der erforderlichen Übereinstimmung der Willenserklärungen fehlt. In einem Urteil des OLG Köln vom 14.4.1971, (abgedruckt in Der Betriebsberater, vom 10.6.1971 S. 676) heißt es: "Schließen die allgemeinen Geschäftsbedingungen von Käufer und Verkäufer die abweichenden Bedingungen der anderen Partei wechselseitig aus, so gelten die allgemeinen Geschäftsbedingungen des Verkäufers, wenn dieser aufgrund seiner Bedingungen liefert und der Käufer die Ware annimmt und ganz oder teilweise bezahlt. Der das Vertragsrecht beherrschende Grundsatz der Privatautonomie führt dazu, daß der Vertragsinhalt von demjenigen bestimmt wird, dem unwidersprochen das letzte Wort gelassen wird."

26. Welche Regelungen sollten im einzelnen in den allgemeinen Geschäftsbedingungen geregelt werden?

Die Form der Bestellung;
Ort und Zeit der Lieferung;
Hinweise über Verpackung, Fracht und Gefahrenübergang;
Angaben über den Zeitpunkt der Zahlung und über evt. Skonti und Rabatte;
Eigentumsvorbehalte;
Gewährleistungsansprüche;
Erfüllungsort und Gerichtsstand.

27. Was ist im einzelnen bei den Lieferungsbedingungen zu beachten?

Es ist nicht gestattet, die Gewährleistungsansprüche des Käufers auszuschließen. Im Einzelfall ist es jedoch gestattet, die Gewährleistungsansprüche auf einen Nachbesserungsanspruch zu beschränken. Schlägt diese Nachbesserung fehl oder

2.10.7 Rechtsfragen im Handel

verweigert der Verkäufer die Nachbesserung, stehen dem Käufer die Gewährleistungsansprüche des BGB bzw. HGB zu. Es ist auch nicht gestattet, die Mängelanzeigen so kurzfristig anzusetzen, daß eine ordnungsgemäße Untersuchung durch den Käufer nicht möglich wäre.

28. Was ist im einzelnen bei den Zahlungsbedingungen zu beachten?

Die Zahlungsbedingungen enthalten Vereinbarungen über den Zahlungsort und Zahlungszeitpunkt von Geldschulden. In den Klauseln kommt es insbesondere darauf an, im Falle des Zahlungsverzugs unangemessene Regelungen zu vermeiden, die den Käufer in Schwierigkeiten bringen können. Der Verkäufer kann jedoch auf Barzahlung anstelle einer Wechselzahlung bestehen. Auch können Verjährungsfristen nicht ohne weiteres verkürzt werden, sondern müssen im Einzelfall vertraglich geregelt werden.

29. Was versteht man unter Termingeschäften?

Unter Termingeschäften versteht man solche Geschäfte, bei denen die Erfüllung, sei es die Lieferung, sei es die Zahlung, erst zu einem späteren Zeitpunkt erfolgt, wobei die Bedingungen, zu denen geliefert oder gezahlt werden soll, zum Zeitpunkt des Vertragsabschlusses vereinbart werden. Man unterscheidet feste Termingeschäfte (Fixgeschäfte) und bedingte Termingeschäfte.

30. Was versteht man unter einem Fixgeschäft?

Unter einem Fixgeschäft wird ein Kaufvertrag verstanden, bei dem die Einhaltung einer genau bestimmten Lieferfrist Bestandteil des Kaufvertrages ist und mithin eine frühere oder eine spätere Lieferung ausgeschlossen ist. Damit ein Vertrag als Fixgeschäft anerkannt werden kann, muß er ausdrücklich die Bezeichnung "fix", bzw. "genau am", bzw. "prompte Lieferung am" enthalten. Es ist weiter eine ausdrückliche Vereinbarung der Vertragspartner darüber erforderlich, daß von einer Überschreitung der Lieferfrist der Bestand des Vertrages abhängig gemacht wird. Z.B. wäre die Lieferung von Weihnachtsschmuck nach dem Weihnachtsfest, sofern ein fester Liefertermin ausgemacht wurde, vertragswidrig. In solchen Fällen, in denen der Partner nicht rechtzeitig liefert, kann der Käufer ohne weiteres vom Vertrag zurücktreten. Handelt es sich um einen Fixhandelskauf, d.h. um einen Kauf eines Kaufmanns im Rahmen seines Handelsgeschäfts, so kann der Käufer entweder Erfüllung verlangen oder Schadensersatz wegen Nichterfüllung geltend machen. Der Käufer muß jedoch nach Fristablauf dem Verkäufer mitteilen, daß er auf Erfüllung besteht. Der Käufer kann außerdem einen Deckungskauf durchführen und den Unterschied des Kaufpreises zum Markt- oder Börsenpreis zur Zeit und am Ort der geschuldeten Leistung geltend machen.

31. Worin besteht der Unterschied beim Fixgeschäft zwischen BGB und HGB?

Im Gegensatz zum BGB, in dem keine Setzung einer Nachfrist erforderlich ist, hat der Käufer beim Handelskauf Anspruch auf Schadensersatz anstelle des Erfüllungsanspruchs. Der Käufer hat nur dann einen Anspruch auf Erfüllung, wenn er sofort anzeigt, daß er die Erfüllung weiterhin will.

32. Wann spricht man von einem uneigentlichen Fixgeschäft?

Ein uneigentliches Fixgeschäft liegt vor, wenn durch die nicht fristgemäße Lieferung die Leistung für den Käufer als unmöglich gilt. Rechtsfolgen entstehen für den Käufer nur dann, wenn der Verkäufer die Terminüberschreitungen zu vertreten hat.

33. Was versteht man unter einem Börsentermingeschäft?

Unter Börsentermingeschäften versteht man Geschäfte, die zu typischen Bedingungen über Waren oder Wertpapiere abgeschlossen werden und in Beziehungen zu einem Terminmarkt stehen und außerdem die Möglichkeit eines völlig gleichen Gegengeschäfts besteht. Mögliche Verluste können durch weitere Termingeschäfte ausgeschaltet werden, indem ein Terminauftrag einem anderen Kauf gegenübergestellt wird.

34. Was ist ein festes Börsentermingeschäft?

Bei einem festen Börsentermingeschäft liegt eine Risikobeschränkung vor, jedoch ist ein Hinausschieben des Erfüllungstermins möglich. In diesem Fall liegt ein Darlehensgeschäft vor. Man bezeichnet die Prolongationsvergütung als Report oder Deport, je nachdem ob zum Termin verkauft oder gekauft wird.

35. Was ist ein bedingtes Termingeschäft (Dontgeschäft)?

Ein Dontgeschäft liegt vor, wenn dem Vertragspartner das Recht eingeräumt wird, bis zu einem bestimmten Zeitpunkt - in der Regel bis zum 3. Tag vor dem Ultimo - vom Vertrag zurückzutreten. Hierfür ist eine Prämie zu zahlen, die vom Börsentag abhängig ist.

36. Was versteht man unter einem en bloc-Geschäft?

Unter einem en bloc-Geschäft wird ein Geschäft verstanden, das im Ganzen oder in Bausch und Bogen, wie die Ware steht und liegt, abgeschlossen wird, wobei keine Gewährleistungsansprüche geltend gemacht werden können, wenn sich Mängel der Ware herausstellen.

37. Welche Gewährleistungsrechte bestehen im Einkauf?

Wenn der Verkäufer dem Käufer eine Ware verkauft, so wird eine bestimmte Beschaffenheit vorausgesetzt. Fehlt diese Beschaffenheit, so liegt eine Sachmängelhaftung vor, die wesentlich von den allgemeinen Vorschriften über die Nichterfüllung eines Vertrages abweicht. Durch die Sachmängelhaftung, die kein Verschulden des Verkäufers voraussetzt, erhält der Käufer besondere Rechte.

2.10.7 Rechtsfragen im Handel

38. Unter welchen Voraussetzungen haftet der Verkäufer für einen Fehler?

Es muß eine bewegliche Sache oder ein Grundstück verkauft worden sein; es muß ein Fehler im Sinne des § 459 Abs. 1 BGB vorliegen, d.h. Eigenschaften, die den Wert oder die Tauglichkeit zu dem gewöhnlichen oder dem nach dem Vertrag vorausgesetzten Gebrauch aufheben oder mindern; der Fehler muß erheblich sein. Für alle diese Fehler haftet der Verkäufer auch ohne Verschulden. Nicht unter die Sachmängelhaftung fallen Quantitätsmängel, d.h. es wird zu wenig oder zu viel geliefert, oder es wird eine andere Sache geliefert.

39. Unter welchen Voraussetzungen haftet der Verkäufer für zugesicherte Eigenschaften?

Der Verkäufer haftet dafür, daß die Sache zur Zeit des Gefahrenübergangs die zugesicherten Eigenschaften aufweist. Diese Zusicherung muß Bestandteil des Kaufvertrags sein. Dabei haftet der Verkäufer auch ohne Verschulden.

40. Welcher Zeitpunkt ist für die Haftung für Fehler entscheidend?

Entscheidend ist der Gefahrenübergang, d.h. der Zeitpunkt der Übergabe der Ware.

41. Wann ist ein Ausschluß der Haftung gegeben?

Die Haftung für Sachmängel ist ausgeschlossen, wenn der Käufer den Mangel der verkauften Sache beim Abschluß des Kaufvertrages kannte. In diesem Fall hat der Käufer keine Gewährleistungsansprüche.

42. Wie ist die Mängelhaftung beim Handelskauf geregelt?

Obwohl die Vorschriften des § 459 BGB über die Sachmängelhaftung auch für den Handelskauf gelten, treten für den Fall des beiderseitigen Handelskaufs nach § 377 HGB zusätzliche Bestimmungen in Kraft.

43. Welche Verpflichtungen hat der Käufer beim Handelskauf?

Der Käufer ist verpflichtet, die Ware unverzüglich zu untersuchen und, wenn sich ein Mangel zeigt, diesen dem Verkäufer unverzüglich mitzuteilen. Die Untersuchung ist vorzunehmen, soweit dies nach ordnungsmäßigem Geschäftsgang tunlich ist, d.h. die Untersuchung muß zweckmäßig und der Handelssitte entsprechend getroffen werden. Es kann also durchaus notwendig werden, daß eine Maschine eine gewisse Zeit läuft oder daß kleinere Mengen einer Ware verbraucht oder gebraucht werden, ehe sich ein Mangel herausstellt.

44. Was ist der Gegenstand der Untersuchungs- und Rügepflicht?

Die Verpflichtung des Käufers erstreckt sich auf
-Qualitätsmängel,

-Quantitätsmängel und
-auf die Lieferung einer anderen als die bestellte Ware.

Ist nicht oder nicht rechtzeitig gerügt, dann gilt die Ware als genehmigt.

45. Welche Wirkungen hat eine Mängelanzeige?

Im Falle einer ordnungsgemäßen Rüge kommen die Bestimmungen des BGB über die Mängelhaftung zum Zuge. Die Rechte des Käufers ergeben sich aus § 459 BGB, und zwar kann der Käufer bei Qualitätsmängeln wandeln oder mindern und unter Umständen auch Schadensersatz wegen Nichterfüllung geltend machen. Ist eine andere als die vereinbarte Ware geliefert worden, so ergeben sich die Rechtsfolgen aus § 378 HGB und den Vorschriften über die Erfüllung und keine Gewährleistungsansprüche wie bei den Qualitätsmängeln. Der Käufer kann eine solche Lieferung als Erfüllung ablehnen, und er braucht sie weder abzunehmen noch zu bezahlen. Bei Lieferung einer anderen Ware wird also unterstellt, daß überhaupt noch nicht geliefert wurde. Das gleiche gilt bei Quantitätsmängeln. Ist zu wenig geliefert worden, so kann der Käufer Vollieferung verlangen, ist zu viel geliefert, so kann er die Mehrmenge ablehnen.

46. Welche Verpflichtungen hat der Käufer beim Handelskauf bei Beanstandungen?

Im Falle von Beanstandungen ist der Käufer verpflichtet, die Waren aufzubewahren, um den Verkäufer die Entscheidung darüber zu ermöglichen, was mit den Waren geschehen soll.

47. Welche Vorschriften bestehen im Hinblick auf die Gewährleistungsrechte des Käufers?

Der Käufer kann dann, wenn die verkaufte Sache mit Mängeln behaftet ist, die ihren Wert oder ihre Tauglichkeit zu dem gewöhnlichen oder nach dem Vertrag vorausgesetzten Gebrauch aufheben oder mindern, den Vertrag wandeln (den Kaufvertrag rückgängig machen) oder mindern (den Kaufpreis herabsetzen; § 462 BGB). Fehlt nach § 446 BGB der verkauften Sache zur Zeit des Kaufs und zur Zeit des Gefahrenübergangs eine zugesicherte Eigenschaft oder werden Fehler arglistig verschwiegen, so kann der Käufer statt der Wandlung oder der Minderung auch Schadensersatz wegen Nichterfüllung verlangen. Bei einem Gattungskauf kann der Käufer auch die Nachlieferung fehlerfreier Ware verlangen. Dem Käufer steht es grundsätzlich frei zu wählen, welche der ihm zustehenden Rechte er ergreifen will.

48. Was ist bei der Wandlung zu beachten?

Die Wandlung muß seitens des Käufers gegenüber dem Verkäufer erklärt werden, der sich seinerseits mit der Wandlung einverstanden erklären muß. Will der Verkäufer seine Zustimmung zur Wandlung nicht geben, so muß der Käufer den

2.10.7 Rechtsfragen im Handel

Verkäufer auf Rückzahlung des Kaufpreises und Freistellung von allen Verpflichtungen aus diesem Geschäft Zug um Zug gegen Rückgabe der Kaufsache verklagen.

Werden mehrere Sachen als zusammengehörig verkauft, so kann der Käufer verlangen, daß sich die Wandlung auf alle Teile erstreckt. Bei Sachen, bei denen es sich um eine Haupt- und um eine Nebensache handelt, erstreckt sich die Wandlung der Hauptsache auch auf die Nebensache, während sich bei einer mangelhaften Nebensache die Wandlung nur auf diese erstreckt.

49. Was ist bei der Minderung zu beachten?

Minderung ist eine Herabsetzung des Kaufpreises in dem Verhältnis, in dem zur Zeit des Verkaufs der Wert der Sache in mangelfreiem Zustand zu dem wirklichen Wert gestanden hätte. Obwohl der Käufer die Wahl zwischen Wandlung und Minderung hat, kann der Käufer dann, wenn sich der Verkäufer mit dem vom Käufer gewünschten Recht einverstanden erklärt hat, sich nicht mehr anderweitig entscheiden.

50. Was ist bei einem Gattungskauf zu beachten?

Bei einem Gattungskauf kann der Käufer statt Wandlung oder Minderung die Lieferung einer mangelfreien Sache verlangen. Ist der Verkäufer damit einverstanden, so erfolgt Zug um Zug eine Rückgabe der mangelhaften Sache gegen eine mangelfreie. Ist auch die Ersatzlieferung mangelhaft, so stehen dem Käufer auch die anderen Gewährleistungsansprüche wieder zu.

51. Wann verjähren Gewährleistungsansprüche?

Der Anspruch auf Wandlung, Minderung oder Schadensersatz wegen eines Mangels einer zugesicherten Eigenschaft verjährt bei beweglichen Sachen in 6 Monaten nach der Ablieferung und bei Grundstücken in einem Jahr nach der Übergabe. Bei arglistigem Verschweigen eines Fehlers verjährt der Anspruch auf Schadensersatz nach 30 Jahren.

52. Wann liegt ein Garantieversprechen vor?

Übernimmt der Verkäufer die Garantie für eine von ihm verkaufte Sache, so übernimmt er eine zusätzliche Haftung für Verhalten und Eigenschaften nach dem Gefahrenübergang. Der Verkäufer verpflichtet sich zur unentgeltlichen Nachbesserung und Beseitigung der unter die Garantie fallenden Schäden, sofern kein Verschulden des Käufers vorliegt. Während der Garantiezeit sind die Gewährleistungsrechte des Käufers abbedungen. Jedoch läuft die Garantiefrist grundsätzlich getrennt von der Verjährungsfrist der Gewährleistungsrechte.

53. Was versteht man unter einem Abzahlungsgeschäft?

Unter einem Abzahlungsgeschäft wird der Kauf einer beweglichen Sache verstanden, bei dem der Käufer den Kaufpreis nicht in einer Summe, sondern in mindestens zwei Raten entrichtet und sich der Verkäufer in der Regel das Eigentum bis zur völligen Bezahlung des Kaufpreises vorbehält.

54. Was ist die Rechtsgrundlage für Abzahlungsgeschäfte?

Rechtsgrundlage ist das Gesetz aus dem Jahre 1894, das am 16.5.1974 novelliert wurde und am 1.10.1974 in Kraft getreten ist (2. Gesetz zur Änderung des Abzahlungsgesetzes).

55. Worauf erstreckt sich der Anwendungsbereich des Abzahlungsgesetzes?

Das Abzahlungsgesetz findet Anwendung für alle Verträge über den Erwerb beweglicher Sachen, es sei denn, der Empfänger der Ware ist als Kaufmann im Handelsregister eingetragen. Das Abzahlungsgesetz gilt auch für Werklieferungsverträge, nicht jedoch für Dienstverträge, Mietverträge, Werkverträge, Maklerverträge und Darlehensverträge (mit Ausnahme des finanzierten Abzahlungskaufs).

56. Was ist der wesentliche Inhalt des Abzahlungsgesetzes?

Das Abzahlungsgesetz räumt dem Verbraucher ein Widerrufs- und Rückgaberecht ein und verlangt die Schriftform, wobei es gleichgültig ist, ob das Abzahlungsgeschäft im Ladenlokal oder an der Haustüre geschlossen wurde.

57. Was bedeutet das Widerrufs- und Rückgaberecht für Abzahlungsgeschäfte?

Die auf einen Vertragsabschluß gerichtete Willenserklärung eines Käufers wird erst wirksam, wenn er sie nicht innerhalb einer Woche schriftlich gegenüber dem Verkäufer widerruft. Dieses Widerrufsrecht kann der Käufer ohne Angabe von Gründen frei ausüben. Der Verkäufer hat die Verpflichtung, den Käufer schriftlich und deutlich auf dieses Widerrufsrecht hinzuweisen.

58. Was besagt das Abzahlungsgeschäft im Hinblick auf die Schriftform?

Der Kaufvertrag muß in jedem Falle schriftlich fixiert sein und in jedem Fall folgende Angaben enthalten: a) den Barzahlungspreis, b) den Teilzahlungspreis, c) Betrag, Anzahl und Fälligkeit der einzelnen Raten, d) den effektiven Jahreszinssatz. Dadurch soll der Käufer die Möglichkeit haben, Kredite und Teilzahlungsgeschäfte miteinander zu vergleichen. Fehlt eine dieser Voraussetzungen, so kommt der Kaufvertrag erst mit der Übergabe der Sache an den Käufer zustande, jedoch wird der Vertrag nur in der Höhe des Barzahlungspreises wirksam. Diesen Betrag kann der Käufer nach seinem Belieben bar oder in Raten zahlen, wobei die Zahl der Raten der ursprünglichen Vereinbarung entsprechen kann.

2.10.8 Wettbewerbsrecht

59. Welche Sonderregelungen gelten für den Versandhandel?

Im Katalogversandhandel gilt eine besondere Regelung. Danach kann das Widerrufsrecht dadurch ausgeschaltet werden, daß dem Käufer schriftlich ein uneingeschränktes Rückgaberecht von mindestens einer Woche nach Erhalt der Ware eingeräumt wird. Rücksendung und Rücknahme der Waren müssen auf Kosten und Gefahr des Verkäufers erfolgen.

60. Welche Bestimmungen bestehen über die Fälligkeit der Restschuld?

Eine Abrede, daß die Nichterfüllung der dem Käufer obliegenden Verpflichtungen die Fälligkeit der Restschuld zur Folge haben soll, kann nur für den Fall getroffen werden, daß der Käufer mit mindestens zwei Raten ganz oder teilweise im Verzug ist und der Betrag, mit dem der Käufer im Verzug ist, mindestens dem zehnten Teil des Kaufpreises entspricht. Hat der Verkäufer unter Berufung auf den vereinbarten Eigentumsvorbehalt die verkaufte Sache wieder an sich genommen, gilt dies als Ausübung des Rücktrittsrechts.

61. Welche Regelung gilt im Hinblick auf den Gerichtsstand?

Für Klagen aus Abzahlungsgeschäften ist ausschließlich das Gericht zuständig, in dessen Bezirk der Käufer zur Zeit der Klageerhebung seinen Wohnsitz oder seinen gewöhnlichen Aufenthaltsort hat.

62. Welche sonstigen Vorschriften bestehen?

Die genannten Schutzvorschriften, wie die Schriftform und das Widerrufsrecht, erstrecken sich auch auf verwandte Verträge, wie z.B. auf Werklieferungsverträge und Verträge mit wiederkehrenden Leistungen, deren Belastungen nicht unmittelbar, sondern erst nach einiger Zeit spürbar werden.

2.10.8 Wettbewerbsrecht

01. Was versteht man unter Wettbewerb?

Unter Wettbewerb versteht man das Bestreben eines Unternehmens, den eigenen Absatz an Waren und Leistungen im Wettstreit mit anderen Unternehmen um den Kunden zu steigern oder auch nur zu erhalten.

02. Was ist die Aufgabe des Wettbewerbsrechts?

Aufgabe des Wettbewerbsrechts ist es, im Rahmen der Wirtschaftsverfassung die Durchführung des wirtschaftlichen Wettstreits zwischen den Unternehmungen zu regeln. Dabei unterscheidet man: Das Recht zur Bekämpfung unlauterer Wettbewerbshandlungen, das die Lauterkeit des Wettbewerbs sichert, und das Recht gegen Wettbewerbsbeschränkungen, das den Bestand des freien Wettbewerbs sichert.

03. Was umfaßt das Recht zur Bekämpfung unlauterer Wettbewerbshandlungen?

Das Recht zur Bekämpfung unlauterer Wettbewerbshandlungen ist im wesentlichen im Gesetz gegen den unlauteren Wettbewerb, im Rabattgesetz und in der Zugabeverordnung geregelt.

04. Was versteht man unter unlauteren Wettbewerbshandlungen?

Im Gesetz gegen den unlauteren Wettbewerb (UWG) vom 7.6.1909 mit späteren Änderungen ist nicht definiert, was man unter lauterem Wettbewerb versteht, sondern vielmehr in einer Generalklausel, was als unlauter verboten ist. Es heißt dort in § 1: Wer im geschäftlichen Verkehr zu Zwecken des Wettbewerbs Handlungen vornimmt, die gegen die guten Sitten verstoßen, kann auf Unterlassung und Schadensersatz in Anspruch genommen werden. Es muß also eine Wettbewerbshandlung vorliegen, die unlauter ist, d.h. gegen die guten Sitten verstößt. Das UWG ist aufgrund des Gesetzes zur Änderung wirtschafts-, verbraucher-, arbeits- und sozialrechtlicher Vorschriften vom 25. Juli 1986 in wesentlichen Vorschriften verschärft worden.

05. Worauf erstreckt sich der Schutz des Wettbewerbs?

Der Schutz des Wettbewerbs erstreckt sich auf jedes Handeln zum Zwecke des Wettbewerbs, d.h. auf jedes Handeln, welches geeignet ist, den Absatz von Waren oder Leistungen zu sichern oder zu steigern, unabhängig davon, ob es sich um eigene Leistungen oder Waren handelt. Es muß weiter zwischen den erstrebten Vorteilen und den Nachteilen für einen Mitbewerber eine Wechselwirkung bestehen, d.h. das Verhalten muß Auswirkungen auf den Wettbewerb haben.

06. Wann ist eine Maßnahme sittenwidrig?

Sittenwidrigkeit setzt voraus, daß das Verhalten dem Wesen des Wettbewerbs widerspricht. Es kommt dabei sowohl auf die Auffassung des normalen Gewerbetreibenden und dessen Gefühl für Anstand als auch auf die Auffassung bestimmter Berufsgruppen und der Allgemeinheit an, weshalb in jedem einzelnen Fall neu geprüft werden muß, ob eine Maßnahme sittenwidrig ist und man es daher mit einer umfangreichen gerichtlichen Praxis zu tun hat, die eine Vielzahl von Grundsätzen in zahlreichen Urteilen gefällt hat, was sittenwidrig ist und was nicht.

07. Was ist unerlaubte Werbung?

Gemäß § 3 UWG kann auf Unterlassung in Anspruch genommen werden, wer in öffentlichen Bekanntmachungen oder in Mitteilungen, die für einen größeren Kreis von Personen bestimmt sind, über geschäftliche Verhältnisse, insbesondere über die Beschaffenheit, den Ursprung, die Herstellungsart, die Preisbemessung von Waren oder gewerblichen Leistungen, über die Art des Bezugs oder die Bezugsquellen von Waren, über den Besitz von Auszeichnungen, über den Anlaß oder Zweck des Verkaufs oder über die Menge der Vorräte unrichtige Angaben macht, die geeignet sind, den Anschein eines besonders günstigen Angebots zu machen.

08. In welchen Einzelfällen liegt unlauterer Wettbewerb vor?

In folgenden Fällen haben Gerichte unlauteren Wettbewerb festgestellt:
- Werbung durch Telefonanrufe;
- Zusendung unbestellter Ware, sofern noch keine Geschäftsverbindung bestanden hatte;
- Kundenwerbung mit dem Angebot kostenloser Beförderung zum Geschäftslokal;
- die Werbung als Hersteller, wenn tatsächlich Fremdbezug vorliegt.

09. Welche Neuregelungen enthält die UWG-Novelle?

Die Novelle enthält das Verbot der Werbung mit mengenmäßiger Beschränkung (§ 6d), das Verbot der Werbung mit Preisgegenüberstellungen (§ 6e), Neuregelungen des Rechts der Sonderveranstaltungen (§§ 7 u. 8), das Verbot mißbräuchlicher Geltendmachung von Unterlassungsansprüchen (§ 13 Abs. 5), ein Rücktrittsrecht der Verbraucher (§ 13a), eine Streitwertbegrenzung (§ 23a).

10. Was besagt das Verbot der Werbung mit mengenmäßiger Beschränkung (§ 6d)?

Auf Unterlassung einer Werbung kann in Anspruch genommen werden, wer die Angabe einzelner aus dem gesamten Angebot hervorgehobener Waren mengenmäßig beschränkt. Dabei ist es unerheblich, ob es sich bei den einzelnen Angeboten um Sonderangebote oder um sonstige, d.h. normale Angebote handelt. Zulässig ist nur ein Hinweis auf den angebotenen Warenvorrat. Unzulässig ist jedoch der Ausschluß von Wiederverkäufern. Es ist ferner untersagt, den Anschein eines besonders günstigen Angebotes durch Preisangaben oder durch sonstige blickfangmäßig herausgestellte Angaben hervorzurufen und die Abgabe der so beworbenen Gegenstände tatsächlich je Kunden zu beschränken oder an Wiederverkäufer auszuschließen. Diese Vorschrift bedeutet jedoch keinen rechtlichen Kontrahierungszwang.

11. Was bedeutet das Verbot der Werbung mit Preisgegenüberstellungen (§ 6e)?

Es ist (im Gegensatz zur bisherigen gesetzlichen Regelung) unzulässig, für einzelne aus dem gesamten Angebot hervorgehobene Waren oder gewerbliche Leistungen den derzeit geforderten Preis dem früher höheren gegenüberzustellen. Das Verbot der Preisgegenüberstellung erstreckt sich sowohl auf die Innen- als auch auf die Außenwerbung. Unzulässig ist nicht nur die Werbung mit konkreten Preisgegenüberberstellungen, sondern auch die Werbung mit Preissenkungen um einen bestimmten Betrag oder Prozentsatz. Zulässig ist die Gegenüberstellung von eigenen Preisen mit der unverbindlichen Preisempfehlung des Herstellers, sofern nicht der Eindruck erweckt wird, daß man den unverbindlich empfohlenen Preis des Herstellers früher als eigenen Preis gefordert hat. Preisgegenüberstellungen bei Preisangaben in den Medien (Fernsehen, Rundfunk, Zeitungen), in Prospekten oder in der Außenwerbung sind jedoch immer unzulässig.

12. In welchen Fällen gilt das Verbot der Preisgegenüberstellung nicht?

Das Verbot der Preisgegenüberstellung gilt nicht für Preisauszeichnungen, die nicht blickfangmäßig herausgestellt werden. Als Preisauszeichnungen gelten gemäß § 2 der Preisangabenverordnung Auszeichnungen an der Ware, d.h. in den Geschäftsräumen, am Regal, an Verkaufsständen in Schaukästen und Schaufenstern.

13. Wie ist das Recht der Sonderveranstaltungen geregelt?

Alle bisher geltenden Bestimmungen und Verordnungen wurden aufgehoben. Stattdessen wurde das gesamte Recht der Sonderveranstaltungen aufgrund der UWG-Novelle vom 25.10.86 im UWG vereinheitlicht. Sonderveranstaltungen sind grundsätzlich verboten, sofern nicht eine der in Ziffer 78 genannten Ausnahmen vorliegt. Unter Sonderveranstaltungen versteht man: Verkaufsveranstaltungen im Einzelhandel, die außerhalb des regelmäßigen Geschäftsverkehrs stattfinden, der Beschleunigung des Warenabsatzes dienen und den Eindruck hervorrufen, daß besondere Kaufvorteile gewährt werden. Sonderveranstaltungen liegen regelmäßig auch dann vor, wenn Angebote zeitlich befristet werden.

14. Welche Sonderveranstaltungen sind erlaubt?

Sonderangebote,
Schlußverkäufe,
Jubiläumsverkäufe,
Räumungsverkäufe.

15. Was versteht man unter Sonderangeboten?

Sonderangebote liegen gemäß § 7 Abs. 2 UWG vor, wenn einzelne nach Güte und Preis gekennzeichnete Waren ohne zeitliche Begrenzung angeboten werden und sich diese Angebote in den regelmäßigen Geschäftsbetrieb des Unternehmens einfügen.

16. Welche Regelungen gelten für die Schlußverkäufe?

Gemäß § 70 Abs. 3 Ziffer 1 sind Winter- und Sommerschlußverkäufe wie bisher nur für die Dauer von 12 Werktagen, beginnend am letzten Montag im Januar und am letzten Montag im Juli zulässig, jedoch sind die bisher üblichen Restetage entfallen. Neu gefaßt wurde der Warenkatalog der schlußverkaufsfähigen Sortimente. In den Schlußverkäufen dürfen lediglich Textilien, Bekleidung, Schuhwaren, Lederwaren und Sportartikel angeboten werden. Im Hinblick auf die Werbung gilt, daß konkrete Schlußverkaufsangebote bereits früher als kurz vor Beginn des eigentlichen Schlußverkaufs zulässig sind, es muß jedoch ausdrücklich auf das Datum des Beginns des Schlußverkaufs hingewiesen werden, um den Eindruck eines vorgezogenen Schlußverkaufs zu vermeiden.

17. Welche Regelungen gelten für Jubiläumsverkäufe? (§ 7 Abs. 3 Ziffer 2 UWG)

Jubiläumsverkäufe dürfen zur Feier des Bestehens eines Geschäftes nach Ablauf von jeweils 25 Jahren abgehalten werden. Ihre Veranstaltung ist nur zulässig, wenn das Unternehmen den Geschäftszweig, den es bei der Gründung betrieben hat, die angegebene Zeit gepflegt hat. Der Wechsel des Firmennamens oder des Geschäftsinhabers ist bedeutungslos. Am Jubiläumsverkauf dürfen auch Zweigniederlassungen und Verkaufsstellen teilnehmen, die nicht so lange wie das Stammhaus bestehen. Der Jubiläumsverkauf muß in dem Monat beginnen, in den der Jubiläumstag fällt. Die Verkaufszeit beträgt längstens 12 Werktage.

18. Unter welchen Voraussetzungen können Räumungsverkäufe durchgeführt werden?

Der Begriff des Ausverkaufs ist entfallen. Räumungsverkäufe dürfen

a) für die Dauer von höchstens 12 Werktagen durchgeführt werden, soweit sie zur Beseitigung einer Räumungszwangslage erforderlich sind; hierzu zählen Feuer- Wasser- und Sturmschäden und andere vom Veranstalter nicht zu vertretende Ereignisse; ferner Räumungsverkäufe wegen Umbaus. Derartige Räumungsverkäufe sind nur noch zulässig, soweit die Baumaßnahmen nach den baurechtlichen Vorschriften anzeige- oder genehmigungspflichtig sind und eine Räumungszwangslage hervorrufen, die nur durch einen Räumungsverkauf beseitigt werden kann.

b) Für die Dauer von höchstens 24 Werktagen, wegen Aufgabe des gesamten Geschäftsbetriebes, wenn der Geschäftsinhaber mindestens drei Jahre vor Beginn des Räumungsverkaufs keinen Räumungsverkauf wegen Aufgabe eines Geschäftsbetriebs gleicher Art durchgeführt hat. Von dieser Sperregelung darf nur in besonderen Härtefällen abgewichen werden. Nicht zulässig sind hingegen Räumungsverkäufe wegen Aufgabe einer Zweigniederlassung, einer einzelnen Warengattung sowie aus sonstigen Gründen, wie z.B. Umzug, Verkleinerung der Geschäftsfläche, Kündigung des Mietvertrages.

19. Was ist zwecks Durchführung eines Räumungsverkaufs zu beachten?

Räumungsverkäufe wegen höherer Gewalt sind spätestens eine Woche, Räumungsverkäufe wegen Umbaus oder Aufgabe des gesamten Geschäftsbetriebes sind spätestens zwei Wochen vor ihrer erstmaligen Ankündigung bei der zuständigen Industrie- und Handelskammer bzw. Handwerkskammer anzuzeigen. Die Anzeigefrist beginnt erst, wenn die Anzeige einschließlich aller erforderlichen Unterlagen, wie z.B. Bestätigungen der Baubehörden, Warenlisten vollständig vorliegen.

Die Anzeige muß enthalten: den Grund des Räumungsverkaufs, den Beginn und das Ende sowie den Ort des Räumungsverkaufs; Art, Beschaffenheit und Menge der zu räumenden Waren; die Bezeichnung der Verkaufsfläche, die von der Baumaßnahme betroffen ist, falls es sich um einen Umbauräumungsverkauf handelt, bzw. die Dauer der Führung des Geschäftsbetriebes, falls es sich um einen Räumungsverkauf wegen Aufgabe des gesamten Geschäftsbetriebes handelt.

20. Was versteht der Gesetzgeber unter mißbräuchlicher Geltendmachung von Unterlassungsansprüchen?

In den letzten Jahren sind Gebührenvereine entstanden, die für mißbräuchliche Räumungsverkäufe für die Abmahnung solcher Verstöße Gebühren forderten. Die Neuregelung in § 13 Abs. 5 UWG beläßt zwar den Anspruch für die Abmahnung eines Wettbewerbsverstoßes eine Kostenpauschale zu verlangen. Mißbräuchliche Abmahnkosten dürfen jedoch nicht mehr geltend gemacht werden. Dies ist dann der Fall, wenn die Abmahnung vorwiegend dazu dient, gegen den Zuwiderhandelnden einen Anspruch auf Ersatz von Aufwendungen oder Kosten der Rechtsverfolgung entstehen zu lassen.

21. Was versteht man unter dem Rücktrittsrecht der Verbraucher?

Gemäß § 13a UWG steht dem Abnehmer ein Rücktrittsrecht zu, falls er durch unwahre und zur Irreführung geeignete Warenangaben, die für den Abschluß von Verträgen wesentlich sind, zur Abnahme bestimmt worden ist. Der Händler kann auch für das Fehlverhalten des Herstellers in Anspruch genommen werden, sofern der Händler die Unwahrheit der Werbeangabe kannte oder kennen mußte oder sich die Werbung mit dieser Angabe durch eigene Maßnahmen zu eigen machte. Der Abnehmer muß von seinem Rücktrittsrecht unverzüglich Gebrauch machen, nachdem er von den Umständen Kenntnis bekommen hat, die sein Rücktrittsrecht begründen. Das Rücktrittsrecht erlischt sechs Monate nach Abschluß des Vertrages. Im Falle unwahrer Herstellerwerbung hat der Händler einen Regreßanspruch gegen den Hersteller.

22. Was soll mit der Streitwertbegrenzung bei Unterlassungsansprüchen erreicht werden?

Beim Streitwert für Ansprüche auf Unterlassung wegen unlauteren Wettbewerbs ist wertmindernd zu berücksichtigen, wenn die Angelegenheit nach Art und Umfang einfach ist oder eine Belastung einer der beiden Parteien mit den Prozeßkosten nach dem vollen Streitwert angesichts ihrer Vermögens- und Einkommensverhältnisse nicht vertretbar erscheint. Durch diese Regelung soll unseriösen Abmahnenden die Möglichkeit genommen werden, mit überhöhten Streitwerten unangemessene Einnahmen durch Anwaltsgebühren zu erzielen.

2.10.8 Wettbewerbsrecht

23. Was sind die Folgen von Wettbewerbsverstößen?

Wettbewerbsverstöße haben einen Unterlassungsanspruch und einen Schadensersatzanspruch zur Folge. Der Unterlassungsanspruch setzt kein Verschulden voraus und dient der Abwehr künftiger widerrechtlicher Beeinträchtigungen. Die Gerichte nehmen in der Regel in vielen Fällen eine Wiederholungsgefahr an.

Der Schadensersatzanspruch setzt einen vorsätzlichen oder fahrlässigen Verstoß gegen das UWG voraus. Zur Vorbereitung des Schadensersatzanspruches steht dem Verletzten in aller Regel sogar ein Auskunftsanspruch zu.

24. Welche Regelung enthält das Kartellgesetz?

§ 1 des Gesetzes gegen Wettbewerbsbeschränkungen (GWB) verbietet Kartelle grundsätzlich: "Verträge, die Unternehmungen oder Vereinigungen von Unternehmungen zu einem gemeinsamen Zweck schließen und Beschlüsse von Vereinigungen von Unternehmen sind unwirksam, soweit sie geeignet sind, die Erzeugung oder die Marktverhältnisse für den Verkehr mit Waren oder gewerblichen Leistungen durch Beschränkung des Wettbewerbs zu beeinflussen." Bei Verstößen gegen das Kartellgesetz können Bußgelder verhängt werden.

25. Welche Ausnahmen vom Kartellverbot bestehen?

Bestimmte Kartellarten sind zulässig, sie müssen aber mit einer genauen Angabe der Abmachungen und unter Hinzufügung von Stellungnahmen der betroffenen Kunden und Lieferanten bei der Kartellbehörde angemeldet werden. Die Abmachungen werden gültig, sofern ihnen nicht die Kartellbehörde binnen drei Monaten nach der Anmeldung widerspricht.

Weitere Arten von Kartellen können auf Antrag von der Kartellbehörde genehmigt werden, d.h. diese Arten setzen nicht nur eine Anmeldung, sondern auch den Beweis ihrer gesamtwirtschaftlichen Nützlichkeit und Notwendigkeit voraus.

26. Welche Arten von Kartellen sind anmeldepflichtig?

a) Konditionenkartelle. "Verträge und Beschlüsse, die die einheitliche Anwendung allgemeiner Geschäfts-, Lieferungs- und Zahlungsbedingungen zum Gegenstand haben, sind gestattet, sofern sich diese Regelungen nicht auf die Preise beziehen und die Abnehmer und Lieferanten nicht benachteiligen".

b) Rabattkartelle, sofern die Rabatte ein echtes Leistungsentgelt darstellen und nachweislich nicht bestimmte Kunden oder Leistungsstufen einseitig bevorzugen.

c) Normungs- und Typisierungskartelle.

d) Exportkartelle, sofern sich die Absprachen zur Sicherung und Förderung der Ausfuhr ausschließlich auf die Auslandsmärkte beschränken.

e) Kalkulationsverfahrenskartelle, d.h. Absprachen über einheitliche Richtlinien im Rechnungswesen.

27. Welche Arten von Kartellen sind genehmigungspflichtig?

- Strukturkrisenkartelle,
- Rationalisierungskartelle,
- Exportkartelle, die auch den Inlandsmarkt berühren,
- Importkartelle,
- weitere Kartelle, die aufgrund einer Generalklausel abgedeckt sind: Der Bundeswirtschaftsminister kann in Ausnahmefällen Kartelle zulassen, wenn die Beschränkung des Wettbewerbs aus überwiegenden Gründen der Gesamtwirtschaft und des Gemeinwohls notwendig ist oder wenn eine unmittelbare Gefahr für den Bestand des überwiegenden Teiles der Unternehmen eines Wirtschaftszweiges besteht und Kartelle den Bestand der Unternehmen zu garantieren versprechen, sofern keine anderen Maßnahmen zur Erhaltung der gefährdeten Unternehmungen getroffen werden können.

28. Was versteht man unter vertikalen Wettbewerbsbeschränkungen?

Unter vertikalen Wettbewerbsbeschränkungen versteht man Vereinbarungen zwischen verschiedenen Wirtschaftsstufen, d.h. zwischen Händlern und Herstellern. Derartige Vereinbarungen sind verboten, soweit sie einen Vertragsbeteiligten in der Freiheit der Gestaltung von Preisen oder Geschäftsbedingungen bei solchen Verträgen beschränken, die er mit Dritten über die gelieferten Sachen oder über gewerbliche Leistungen abschließt.

29. Welche Ausnahmen bestehen in der vertikalen Preisbindung?

Während früher auch die sog. Preisbindung der zweiten Hand für Markenartikel erlaubt war, ist seit der Kartellnovelle vom 3.8.1973 die Preisbindung durch den Hersteller nur noch für den Buchhandel zulässig. Der Buchhändler ist verpflichtet, die festgelegten Preise der Verlage einzuhalten.

30. Welche Regelungen gelten für Preisempfehlungen?

Preisempfehlungen sind zulässig. Sie müssen jedoch beim Kartellamt angemeldet werden. Entscheidend bei Preisempfehlungen ist es, daß den Abnehmern die Entscheidung darüber bleibt, ob sie der Empfehlung folgen wollen oder nicht.

31. Was versteht man unter Boykott?

Boykott ist der Ausschluß eines bestimmten Unternehmens vom Geschäftsverkehr. Ein solcher Boykott ist verboten.

2.10.8 Wettbewerbsrecht

32. Welche Regelung schreibt das Rabattgesetz vor?

Das Rabattgesetz vom 25.11.1933 regelt den Preisnachlaß an den Letztverbraucher und bestimmt, daß im Einzelverkauf an Letztverbraucher Barzahlungsnachlässe nur bis zu 3 % gestattet und Sonderpreise grundsätzlich verboten sind. Ausnahmen bestehen bei Mengenrabatt für Großverbraucher und für Betriebsangehörige zum Eigenverbrauch. Das früher für Warenhäuser bestehende Verbot der Rabattgewährung ist 1967 durch das Bundesverfassungsgericht für nichtig erklärt worden.

33. Wann darf ein Barzahlungsrabatt eingeräumt werden?

Ein Barzahlungsrabatt darf nur bei sofortiger Barzahlung oder in einer der Barzahlung gleichkommenden Weise (Scheck) gewährt werden.

34. Wer ist Letztverbraucher?

Letztverbraucher ist, wer eine Ware erwirbt, um sie ihrer Bestimmung gemäß zu verwenden und diese Ware nicht weiterveräußert wird.

35. Welche Regelung ist in der Zugabeverordnung enthalten?

Die Zugabeverordnung vom 9.3.1932 enthält in § 1 ein grundsätzliches Verbot von Zugaben, das für sämtliche Stufen der Warenverteilung gilt. Erlaubt sind jedoch Reklamegegenstände von geringem Wert oder handelsübliches Zubehör.

36. Was ist eine Zugabe?

Zugaben sind nach der Rechtsprechung des Bundesgerichtshofes Waren oder Leistungen, die neben der Hauptware oder -leistung ohne besondere Berechnung angekündigt, angeboten oder gewährt werden, um den Absatz der Hauptware oder die Verwertung der Hauptleistung zu fördern.

37. Was ist der Zweck der Zugabeverordnung?

Die Zugabeverordnung will klare Preisübersichten ermöglichen und verhindern, daß der Käufer irregeführt wird und annimmt, er bekomme etwas kostenlos, was tatsächlich bereits im Preis der Hauptware einkalkuliert ist.

38. Welche Vorschriften bestehen im Hinblick auf die Preisauszeichnung?

Die Preisauszeichnungspflicht ist in der Verordnung zur Regelung der Preisangaben vom 14.03.1985 enthalten. Diese beruht auf Artikel 1 Abs. 1 des Gesetzes zur Regelung der Preisangaben vom 03.12.1984 (BGBl I S. 1429) und aufgrund des § 34c Abs. 3 Satz 1 Nr. 6 der Gewerbeordnung in der Fassung der Bekanntmachung vom 01.01.1978 (BGBl. I S. 97). Eine vollständige Neufassung des Rechts der Preisauszeichnung war notwendig geworden, weil das Bundesverfassungsgericht die gesamten bislang gültigen Rechtsgrundlagen der Preisauszeichnung für nichtig erklärt hatte.

39. Was besagt die Preisauszeichnungspflicht?

Bei Angeboten von Waren oder Leistungen an Letztverbraucher oder bei der Werbung sind die Preise anzugeben, die einschließlich der Umsatzsteuer und sonstiger Preisbestandteile unabhängig von einer Rabattgewährung zu zahlen sind (Endpreise). Soweit es der allgemeinen Verkehrsauffassung entspricht, sind auch die Verkaufs- oder Leistungseinheit und die Gütebezeichnungen anzugeben, auf die sich die Preise beziehen. Die Angaben müssen im übrigen nach der allgemeinen Verkehrsauffassung und den Grundsätzen von Preisklarheit und Preiswahrheit entsprechen. Sie müssen dem Angebot oder der Werbung eindeutig zugeordnet, leicht erkennbar und deutlich lesbar sein. Bei der Aufgliederung von Preisen sind die Endpreise hervorzuheben.

40. Welche Vorschriften gelten für die Preisauszeichnung bei Leistungen?

Wer Leistungen anbietet, hat ein Preisverzeichnis mit den Preisen für seine wesentlichen Leistungen oder seine Verrechnungssätze aufzustellen und zur Einsichtnahme am Ort des Leistungsangebotes bereitzustellen.

41. Welche Vorschriften gelten für die Preisauszeichnung bei Krediten?

Bei Krediten ist als Preis die Gesamtbelastung pro Jahr in einem Vomhundertsatz des Kredits anzugeben und als effektiver Jahreszins oder, wenn eine Änderung des Zinssatzes oder anderer preisbestimmender Faktoren vorbehalten ist, als "anfänglicher effektiver Jahreszins" zu bezeichnen. Zusammen mit dem anfänglichen effektiven Jahreszins ist auch anzugeben, wann preisbestimmende Faktoren geändert werden können und auf welchen Zeitraum Belastungen verrechnet worden sind.

42. Welche Vorschriften bestehen für die Preisauszeichnung im Gastgewerbe?

Inhaber von Gaststättenbetrieben haben Preisverzeichnisse für Speisen und Getränke aufzustellen und in hinreichender Zahl auf den Tischen aufzulegen oder jedem Gast vor Entgegennahme von Bestellungen und auf Verlangen bei Abrechnung vorzulegen. Neben dem Eingang zur Gaststätte ist ein Preisverzeichnis anzubringen, aus dem die Preise für die wesentlichen Getränke und bei regelmäßigem Angebot warmer Speisen an jedermann die Preise für die Gedecke und Tagesgerichte ersichtlich sind. Inhaber von Beherbergungsbetrieben haben in jedem zur Beherbergung dienenden Zimmer ein Preisverzeichnis anzubringen, aus dem der Zimmerpreis je nach der Art der Vermietung und der Frühstückspreis ersichtlich sind.

2.10.8 Wettbewerbsrecht

43. Welche Vorschriften gelten für die Preisauszeichnung bei Tankstellen und Parkplätzen?

Inhaber von Tankstellen haben ihre Kraftstoffpreise so auszuzeichnen, daß sie für den heranfahrenden Kraftfahrer deutlich lesbar sind. Wer für weniger als einen Monat Garagen, Einstellplätze oder Parkplätze vermietet oder bewacht oder Kraftfahrzeuge verwahrt, hat am Anfang der Zufahrt ein Preisverzeichnis anzubringen, aus dem die von ihm geforderten Preise ersichtlich sind.

44. Welche Ausnahmen bestehen für die Preisauszeichnungspflicht?

Eine Preisauszeichnungspflicht braucht u.a. nicht vorgenommen zu werden:

a) bei Angeboten oder in der Werbung gegenüber Letztverbrauchern, die die Ware oder Leistung in ihrer selbständigen, beruflichen oder gewerblichen oder in ihrer behördlichen oder dienstlichen Tätigkeit verwenden,

b) auf Waren und Leistungen, soweit für sie aufgrund von Rechtsvorschriften eine Werbung untersagt ist,

c) auf mündliche Angebote, die ohne Angaben von Preisen abgegeben werden ,

d) auf Warenangebote bei Versteigerungen,

e) auf Kunstgegenstände, Sammlerstücke und Antiquitäten,

f) auf Waren, die in Werbevorführungen angeboten werden, sofern der Preis der jeweiligen Ware bei deren Vorführung und unmittelbar vor Abschluß des Kaufvertrages genannt wird,

g) auf Blumen und Pflanzen, die unmittelbar vom Freiland, Treibbeet oder Treibhaus verkauft werden,

h) auf Waren, die ein Unternehmer Letztverbrauchern ausschließlich im Namen und für Rechnung anderer Gewerbetreibender anbietet, die diese Waren nicht vorrätig haben und aus diesem Grunde die Letztverbraucher an den Unternehmer verweist,

i) bei Leistungen, die üblicherweise aufgrund von schriftlichen Angeboten oder schriftlichen Voranschlägen erbracht werden,

j) bei künstlerischen, wissenschaftlichen und pädagogischen Leistungen, von diesen Ausnahmen sind jedoch nicht Leistungen in Konzertsälen, Theatern, Kinos, Schulen und Institutionen erfaßt.

2.10.9 Vorschriften des Gewerberechts

01. Welche Rechtsgrundlagen bestehen für das Gewerberecht?

Wesentliche Rechtsgrundlage für das Gewerberecht ist die Gewerbeordnung von 1869 i.d.F. vom 26.7.1900 mit Änderungen bis zum 29.7.1976. Daneben bestehen Sonderregelungen, wie z.B. in der Handwerksordnung für das Handwerk, im Ladenschlußgesetz, im Arzneimittelgesetz, im Gaststättengesetz und im Einzelhandelsgesetz.

02. Was versteht man unter Gewerbe?

Unter Gewerbe versteht man im Sinne der Gewerbeordnung jede auf dauernde Gewinnerzielung gerichtete gleichmäßig fortgesetzte und erlaubte Tätigkeit mit Ausnahme der Urproduktion und der freien Berufe.

03. Was versteht man unter Gewerbefreiheit?

Nach § 1 der Gewerbeordnung ist jedermann der Beruf eines Gewerbes gestattet, sofern er die gesetzlichen Voraussetzungen erfüllt. Es bestehen jedoch Einschränkungen zur Wahrung der öffentlichen Gesundheit und Sicherheit. Bedürfnisprüfungen sind jedoch unzulässig.

04. Welche Einschränkungen bestehen bei der Berufsausübung im Rahmen der Gewerbefreiheit?

Für bestimmte Gewerbetätigkeiten sind Sonderregelungen erlassen. Diese betreffen Erlaubnisse für Schank- und Gastwirtschaften, den Handel mit Sportwaffen und -munition, die Herstellung von Arzneimitteln, die Maklertätigkeit, das Reisegewerbe, den Güterverkehr, das Pfandleihgewerbe, das Versteigerergewerbe, den Handel mit unedlen Metallen.

05. Welche Vorschriften bestehen bei der Ausübung eines Gewerbes?

Der Beginn des selbständigen Betriebes eines Gewerbes oder einer Zweigniederlassung sowie wesentlicher Veränderungen sind der für den betreffenden Ort zuständigen Behörde anzuzeigen. Anzeigepflichtig ist der Inhaber des Gewerbebetriebes. Die Anzeige kann auch durch einen Stellvertreter erfolgen. Mit der Anzeige erfolgt auch die Meldung nach der Abgabenordnung und die Zugehörigkeit zur Industrie- und Handelskammer.

06. Welche Vorschriften bestehen im Hinblick auf den Namen?

Es besteht ein Namenszwang. Mithin sind alle Gewerbetreibenden verpflichtet, ihren Familiennamen mit mindestens einem ausgeschriebenen Vornamen an der Außenseite des Gewerbebetriebes in deutlich lesbarer Schrift anzubringen. Kaufleute, die eine Firma führen, müssen außerdem den Firmennamen anbringen.

07. Wann liegt ein stehendes Gewerbe vor?

Ein stehender Gewerbebetrieb ist ein Betrieb mit einer gewerblichen Niederlassung. Eine gewerbliche Niederlassung liegt vor, wenn der Gewerbetreibende einen zum dauernden Gebrauch dienenden eingerichteten ständig oder in regelmäßiger Wiederkehr von ihm benutzten Raum für den Betrieb eines Gewerbes besitzt.

08. Welche Regelungen gelten im Todesfall des Gewerbetreibenden?

Das Gewerbe darf nach dem Tode des Gewerbetreibenden für Rechnung des überlebenden Ehegatten oder für die minderjährigen Erben durch einen nach der Gewerbeordnung befähigten Stellvertreter fortgeführt werden. Für einzelne Gewerbe bestehen jedoch Sondervorschriften.

09. Wer überwacht die Gewerbebetriebe?

Alle Gewerbebetriebe unterliegen der Gewerbeaufsicht, die in der Regel von den Gewerbeaufsichtsämtern ausgeübt wird.

10. Wann erfolgt eine Gewerbeuntersagung?

Nach § 35 Abs. 1 der Gewerbeordnung ist die Ausübung eines Gewerbes ganz oder teilweise zu untersagen, wenn Tatsachen vorliegen, die die Unzuverlässigkeit eines Gewerbetreibenden oder einer mit der Leitung des Gewerbebetriebes beauftragten Person in bezug auf dieses Gewerbe dartun, sofern die Untersagung zum Schutz der Allgemeinheit oder der im Betrieb Beschäftigten erforderlich ist. Mithin kann jedem, der nicht die Gewähr dafür bietet, daß er sein Gewerbe ordnungsgemäß betreibt, die Erlaubnis entzogen werden. Es handelt sich dabei um eine Mußvorschrift. Unzuverlässigkeit setzt kein Verschulden voraus. Allerdings hat die Behörde zu prüfen, ob nicht nach dem Grundsatz der Verhältnismäßigkeit von Zweck und Mitteln weniger einschneidende Maßnahmen ausreichend sind als eine Gewerbeuntersagung bzw. Betriebsschließung.

11. Welche Aufgabe hat das Gewerbezentralregister?

Seit dem 01.01.1976 ist in Berlin ein Gewerbezentralregister beim Bundeszentralregister eingerichtet. In dieses Gewerbezentralregister werden Verwaltungsentscheidungen wegen Unzuverlässigkeit oder Ungeeignetheit, Verzichte auf Gewerbezulassungen während eines Rücknahme- oder Widerrufsverfahrens und gewerbebezogene Bußgelder bei Bußen von mindestens 200 DM eingetragen.

2.10.10 Sonstige Rechtsvorschriften

1. Welche Vorschriften bestehen zur Kennzeichnung von Lebensmitteln?

Durch Verordnung zur Neuordnung lebensmittelrechtlicher Kennzeichnungsvorschriften vom 22.12.1981 ist das gesamte bisher geltende Recht der Lebensmittelkennzeichnung grundlegend geändert worden. In die genannte Verordnung sind die geänderte Lebensmittel-Kennzeichnungsverordnung und die Zusatzstoff-Zulassungsverordnung einbezogen worden. Gleichzeitig wurden zahlreiche Verordnungen den neuen lebensmittelrechtlichen Bestimmungen angepaßt. Hierzu zählen: die Diätverordnung, die Verordnung über vitaminisierte Lebensmittel, die Fleisch-Verordnung, die Hackfleisch-Verordnung, die Eierprodukte-Verordnung, die Butter-Verordnung, die Käse-Verordnung, das Getreidegesetz, die Fruchtsaft-Verordnung, die Fruchtsirup-Verordnung, die Speiseeis-Verordnung, die Kaugummi-Verordnung, die Kaffee-Verordnung, das Weingesetz und die Weinordnung, die Schaumwein-Branntwein-Verordnung, die Aromen-Verordnung, die Essig-Verordnung.

Die Lebensmittel-Kennzeichnungsverordnung bestimmt, daß alle Lebensmittel (mit Ausnahme namentlich aufgeführter Erzeugnisse, die in besonderen Verordnungen aufgezählt sind) in Fertigpackungen gewerbsmäßig nur in Verkehr gebracht werden, wenn sie folgende Angaben enthalten: die Angabe der Verkehrsbezeichnung, die Namensangabe des Herstellers, des Verpackers oder eines in der EG niedergelassenen Verkäufers, das Verzeichnis der Zutaten, das Mindesthaltbarkeitsdatum. Ausnahmen von der Verpflichtung zur Kennzeichnung bestehen lediglich für Kleinstpackungen oder für Portionspackungen im Rahmen einer Mahlzeit in Gaststätten.

02. Welche Sondervorschriften bestehen außerdem?

Für bestimmte Lebensmittel sind weitere Angaben erforderlich. Diese betreffen Fleisch, Fisch, Krusten-, Schalen- und Weichtiere und erfordern die Angabe der Tierart. Bei Speisefetten muß die Fettart und bei Rohr- und Rübenzucker die Bezeichnung der Sorte angegeben sein.

03. Welche zusätzlichen Kennzeichnungsvorschriften bestehen außerdem?

Erforderlich ist bei allen Lebensmitteln die unverschlüsselte Angabe des Herstellungs-, Abpackungs- oder Abfülldatums bzw. die Mindesthaltbarkeitsdauer bei allen Lebensmitteln tierischer Herkunft sowie eine Datumsangabe nach Tag, Monat und Jahr zur Kenntlichmachung der Abpackungszeit bzw. des Mindesthaltbarkeitszeitpunktes. Der Hinweis auf Tag und Monat kann entfallen, wenn das Erzeugnis mindestens ein Jahr haltbar ist. Diese Regelung entfällt für in Scheiben geschnittene Wurst- oder Fleischwaren, bei denen eine schnellere Verderbnis als bei Stückware angenommen wird. Bei tiefgefrorenen Lebensmitteln, sterilisierter Milch und Sahne und deren Erzeugnissen sowie bei Dauerwurst und Rauchfleisch ist die Haltbarkeit lediglich nach Monat und Jahr anzugeben.

04. Welche Regelungen enthält das Eichgesetz?

Das Maß- und Eichwesen ist im Eichgesetz vom 11.07.1969 geregelt, und zwar sind dort vorbeugende Maßnahmen zur Richtighaltung der Meßgeräte, d.h. eine Eichpflicht, im geschäftlichen und amtlichen Verkehr vorgeschrieben. Amtliche Einheiten sind das Meter und das Kilogramm.

2.10.10 Sonstige Rechtsvorschriften

05. Welche Vorschriften gelten für Fertigpackungen?

§ 17 des Eichgesetzes schreibt vor, daß Fertigpackungen zur Abgabe an Letztverbraucher mit Lebensmitteln, Futtermitteln für Heimtiere und freilebende Vögel, Wasch- und Reinigungsmitteln, kosmetischen Mitteln, Putz- und Pflegemitteln, Klebstoffen, gebrauchsfertigen Lacken und Anstrichmitteln sowie Mineralölen und Brennstoffen in Nennfüllungen von nicht weniger als 10 g oder Milliliter und nicht mehr als 10 kg oder Liter, den Preis für ein kg oder Liter, oder wenn die Nennfüllmenge 250 g oder Milliliter nicht übersteigt, den Preis für 100 g oder Milliliter des Erzeugnisses enthalten müssen.

06. Welche Ausnahmen für Fertigpackungen gibt es?

Ausnahmen für Fertigpackungen sind ausdrücklich in den §§ 17 und 17b des Eichgesetzes enthalten und betreffen im wesentlichen:

a) Nennfüllungen von weniger als 10 g oder Milliliter und mehr als 10 kg oder Liter,
b) Waren an ausschließlich gewerbliche Letztverbraucher,
c) Packungen, die als Gratisproben gekennzeichnet sind,
d) Zigaretten und Rauchtabak,
e) Luxuslebensmittel,
f) Fertigmahlzeiten,
g) Packungen, die nur in bestimmten Standardgrößen in den Verkehr gebracht werden dürfen,
h) Mittel, die ausschließlich der Färbung und Verschönerung der Haut dienen,
i) Kleinpreisartikel zu Preisen von 0,10; 0,20; 0,30; 0,40; 0,50; 0,60; 0,70; 0,80; 0,90 DM oder 1 DM.

Einige Ausnahmen ergeben sich auch aus § 9 der Fertigpackungsverordnung sowie aus den Anlagen 1 und 3 hierzu. Dort sind Standardreihen für einzelne flüssige Lebensmittel angegeben, die in keinen anderen Mengenwerten abgegeben werden dürfen.

07. Was versteht das Eichgesetz unter Fertigpackungen?

Fertigpackungen im Sinne des Gesetzes sind Erzeugnisse in Verpackungen beliebiger Art, die in Abwesenheit des Käufers abgepackt und verschlossen werden, wobei die Menge des darin enthaltenen Erzeugnisses ohne Öffnen oder merkliche Veränderung der Verpackung nicht verändert werden kann.

Im Sinne dieses Gesetzes ist;

a) Füllmenge: die Menge, die eine einzelne Fertigpackung enthält,
b) Nennfüllmenge: die auf oder neben der Fertigpackung angegebene Menge,
c) Inverkehrbringen: das Anbieten, Vorrätighalten zum Verkauf oder Feilbieten.

08. Was besagt die sog. Füllmengenregelung?

Fertigpackungen gleicher Nennfüllmenge dürfen gewerblich nur so hergestellt oder eingeführt werden, daß die Füllmenge zum Zeitpunkt der Herstellung im Mittel die Nennfüllmenge nicht unterschreitet.

09. Wie müssen Fertigpackungen gekennzeichnet sein?

Fertigpackungen dürfen gewerbsmäßig nur in den Verkehr gebracht werden, wenn auf ihnen leicht erkennbar und deutlich lesbar die Menge nach Gewicht, Volumen oder Stückzahl oder in einer Größe angegeben ist. Für die meisten Erzeugnisse gelten jedoch die Vorschriften des § 17 Eichgesetz.

10. Was ist der Zweck der Fertigpackungsverordnung?

Die Verordnung über Fertigpackungen vom 20.12.1976 beinhaltet die verbindliche Standardisierung der Flaschen als Maßbehältnisse, die Füllmengen- und Grundpreiskennzeichnung von Fertigpackungen und die Abweichungen bei Füllmengen von Fertigpackungen sowie Vorschriften für unverpackte Backwaren. Die Fülle der Detailregelungen ist in mehreren Anlagen festgehalten, in denen z.B. auch festgestellt ist, in welchen Mengen Butter oder Margarine abgegeben werden dürfen.

2.11 Grundlagen der Statistik

2.11.1 Betriebswirtschaftliche Statistik und ihre wesentlichen Aufgaben

01. Was ist Statistik und was ist ihre Aufgabe?

Der Name Statistik leitet sich von dem lateinischen Wort status = Zustand ab und bedeutet systematische Gewinnung, Verarbeitung, Darstellung und Analyse von zahlenmäßig erfaßbaren Tatsachen oder Erscheinungen aufgrund wissenschaftlicher Methoden. Voraussetzung jeder Statistik ist das Vorhandensein einer größeren Anzahl von gleichwertigen Gegenständen oder Merkmalen, denn zählen und auswerten läßt sich nur Gleichartiges.

02. Womit beschäftigt sich die Statistik?

Die Statistik beschäftigt sich mit Bestandsmassen und Bewegungsmassen. Bestandsmassen sind Massen, die einen Zustand zu einem bestimmten Zeitpunkt wiedergeben, wie z.B. die Zahl der Betriebe an einem genau festgelegten Tag. Bewegungsmassen, sind Massen, die in einen bestimmten Zeitraum fallen, wie z.B. die Zahl der in einem Jahr in Deutschland beschäftigten Gastarbeiter.

03. Was ist eine Grundgesamtheit?

Unter Grundgesamtheit wird die Summe aller gleichartigen Gegenstände oder Merkmale verstanden.

04. Wie werden Daten gesammelt?

Muß das Material selbst gesammelt werden, spricht man von einer primärstatistischen Erhebung. Kann auf Material zurückgegriffen werden, das bereits zu einem anderen Zweck gesammelt wurde, spricht man von einer sekundärstatistischen Untersuchung.

05. Was ist eine Stichprobe?

Anstelle der vollständigen Erfassung aller Daten genügt aus Kosten- oder Zeitgründen vielfach eine Stichprobe, die als eine Mehrheit von Einzelfällen interpretiert werden kann. Eine Stichprobe muß nach dem Zufallsprinzip aus einer Grundgesamtheit gezogen werden und die Grundgesamtheit repräsentativ widerspiegeln. Die Stichprobe kann daher als Abbildung dieser Grundgesamtheit mit verkleinertem Maßstab angesehen werden. Die Anzahl der in der Stichprobe auftretenden Zahlenwerte wird Umfang der Stichprobe genannt.

06. Was ist betriebswirtschaftliche Statistik?

Die betriebswirtschaftliche Statistik ist ein Teilgebiet der theoretischen und der angewandten Sozialstatistik und befaßt sich mit der zahlenmäßigen Beobachtung und Erforschung der Betriebe und Unternehmungen, d.h. mit betrieblichen und den Betrieb interessierenden außerbetrieblichen Massenerscheinungen und deren Ergebnis.

07. Was ist die Aufgabe der betriebswirtschaftlichen Statistik?

Aufgabe der betriebswirtschaftlichen Statistik ist es, der Betriebs- oder Unternehmensführung Informationen zur Erreichung des Betriebszieles im Hinblick auf Planung, Organisation und Kontrolle zu geben. Die betriebswirtschaftliche Statistik erweitert die Möglichkeit zur Betriebsdurchleuchtung und des Betriebsvergleichs.

08. Was sind die Hauptquellen der betriebswirtschaftlichen Statistik?

Hauptquellen der betriebswirtschaftlichen Statistik sind Angaben aus der Buchhaltung, der Bilanz, der Kosten- und Leistungsrechnung sowie Zahlen von Verbänden, des Staates und der Konkurrenzbetriebe, die für die eigenen betrieblichen Zwecke systematisch ausgewertet werden können und mithin eine Übersicht über alle Vorgänge ermöglichen, die sich zahlenmäßig für die eigene planmäßige Betriebsdisposition verwerten lassen.

09. Was ist die Aufgabe eines Betriebsvergleiches?

Ein Betriebsvergleich soll einen Vergleich der Vorgänge in der eigenen Unternehmung verschiedener Jahre sowie einen Vergleich der eigenen Unternehmung mit anderen Unternehmungen ein- und desselben Jahres ermöglichen.

10. Welchen Umfang nimmt die betriebswirtschaftliche Statistik ein?

Die betriebswirtschaftliche Statistik erstreckt sich auf die betriebswirtschaftlichen Kräfte, d.h. auf die beschäftigten Menschen und auf die betriebswirtschaftlichen Funktionen wie Beschaffung, Produktion, Lagerung, Absatz, Finanzierung. Ferner auf die Statistik der Erfolgsbildung, d.h. des Aufwandes, des Ertrages und des Erfolges.

11. Was sind die wichtigsten Betriebsstatistiken?

Wichtigste Betriebsstatistiken sind Beschäftigungsstatistik, Arbeitszeitstatistik, Lohn- und Gehaltsstatistik, Beschaffungsstatistik, Lagerstatistik, Produktions- bzw. Fertigungsstatistik, Absatzstatistik, Finanzstatistik, Preisstatistik, Kostenstatistik.

2.11.1 Betriebswirtschaftliche Statistik und ihre wesentlichen Aufgaben

12. Welche Bedeutung haben die einzelnen aufgeführten Betriebsstatistiken?

Die Bedeutung ist je nach der Art des Betriebes verschieden. Ein Produktionsbetrieb z.b. wird mehr Wert auf die Erzeugung legen und seine Statistik überwiegend nach Gesichtspunkten des Auftragsbestandes, des Auftragseinganges, der Produktionsanlagen und deren Nutzung, der mengen- und wertmäßigen Herstellung von Halb- und Fertigfabrikaten, dem Ausschuß, dem Materialverbrauch, der Produktionsleistungen, der Erfassung der Kosten nach Kostenarten und Kostenstellen und der Arbeitsintensität gliedern, während ein Handelsunternehmen mehr Wert auf die Aufgliederung des Umsatzes nach Bezirken, Abteilungen, Handelsvertretern, Lagerhaltung, Art des Verkaufs, Einkauf nach Mengen, Preisgruppen, Werten, Zeitabschnitten, die Liquidität, die Außenstände sowie Schulden nach Kunden und Fälligkeit legen wird.

13. Welche Aufgaben werden mit Hilfe der Beschäftigungsstatistik erfaßt?

Die Beschäftigungsstatistik befaßt sich einmal mit dem Bestand, dem Zugang und der Fluktuation der Beschäftigten, ihrer Aufteilung in einzelne Abteilungen mit Krankheitsfällen und Kündigungen sowie zum anderen mit Angaben über die Arbeitszeit und über Löhne und Gehälter.

14. Welche Angaben werden mit Hilfe der Beschaffungsstatistik erfaßt?

Die Beschaffungsstatistik befaßt sich mit Daten der Beschaffung, wie Preisen, Anbieter, der wert- und mengenmäßigen Erfassung der Aufträge, den eingekauften Waren nach Preisen, Mengen, Wert und Qualität.

15. Welche Aufgaben werden mit Hilfe der Lagerstatistik erfaßt?

Die Lagerstatistik erfaßt die lagernden Erzeugnisse nach Art, Menge, Wert und Lagerdauer und dient insbesondere der Ermittlung des Lagerbestandes und des Lagerumschlages.

16. Welche Angaben werden mit Hilfe der Produktions- bzw. Fertigungsstatistik erfaßt?

Sie gibt eine Übersicht über die Gesamtproduktion und die Aufteilung in einzelne Produkte und Produktgruppen. Dabei kommt es vor allem auf die Vergleichbarkeit der verbrauchten Roh-, Halb- und Fertigfabrikate, der Arbeits- und Maschinenleistungen sowie des Ausschusses, der Aufträge und der Kosten an.

17. Welche Angaben werden mit Hilfe der Absatzstatistik erfaßt?

Die Absatz- oder auch Umsatzstatistik erfaßt die Entwicklung des Gesamtumsatzes, aufgeteilt in Erzeugnisse, Absatzgebiete und Monatsumsätze. Die einzelnen Werte werden nach Menge, Wert, Qualität, Filialen, Artikelgruppen usw. unterschieden. Andere Gliederungskriterien sind die Art der Bezahlung, die Aufgliederung nach der Art der Bezieher, die Höhe der Aufträge, der durchschnittlichen Aufträge usw. Oft ist eine Absatzstatistik mit einer Statistik des Werbeerfolges verknüpft. Ferner sind die Höhe der Verkaufskosten, die Verkaufsentwicklung, die Kaufkraftentwicklung, die Verkaufsförderungsmaßnahmen sowie die Retouren und Mängelrügen interessant. Beim Einsatz von Reisenden kann die Zahl der Aufträge, die gesamte Auftragssumme, die Zahl der besuchten Kunden usw. erfaßt werden. Wichtig ist jedoch, daß unter Umsatz überall dasselbe verstanden wird (z.B. müssen die Rabatte abgezogen werden).

18. Welche Angaben werden mit Hilfe der Preis- und Kostenstatistik erfaßt?

Mit Hilfe der Preis- und Kostenstatistik werden die gezahlten und die erzielten Preise und die Entwicklung der Kosten und der Kostenarten erfaßt.

19. Welche Angaben werden mit Hilfe der Finanzstatistik erfaßt?

Die Finanzstatistik erfaßt die Geldein- und -ausgänge, die Bankguthaben und Verbindlichkeiten, die Dauer und Art der Verschuldung, die Liquidität, die Rentabilität, die Investitionen, die Betriebsergebnisse und den Vermögensaufbau.

20. Welchen Aussagewert haben Statistiken und insbesondere betriebswirtschaftliche Statistiken?

Der Aussagewert einer Statistik ist zunächst beschränkt, wenn man nur die allgemeine Zahl betrachtet. Der Aussagewert gewinnt an Bedeutung, wenn man die gewonnene Zahl mit anderen Zahlen in Beziehung setzt und Vergleiche zieht.

2.11.2 Gewinnung des statistischen Ausgangsmaterials

01. Was sind wichtige betriebliche Vergleichszahlen?

Wichtig sind zunächst die betrieblichen Meßzahlen, die Kennzahlen und die Kennziffern. Außerdem die verschiedenen Arten von Verhältniszahlen der statistischen Methodenlehre, insbesondere die Gliederungszahlen, die Beziehungszahlen und die Veränderungs- oder Indexzahlen.

02. Was ist eine Meßzahl?

Eine Meßzahl ist ein Maßstab, der eine gewisse Allgemeingültigkeit hat bzw. einen relativen Wert darstellt und somit eine Bezugsgröße ist, mit der eine Entscheidung getroffen werden kann.

03. Was sind Kennzahlen?

Kennzahlen sind betriebswirtschaftliche Zahlen, die auf bestimmten betrieblichen Daten beruhen und eine konkrete und konzentrierte Aussage über diese Zahlen zulassen. Kennzahlen haben den Charakter von Richtwerten.

04. Was sind Kennziffern?

Kennziffern sind Richtzahlen für eine Vielzahl von Betrieben eines Wirtschaftszweiges.

05. Was sind Gliederungszahlen?

Die unmittelbar aus statistischen Erhebungen und Beobachtungen gewonnenen Zahlen sind absolute Zahlen, die den Wert oder die Menge eines Tatbestandes oder Vorganges angeben. Absolute Zahlen haben jedoch häufig nur einen geringen Aussagewert. Gliederungszahlen hingegen setzen Teile oder absolute Zahlen in ein Verhältnis zum Ganzen. Typisches Beispiel sind Prozentzahlen.

06. Was sind Beziehungszahlen?

Beziehungszahlen sind begrifflich verschiedene, einander gleichgeordnete Größen, die Aussagen über das Verhältnis zweier Größen oder Massen, die sachlich miteinander in Beziehung stehen, zulassen, wie z.B. das Gehalt pro Kopf eines Angestellten.

07. Was sind Veränderungs- oder Indexzahlen?

Veränderungs- oder Indexzahlen sind begrifflich gleichartige, zeitlich unterschiedliche Größen, die das Verhältnis zweier Größen oder Massen gleicher Art zu verschiedenen Zeitpunkten angeben. Gebräuchlich ist besonders der Begriff Indexziffer. Eine Indexziffer ist eine Zahl, die an der Grundzahl Index = 100 gemessen wird.

08. Was sind wichtige betriebswirtschaftliche Kennzahlen aus der amtlichen Statistik?

Das Statistische Bundesamt veröffentlicht regelmäßig eine Vielzahl betriebswirtschaftlicher Kennzahlen, z.B. den durchschnittlichen Monatsumsatz je Beschäftigten in DM, den Export in Prozenten des Umsatzes, die Personalkosten in Prozenten des Umsatzes, den Index des Auftragseinganges oder den Auftragseingang in Prozenten des Umsatzes.

09. Was sind die Haupterfordernisse der statistischen Erhebung?

Eine statistische Erhebung ist an folgende Voraussetzungen gebunden: Es muß eine eindeutige Abgrenzung der Erhebungseinheiten gegen verwandte, nicht zu erhebende Erscheinungen gegeben sein, ferner eine Abgrenzung der Erhebungsmerkmale und eine Klarheit der Fragen sowie eine Vollständigkeit der Erfassung gegeben sein. Weiter ist für jede Erhebung ein Stichtag notwendig und eine Kontrolle hinsichtlich der Vollständigkeit, Vollzähligkeit, Einheitlichkeit und Genauigkeit der Erhebung. Man unterscheidet drei Gruppen von Merkmalen: örtliche, zeitliche und sachliche.

10. Was sind die hauptsächlichsten Fehlerquellen einer Erhebung?

Fehlerquellen sind eine falsche Abgrenzung der Erhebungsmerkmale oder der Erhebungseinheiten, eine nicht eindeutige Festlegung der benötigten Merkmale oder Einheiten, Leistungsunfähigkeit der mit der Erhebung Beauftragten, mangelndes Interesse, der Drang nach Vollständigkeit, der beim Befragten zur Veränderung oder zu unvollständigen Angaben führt und auch absichtliches Verfälschen.

11. Was versteht man unter schätzender Statistik?

Unter Schätzung wird die Bestimmung von vermutlichen Zahlengrößen als Ersatz für genau und unmittelbar festgestellte Zahlen verstanden.

12. Welche Verfahren der schätzenden Statistik gibt es?

a) Fortschreibung,
b) Interpolation und Extrapolation, d.h. Weiterführung einer statistischen Reihe durch Einfügen neuer Werte bzw. über den Endpunkt hinaus oder über den Anfangspunkt zurück,
c) schätzende Berechnung. Hierunter wird die Berechnung von Annäherungswerten aus statistisch festgestellten Tatbeständen anderer Art mit Hilfe von Analogieschlüssen verstanden.

2.11.3 Zahlenarten in der Statistik und ihre Verwendung in der Auswertung

01. Was sind statistische Reihen?

Statistische Reihen sind Zusammenstellungen von zusammengehörigen, gleichartigen statistischen Größen. Die einzelnen Werte einer Reihe bezeichnet man als Reihenwerte. Die Gleichartigkeit einer Reihe ist dann gegeben, wenn man die einzelnen Größen unter einem gemeinsamen Oberbegriff unterordnen kann.

02. Wie kann man statistische Reihen gliedern?

a) in artmäßige oder kategoriale Reihen,
b) in Häufigkeitsreihen oder Frequenzreihen,
c) in Zeitreihen.

03. Was versteht man unter kategorialen Reihen?

Kategoriale Reihen sind unechte Reihen, weil sie keinen logisch zwingenden Reihungsgrund haben. Zum Beispiel kann bei einer Berufsgliederung willkürlich mit der Reihenbildung begonnen werden.

04. Was bezeichnet man als Frequenzreihen und als Zeitreihen?

Frequenzreihen haben in der Zahlenreihe und Zeitreihen im Zeitablauf einen zwingenden Reihungsgrund. Zum Beispiel muß bei einer Altersgliederung mit dem ersten Jahr begonnen werden. Man bezeichnet Häufigkeitsreihen und Zeitreihen daher auch als echte Reihen.

05. Welchem Zweck dienen statistische Erhebungen?

Statistische Erhebungen sind das statistische Urmaterial. Die Erhebungsergebnisse müssen anschließend aufbereitet und danach dargestellt werden.

06. Was ist der Zweck einer Aufbereitung?

Die Aufbereitung hat den Zweck, die in der Erhebung gewonnenen Einzelangaben in Zahlenform zu gliedern, d.h. alle gleichartigen Fälle zusammenzufassen und nach Erhebungsmerkmalen zu gliedern.

07. Wie wird eine Aufbereitung vorgenommen?

Die Aufbereitung wird in der Weise vorgenommen, daß alle in einer Erhebung erfaßten Tatbestände in Gruppen gleicher Art zusammengefaßt werden. Die Einteilung erstreckt sich auf räumliche, zeitliche und sachliche Gesichtspunkte. Es kann manuell oder maschinell aufbereitet werden. Die manuelle Aufbereitung wird mit einer Strichliste oder nach dem Legeverfahren durchgeführt, während bei einer maschinellen Verarbeitung die Ergebnisse auf einem Datenträger festgehalten werden. Bei der Verwendung von Datenträgern müssen auch qualitative Merkmale in Ziffern übertragen werden. Zu diesem Zweck bedient man sich eines Schlüssels, der für jede Angabe eine Zahlenkombination vorsieht.

2.11.4 Darstellungsmethoden

01. Wie wird die statistische Darstellung vorgenommen?

Die statistische Darstellung wird in Form von Tabellen oder Schaubildern insbesondere Diagrammen vorgenommen. Diese Form der Darstellung soll dazu dienen, die Ergebnisse einer statistischen Erhebung besser überschaubar zu machen.

02. Wie muß eine Tabelle gestaltet werden?

Eine Tabelle soll in sich verständlich sein und möglichst wenig Einteilungen enthalten. Es ist in vielen Fällen nicht einfach, eine Tabelle so übersichtlich zu gestalten, daß sie Beachtung findet, verstanden wird und aussagefähig ist. Mit jeder statistischen Darstellung ist letztlich immer eine Straffung des Urmaterials verbunden. Auch können Tabellen mit unübersichtlicher Darstellung oder mit tendenzieller Hervorhebung bestimmter Merkmale trotz der Richtigkeit der zugrundeliegenden Zahlen beim Betrachter zu falschen Schlußfolgerungen führen.

Man unterscheidet bei jeder Tabelle Textteil und Zahlenteil. Der Textteil zerfällt in Kopf- und Vorspalte, die von dem eigentlichen Zahlenteil erkennbar getrennt sein sollen. Die einzelnen Vorspalten sollen numeriert sein. Ebenso sollen die Einheiten deutlich bezeichnet sein. Die Tabelle soll überdies eine Summenspalte enthalten. Bei Tabellen sollen Leerspalten vermieden werden, damit es keiner näheren Erläuterungen bedarf, weshalb in bestimmten Spalten keine Angaben gemacht worden sind. Überdies sollte jede Tabelle textliche Erläuterungen enthalten, die Auskunft darüber geben, wie die einzelnen Zahlen gewonnen wurden, wie die einzelnen Begriffe zu deuten und was die wesentlichsten sachlichen Ergebnisse sind.

03. Was sind die wichtigsten Schaubilder?

Man unterscheidet Diagramme, das sind Darstellungen statistischer Größen in Form von geometrischen Figuren, und Kartogramme, d.h. Darstellung in Form von Landkarten. Bei den Diagrammen ist zu unterscheiden zwischen:

a) Linien- oder Stabdiagrammen, die die gleiche Basis und die gleiche Breite haben und die Ergebnisse in unterschiedlicher Höhe ausdrücken,

b) Säulendiagramme, die verbreiterte und in sich wiederum gegliederte Stabdiagramme sind,

c) Flächendiagramme, die eine variable Basis und eine ungleiche Breite haben,

d) Kurvendiagramme, die sich insbesondere zur Darstellung sich kontinuierlich verändernder Größen eignen,

e) Körperdiagramme in Form von Quadraten, Rechtecken und Kreisen.

Bei Quadraten und Rechtecken ist nicht nur die Länge, sondern auch die Basis der Säulen variabel. Bei Körperdiagrammen kann man die statistischen Ergebnisse auch in plastischen Figuren ausdrücken, z.B. die Weizenernte in Form von Säcken.

04. Was ist der Zweck von Kartogrammen?

Kartogramme kommen in erster Linie für die Veranschaulichung geographischer Unterschiede in Betracht, wobei die einzelnen Zonen schraffiert oder unterschiedlich gefärbt sind. Bei der Benutzung von Farben verwendet man hellere Farben für niedrige und dunkle Farben für hohe Zahlen. Das Kartogramm bietet gegenüber der Tabelle den Vorzug, daß eine räumliche Verteilung veranschaulicht werden kann.

05. Was sind Beziehungsdiagramme?

Verglichene Größen können zu Beziehungsdiagrammen in einem rechtwinkligen Koordinatensystem zusammengefaßt werden. Zur Veranschaulichung gegenseitiger Beziehungen trägt man auf der x-Achse oder Abzisse die Einheiten der unabhängigen und auf der y-Achse oder Ordinate die Einheiten der abhängigen Variablen ein. Jedem Datenpaar entspricht dann ein bestimmter Punkt im Koordinatenfeld. Das Koordinatensystem kann man jeweils so einteilen, daß gleichen Strecken immer gleichbleibende absolute Werte entsprechen (arithmetische Darstellung). Man kann aber auch jeder Einheit der Skala eine prozentual gleiche Veränderung der Variablen zuordnen (logarithmische Darstellung). Man kennt außerdem noch die halblogarithmische Darstellung, bei der der x-Wert arithmetisch und der y-Wert logarithmisch eingeteilt ist. Eine logarithmische Darstellung ist bei großen Werten oder bei der Darstellung von Werten verschiedener Größenordnungen angebracht.

06. Auf welche Weise lassen sich neben der Darstellung in Tabellen oder Diagrammen statistische Werte ausdrücken?

Man kann neben der Darstellung von Erhebungen in Form von Tabellen und Diagrammen Statistiken auch noch in Kurzform durch Errechnung bestimmter statistischer Meßzahlen ausdrücken. Hierzu eignen sich die Bestimmung eines Mittelwertes und der Streuung.

2.11.5 Statistische Berechnungsmethoden

01. Was ist die Aufgabe des Mittelwertes?

Ein Mittelwert hat die Aufgabe, eine Häufigkeitsverteilung zu charakterisieren und eine statistische Reihe ungleicher Größen durch eine einzige Zahl auszudrücken, die zwischen den extremen Werten dieser Reihe liegt. Man unterscheidet errechnete Mittelwerte und Mittelwerte der Lage.

02. Welche Arten von Mittelwerten werden unterschieden?

Errechnete Mittelwerte sind das arithmetische Mittel, das geometrische Mittel, das quadratische Mittel, das harmonische Mittel und das antiharmonische Mittel. Mittelwerte der Lage sind der Zentralwert und der häufigste Wert.

03. Was ist das arithmetische Mittel?

Das arithmetische Mittel wird in der Praxis am häufigsten angewandt. Man unterscheidet das ungewogene oder ungewichtete und das gewogene oder gewichtete arithmetische Mittel.

04. Wie wird das ungewogene arithmetische Mittel berechnet?

Das ungewogene arithmetische Mittel ist die Summe der Einzelwerte dividiert durch die Anzahl der Fälle:

$$\overline{X} = \frac{x_1 + x_2 + \dots x_n}{n} = \sum_{i=1}^{n} \frac{x_i}{n}$$

05. Wie wird das gewogene arithmetische Mittel berechnet?

Wo das Gewicht der Einzelwerte zur Geltung kommen muß, wird das gewogene arithmetische Mittel angewandt. Das gewogene arithmetische Mittel ist die Summe der Einzelwerte einer Reihe, die mit den Gewichten oder Häufigkeiten multipliziert werden, dividiert durch die Summe der Gewichte oder Häufigkeiten:

$$\overline{X} = x_1 \cdot f_1 + x_2 \cdot f_2 + \dots x_n \cdot f_n = \frac{(x \cdot f)}{\Sigma f}$$

06. Wie wird das geometrische Mittel berechnet?

Beim geometrischen Mittel (X_G) wird das, was beim arithmetischen Mittel addiert wird, multipliziert und das, was dort multipliziert wird, wird hier potenziert und was dort dividiert wird, wird hier radiziert. Das geometrische Mittel ist also die Wurzel aus dem Produkt der Reihenglieder:

$$X_G = \sqrt[n]{x_1 \cdot x_2 \dots x_n}$$

07. Wie wird das gewogene geometrische Mittel berechnet?

Das gewogene geometrische Mittel wird berechnet, indem jeder Einzelwert der Reihe mit einem zugehörigen Gewicht potenziert wird. Diese Werte werden miteinander multipliziert und das Produkt wird durch die Summe der Gewichte radiziert.

$$\overline{X}_G = \sqrt[\sum_{i=1}^{n} f_i]{x_1^{f_1} \cdot x_2^{f_2} \dots x_n^{f_n}}$$

Das geometrische Mittel ist meist kleiner als das arithmetische Mittel. Es kann höchstens gleich dem arithmetischen Mittel sein.

08. Wie wird das quadratische Mittel berechnet?

Beim ungewichteten quadratischen Mittel (Q) wird jeder Reihenwert quadriert und die Summe der quadrierten Reihenwerte addiert. Das Ergebnis wird durch die Zahl der Fälle dividiert und aus dem Quotienten die Quadratwurzel gezogen.

2.11.5 Statistische Berechnungsmethoden

$$\overline{x}_Q = \sqrt{\frac{x_1^2 + x_2^2 \cdots + x_n^2}{n}} = \overline{x}_Q \sqrt{\frac{\sum\limits_{i=1}^{n} x_i^2}{n}}$$

09. Wie wird das harmonische Mittel berechnet?

Das harmonische Mittel (H) ist der reziproke Wert des arithmetischen Mittels aus den reziproken Werten der einzelnen Glieder.

$$\overline{x}_H = \frac{n}{\frac{1}{x_1} + \frac{1}{x_2} + \cdots \frac{1}{x_n}} = \frac{n}{\sum \frac{1}{x_i}}$$

10. Wie wird das gewogene harmonische Mittel berechnet?

Beim gewogenen harmonischen Mittel werden die Einzelwerte einer Reihe mit ihren Gewichten multipliziert, die Produkte werden addiert.

$$\overline{x}_H = \frac{n}{\frac{1}{x_1} \cdot f_1 + \frac{1}{x_2} \cdot f_2 \cdots + \frac{1}{x_n} \cdot f_n} = \frac{\sum f_i}{\sum\limits_{i=1}^{n} \frac{1}{x_i} \cdot f_i}$$

11. Wie wird das antiharmonische Mittel berechnet?

Das antiharmonische Mittel wird nach folgender Formel berechnet:

$$A_H = \frac{\sum a^2}{\sum a}$$

12. Wie wird der Zentralwert (Z) ermittelt?

Der Zentralwert, auch Median genannt, liegt in einer der Größe nach geordneten Reihe von Einzelwerten in der Mitte. Bei ungerader Zahl von Reihenwerten hat er genau soviel Werte über wie unter sich. Bei gerader Zahl von Reihenwerten ist der Zentralwert das arithmetische Mittel der beiden mittleren Reihenwerte. Damit also der Zentralwert überhaupt ermittelt werden kann, muß eine Reihe der Größe nach geordnet werden

$$Z = \frac{n+1}{2}$$

13. Wie wird der häufigste Wert (Modul) ermittelt?

Der Modul (Mo) ist der Wert, der in einer Reihe am häufigsten vorkommt. Er ist in vielen Statistiken leicht zu schätzen. Wenn aber eine Reihe keine Häufungsstellen hat, muß er rechnerisch bestimmt werden. Der Modul spielt in der Praxis etwa zur Feststellung der häufigsten Preislage, der häufigsten Einkommenshöhe, der Werbeträger mit dem größten Umsatzerfolg, etc. eine Rolle.

$$Mo = G + \frac{b - a}{2b - a - c} \cdot i$$

Dabei bedeuten: G = der untere Grenzpunkt der Einfallsgruppe; b = die Einfallsgruppe; a = die Gruppe, die vor der Einfallsgruppe liegt, c = die Gruppe, die nach der Einfallsgruppe liegt; i = die Klassenbreite.

14. Was sind die Vorzüge und die Nachteile der wichtigsten Mittelwerte?

Man kann die Vorzüge und die Nachteile der wichtigsten Mittelwerte wie folgt zusammenfassen:

Das arithmetische Mittel ist eindeutig bestimmt und schließt alle Daten einer Reihe oder Gruppe ein, kann jedoch den extremen Werten zu viel Gewicht geben und das Mittel auf einen Punkt legen, in dem nur wenige oder gar keine tatsächlichen Fälle liegen.

Das geometrische Mittel ist eindeutig bestimmt, sofern alle Werte größer als Null sind und kann deshalb nicht verwandt werden, wenn ein Wert Null oder kleiner als Null ist. Es kann außerdem auf einem Punkt liegen, in dem es nur wenige oder gar keine tatsächlichen Fälle gibt.

Der Median schaltet extreme Werte aus und kann für sonst nicht vergleichbare Größen benutzt werden. Auch brauchen nur die Werte der mittleren Größe bekannt zu sein. Er ist jedoch bei unregelmäßiger Verteilung der Werte schwer zu bestimmen.

Der Modus schaltet extreme Werte aus, ist jedoch häufig ebenfalls schwer bestimmbar.

15. Was versteht man unter Streuung?

Der Verlauf einer Reihe ist durch ihren Mittelwert sowie durch die Streuung der Einzelwerte um den Mittelwert gekennzeichnet. Die Streuung sagt aus, ob die Werte nah oder weit voneinander liegen. Man unterscheidet die Wesensstreuung und die Zufallsstreuung. Unter der Wesensstreuung versteht man die bei jedem statistischen Material vorhandene Streuung und unter Zufallsstreuung die Abweichungen, die durch die Zufälligkeiten der beschränkten Beobachtungen zustande kommen.

2.11.5 Statistische Berechnungsmethoden

16. Welche Maße kennt man bei der Wesensstreuung?

Die Variationsbreite oder Schwankungsbreite; der mittlere Viertelswert- oder Quartilsabstand; die einfache mittlere Abweichung und die Standardabweichung oder quadratische mittlere Abweichung.

17. Was ist die Variationsbreite?

Das einfachste Streuungsmaß ist die Spanne zwischen den Grenzwerten der gesamten Reihe. Man nennt sie ihre Variationsbreite, Schwankungsbreite oder Spannweite. Sie wird mit R (Range) bezeichnet.

18. Warum sind rechnerische Streuungsmaße erforderlich?

Die Lage der Extreme einer Reihe kann sehr unbezeichnend für die Streuung innerhalb der Schwankungsbreite sein, so daß genauere, rechnerisch bestimmbare Maße erforderlich werden. Auch ist die Angabe der Schwankungsbreite in absoluten Zahlen jeder Reihe beim Vergleich mehrerer Reihen mit verschiedenen Maßnahmen und verschiedener Niveaulage unzureichend.

19. Wie wird der mittlere Viertelswertabstand oder Quartilsabstand berechnet?

Die Quartile oder Viertelswerte werden in Analogie zum Zentralwert als Zentralwerte aller Reihen unterhalb Q_1 oder oberhalb Q_3 des Zentralwertes berechnet. Es entspricht dem Ordnungswert:
Der mittlere Abstand der Viertelswerte vom Zentralwert ist ein Maß für die

$$Q_1 = \frac{n+1}{4} \text{ und } Q_3 = \frac{3(n+1)}{4}$$

Streuung und ist gleich der Hälfte des Abstandes der Quartile voneinander:

$$Q = \frac{Q_3 - Q_1}{2}$$

20. Wie wird die einfache mittlere Abweichung (d) berechnet?

Die einfache mittlere Abweichung ist wie folgt definiert: Sie ist das arithmetische Mittel der Abweichungen der Reihenwerte vom Mittelwert ohne Berücksichtigung des Vorzeichens. Sie ändert sich mit der Änderung irgendeines Vorzeichens.

Für Kategorialreihen lautet ihre Formel:
Für Frequenzreihen wird die einfache mittlere Abweichung wie folgt definiert:

$$d = \frac{\Sigma(d)}{n}$$

die einfache mittlere Abweichung ist das mit den Frequenzen gewogene arithmetische Mittel der Abstände der Reihenwerte vom Mittelwert, und zwar ohne Berücksichtigung des Vorzeichens:

$$d = \frac{\Sigma(d) \cdot f}{n}$$

21. Wie wird die Standardabweichung berechnet?

Die Standardabweichung ist die Quadratwurzel aus dem arithmetischen Mittel der Quadrate der Abweichungen der Reihenwerte vom arithmetischen Mittel.

22. Was sind relative Streuungsmaße?

Häufig handelt es sich nicht darum, die Streuung einer Reihe um einen Mittelwert in absoluten Zahlengrößen festzustellen, sondern vielmehr Reihen verschiedener Dimensionen (z.B. die Streuung einer kg-Reihe mit einer DM-Reihe) zu vergleichen. Dies geschieht mit Hilfe des Koeffizienten der durchschnittlichen Abweichung und des Koeffizienten der Standardabweichung.

Der Koeffizient der durchschnittlichen Abweichung wird nach der Formel ermittelt:

$$K = \frac{\Sigma d/n}{X} \cdot 100$$

Diese Formel entspricht der Formel für die einfache mittlere Abweichung, nur daß man die durchschnittliche Abweichung einer Reihe in Prozenten des arithmetischen Mittels der gleichen Reihe ausdrückt. Nach der gleichen Methode wird der Koeffizient der Standardabweichung berechnet:

$$K_\delta = \frac{\Sigma d/n}{X} \cdot 100$$

23. Welche Bedeutung haben die Verhältniszahlen?

In der Praxis ist es häufig notwendig, zwei oder mehr Werte oder Reihen miteinander in Beziehung zu setzen, denn eine einzelne Zahl besagt für sich allein nicht sehr viel. Hierzu dienen die Verhältniszahlen, nämlich die Gliederungszahlen, Meßzahlen und Indexzahlen.

Bei den Gliederungszahlen werden Teilmassen mit Gesamtmassen zueinander in Beziehung gesetzt, z.B. die Lohnkosten im Verhältnis zu den Gesamtkosten. Zur Berechnung der Gliederungszahlen wird der Gesamtwert einer Reihe gleich 100 und jeder Wert der Reihe hierzu ins Verhältnis gesetzt.

Bei den Beziehungszahlen werden verschiedenartige Massen miteinander in Ver-

2.11.5 Statistische Berechnungsmethoden

bindung gesetzt, die aber in einem sachlich-logischen Zusammenhang zueinander stehen. Man teilt die Beziehungszahlen ein in Dichteziffern und in Häufigkeitsziffern. Dichteziffern bezeichnen die Häufigkeit einer Erscheinung, z.B. die Bevölkerungsdichte je Quadratkilometer. Häufigkeitsziffern sind Beziehungen von Bestands- zu Bewegungsmassen, z.B. die Zahl der Konkurse zur Gesamtzahl der Betriebe.

Meßziffern sind relative Zahlengrößen, wobei die Einzelwerte einer Reihe in Prozenten zu einem ihrer Glieder, zum Median oder zum Durchschnitt der Reihe ausgedrückt werden.

24. Was sind Indexzahlen?

Indexzahlen sind eine besondere Art von Meßziffern. Sie werden hauptsächlich angewendet, wenn Zahlen der Vergangenheit mit Zahlen der Gegenwart verglichen werden sollen. Das erfordert, daß eine bestimmte Größe als Ausgangspunkt gewählt und ein Basiszeitraum bestimmt wird, für den der Vergleich gelten soll. Weiterhin muß die Wertzahl des Basiszeitraumes bestimmt werden, die man Basiszahl nennt. Die Wertzahl, die mit der Basiszahl verglichen wird, wird Vergleichszahl und der zugehörige Zeitraum Vergleichszeitraum genannt. Dabei wird die Basiszahl gleich 100 gesetzt und die Vergleichszahl im prozentualen Verhältnis dazu ausgedrückt.

25. Wo liegt die Bedeutung der Indexrechnung?

Die Indexrechnung wird sowohl im Betrieb als auch in der Volkswirtschaft häufig angewandt. Für ein Unternehmen sind Produktions-, Preis- und Umsatzindices von Wichtigkeit und für die Volkswirtschaft z.B. der Geldmengenindex, der Produktionsindex, der Umsatzindex, der Lebenshaltungskostenindex, der Lohnindex und der Kaufkraftindex.

26. Worauf kommt es bei der Ermittlung von Indices entscheidend an?

Es müssen aussagefähige Basisjahre gewählt werden, die nicht durch anormale Situationen gekennzeichnet sind. Für die Produktionsstatistik ist z.B. das Jahr 1948 ungeeignet als Ausgangsbasis. Je nachdem, welches Basisjahr gewählt wird, ist das Ausgangsniveau unterschiedlich. Bei niedrigen Preisen im Basisjahr fällt die Indexzahl höher aus und umgekehrt.

27. Was sind zeitliche Reihen?

Zeitliche Reihen sind Reihen, die unabhängig von Schwankungen im Gesamtverlauf eine bestimmte Entwicklungsrichtung, d.h. einen Trend wiedergeben. Nach der Richtung hin unterscheidet man gleichbleibende, sinkende oder steigende Trends. Nach der Art und dem Umfang des Verlaufs unterscheidet man Trends ersten Grades oder gradlinige Trends, Trends zweiten Grades oder Trends mit einer Krümmung und Trends dritten Grades, d.h. Trends mit zwei Krümmungen.

28. Wie wird rechnerisch der Trend berechnet?

Man kennt die Methode der gleitenden Durchschnitte und die Methode der kleinsten Quadrate.

29. Wie wird der Trend nach der Methode der gleitenden Durchschnitte berechnet?

Beim Verfahren der gleitenden Durchschnitte werden aus einer Originalreihe oder aus einer in Indexwerten wiedergegebenen Reihe zeitraumgleiche Perioden gebildet. Meist werden jeweils drei Glieder so lange zusammengefaßt, bis die Reihe genügend glatt ist. Dabei wird der Umfang der Reihe kleiner. Z.B. wird die aus den Gliedern A_1, A_2, A_3, A_4, A_5 bestehende Reihe wie folgt verwandelt:

$(A_1 + A_2 + A_3) : 3; (A_2 + A_3 + A_4) : 3 \ (A_3 + A_4 + A_5) : 3$

Nachdem jeder Ursprungswert der Reihe zusammen mit jeweils gleich vielen vorausgehenden und folgenden Gliedern zusammengefaßt worden ist, wird das arithmetische Mittel für jede dieser Zusammenfassungen errechnet, und an Stelle der Ursprungswerte werden die neuen Durchschnittswerte eingesetzt, die eine neue Reihe bilden. Liegen bestimmte jahreszeitliche Schwankungen vor, werden 12 gleitende Monatsdurchschnitte gebildet.

30. Wie wird der Trend nach der Methode der kleinsten Quadrate errechnet?

Die Formel lautet: $- y = a + bx$

$$a = \frac{\Sigma y}{n} \qquad b = \frac{\Sigma ay}{\Sigma x^2}$$

2.12 Arbeitsmethodik

2.12.1 Bedeutung der Arbeitsmethodik

01. Was versteht man unter Arbeitsmethodik?

Arbeitsmethodik ist die Technik des richtigen Arbeitsverfahrens und der Ordnung, d.h. eine zweckbewußte Regelung des Nacheinanders der Arbeitsvorgänge und des Nebeneinanders der Arbeitsgegenstände, an denen und mit denen gearbeitet wird.

02. Was versteht man unter Information?

Unter dem Begriff Information versteht man die Wissensgewinnung, -verarbeitung und -vermittlung. Informationen sind notwendig, um die korrekte Erfüllung von Aufgaben vornehmen zu können.

03. Was ist das Ziel der Information?

Alle notwendigen Informationen müssen zunächst gesammelt, verarbeitet und den Mitarbeitern im notwendigen Umfang zur Verfügung gestellt werden, denn nur der Mitarbeiter, der über die notwendigen Informationen verfügt, ist in der Lage, die ihm übertragenen Aufgaben auch tatsächlich ausführen zu können. Allerdings ist zu vermeiden, daß die Mitarbeiter weder zu wenig noch zu viel oder falsche Informationen erhalten. Erhalten sie nämlich zu viele Informationen, besteht die Gefahr, daß sie aus der Fülle der Informationen nicht richtig auswählen oder falsche Schlußfolgerungen ziehen.

04. Wie ist der Informationsfluß geregelt?

Informationen fließen in einem Unternehmen grundsätzlich von oben nach unten und dienen der Steuerung des Unternehmens. Die Informationen können dabei entweder über den Dienstweg, d.h. nur über den jeweiligen Vorgesetzten, oder auf dem direkten Weg erfolgen. Es ist aber auch ein Informationsaustausch zwischen gleichgeordneten Stellen möglich.

05. Auf welche Weise erfolgt die Verarbeitung von Zahlen?

Die Verarbeitung von Zahlen erfolgt mit Hilfe von Rechenmaschinen, die immer aus drei Teilen bestehen, nämlich dem Eingabebereich oder der Werteingabe, dem Rechenwerk oder der Wertverarbeitung und dem Ausgabebereich oder der Wertausgabe.

06. Wie erfolgt die Verarbeitung von Texten und Zahlen?

Die kombinierbare Verarbeitung von Texten und Zahlen geschieht mit Hilfe von Buchungsmaschinen, Fakturiermaschinen und Abrechnungsautomaten sowie durch den Einsatz von Computern aller Art.

07. Was versteht man unter der Speicherung von Informationen?

Informationen werden meist nicht nur zum Zeitpunkt ihrer Gewinnung benötigt, sondern vielfach auch noch zu einem späteren Zeitpunkt, etwa um sie mit später gewonnenen Informationen vergleichen zu können. Sie müssen zu diesem Zweck gespeichert werden.

08. Wie werden Informationen weitergeleitet?

Informationen werden weitergeleitet durch Besprechungen, Aushänge, Telefongespräche oder Briefe. Sofern ein Informationsaustausch innerhalb eines Unternehmens erforderlich ist, kann dies mittels Boten, Rohrpost, Aufzüge oder Förderbänder geschehen, ferner durch moderne Informationstechnologien.

09. Wie werden Informationen gespeichert?

Informationen werden gespeichert, indem die geschriebenen Informationen aufbewahrt werden. Aber auch das gesprochene Wort ist speicherbar, indem es auf einem Tonträger, d.h. einem Tonband oder einer Schallplatte aufgezeichnet wird.

10. Welche Informationen werden gespeichert?

Informationen, die für das Unternehmen einen besonderen Wert darstellen, oder deren Aufbewahrung gesetzlich vorgeschrieben ist, wie z.B. Handelsbücher oder Handelskorrespondenz, müssen gespeichert werden.

11. Auf welche Weise werden Informationen aufbewahrt?

Informationen werden in sog. Behältern aufbewahrt. Die gebräuchlichsten Behälter sind Aktendeckel, Schnellhefter oder Ordner, wobei das geordnete Aufbewahren von schriftlichen Informationen mit Hilfe einer Registratur geschieht. Die Registratur wiederum kann in Form einer stehenden oder einer liegenden Ablage vorgenommen werden, bzw. sie geschieht auf elektronischem Wege.

12. Was ist bei einer Registratur zu beachten?

Für den Ablagedienst ist eine Registratur-Dienstanweisung erforderlich. In dieser muß festgelegt werden, wer die Einordnung vornimmt (z.B. der Sachbearbeiter oder ein Registrator) und ob eine Zentral-, eine Abteilungs- oder eine Arbeitsplatzablage eingerichtet werden soll. Richtig kann nur abgelegt werden, wenn vor der Ablage die wiederzufindende Ablagestelle, d.h. die Suchstelle, einwandfrei festgelegt worden ist.

13. Welche Ablagearten kennt man?

Man unterscheidet die Flachablage, die Steilablage und die Stehablage. Das Schriftgut kann geheftet oder in Loseblattform abgelegt werden.

14. Wie kann das Schriftgut geordnet werden?

Das Schriftgut kann alphabetisch, numerisch, alpha-numerisch, chronologisch, sachlich, geographisch oder farblich unterschiedlich eingeordnet werden.

15. Welche Bedeutung hat die Speicherung auf Mikrofilm?

Da die Speicherung der Daten sehr viel Platz in Anspruch nimmt, ist man dazu übergegangen, die Schriftstücke auf Filmstreifen von 8, 16, 35 oder 70 mm Breite zu fotografieren. Die Mikroverfilmung stellt eine genaue Ablichtung des Originals auf wesentlich kleinerem Format dar und eignet sich insbesondere für alle Arten von Informationen, die normalerweise nicht mehr benötigt werden, aber aufbewahrt werden müssen.

2.12.2 Protokoll- und Berichtstecknik

01. Welchem Zweck dienen Berichte?

Die Unternehmungen benötigen ständig klare Übersichten über alle wesentlichen Vorgänge im Betrieb und über die ersichtlichen Entwicklungstendenzen. Die Aufgabe der Berichterstattung ist um so schwieriger, je größer, verzweigter und komplizierter ein Unternehmen ist.

02. Was ist der Inhalt der Berichterstattung?

Die Berichterstattung muß sich auf das Wesentliche erstrecken. Sie muß zusammenfassend sein und laufend erfolgen, und die summarischen Ergebnisse müssen auswertbar sein. Die Berichterstattung muß überdies pünktlich und rechtzeitig vorgenommen werden.

03. Welche Arten von Berichten werden unterschieden?

Man unterscheidet Tages-, Wochen-, Monats- und Jahresberichte.

04. Über welche Bereiche werden Berichte angefertigt?

Gegenstand des Berichtswesens sind insbesondere der Verkauf, das Rechnungswesen und die Fertigung. Soweit die Berichte Zahlen beinhalten, sind diese in der Regel auch gleichzeitig die Grundlage für den Aufbau einer Statistik.

05. Wie wird die Berichterstattung organisiert?

Zunächst muß festgelegt werden, was Gegenstand der Berichterstattung sein soll, dann müssen Berichtsformulare entwickelt werden, anschließend wird der sog. Leitweg für jeden Bericht festgelegt und eine schriftliche Arbeits- und Dienstanweisung fixiert. Letztlich müssen Auswertungsregeln und -vorschriften aufgestellt werden.

06. Wie wird die Berichtführung überprüft?

Zunächst muß jede Berichterstattung periodisch mit dem Ziel überprüft werden, Lücken zu schließen und schließlich alle überflüssigen Themen zu entfernen. Das sicherste Kennzeichen, ob eine Berichterstattung richtig funktioniert, ist die Kontrolle ihrer tatsächlichen Auswertung. Was nicht ausgewertet wird, oder was für eine Auswertung ungeeignet ist, über das braucht auch nicht berichtet zu werden.

07. Welche Gefahren müssen bei der Berichterstattung vermieden werden?

Es muß sichergestellt sein, daß aus den Berichtsangaben nur die Schlüsse gezogen werden, die dem Aussagewert entsprechen. Überdies müssen die Berichtszwecke an den Auswertungszwecken orientiert, die in der Berichterstattung verwendeten Begriffe müssen einheitlich, klar definiert und die Ergebnisse vergleichbar sein.

08. Was ist ein Protokoll?

Ein Protokoll ist ein schriftlicher Bericht über die Ergebnisse einer Verhandlung, Sitzung oder Vereinbarung.

09. Welche Anforderungen werden an ein Protokoll gestellt?

Ein Protokoll muß unparteiisch sein und darf nur Tatsachen enthalten. Es muß in verständlicher Sprache abgefaßt sein.

10. Welche Arten von Protokollen werden unterschieden?

Man unterscheidet Ergebnisprotokolle, Verhandlungsprotokolle, Kurzprotokolle, ausführliche Protokolle und Gedächtnisprotokolle.

11. Was ist der Inhalt eines Ergebnisprotokolls?

Ein Ergebnisprotokoll enthält nur das Ergebnis einer Sitzung oder Verhandlung, nicht aber die wörtliche Wiedergabe der Äußerungen der einzelnen Teilnehmer.

12. Was ist der Inhalt eines Verhandlungsprotokolls?

In einem Verhandlungsprotokoll werden die Ausführungen der Gesprächspartner festgehalten.

13. Was ist der Inhalt eines Kurzprotokolls?

Ein Kurzprotokoll enthält sowohl Ergebnisse als auch Gesprächsinhalte in sehr kurzgefaßter Form.

14. Was ist der Inhalt eines ausführlichen Protokolls?

In einem ausführlichen Protokoll sind neben dem Inhalt auch alle Zwischenrufe, die Ergebnisse und die gefaßten Beschlüsse vollständig enthalten.

15. Was ist das Wesen des Gedächtnisprotokolls?

Ein Gedächtnisprotokoll wird aufgrund eines Gesprächs oder einer Veranstaltung im nachhinein angefertigt und ist deshalb mitunter nicht vollständig.

2.12.3 Gruppendynamik

01. Was versteht man unter Gruppendynamik?

Die Gruppendynamik begreift Führung nicht mehr als die Funktion des Leiters, sondern als eine Funktion der Gruppe selbst, d.h. aller Gruppenmitglieder.

02. Worauf beruht die Gruppendynamik?

Die Gruppendynamik ist eine wissenschaftliche Richtung der Sozialpsychologie, die die Erkenntnisse der Psychologie und der Soziologie pädagogisch auswertet.

03. Was sind die Ergebnisse der Gruppendynamik?

Folgende Erkenntnisse sind für die betrieblichen Weiterbildungsarbeit anwendbar:

- Isolierte Personen, die miteinander in Kontakt gebracht werden, steigern ihre Aktivität und gewinnen gegenseitig an Sympathie;
- beim Entstehen einer Gruppe nimmt die Bedeutung der Mitglieder der Gruppe untereinander zu, hingegen nimmt die Bindung zu Außenstehenden und zu anderen Gruppen ab;
- es findet eine Angleichung der Gruppenmitglieder statt;
- in jeder Gruppe kommt es zu einer Arbeitsteilung und jedes Mitglied findet seine Rolle. Die Gruppe setzt Normen, denen der einzelne verpflichtet ist.

2.12.4 Grundlagen der Rhetorik

01. Warum sind für einen Redner Atemübungen notwendig?

Die richtige Sprechtechnik wird entscheidend durch die Atmung beeinflußt. Die Atmung hat zwei Funktionen des menschlichen Körpers zu erfüllen: Das Blut mit Sauerstoff zu versorgen und bei der Ausatmung dem Sprechen als Energiequelle zu dienen.

02. Wie soll die Stimme des Redners beschaffen sein?

Ein erfolgreicher Redner muß über eine weittragende, klangvolle und resonanzreiche Stimme verfügen.

03. Was versteht man unter Resonanzübungen?

Unter Resonanz versteht man das Mitschwingen der Lufträume oberhalb des Kehlkopfes. Die Ausnutzung der Resonanzräume führt deshalb zu einer vollen, schön klingenden Stimme.

04. Was ist bei der Aussprache zu beachten?

Es muß unbedingt darauf geachtet werden, daß jedes Wort hochdeutsch, rein und voll ausgesprochen wird, um den Forderungen der Lautreinheit und Klangschönheit gerecht zu werden.

05. Was versteht man unter Rhetorik?

Rhetorik ist Beredsamkeit, Urteilskraft, Vorstellungsvermögen, Argumentation, Ausdruckskraft und Kunst des Vortrages.

06. Wie muß eine Rede aufgebaut sein?

Eine Rede muß logisch und klar aufgebaut, klar vorgetragen, einfach im Satzbau und ohne unnötige Fremdworte sein.

07. Welche Fehler werden bei einer Rede begangen?

Es wird zu lange gesprochen, es wird pausenlos vorgetragen, zu abgehackt gesprochen, zu schnell gesprochen, die Stimme hat sich überschlagen, es wird kein Kontakt zu den Zuhörern hergestellt.

08. Was ist das wichtigste bei Verhandlungen?

Es kommt bei Verhandlungen nicht auf das Reden, sondern auf das Überzeugen an.

09. Wie sollten Verhandlungen geführt werden?

Bei Verhandlungen sollte man nicht schroff die Argumente des Verhandlungspartners ablehnen, sondern zunächst die Punkte der Übereinstimmung betonen, um so die positive Atmosphäre zu erhalten.

10. Was ist bei Einwänden zu beachten?

Einwände sollten nicht widerlegt, sondern beantwortet werden. Dabei gilt die Regel, daß man den Partner ausreden lassen und ihm aufmerksam zuhören sollte, daß man keinen Einwand übergehen, ihn anerkennen und Verständnis für ihn zeigen sollte. Überdies sollte jedes Streitgespräch vermieden und diplomatisch argumentiert werden.

2.12.4 Grundlagen der Rhetorik

11. Welche Punkte sind bei Verhandlungen zu beachten?

Man sollte sich folgende Fragestellungen vorlegen: Was will man erreichen, wie muß zur Erreichung dieses Zieles argumentiert werden, welche Einwendungen sind zu erwarten, wie sind sie zu widerlegen.

12. Worauf sollte grundsätzlich bei Reden und Verhandlungen geachtet werden?

Verhandlungen und Reden sollten immer sorgfältig vorbereitet sein, die notwendigen Unterlagen sollten rechtzeitig zur Verfügung stehen.

13. Welche Bedeutung hat das Äußere eines Redners?

Der Erfolg einer Rede oder einer Verhandlung hängt nicht zuletzt von dem gepflegten, unaufdringlichen Äußeren ab.

14. Welche Bedeutung haben die Zuhörer bzw. Gesprächspartner?

Es kommt entscheidend darauf an, daß man sich im Umfang und im Inhalt einer Rede oder eines Gesprächs auf die Gesprächspartner einstellt. Eine stoffliche und gedankliche Beschränkung auf das Wesentliche ist erforderlich, um die Gesprächspartner nicht zu überfordern.

Stichwortverzeichnis

ABC-Analyse	155 ff	Auktion, Versteigerung	75
Abgabenordnung	262 f	Ausgaben	198 f
Ablauforganisation	96, 98	Ausschreibung	76
Ablaufpolitik	35	Ausstellung	75
Absatz	171	Auszubildende	329
Absatz, direkt	187	autoritäre Führung	131
Absatz, indirekt	188	Avalkredit	250
Absatzkontrolle	193 ff		
Absatzmarktforschung	173	**B**ankgeschäfte	26
Absatzstatistik	214	Bedarf	11
Absatzwege im Handel	187	Bedarfsermittlung	143 ff
Abschreibung	238	Bedürfnis	11 ff
Abschwung	33	Berichte	377
Abteilungsbildung	94	Beschaffungsmarktforschung	144 ff, 173
Abteilungskalkulation	210		
Abzahlungsgeschäft	341	Beschaffungspolitik	137
Akkordlohn	114 f	Besitz	302
Aktiengesellschaft	309, 311	Bestandskonten	234
Akzeptkredit	250	Bestellzeitpunkt	149 ff
Allgemeine Geschäftsbedingungen	297 ff, 334 ff	Betrag	196, 198
		Betrieb	13, 37 ff
allgemeine Kostenstellen	204	betriebliche Finanzwirtschaft	241
Ambulanter Handel	71	betriebliche Produktionsfaktoren	39 ff
Angebot	21, 33 ff		
Angebotskonkurrenz	23 ff	betriebliche Sozialleistungen	118
Anlagevermögen	225	betriebliche Sozialpolitik	118
Annahmeverzug	306 f	betriebliches Vorschlagswesen	130
Anschaffungskosten	232, 240	Betriebsabrechnungsbogen	205, 216
Anspruch	296	Betriebsfaktoren im Handel	79 ff
Arbeitgeber	326	Betriebsklima	120
Arbeitnehmer	326	Betriebsrat	125 ff
Arbeitslosigkeit	33 ff	Betriebssystem	50
Arbeitsmethodik	375	Betriebsverfassungsgesetz	125, 327
Arbeitsrecht	326	Betriebsvergleich	213, 229 ff
Arbeitsschutz	121 ff	betriebswirtschaftliche Funktionen	40
Arbeitssicherheit	121		
Arbeitsteilung	12, 88, 89	Bewertung	231 ff
Arbeitsverhältnis	326	Bewertungsvorschriften	239 ff
Arbeitszeit	96	Bilanz	225, 226, 234
Arithmetisches Mittel	367, 368	Bilanzregel, goldene	244
Aufbauorganisation	90	Bildschirmtext	64
Aufrechnung	301	Bit	49
Aufschwung	33	Börse	77
Aufwand	39, 41 ff, 196 ff, 198, 199	Boutique	71

Bruttonutzenziffer	154	Einkommensteuer	265 ff
Bruttosozialprodukt	19	Einkunftsarten	266
Buchführung	220 ff	Einlagenpolitik	27
bürokratische Führung	131	Einnahme	198 f
Byte	49	Einschreibung	76
		Einzelhandel	68 ff
Cash-and-Carry-Läden	74	Einzelhandelsbranchen	84
Cash-flow	245	Einzelkosten	200
Code	56	Einzelunternehmung	309
		Entlohnung	103
Datei	58	Entscheidung	93
Daten	44, 51, 57, 59	Entscheidungsbefugnis	93
Datenbank	58	Erfolg	41 ff
Datenerfassung	50 ff	Erfolgskonten	234
Datenflußplan	54, 56	Erfüllung	300
Datenkassen	194 f	Export	32 ff
Datenschutz	60 ff		
Datensicherung	58 ff	Fabrikläden	74
Datenträger	44 ff	Fachgeschäft	70
Datenverarbeitung	43 ff, 47, 60	Fachmärkte	71
Deckungsbeitrag	205, 229	Factoring	249
Deckungsbeitragsrechnung	206, 229	Fehlzeit	123
Delegation von Verantwortung	131	Fertigpackungen	357 ff
dezentraler Einkauf	141 ff	Festbedienungsgeschäft	71
Dialogverarbeitung	47	Fifo-Methode	233
Dienstleistungsbetrieb	36 ff	Filialbetrieb	71
Dienstvertrag	303	Finanzierung	245 f
Differenzkalkulation	210	Finanzierungsregeln	243 ff
Direktkostenrechnung	205	Finanzpolitik	31
Discountgeschäft	72	Firma	307
Diskontkredit	249	Fixgeschäfte	337
Diskontpolitik	27	Fluktuation	123
Dissens	301	Franchising	84 ff
Diversifikation	177	freie Marktwirtschaft	15
Divisionskalkulation	208 f	freiwillige Kette	71
		freiwillige soziale Leistungen	119
Eichgesetz	356	Fremdfinanzierung	247
Eigenfinanzierung	246 ff	Fremdkapital	30
Eigenkapital	29 ff	Fristen	296
Eigentum	302	Führungsanweisung	100
Eigentumsvorbehalt	332	Führungsmittel	132 f
Einkaufsgenossenschaft	78	Führungsstil	131 f
Einkaufsorganisation	139 ff	Funktionen des Handels	79
Einkaufspolitik	137 ff	Funktionssystem	91
Einkaufsverbände	78		
Einkaufsvereinigung	78	Gattungskauf	341
Einkaufszentrum	74	Gattungsschuld	298
Einkommensarten	19, 33	Gegenstand des Handels	79

Geldschöpfung	33
Gemeinkosten	200
Gemeinschaftswarenhaus	70
Gemischtwarengeschäft	70
Genossenschaft	312 f
Gerichtsbarkeit	322
Gesellschaftsform	309
Gesetz	290
Gewaltenteilung	289
Gewerbe	354 ff
Gewerbebetrieb	266 ff
Gewerberecht	354
Gewerbesteuer	268 ff
Gewerbetreibende	355
Gewinn- und Verlustrechnung	228
Gliederungszahl	363
GmbH & Co KG	312
GmbH	309, 311, 312
Großhandel	68, 78 ff, 81
Großhandelszentrum	79
Großmarkt	75
Grundgesetz	288
Grundschuld	256 ff
Gruppendynamik	379
Gruppenprämie	117
Güter	11, 13
Haftung	339
Handel	67 ff
Handelsbetrieb	37
Handelsbetriebslehre	67
Handelsbilanz	227
Handelsgeschäfte, einseitige	317
Handelsgeschäfte, zweiseitige	317
Handelsgesellschaften	309
Handelsklausel	318
Handelsmakler	314
Handelsregister	308
Handelsspanne	217 f
Handlungsgehilfe	313 f
Handwerkshandel	71
Hardware	48
Hauptkostenstellen	204
Herstellungskosten	232, 240
Hilfsgewerbe des Handels	79
Hilfskostenstellen	204
Hinterlegung	300
Hochkonjunktur	33

Human relations	120
Hypothek	256
Import	32 ff
Incoterms	318 ff
Indexzahlen	373
Informales System	95
Information	375 f
innerbetriebliche Ausschreibung	109
innerbetriebliche Mitarbeitergewinnung	108
innerbetriebliches Transportwesen	169 ff
Instanz	93 f
Inventar	224
Inventur	224
Investieren	30
Ist-Kostenrechnung	214
Jahresabschluß	220, 241
Jahrmarkt	76
Joint Ventures	243
Jugend- und Auszubildendenvertretung	128, 129
Kalkulation	205, 208, 217, 218
kalkulatorische Kosten	197
kalkulatorischer Ausgleich	207
Kapitalgesellschaft	228, 309
Kartelle	349 ff
Kartellgesetz	349
Kauf auf Probe	331
Kauf nach Probe	331
Kaufhaus	70
Kaufmann	307
Kaufvertrag	304
Kennzahl	362
Kennziffer	363
KG	309 f
Klage	322
Kommanditgesellschaft auf Aktien	311
Kommissionär	319
Kommissionierung	165 f
Kommunikation	63 ff
Kommunikationssystem	91, 95
Kompetenz	90
Konjunktur	33

Konjunkturphasen	33	Leitungsbefugnis	94
Konjunkturpolitik	34 ff	Leitungssystem	91, 95
Konjunkturzyklus	33	Lieferant	146 ff
Konkurrenz	23 ff, 282	Lieferantenkredit	249
Kontenrahmen	235 f	Lieferungbedingungen	334, 336, 337
Kontokorrentkredit	249	Lieferungsverzug	305
Kontrolle	99, 278	Lifo-Methode	233
kooperativer Führungsstil	131	Liniensystem	91
Körperschaftssteuer	267 ff	Liquidität	42
Kosten	39, 196, 199, 200	Lohn- u. Gehaltspolitik	103 f
Kosten, fixe	200		
Kosten, variable	200	**M**ahnverfahren	323
Kostenarten	200, 203, 215, 216	Makroökonomie	25
Kostenartenrechnung	202	Management	272 ff
Kostenrechnung	196 ff, 208, 221	Management by	
Kostenstatistik	214	communication	275
Kostenstellen	215 f	Management by control	275
Kostenstellenausgleichsverfahren	204	Management by decision rules	275
Kostenstellenrechnung	202 ff, 215	Management by delegation	276
Kostenträgerrechnung	202 ff	Management by exception	274
Kredit	25 ff	Management by motivation	275
Kreditinstitut	25 ff	Management by objectives	274
Kreditpolitik	27	Management by results	275
Kundendienst	189	Management by system	275
Kundenkredit	249	Mängel	306
Kündigung	110	Marketing	171, 282
kurzfristige Erfolgsrechnung	211 ff,	Marketing-Maßnahmen	283
		Marketing-Mix	283
Ladengeschäft	70	Marketingkonzeption	176, 178
Lager	153 ff, 169, 170	Markt	13
Lagerarten	161	Marktform	22 ff
Lagerbau	160	Marktforschung	171, 172, 174
Lagerdauer	153	Marktwirtschaft	14
Lagereinrichtungen	162	Matrixorganisation	92
Lagergröße	154	mehrstufiges Leitungssystem	94
Lagerkapitalanteil	153	Mengenanpasser	24
Lagerkosten	158	Menschenführung	130 f
Lagerpolitik	155 ff	Messe	74
Lagerquote	153	Meßzahl	362
Lagerraumkapazität	162	Mikroökonomie	25
Lagerreichweite	154	Minderung	341
Lagerstatistik	213 ff	Mindestrabattsatz	149
Lagerumschlag	153	Mindestreservenpolitik	27
Lebenszyklusanalyse	84	Mitarbeiterbeurteilung	133 ff
Leistung	199	Mitbestimmungsrechte	127, 130
Leistungslohn	114	Mittelwert	367, 370
Leitung	94	Mitwirkungsrechte	125

Stichwortverzeichnis

Monopol	22 ff
Mustermessen	77
Musterverkaufsmesse	74
Nachfrage	21 ff
Nachfragekonkurrenz	24
Netzplantechnik	100
Niederstwertprinzip	232
Normalkostenrechnung	214
Offene Marktpolitik	27
OHG	308, 310
Ökonomisches Prinzip	11
Oligopol	22 ff
Operations Research	100, 276 ff
optimale Bestellmenge	148 f
Ordnungspolitik	35 ff
Organisation	86 ff, 90, 98
Organisationshilfsmittel	99
Organisationsplan	100
Organisationsplanung	86
Organisationsprinzipien	88
Panel	175 f
permanente Inventur	167
Personalabteilung	104
Personalbedarf	106
Personalcomputer	46 ff
Personalführung	104
Personalkosten	122 f
Personalplanung	104 ff
Personalpolitik	101 ff
Personalstatistik	124
Personengesellschaften	309
Plankostenrechnung	214
Planung	86 ff, 222, 278 ff
Planungsprozeß	279
Pluralinstanz	94
Polypol	22 ff
Prämienentlohnung	115 ff
Preis	21 ff
Preisanpasser	24
Preisauszeichnung	164, 352 ff
Preisbildung	21, 23
Preisbindung	178
Preisklausel	332
Preispolitik	177
Preisschwankungsklausel	333

Produkt	176
Produktionsfaktoren	13, 18, 38
Programmablaufplan	53
Programmiersprache	52
Prokura	315 f
Protokoll	378 ff
Public Relations	185
Rabatte	178
Rabattgesetz	351
Rack Jobber	74
Rationalisierung	89
Rechnungswesen	220
Recht, öffentliches	289
Recht, privates	289
Rechtsgeschäft	292 ff
Rechtsordnung	288
Rentabilität	42
Rhetorik	379 ff
Revision	99
Rezession	33
Rückstellungen	236
Scanner	195
Scheck	251 ff, 324
Schlüssel	45
Schulden	299, 301
Selbstkostenrechnung	203
Shop-in-the-shop	73
Software	58
Sonderangebot	346
Sonderbilanz	227
Sonderveranstaltung	346
Sortimentsbreite	85
Sortimentsgroßhandel	79
Sortimentspolitik	82
Sortimentstiefe	85
soziale Marktwirtschaft	15 ff
Sozialprodukt	18, 33, 34
Sparen	30
Spartenorganisation	92
Spediteur	320
Spezialgeschäft	71
Spezialgroßhandel	79
Spezialmarkt	75
Stabliniensystem	92
Standort	80, 284, 285
Statistik	286, 359, 363 ff

387

Stichwortverzeichnis

Statistische Darstellung	365 ff	Versandarten	190 ff
Statistische Erhebungen	362	Versandhandel	71
Statistische Reihen	364	Vertrag	199, 295, 298
Stelle	90	Vertretung	296
Stellenanzeige	108	Verwaltungsakt	290
Stellenbeschreibung	100, 107	Volkseinkommen	19
Stellenbesetzungsplan	107	Volkswirtschaft	12
Steuerbemessungsgrundlage	257	Vollkostenrechnung	203
Steuerbilanz	227	Vollmacht	296, 315
Steuergegenstand	257	Vorstellungsgespräch	113
Steuergesetzgebung	264		
Steuern	257, 258, 259 ff	**W**andlung	340 ff
Steuerpflichtiger	257	Warenbeschaffung	83 ff
Stichprobe	359	Warenbestand	237
Stichtagsinventur	167	Warendisposition	82
Stille Gesellschaft	310	Wareneingangskontrolle	82, 163 ff
Streckengeschäft	142	Warenhaus	70
Streuung	370 f	Warenkonto	237
Stückschuld	298	Warenmanipulation	82
Stufenleiterverfahren	204	Warenwirtschaftssystem	67 ff, 168
Supermarkt	72	Wechsel	253, 254, 324
		Wechselprozeß	325
Tarifvertrag	327	Werbekosten	186
Teilkostenkalkulation	210	Werbemittel	181 ff
Teilkostenrechnung	203, 205	Werbeplan	186
Termingeschäfte	337	Werbeträger	185
Testmarkt	85	Werbung	179 ff
Textverarbeitung	62 ff	Werkvertrag	303
Trade Market	77	Wettbewerbsrecht	343 ff
Trade Terms	318	Wettbewerbsverbot	329
Trend	374	Wiederkauf	331
		Wirtschaftlichkeit	42
Überweisung	251	Wirtschaftskreislauf	17, 20
Umlaufvermögen	225 ff	Wirtschaftsordnung	14
Umsatzsteuer	270 ff	Wirtschaftspolitik	31
Unfallschutz	121	Wirtschaftssystem	14, 32
Universalmesse	74	Wochenmarkt	76
Unternehmensaufgabe	90		
Unternehmensführung	272 ff, 276	**Z**ahlungsverkehr	251
Unternehmung	13, 36, 39	Zeitlohn	114
		Zentraleinheit	45
Verbrauchermarkt	72	zentraler Einkauf	140 ff
Verfassung	288	Zentralverwaltungswirtschaft	14 ff
Verhältniszahlen	372	Zentralwert	369
Verjährung	297	Zeugnis	111 f
Verkaufsgespräch	184	Zivilmakler	314 ff
Verkaufspolitik	137	Zuschlagskalkulation	209, 210, 217
Vermögenssteuer	268	Zwangsvollstreckung	324

KOMPENDIUM DER PRAKTISCHEN BETRIEBSWIRTSCHAFT

Buchführung
J. Bussiek / H. Ehrmann

Bilanzen
K. Olfert / W. Körner / J. Langenbeck

Sonderbilanzen
K. Olfert / W. Körner / J. Langenbeck

Kostenrechnung
K. Olfert

Finanzierung
K. Olfert

Investition
K. Olfert

Materialwirtschaft
G. Oeldorf / K. Olfert

Außenhandel
F. U. Jahrmann

Organisation
P. A. Steinbuch

Controlling
K. Ziegenbein

Marketing
H. Ch. Weis

Fertigungswirtschaft
P. A. Steinbuch / K. Olfert

Personalwirtschaft
K. Olfert / P. A. Steinbuch

Betriebliche Führung
H.-J. Rahn

Betriebliche Steuerlehre
L. Edinger

Betriebliche Datenverarbeitung
P. A. Steinbuch